权威·前沿·原创

皮书系列为
"十二五""十三五"国家重点图书出版规划项目

中国社会科学院创新工程学术出版资助项目

俄罗斯黄皮书
YELLOW BOOK OF RUSSIA

俄罗斯发展报告
（2018）

ANNUAL REPORT ON DEVELOPMENT OF RUSSIA
(2018)

中国社会科学院俄罗斯东欧中亚研究所
主　编／孙壮志
副主编／李中海　张昊琦

社会科学文献出版社
SOCIAL SCIENCES ACADEMIC PRESS (CHINA)

图书在版编目(CIP)数据

俄罗斯发展报告.2018/孙壮志主编.--北京：
社会科学文献出版社,2018.6
（俄罗斯黄皮书）
ISBN 978-7-5201-2734-9

Ⅰ.①俄… Ⅱ.①孙… Ⅲ.①国家建设-研究报告-
俄罗斯-2018 Ⅳ.①D751.2

中国版本图书馆CIP数据核字（2018）第097720号

俄罗斯黄皮书
俄罗斯发展报告（2018）

主　　编 / 孙壮志
副 主 编 / 李中海　张昊琦

出 版 人 / 谢寿光
项目统筹 / 祝得彬
责任编辑 / 张苏琴

出　　版 / 社会科学文献出版社·当代世界出版分社（010）59367004
　　　　　　地址：北京市北三环中路甲29号院华龙大厦　邮编：100029
　　　　　　网址：www.ssap.com.cn
发　　行 / 市场营销中心（010）59367081　59367018
印　　装 / 三河市龙林印务有限公司

规　　格 / 开　本：787mm×1092mm　1/16
　　　　　　印　张：21　字　数：315千字
版　　次 / 2018年6月第1版　2018年6月第1次印刷
书　　号 / ISBN 978-7-5201-2734-9
定　　价 / 98.00元

皮书序列号 / PSN Y-2006-061-1/1

本书如有印装质量问题，请与读者服务中心（010-59367028）联系

▲ 版权所有 翻印必究

俄罗斯黄皮书编委会

主　　编　孙壮志

副 主 编　李中海　张昊琦

编　　委　(以姓氏笔画为序)
　　　　　　王晓泉　刘显忠　孙　力　孙壮志　李中海
　　　　　　李永全　李进峰　张　宁　庞大鹏　赵会荣
　　　　　　柳丰华　徐坡岭　柴　瑜　高　歌　薛福岐

撰 稿 人　(以姓氏笔画为序)
　　　　　　马　强　王晨星　王　晶　刘　丹　吕　萍
　　　　　　许　华　刘显忠　李永全　李勇慧　李　智
　　　　　　陈　余　周国长　张聪明　庞大鹏　胡　冰
　　　　　　赵玉明　柳丰华　郝　赫　高际香　徐洪峰
　　　　　　郭晓琼　蒋　菁　韩克敌　程亦军

英文翻译　鞠　豪

主要编撰者简介

孙壮志 中国社会科学院俄罗斯东欧中亚研究所所长,中俄战略协作高端合作智库副理事长兼秘书长,中国中亚友好协会副会长,中国上海合作组织研究中心执行主任,研究员,中国社科院研究生院教授、博士生导师。兼任中联部当代世界研究中心常务理事,新华社特约观察员,2011年获得国务院批准享受政府特殊津贴。

研究领域为区域合作与国际关系、上海合作组织、独联体国家社会政治等。主持过中央纪委、中央政法委、国家反恐办、全国党建研究会、外交部委托交办课题和中国社科院多项重大课题的研究。代表作有《中亚新格局与地区安全》(中国社会科学出版社2001年版)、《上海合作组织研究》(长春出版社2007年版)、《独联体国家"颜色革命"研究》(中国社会科学出版社2011年版)、《"丝绸之路经济带"的战略内涵与实现路径》(《战略与管理》2014年9/10期;海南出版社2014年版)等。

李中海 中国社会科学院俄罗斯东欧中亚研究所研究员,《俄罗斯东欧中亚研究》执行主编,中国社会科学院研究生院教授。长期从事俄罗斯经济研究。主编《普京八年:俄罗斯复兴之路(2000~2008)经济卷》,获中国社会科学院优秀科研成果二等奖;出版《俄罗斯经济外交:理论与实践》,获中国社会科学院优秀科研成果三等奖,以及《俄罗斯中东欧中亚转型系列丛书:曲折的历程(中亚卷)》等著作。

张昊琦 中国社会科学院俄罗斯东欧中亚研究所副研究员,《俄罗斯东欧中亚研究》杂志副主编。从事俄罗斯政治、俄罗斯政治思想史和中俄关系史研究。著有《俄罗斯帝国思想初探》(2012年),共同主编《当代俄罗斯精英与社会转型》(2015年)。

摘　要

本报告由中国社会科学院俄罗斯东欧中亚研究所组织编写。作者均为长期从事俄罗斯问题研究的专业科研人员。全书由六部分组成，分别为总论、政治、经济、外交、中俄关系和纪念十月革命100周年专题，全面反映了2017年俄罗斯政治经济外交领域的新形势、新变化和新特点。

总的看，2017年俄罗斯国内政治社会形势稳定，经济上虽仍存在困难，但形势有所好转，在外交方面仍面临诸多困难，与西方国家关系继续僵持甚至出现持续恶化趋势，双方围绕克里米亚、乌克兰东部地区形势和叙利亚问题进行的博弈均处于"无解"状态。世界各国研究人员对俄罗斯内政外交局势的评价和未来走势的判断见仁见智。俄罗斯国内精英对形势的判断乐观积极，普京总统认为，2017年是俄罗斯成功的一年。西方战略界对俄罗斯内政外交走势普遍悲观。本书反映中国学者对俄罗斯当前形势的评价和对未来走势的判断。

在政治方面，俄罗斯政局稳定，社会有序。2017年俄罗斯处在国家杜马选举和总统大选的"中期"阶段。普京政权为确保这一选举周期政治的平稳过渡，在政治控制和社会治理上采取了许多举措：加强政权党的控制力，挤压反对派的政治空间；面对反对派示威游行、恐怖主义袭击、"颜色革命"威胁，通过多种手段维稳，实现了政治稳定，为2018年普京顺利连选连任创造了条件。从政治发展走势看，俄罗斯政策调整方向不仅局限于内政范畴，而且其政治经济外交呈现出联动性，各领域的相互影响增强。俄罗斯独特论和反美主义可能影响俄国内改革和稳定的国际环境的构建。解决国际格局的力量对比和俄罗斯对自身认识之间不匹配的关系是俄罗斯发展长期面临的主要问题。

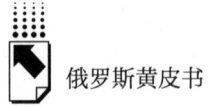

在社会经济方面，2017年西方继续对俄进行经济制裁，虽然经济发展的外部条件仍未好转，但俄罗斯经济开始止跌回升，国内生产总值有所增长。2017年拉动经济增长的主要动力仍然来自对外贸易，消费和投资有所恢复，但仍未成为支撑经济增长的主要动力。2017年经济领域的突出特点是：财政收支扭亏为盈，金融市场基本稳定，通胀水平大幅回落，农业继续保持快速增长，交通运输业蓬勃发展。在社会领域，人口老龄化程度进一步加深，就业状况虽略有改善，但居民收入水平有所下降，整体贫困状况加剧。俄罗斯经济能否彻底摆脱危机，走上平稳发展轨道，仍是一个未知数。

在外交方面，2017年俄罗斯继续推行进取性外交，但战术成果多，战略成果少。与西方缓和无望，对抗加剧；与亚太国家合作加强，成果显著；欧亚一体化进程虽有所发展，但独联体国家的离心倾向仍未得到有效遏制。2017年俄罗斯希望通过积极的中东外交，成为对中东地缘政治具有重要影响力的大国。俄罗斯外交能否突破困境，取决于能否出现与西方改善关系的契机，也取决于阻碍双方关系重启的难题能否得到解决。

在中俄关系方面，2017年中国提出习近平新时代中国特色社会主义思想，改革开放事业进入新境界，俄罗斯也处在为普京总统新一任期铺路过渡的关键年份。在世界经济低速增长、国际格局继续孕育深刻变化、国际安全形势面临诸多问题和挑战的背景下，中俄两国继续扩大各领域合作，政治互动频繁，经济合作全面发展，人文合作精彩纷呈，中俄全面战略协作伙伴关系继续深入发展。

目 录

Ⅰ 总报告

Y.1 2017年俄罗斯形势：总体状况与基本特征 …………… 孙壮志 / 001
  一 政治：稳定中暗流涌动 ………………………… / 002
  二 经济：艰难中曙光初现 ………………………… / 003
  三 外交：困境中寻求突破 ………………………… / 005
  四 中俄关系：发展中努力升级 …………………… / 007

Ⅱ 政 治

Y.2 2017年俄罗斯政治形势分析 ……………………… 庞大鹏 / 009
Y.3 2017年俄罗斯社会形势评述 ……………………… 马 强 / 023
Y.4 2017年普京治国理政的重要理念 ………………… 李 智 / 039
Y.5 2017年俄罗斯政坛反对派现状简析 ……………… 郝 赫 / 051

Ⅲ 经 济

Y.6 2017年俄罗斯经济社会发展状况 ………………… 程亦军 / 059

Y.7 俄罗斯经济发展优先方向与政策调整 …………………… 高际香 / 072

Y.8 俄罗斯2017年农业发展现状与潜力 ……………………… 蒋　菁 / 083

Ⅳ　外　交

Y.9 2017年俄罗斯外交 ………………………………………… 柳丰华 / 099

Y.10 2017年独联体地区形势 …………………………………… 刘　丹 / 108

Y.11 俄美对抗的僵持与深化 …………………………………… 韩克敌 / 123

Y.12 2017年俄欧关系述评 ……………………………………… 赵玉明 / 137

Y.13 2017年俄罗斯亚太外交评述 ……………………………… 李勇慧 / 150

Y.14 2017年俄罗斯对上海合作组织的政策 …………………… 吕　萍 / 164

Y.15 2017年欧亚经济联盟运行情况 …………………………… 王晨星 / 175

Y.16 乌克兰危机与俄乌关系 …………………………………… 胡　冰 / 189

Ⅴ　十月革命一百周年专题

Y.17 俄罗斯对1917年俄国革命研究的百年变化 ……………… 刘显忠 / 199

Y.18 西方学界对俄国十月革命百年的述评 …………………… 陈　余 / 216

Y.19 2017年俄罗斯民众对十月革命的认知与评价
　　——基于舆情数据的研究 ……………………………… 周国长 / 228

Ⅵ　中俄关系

Y.20 2017年中俄关系 …………………………………………… 柳丰华 / 245

Y.21 2017年中俄人文合作 ……………………………………… 许　华 / 252

Y.22 中俄经贸合作：2017年的新进展 …………………… 郭晓琼 / 265
Y.23 中俄经济合作中的品牌问题 ……………………………… 张聪明 / 279
Y.24 俄罗斯可再生能源发展现状及中俄可再生能源合作
………………………………………………… 徐洪峰　王　晶 / 293

Abstract …………………………………………………………………… / 304
Contents …………………………………………………………………… / 306

总 报 告

General Report

Y.1
2017年俄罗斯形势：
总体状况与基本特征

孙壮志*

摘　要： 2017年俄罗斯形势的发展，对普京竞选的结果没有直接影响，但关系到其未来政策的调整和新任期的开局。政治上，普京虽然拥有广泛的群众基础，但执政当局承受了来自社会层面的更大压力；能够依靠的聚拢民心的资源和方式越来越有限；俄国内的恐怖主义和极端主义依旧是现实威胁。经济上，国内生产总值在连续三年下跌后首度出现回升，尽管增幅有限，也为提振信心创造了有利条件，但西方制裁背景下产业结构不合理和国际竞争力不足等问题被放大，俄罗斯经济面临的难题依然很多。外交上，俄罗斯与美国关系继续恶化，与欧洲国家的合作也没有出现转机，但在中东和中亚取

---

* 孙壮志，中国社会科学院俄罗斯东欧中亚研究所所长、研究员。

俄罗斯黄皮书

得了较大成功。中俄全面战略协作伙伴关系进一步深化，经贸合作趋于平稳，多边领域合作取得了一系列务实成果，双方继续共同树立新型大国关系的典范。

关键词： 俄罗斯　中俄关系　俄罗斯政治　俄罗斯经济　俄罗斯外交

普京第三个总统任期进入最后一年，俄罗斯的政治、经济与外交也出现了一系列新的变化。在外部国际环境难有好转、内部社会经济状况喜忧参半的情况下，普京做出一个毫不令人意外的决定，即继续参加2018年总统大选，谋求下一个六年任期。实际上，2017年俄罗斯形势的发展，对普京竞选的结果没有直接影响，但关系到其未来政策的调整和新任期的开局。尽管普京认为2017年对俄罗斯来说是"成功的一年"，实际上俄罗斯困难依旧，内外形势都比较严峻，离真正的成功还有明显的距离。

一　政治：稳定中暗流涌动

普京总统当前任期始于2012年，当时俄罗斯遭遇了非常严峻的内外挑战，国内政治反对派十分活跃，给普京重返克里姆林宫制造了很大的麻烦。经过执政后的铁腕统治，普京再次展示了其"强人"形象，在不断巩固执政地位的同时，其个人声望也达到了作为俄罗斯领导人以来的最高点。

首先是普京拥有更为广泛的群众基础。执政的"统一俄罗斯"党不仅是俄国内第一大党，而且在2016年议会选举中轻松赢得三分之二以上的选票，席位较上届大幅增加（获得国家杜马450个席位中的343个席位），掌控议会绝对多数。普京2018年2月的民调支持率高达71%[1]。为了显示其

---

[1] 《民调：2月初普京的选举支持率升至71%》，http://www.guancha.cn/Neighbors/2018_02_08_446300.shtml。

更为广泛的代表性，普京选择以无党派候选人身份自荐的方式参加新一届总统大选，体现出他对自身政治声望的高度自信。

其次是俄执政当局承受了来自社会层面的更大压力。3月，席卷全俄数十个城市的反腐示威活动，尽管声势远不及2011年街头斗争来得猛烈，却使反对派领袖阿列克谢·纳瓦尔尼及其领导的"反腐基金会"获得更多支持和关注，而且反腐的矛头直指现任总理梅德韦杰夫，政府的形象受到打击。可以说，在社会分化日趋严重的俄罗斯，民众对官僚阶层的信任降到冰点。

再次是普京能够借以聚拢民心的资源和方式越来越有限。普京在当前政治任期的表现，基本上沿袭了过去的风格，控局的手段非常强硬，并正在进行精英的更新换代。同时，他借助乌克兰危机后强势"收回"克里米亚，利用民族主义情绪把个人影响力推至顶点。但随着其所拥有的政治资源消耗殆尽，要保证下一个任期平稳走完，需要适时做出一些改变，拿出更加有说服力的政绩才是根本。

最后是俄罗斯国内的恐怖主义和极端主义依旧是现实威胁。2017年4月，发生在第二大城市同时也是普京故乡圣彼得堡的地铁爆炸案，造成16人死亡，50多人受伤；12月，圣彼得堡的一家超市发生爆炸袭击，造成18人受伤。从2017年9月到2018年1月，俄罗斯约有50个城市频繁收到各种匿名炸弹威胁，引起了居民的大面积恐慌，政府也不得不加强对购物中心、火车站等人员密集区域的安保，并为保险起见进行大规模人员疏散，前后有数十万人被迫撤离，带来不小的经济损失。这些事件尽管没有引起更大规模的担忧，但也让民众质疑俄罗斯在叙利亚"风风光光"的反恐行动；"伊斯兰国"宣称要进行报复，使得俄国内安全风声鹤唳。圣彼得堡爆炸案的嫌疑人来自中亚，进一步激化了俄罗斯人与中亚移民的对立情绪。南高加索等俄罗斯的南部和西部"边疆"地区因为民族和宗教矛盾，加上与"近邻"们的复杂关系，始终是政权维护稳定的"软肋"。

二 经济：艰难中曙光初现

俄罗斯政府官员在总结经济发展成就时表示，2017年是一个具有转折

意义的年份，俄主要经济指标相对年初预测来说更为乐观。根据官方初步统计，2017年全年GDP总额达到92.08万亿卢布，比上一年增长1.5%①。1~8月税收同比增长32%；1~7月进出口贸易同比增长26.7%；粮食增产也使出口量大幅上扬，2017年粮食产量接近1.4亿吨，打破历史最高纪录。② 但从2017年走势看，不能说俄罗斯经济已走上健康发展轨道。由于国际能源和原材料市场价格继续在低位徘徊，美欧对俄罗斯的制裁力度也未减少，外部环境不佳导致俄罗斯经济整体提振乏力，某些领域出现的增长，对整体经济复苏能起到一定的带动作用，但其影响终归有限。

由于2017年后期国际资源价格高企，俄罗斯对外贸易出现较为明显的增长，全年进出口总额增长超过20%，前三个季度与东亚国家的贸易增幅很大，其中与韩国的贸易增长38.6%。普京总统参加11月在越南岘港举行的亚太经合组织领导人会议，也更多地抱有经济目的，但其从日本、韩国争取投资的成效甚微。

对俄罗斯经济来说，2017年一个重要的标志性事件就是其国内生产总值在连续三年下跌后首度出现回升，尽管增幅有限，但为提振信心创造了条件，有利于普京再次连任总统。首先，2017年最突出的指标是通胀率下降，9月与上年同期相比，通胀率从6.4%下降到3.0%。普京在多个场合表达了对经济增长的信心。其次，2017年投资增速超过了国内生产总值增速。③ 从数字来看，前三季度固定资本投资增长4.2%。俄罗斯政府认为2018年将延续这样的增长势头，但增速将继续维持在1.5%~2%的低水平。

俄罗斯经济在西方持续制裁之下继续平稳低速发展，卢布汇率渐趋稳定，营商环境和市场的信心有所改善，但过去产业结构不合理和国际竞争力不足等问题被放大，面临的难题依然很多。工业产值全年增长只有1%~

---

① 《据初步统计2017年俄GDP增长1.5%》，中国驻俄罗斯联邦使馆经商参处网站，http://ru.mofcom.gov.cn/article/jmxw/201802/20180202709090.shtml。
② 韩奕琛：《俄罗斯经济已走出"寒冬"？》，《大众日报》2017年12月5日。
③ Путин: Через 2-3 года экономика РФ должна достичь темпов развития выше мировых, 2 июня 2017. http://ren.tv/novosti/2017-06-02/putin-cherez-2-3-goda-ekonomika-rf-dolzhna-dostich-tempov-razvitiya-vyshe-mirovyh.

1.3%，低于经济发展部2%的预期；加工工业的增长只有0.2%。① 其中最突出的还是居民实际收入的持续下降。俄经济专家称，2013～2016年居民整体收入下降10%，到2021年才能恢复到危机前水平。政府的财政状况没有真正缓解，劳动力不足的压力始终存在。最大的障碍还是政府对危机应对乏力，迫切需要进行进一步的改革，转变增长方式，拓展外部市场。

俄罗斯经济亟待"减负"。从普京雄心勃勃的内外目标来看，目前俄经济状况难以支撑"双线作战"的需求，无论是进行在叙利亚和乌克兰的"战斗"，还是主导后苏联空间的一体化，依靠现有的资金和实力难以为继，如果遭受挫折，会使俄距离全球大国的地位渐行渐远。尽管俄罗斯政府出台了一系列振兴经济的计划，但都遇到投资瓶颈。以进口替代计划为例，包括重要部门的1100多个项目，总预算至少需要1590亿卢布，存在巨大的资金缺口。②

三 外交：困境中寻求突破

2017年，俄罗斯外交继续受到西方围堵，俄与欧洲传统上比较友好的国家，如法、德的关系没有进展，被认为相对"亲俄"的特朗普当选美国总统，也没有给俄美关系带来再度"重启"的福音，相反由于"通俄门"事件发酵，俄罗斯形象再次被"污名化"，特朗普只能延续其前任对俄罗斯的全方位"遏制"政策。7月，俄总统普京在G20汉堡峰会期间与特朗普总统会面，就网络安全等问题达成协议，但美国国会和政界并不买账，群起阻挠；7月底，美国国会通过对俄制裁法案，在美国的《国家安全战略》中将俄列为"修正主义国家"，体现了双方之间的结构性矛盾难以调和。

---

① Недоисполнение расходов бюджета на нацоборону замедлило рост промпроизводства в РФ в 2017г - Минэкономразвития，26.01.2018，Интерфакс - АВН. https：//vpk. name/news/204945_nedoispolnenie_rashodov_byudzheta_na_nacoboronu_zamedlilo_rost_promproizvodstva_v_rf_v_2017g_minekonomrazvitiya. html.

② Работает ли импортозамещение в России？09.02.2018. http：//stanradar. com/news/full/28367 - rabotaet - li - importozameschenie - v - rossii. html.

俄罗斯与欧洲国家的关系在这一年也没有出现转机。德国、法国的大选结果似乎对俄罗斯有利，无论是法国新当选的年轻总统马克龙，还是德国政坛的"常青树"默克尔，都有可能与俄"正常"打交道。但实际上欧洲大国和欧盟几乎一致保持了对俄强硬的政策，甚至在经济上也没有松动，对俄罗斯的外交打击颇大。欧盟在一年当中，分别于6月和12月两次延长对俄制裁，8月还扩大了制裁范围。俄罗斯也对欧盟采取了反制裁措施。相互制裁使俄欧双方都蒙受了经济上的巨大损失，欧盟对美国"单方面"加大制裁力度表示不满，德、法认为这"伤及"了欧洲国家。这说明俄欧之间的经济联系远比俄美之间要密切，俄罗斯也视欧洲国家为解除西方制裁的"突破口"。

2017年，俄罗斯在中东和中亚的外交取得了较大成功。在出兵叙利亚打击"伊斯兰国"取得巨大成果以后，俄宣布撤军，准备"华丽转身"。俄罗斯主导关于叙利亚问题的阿斯塔纳和谈，一年当中进行了八轮谈判，叙利亚冲突双方、伊朗、土耳其代表及联合国秘书长特使与会，俄罗斯在叙利亚和平进程中争得主动权，并借机与伊朗、土耳其达成默契，在与美、欧的较量中占得上风。但与此同时，俄罗斯的利益也已越来越与叙利亚局势的发展"捆绑"在一起，不得不继续维系庞大的军事开支，以全力维持阿萨德政权的统治。

中亚国家对俄罗斯巩固欧亚经济联盟至关重要。在中亚地区，俄借政治强人、乌兹别克斯坦总统卡里莫夫去世和吉尔吉斯斯坦总统大选之机，全面巩固了自身的影响力，牢牢掌控地区事务的主导权。乌兹别克斯坦和吉尔吉斯斯坦的新领导人都小心翼翼地处理对俄关系，希望得到普京的支持。但俄罗斯的强势政策也引起中亚国家的担心，俄传统盟友哈萨克斯坦在文化领域继续"去俄罗斯化"。10月，哈总统纳扎尔巴耶夫签署命令，决定加快以拉丁字母取代西里尔字母的进程，这势必降低俄语的地位，在后苏联空间具有一定的代表性。塔吉克斯坦拒绝加入欧亚经济联盟，也体现出中亚国家对俄罗斯政治经济控制的不满。

乌克兰危机依旧难觅和平解决的出路。波罗申科政府继续坚持依靠西方敌视俄罗斯的政策,"明斯克小组"的任务只能是维持脆弱的停火。克里米亚问题已经不仅仅是俄罗斯和乌克兰之间难以调和的矛盾,更是俄罗斯与西方改善关系的巨大障碍,乌克兰东部地区不时骤然紧张的局势不仅提醒国际社会乌克兰问题的存在,也导致俄西部的安全环境始终难以稳定。

四 中俄关系:发展中努力升级

对俄罗斯外交来说,中俄关系依然是其不多的亮点之一。两国全面战略协作伙伴关系进一步深化,各个层次上的互动和交流非常频繁,两国领导人经常举行会晤;经贸合作趋于平稳,双边贸易 2017 年出现较大幅度的增长,全年双边贸易额达到 849.7 亿美元,同比增长 20.8%,创近三年来新高;双边贸易结构持续优化,机电和高新技术产品贸易快速增长;多边领域的合作取得一系列务实成果,在金砖机制、上合组织框架内达成许多共识。5 月在北京的"一带一路"国际合作高峰论坛、6 月在阿斯塔纳的上海合作组织成员国元首理事会、7 月在习近平主席对俄罗斯的国事访问、9 月在厦门的金砖国家领导人会晤及 11 月在越南岘港举行的亚太经合组织(APEC)会议中,习近平主席都和普京总统单独会晤,保持了年均 5 次会晤的高频率。双方共同树立了新型大国关系的典范。

相较于政治关系的高水平,两国领导人都认为应加快提升经贸合作的质量。正如 2017 年 9 月习近平主席在厦门金砖首脑会晤期间会见普京总统时强调的,要发挥双边合作机制作用,落实能源、航空航天、核电等重点领域合作项目,积极推进"一带一路"建设同欧亚经济联盟对接合作,加紧开展互联互通等方面项目对接,促进两国毗邻地区共同发展。[①]

2016 年 6 月,两国元首提出建立"欧亚全面伙伴关系",发展了俄罗斯领导人提出的"大欧亚伙伴关系"战略理念的内涵,可以把中国领导人倡议的丝绸之路经济带建设与欧亚经济联盟建设实现对接纳入其中。当然,俄

---

① 《习近平会见俄罗斯总统普京》,2017 年 9 月 4 日,人民网 - 人民日报。

罗斯在这里面也有平衡中国在欧亚地区影响的考量,未来将考验双方的智慧和诚意,① 因为这关系到双方地区战略目标的契合度,其意义远远超出了双边的层面。

应该说,未来中俄关系无论是深度还是广度都会继续延展,这符合两国长远的战略利益。能源、核能、航空、航天、基础设施等领域战略性大项目合作顺利推进;积极开展远东开发合作,打造农产品贸易、跨境电商、中小企业、金融、高科技合作等新增长点,探讨北极开发、数字经济合作等新课题、新业态。中国对俄非金融类直接投资、新签工程承包金额同比大幅增长,投资存量稳步增加。据不完全统计,在俄的中资企业数量已超过1200家,涵盖多个领域。② 通过落实一系列重大项目和启动双方地方合作,合作的层次和主体更为丰富,日益展现出巨大的发展潜力。

---

① 赵华胜:《中国与大欧亚伙伴关系》,《国际问题研究》2017年第6期。
② 《驻俄罗斯大使李辉出席俄中实业家理事会2017年工作总结会》,中国驻俄罗斯使馆网站,http://www.fmprc.gov.cn/web/gjhdq_676201/gj_676203/oz_678770/1206_679110/1206x2_67913。

政治
Politics

Y.2
2017年俄罗斯政治形势分析

庞大鹏*

摘　要： 2017年，俄罗斯处于2016年国家杜马选举和2018年总统大选的"中期"阶段，普京政权的首要任务是确保这一选举周期的政治稳定。普京政权在政治控制和社会治理上采取了严密的举措：加强政权党的控制力，挤压反对派的政治空间；采用多种手段，严防恐怖主义袭击、"颜色革命"威胁等，保障选前政治和社会稳定。2017年俄罗斯实现了政治稳定，2018年总统大选普京取得大胜。大选结束后内政调整的具体方向可能集中在青年政策、代理州长、精英团结和民生等问题上。从全局上看，俄罗斯政治调整不仅仅局限于内政，因为当前俄罗斯政治、经济和外交完全联动，相互影响。俄罗

---
* 庞大鹏，中国社会科学院俄罗斯东欧中亚研究所俄罗斯政治社会文化研究室主任，研究员。

斯特殊论和反美主义严重影响了其国内改革和发展所需要的和平与合作的国际环境的形成。如何解决国际格局力量对比和俄罗斯自身认识之间不匹配的关系将是俄罗斯发展长期存在的问题。

关键词： 总统大选　政治控制　俄国特殊论

2017年，俄罗斯处于2016年国家杜马选举和2018年总统大选的"中期"阶段。普京政权的首要任务是确保这一选举周期的政治稳定。通过一年的政治治理，2017年俄罗斯实现了政治稳定，2018年总统大选普京获得大胜。

一　普京参选面临的问题与应对举措

2017年12月6日，普京宣布参加2018年总统大选。由于普京的控局能力超强，反对派的社会空间十分狭窄，普京再次当选没有任何悬念。

第一，尽管2016年国家杜马选举结果对普京大为有利，但是从2018年总统大选的前景看，普京还面临一些执政上的新问题。

2017年，俄政治反对派颇为活跃。在全俄范围内爆发了多次抗议示威运动。2017年3月26日，俄发生全国性的政治抗议活动，抗议活动的规模和人数是2011年"为了诚实的选举"运动之后最大的一次。6月12日，在"俄罗斯日"这一天，反对派游行再次在俄多个城市举行。体制外反对派不断发声，以图提升自己的影响力，希望能在总统选举中有所表现。

一是俄民众对目前经济状况、生活水平下降不满。从2017年的抗议运动看，在俄遭遇西方制裁和经济发展迟缓的背景下，民众生活水平下降，而民生问题与部分官员的贪腐问题形成对比，容易引起社会不满情绪。

二是当前俄国内的政治性抗议运动逐渐向社会性抗议运动转变。库德林领导的公民倡议委员会曾经以"俄罗斯人政治情绪监测"为主题进行了调查。报告认为，当前俄罗斯抗议运动的特点是人们不赞成政治抗议，支持社会性抗议。反对派利用这一政治生态特点，积极推动有强烈政治参与意愿的年轻人参与社会性抗议运动。

三是互联网和社交媒体等新兴媒体成为抗议活动的主要传播手段。从2017年的实际情况看，纳瓦尔尼是个突出的例子。尽管对媒体管控严格有加，但是在互联网和社交媒体上各种信息的传播速度难以控制，影响力超过了传统媒体。新媒体尤其是网络媒体传播的广度和深度往往出人意料。

第二，面对执政中出现的问题，普京通过加强"统一俄罗斯"党的组织建设继续巩固一党主导的政党格局，通过挤压政治反对派生存空间来制衡政治对手，从法律维稳到前瞻性维稳，并直面恐怖主义和"颜色革命"威胁。

一是不断加强"统一俄罗斯"党的组织建设，继续巩固一党主导的政党格局。"统一俄罗斯"党在2016年国家杜马选举中赢得宪法绝对多数席位，第七届国家杜马中赢得343席，获2/3以上宪法多数席位，延续一党主导的政党格局。"统一俄罗斯"党可以在国家杜马中独自通过包括宪法修正案在内的任何法律，这为普京布局2018年总统选举、调整国家内外政策提供了坚实的政治基础。

自2011年以来，"统一俄罗斯"党通过清党、党内差额选举、党内预选等方式加强了内部建设。相对于俄罗斯1.42亿的总人口，2016年"统一俄罗斯"党的党员人数统计为211万余人，占人口总数接近1.5%，可谓发展迅猛。

2017年，普京政权继续巩固"统一俄罗斯"党的政治地位。2017年1月22日，"统一俄罗斯"党第十六次代表大会举行。这次会议实现了该党中央领导机构的更新换代，通过了新一届最高委员会成员名单，并选举梅德韦杰夫连任该党主席，任期5年。俄罗斯政坛的重量级政治人物，如俄罗斯联邦委员会主席马特维延科、国防部部长绍伊古、莫斯科市长索比亚宁以及文化部部长梅津斯基、农业部部长特卡乔夫等连任该党新一届最高委员会成员，确保了该党核心领导层的稳定。在2017年9月10日的地方选举中，该

党在16个联邦主体行政长官的选举中大获全胜,该党候选人均高票当选。

二是加强社会思潮的引导,引导民意对普京的支持。2014年克里米亚回归俄罗斯以来,"后克里米亚共识"出现,并被有意引导,强化民族主义思潮,从而为政治社会稳定服务。普京的支持率也一直维持在80%以上。目前,虽然"后克里米亚共识"的热度有所衰减,但普京的支持率仍维持在很高的水平。而在2012年,普京是在全国上下的反对声浪中再次当选总统的。2014年以来,国家的经济和政治困难巩固了"支持普京的大多数",大多数俄罗斯人在乌克兰危机、西方制裁这些"决定国家命运的时刻"选择团结在总统周围,其主要理由是普京没有向西方屈服,独立制定国家发展道路,最大限度地保证了社会公平。①

三是完善政治治理方式,收缩体制外反对派的政治空间。普京已在俄罗斯的政党制度、议会制度、联邦制度和选举制度的运行机制上采取了相互关联、完整一体的举措。由于制度举措约束重重,体制外反对派很难参与政治生活。纳瓦尔尼目前是反对派中最有号召力的领袖,也是普京最大的政治对手。2018年1月12日,根据中央选举委员会发布的公告,纳瓦尔尼被禁止参加总统大选。根据俄罗斯刑法第4款第160条,因"基洛夫森林"事件,2017年2月8日,基洛夫地方法院判处纳瓦尔尼有期徒刑五年,缓期执行。根据俄罗斯选举制度,犯有严重罪行的公民十年内无权参加选举,这样就将曾有犯罪记录的纳瓦尔尼排除在候选人之外。另外,相关制度设计也排除了建立政党联盟的可能性。反对派力量薄弱且不能团结在一起,像纳瓦尔尼这样的体制外反对派除了搞街头政治之外无法参与国家政治生活。这些举措都为普京政权运筹2018年总统大选奠定了政治基础。

四是加强社会管理,控制反对派街头政治的规模和影响力。普京在第三个总统任期开始就颁布了诸多法令,对反对派运动从传播方式、组织动员方面进行严格管控,对反对派的政治参与进行了严格控制。2017年反对派运动并未达到五年前的规模,与这些法令所起到效力不无关系。首先,对互联

---

① Сергей Серебров, 2014 год прощания со стабильностью, 24 декабря 2014 г.

网空间进行严格管控。2012～2016年，普京政权几乎每年都要颁布法令限制相关信息在互联网的传播，如《网站黑名单法》《反盗版法》《封闭极端主义网站法案》《博主法案》等。根据这些法案，执法机构在非常情况下可以关闭互联网的信息传播渠道。其次，对非营利组织进行管控。非营利组织是反对派组织和动员进行抗议示威活动的工具，2012年以来，普京政权颁布了《外国代理人法》《不受欢迎组织法》，一大批参与反对派运动的组织被列为"外国代理人黑名单"或"不受欢迎组织"，无法从事相应的活动。最后，修改《游行示威法》，使得游行示威必须在当局允许的范围内进行。在3月26日和6月12日的反对派抗议活动中，多个城市的游行示威没有得到准许，属于"非法"范畴。据此，包括纳瓦尔尼在内的几百名游行示威的组织者被拘捕。利用《游行示威法》，当局可以有效地控制反对派街头政治活动的规模和影响力。①

五是对互联网的治理与日益严峻的反恐局势结合起来管理，有效抵制"颜色革命"。2017年3月24日，车臣发生了国民近卫军遭袭击的严重事件。4月3日，俄罗斯圣彼得堡地铁站发生爆炸，造成至少16人死亡，50多人受伤，这是自2013年12月伏尔加格勒火车站的恐怖袭击以来俄罗斯境内最严重的一次恐怖主义事件。2014年乌克兰危机以来，俄罗斯社会持续稳定，已经连续近四年没有发生恐怖主义事件。

此次事件具有"独狼"与"团伙"结合的性质，事件背后反映的是高加索安全问题。恐怖分子的目的是在高加索建立伊斯兰国家，俄罗斯境内北高加索的冲突多与外高加索地区冲突相关，出现"冲突交织"现象。潜伏在俄罗斯南部北高加索地区的车臣、达吉斯坦等共和国内的"伊斯兰国"武装头目集体公开了向"伊斯兰国"效忠的网络视频。受此影响，"伊斯兰国"宣布北高加索为"该国"的一个"地方"。俄联邦安全会议秘书帕特鲁舍夫指出，已经有超过1000名俄罗斯人作为战斗人员加入了"伊斯兰国"，

---

① 普京新时期俄罗斯政治最显著的一个特点是对社会的管控。国内学者马强副研究员对此有详尽研究。参见庞大鹏《普京新时期的俄罗斯：政治稳定与国家治理（2011～2015）》第13章和第14章，社会科学文献出版社，2017。

他们主要来自北高加索地区。俄罗斯面临的威胁是这些思想极端化并接受了良好军事训练的战士有可能从叙利亚战区回国并在俄罗斯实施袭击。

普京政权于2016年出台了反恐怖主义法律修订案《雅罗瓦娅法案》[①]，面对日益严峻的反恐局势，2017年继续强化该法案。2017年7月，俄罗斯在该法案基础上通过了新网络监管法。新法以禁用VPN为中心，要求通信软件运营商停止向传播"违法信息"的用户提供服务。此外，还要求社交网络运营商让用户实名绑定电话号码，禁止匿名使用社交网络。实际上，《雅罗瓦娅法案》对构成恐怖主义和极端主义倾向的犯罪类型惩罚更为严厉，该刑法中还新增严惩"不揭发"行为的条款。在互联网上组织和召集恐怖主义行动以及为恐怖主义辩护都将被追究。随着《雅罗瓦娅法案》的施行，俄罗斯打击恐怖主义行动有了更为有力的法律武器。

除防患恐怖主义威胁，俄罗斯维稳的重要内容是严防"颜色革命"。在新版《俄罗斯联邦国家安全战略》中，俄罗斯国家安全的优先方向已经定位为应对以美国为首的西方特工情报活动、扰乱俄罗斯国家机关工作、"颜色革命"等威胁。四月事件后，普京在维稳的观念上，继提出法律维稳后，又提出了前瞻性维稳的方针。前瞻性维稳主要指防备西方的干预。总之，针对恐怖主义袭击、"颜色革命"威胁，普京政权未雨绸缪，采取了严密举措。这些威胁仍在普京政权的控制范围内，不会对当前俄政局稳定产生实质性影响。

六是积极防范美国和西方国家插手俄罗斯内政。2017年11月，"今日俄罗斯"电视台在美国司法部被登记为"外国代理人"。面对美国挑起的"媒体战"，为了避免西方国家插手大选，俄罗斯反应非常迅速。国家杜马随即通过了《信息安全法》和《媒体法》修正案，宣布管控"外国代理人"非营利组织的相关法规也适用于外国媒体机构，"外国代理人"指涉的

---

① Федеральный закон от 06.07.2016 г. № 374-ФЗ, О внесении изменений в Федеральный закон 《О противодействии терроризму》 и отдельные законодательные акты Российской Федерации в части установления дополнительных мер противодействия терроризму и обеспечения общественной безопасности, http://www.kremlin.ru/acts/bank/41108/page/1.

范围进一步扩大。同时,该修正案也赋予俄罗斯政府不经法院判决关闭"不受欢迎组织"网站的权力。2017年11月26日,经总统普京签署后该法案正式生效。在随后的12月5日,俄罗斯司法部将"美国之音"广播电台、自由欧洲电台/自由电台等9家(其余7家为自由欧洲电台/自由电台经营的俄语及其他语种的媒体)美国支持的媒体列入"外国代理人"媒体名单。俄罗斯通过认定"外国代理人"不仅压缩政治反对派的生存空间、防范美国和西方插手大选,还可以完成将国内政治危机向"危机来自国外"的逻辑转化,降低政治风险,可谓一举多得。①

总之,为了应对挑战,普京政权在政治控制和社会治理上采取了严密的举措:加强政权党的控制力,挤压反对派的政治空间;在面对反对派示威游行、恐怖主义袭击、"颜色革命"等威胁时,通过多种手段维稳,保障选举前稳定的政治和社会环境。从选前民意调查结果来看,普京的支持率始终维持在80%左右,选前社会舆论对普京以高得票率再次当选总统有基本共识。

二 总统大选后政策的调整

第一,大选结束后政策调整的具体方向可能集中在如下方面。

一是青年政策问题。普京执政以来,以18~30岁为主体的"普京一代"已经成长起来。自2011年底的大规模抗议运动以来,"普京一代"开始通过新媒体等形式在政治舞台上显现其政治能量。但是,目前俄罗斯并没有系统的青年政策。当务之急是社会领域的青年政策需要调整,"普京一代"的问题需要妥善解决。

俄罗斯真正重视青年问题是从2005年左右开始。2005年前后独联体地区发生"颜色革命",普京政权开始重视青年对于政治稳定的意义,2006年12月,普京签署《2006~2016年俄罗斯联邦国家青年政策战略》。现在政策适用期已过,以青年为主的社会群体对普京政权的不满开始在普京第三个

---

① 马强:《"外国代理人":俄罗斯内外政策的一个关键词》,《世界知识》2018年第2期。

总统任期内显现，俄罗斯迫切需要制定新的青年政策。

俄罗斯的青年政治存在一个矛盾现象，就是从总的情况看，青年群体在国家政治生活中始终表现出一种整体性的政治冷漠，其政治参与的积极性并不高。青年政策调整的方向是加强青年政治参与的力度，并让青年群体成为促进社会稳定的重要力量。

二是代理州长问题。在普京第三个总统任期中，开始实行联邦地方行政长官统一选举日，导致之前按照春季选举而履职的地方行政长官任期届满之后，该地出现了行政长官的空缺现象。由于现行法律并没有对这一时期如何产生地方首脑有明确规定，普京政府任命了一批代理行政长官。这些代理行政长官具有广泛行政资源，具有较强的竞争优势，在春季任命后到秋季选举前的过渡期中可以建立起一定的执政基础，很容易在统一选举日获得选举胜利。实践也证明近年来代理州长基本都成功当选。这就是代理州长现象。现任地方首脑提前辞职同样会引发这种情况。大多数情况下，都是普京自己的人被任命为代理州长。这两种因素的交织造成了任命代理州长在普京新时期成为较为普遍的现象。但代理州长现象是暂时存在的现象，有很大的偶然性，合法而不合理。大选结束后，普京需要及时调整政策以应对联邦体制可能出现的新情况。

三是精英团结问题。普京执政以来，已换过三个办公厅主任。苏尔科夫最后因倡导政治妥协文化下台，担任了一段时间副总理之后，又担任总统顾问。普京重用的沃洛金作为人事主管，已升至国家杜马主席，他的执政理念是严格控制。这两人执政风格不一样。现在俄罗斯的政治不是像普京总统第一、二任期，是强力派和自由派之间的政治冲突，而是一种在政权内部需要消化、平衡的问题。对于俄罗斯这样一种政治人格化的政治体制来说，最大的危险实际上是出自精英内部。

四是民生问题。当前俄罗斯贫困问题突出，贫富差距拉大。贫困问题已经是俄罗斯面临的十分严重的社会问题。根据俄罗斯联邦统计局的数据，2016年，俄罗斯的贫困人口占总人口的14.6%，这意味着有2140万人生活在最低生活标准（9956卢布/年）之下。近十年以来，贫富差距进一步拉大，富者越富、穷者越穷的状况愈来愈突出。最富的 10% 的人和最穷的 10% 的人的收入差距在 2013 年已经扩大到 16 倍，在二十年中这个差距增长了 4 倍。与此同时，腐败问题突出。俄罗斯是世界上腐败最为严重的国家之一。在透明国际组织的报告中，俄罗斯始终排在 182 个国家中的后 50 位。俄罗斯腐败产生的主要原因是俄罗斯没有建立起对政权的监督体制，缺乏独立的媒体、司法系统和政治竞争。很多俄罗斯民众认为，俄罗斯的腐败程度比 20 世纪 90 年代还要严重。民众的贫困化、贫富差距拉大和腐败问题丛生滋生了社会不满情绪，俄罗斯的游行示威活动几乎都与此相关。

在 2016 年的国情咨文中，普京用了很长篇幅来阐述民生和社会保障事业的发展。普京强调，"我们所有政策的意义在于珍惜国民，令人力资源这一俄罗斯最主要的财富持续倍增"，"我们要维护传统价值观和家庭，落实人口政策，改善生态环境、提升居民健康水平、发展教育和文化事业"。[①]国家战略研究所所长米哈伊尔·列米佐夫认为，要在总统选举的背景下解读国情咨文。针对国情咨文中重点提及的社会保障体系，列米佐夫认为，社会领域和人力资源对未来的俄罗斯发展有着巨大的推动作用，但是相比于经济和生态指标，俄罗斯的某些社会指标非常低，如两极分化水平、居民健康指数等。国情咨文重点提及这方面的内容是一个积极的信号。

第二，俄罗斯内政外交的联动性问题。

除了上述具体领域之外，从全局上看，俄罗斯政治调整方向的问题不仅仅局限于内政的范畴，也就是说，不单单是集中在上述具体问题上。

当前俄罗斯的政治、经济和外交完全联动，相互深刻影响。普京刚刚执政的时候主要着眼于国内，他公开表示要解决好内部事务，国际上的大事让其他国家去处理。当前俄罗斯内政、外交、经济完全融为一体，而且调整的空间十分狭小。所以说普京最大的难题不是他竞选连任的问题，而是在他连任之后和六年之后。

[①] Послание Президента Федеральному Собранию. http://www.kremlin.ru/events/president/news/53379.

国际观影响内政举措。从2016年12月的对外政策构想可以看到，当前俄罗斯对于国际事务的重大策略出现变化，动用武力实现目的的愿望不断上升。① 2017年在瓦尔代俱乐部会议上，俄罗斯精英提出：国际秩序的构建是一种"创造性的破坏"②。对外政策的这种变化，对内政产生了深刻影响。当前俄罗斯内政的一个突出特点是强力部门重组，强力人员被重新安置到核心关键岗位，强力部门的地位得到强化。可见，对外政策的变化固化了俄罗斯内政的原有特点。内政的变化反过来又进一步影响到外交决策，因为俄罗斯的国家实力不是建立在金融和经济，而是建立在强力和军事这个基础上的。可以说，俄罗斯外交首先被强力部门和所谓大垄断企业的部门利益捆绑。这进一步造成俄罗斯在外交政策上会出现战略冲动和"用兵"的愿望。

联动性体现出来的核心问题是俄罗斯寻求社会政治的稳定。稳定一直是普京的头等大事。20世纪80年代的苏联和90年代的俄罗斯表明，最大的不确定性源自外部环境。从1997年亚洲爆发金融危机导致俄罗斯无法偿还债务，到国际恐怖组织支持参与车臣战争的反政府武装，再到俄罗斯认为西方插手独联体地区的"颜色革命"，普京确信，在"外部环境中无法控制的力量"面前，俄罗斯非常脆弱甚至危险。普京坚信，一个国家只有在能够控制自己命运的基础上，才能为未来制订有意义的计划。他的这种观点与其反复提及并特殊定义的"主权民主"思想相吻合。对于普京而言，主权意味着能够独立把握自己的命运，不能让其他人来左右俄罗斯的命运。普京认为，在20世纪80年代和90年代末戈尔巴乔夫和叶利钦执政时期，俄罗斯基本上丧失了主权。③

在主权概念的基础上，由于内外形势的变化，俄罗斯特殊论在普京新时期再次被提起。普京认为，俄罗斯拥有不同于西方国家的独特文明。俄罗斯

---

① Концепция внешней политики Российской Федерации. http：//www.mid.ru/foreign_policy/news/-/asset_publisher/cKNonkJE02Bw/content/id/2542248.

② Заседание Международного дискуссионного клуба 《Валдай》. http：//www.kremlin.ru/events/president/news/55882.

③ Andrew C. Kuchins and Clifford G. Gaddy Friday, Putin's Plan：The Future of "Russia Inc." *The Washington Quarterly*, February 2008.

特殊论的定义主要通过与充满敌意和掠夺成性的西方站在对立面得出。普京欣赏的保守主义哲学家伊利因说:"西方国家不理解也容不下俄罗斯的身份认同……它们计划把紧紧编在一起的俄罗斯'扫帚'拆散,再把拆下来的扫帚条一根根折断,最后用它们重新点燃黯淡的西方文明之光。"① 2013 年的瓦尔代会议传递的核心理念就是"没有俄罗斯的世界是不完整的"。普京以 1815 年维也纳会议和 1945 年的雅尔塔会议为例说明,只有俄罗斯参与重大国际问题的解决,才能塑造稳定的国际秩序。而一战后的巴黎和会没有俄罗斯的出席,普京认为这次和会上通过的《凡尔赛和约》导致了局势动荡和二战的爆发。普京声明俄罗斯是一个不可替代的大国。俄罗斯不会谋求"例外论",但俄罗斯会永远谋求在全球命运决策圆桌旁拥有一席之地。②

普京俄罗斯特殊论的认识与俄罗斯的地理环境紧密相关。地理环境是国家存在和发展的物质基础和前提,并影响政治系统的结构与功能。领土跨越欧亚两大洲的地理环境因素直接影响到俄罗斯的文化特征,并对国家治理的政策形成产生重要影响。不论是以扩张求安全还是兼顾东西方的政策原则都是这种影响的体现。"对俄罗斯来说,同西方欧洲伙伴保持良好关系非常重要,俄罗斯是欧洲文明的一部分,俄罗斯已保持着这种关系。但与东方的关系对俄罗斯也非常重要,俄罗斯将同东方伙伴发展经济、政治及其他关系,俄罗斯重视新兴经济地区。因此,俄罗斯将在各个方位开展工作。"③

普京俄罗斯特殊论的认识还与俄罗斯自我意识在苏联解体后被彻底唤醒相关。俄罗斯学者认为,这是一个复杂的长期过程,但只有它能够使国家振兴,能够唤起人民的创造力,使他们团结起来。这是不容置疑的历史规律,俄罗斯历史多次验明了这一点。任何一种伟大的民族思想只要植根于人民都有成功实现的机会。它与政治投机家的政策不同,不图眼前的短期利益。俄

---

① Leon Aron, Why Putin Says Russia Is Exceptional, *The Wall Street Journal*, May 31, 2014.
② Заседание международного дискуссионного клуба 《Валдай》. http://www.kremlin.ru/events/president/news/19243.
③ Интервью датской радиовещательной корпорации, 26 апреля 2010 года. http://www.kremlin.ru/transcripts/7559.

罗斯应当自己成长和成熟。俄罗斯不能脱离大国的历史，抛弃丰富的精神财富和文化遗产，这不是民族自大和傲慢，俄罗斯必须恢复民族自豪感。首先要消除落后和屈辱综合征。国家应当恢复俄罗斯的精神价值，重要的不是小集团的利益，而是国家的最高利益。俄罗斯比任何时候都更需要社会和谐与团结，需要放弃对峙，放弃极端的要求，不在内部树敌。俄罗斯需要从嫉妒和猜疑中进行精神解放，放弃所有会引起对立的东西。最重要的是恢复大国思维，俄罗斯大国思维的积淀是对俄罗斯历史命运的思考。大国思维应当成为现实政策和实际行动的原则，证明俄罗斯人民能够团结一致地解决战略性任务。[1]

普京俄罗斯特殊论的理念还与俄罗斯民族的坚定自信有关。在俄罗斯学者看来，从一系列数据看，作为联合国安理会常任理事国之一，俄罗斯属于一流国家。俄罗斯这个能源大国不是一种发展构想，而是事实，俄罗斯的能源出口占全球能源总出口量的17%，俄罗斯的原料资源占世界原料资源的30%以上；领土占世界面积的1/8；俄罗斯还是政治领导人、政治阶层和各方面专家都有全球思维的为数不多的国家之一。可以说，尽管处于危机之中，俄罗斯仍在实行的现代化有利于在社会经济方面也达到符合世界强国的水平。[2] 俄罗斯不再是超级大国，但它仍是一个大国。这种地位使俄罗斯有权加入重要的国际机构，成为致力全球治理的一个重要成员。

俄罗斯特殊论的另外一面是反美主义。俄罗斯列瓦达中心的定期民调结果显示，乌克兰危机后，尤其是2014年3月18日克里米亚回归俄罗斯之后，普京的民望及俄罗斯社会的反西方情绪尤其是反美情绪曾经一度同步持续升温，2015年初反西方情绪达到最高峰。当时有81%的俄罗斯人敌视美国，还有71%的人不喜欢欧洲，这是苏联解体以来两项数据的最高值。到达最高点之后，反西方情绪逐渐缓慢回落，相关数据开始平稳下滑，维持在60%左右。一般而言，在俄罗斯与西方国家发生公开冲突时，例如1999年

---

[1] См. Парламентская газета, 25 октября 2004 года.
[2] Никонов В. А. Современный мир: новые реальности // Стратегия России, №8, Август 2009 года.

的南斯拉夫问题、2003年的伊拉克问题以及2008年的格鲁吉亚问题发生时，俄罗斯对西方的社会舆论总是会由正面急剧转为负面，而在冲突尖锐阶段过去后，舆论又会恢复至稳定的评价。但是，即使恢复到正常值，俄罗斯的反西方情绪也有深厚基础。长期以来，即使在俄罗斯舆论最积极评价美国和欧盟的时候，俄罗斯人对西方也抱有成见。而且这种情绪是在20世纪90年代缓慢出现，并在普京上台前就已经形成了。①

问题的关键在于俄罗斯特殊论和俄罗斯反美主义对于俄罗斯的国家治理和发展究竟有正面促进作用还是具有消极意义。决定俄罗斯政策主要的和长期起作用的因素是民族主义和爱国主义。但是，俄罗斯国内改革和发展需要和平和合作的国际环境。俄罗斯特殊论和俄罗斯反美主义对于创造这种环境起多大作用呢？普京未来执政同样面临这一问题。

结　语

普京总统的人格特质深深影响了俄罗斯的国家治理，而俄罗斯的政策需要又与普京的人格特质相互契合。俄罗斯精英在国家治理的原则与目标上惊人的一致：保持俄罗斯在世界上作为一个不可忽视的国家的地位。正如原外长普里马科夫所说："俄罗斯过去是一个大国，现在仍然是一个大国。像任何大国一样，俄罗斯的政策必须是多向和多面的。""国际局势本身要求俄罗斯不仅是历史上的大国，而且现在也是大国。"精英层虽然承认俄罗斯的能力有限，但是并不认为俄罗斯的有限能力构成俄罗斯在世界上发挥积极作用的障碍。②

俄罗斯幅员辽阔，自然资源丰富，具有长期发展潜力，但苏联解体后俄罗斯所面临的经济、军事和政治缺陷直接约束了俄罗斯在国际上的作用。从

---

① Почему мы не любим Америку, Социолог Денис Волков о том, как развивались представления россиян о Западе после распада СССР. https://www.vedomosti.ru/opinion/articles/2016/04/25/638889-pochemu-mi-ne-lyubim-ameriku.

② Sherman W. Garnett, Russia's Illusory Ambitions, *Foreign Affairs*, March/April 1997.

俄罗斯黄皮书

短期看,俄罗斯的问题和解决办法之间存在的矛盾性会限制俄罗斯的国力。除了俄罗斯力量所受到的物质约束外,还有一种最难用数量表示然而也许是最有约束力的理念约束,即俄罗斯对外政策的目标与可利用的手段不相匹配。因此,俄罗斯真正的局限性在于俄罗斯力量受到的约束,这种约束体现为俄罗斯的雄心和能力之间的张力关系。① 解决国际格局的力量对比和俄罗斯对于自身认识之间不匹配的关系是俄罗斯发展长期存在的问题,也是普京连任之后面临的俄罗斯难题。

---

① Sherman W. Garnett, Russia's Illusory Ambitions, *Foreign Affairs*, March/April 1997.

Y.3
2017年俄罗斯社会形势评述

马 强[*]

摘 要： 2017年俄罗斯社会的总体背景是：西方对俄罗斯的制裁仍在继续，经济虽有缓慢增长，但仍处于危机状态；俄罗斯人收入水平下降，生活水平在低谷徘徊，贫困加剧。在危机与贫困并存的背景下，俄罗斯民众期待改革，通过改革改变社会现状，解决社会问题。但俄罗斯对改革还没有做好准备，尚不清楚改革的方向和具体措施。为防范"颜色革命"和外部势力干涉，保证2018年总统大选平稳进行，俄罗斯当局在鼓励社会团结的同时，采取措施严控社会领域，打击反对派，实现社会稳定。总体上国家与社会的关系呈现多元形态，"强国家、弱社会"的格局没有改变，社会领域的空间越来越小。

关键词： 俄罗斯 社会形势 社会问题 社会情绪 国家与社会关系

2017年，俄罗斯社会在经济危机和西方制裁下仍保持了基本稳定，虽然有全国性的抗议示威运动发生，但很快得到平息。在内忧外患的环境下仍保持社会基本稳定，这本身就说明俄罗斯社会领域的构成、运作机制具有独特性，特别是国家与社会的独特关系是保持社会稳定的基础。本文正是带着这些问题对俄罗斯社会领域进行探求，并对俄罗斯2017年的社会形势进行评述。

---

[*] 马强，中国社会科学院俄罗斯东欧中亚研究所副研究员。

一 危机条件下的贫困问题

俄罗斯是世界上自然资源最丰富的国家[1]，却有13.8%的俄罗斯人（2030万人）的收入低于最低生活标准[2]，还有1210万俄罗斯人（占劳动力人口的16.8%）是"有工作的贫困人口"[3]。2017年，俄罗斯年平均工资水平为38848卢布[4]，低于塞尔维亚、罗马尼亚、中国和波兰[5]。同时，俄罗斯的工资水平并不平衡，发达地区如莫斯科年平均工资水平为70993卢布，欠发达的边疆地区如达吉斯坦共和国年平均工资水平为21522卢布。[6]另外，还有90万俄罗斯人领取最低工资水平（7800卢布）的工资。93%的农业工人，93%的轻工业工人，87%的教育部门员工，85%的卫生医疗行业从业者，83%的通信、社会以及其他服务业（包括文化和体育）员工的工资水平甚至处在贫困线及以下。[7] 40%的俄罗斯人的收入仅够购买食物。

造成贫困的主要原因是实际可支配的货币收入下降。研究者详细分析了造成居民物质收入下降的风险，其中最主要的因素是失去工作、借贷和抚养孩子。相对而言，失去工作的风险较小，只有五分之一的俄罗斯人对此感到焦虑；借贷带来的债务危机也并不是普遍的现象，工人和低端劳动者的债务

---

[1] Путин: Россия – самая богатая страна. https://dni.ru/economy/2015/9/24/315880.html.
[2] 根据俄罗斯联邦统计局2017年第三季度的数据，本季度最低生活标准为10329卢布，http://www.gks.ru/bgd/free/B09_03/IssWWW.exe/Stg/d03/252.htm。
[3] Эксперты правительства назвали точное число бедных работающих россиян // Ведомости, 31.10.2017.
[4] 根据俄罗斯联邦统计局2017年11月平均工资水平统计数据，http://www.gks.ru/wps/wcm/connect/rosstat_main/rosstat/ru/statistics/wages/。
[5] Средняя зарплата в России упала ниже китайской // Новая газета, 18.05.2016.
[6] 根据俄罗斯联邦统计局2017年11月平均工资水平统计数据，http://www.gks.ru/wps/wcm/connect/rosstat_main/rosstat/ru/statistics/wages/。
[7] Каждому десятому работнику зарплаты не хватает на еду: НИИ Росстата проанализировал《работающих бедных》https://www.vedomosti.ru/economics/articles/2017/04/04/684008-rabotniku-ne-hvataet-na-edu.

风险较大；而家庭中有需要抚养的孩子将会带来沉重负担。① 80%的贫困人口都来自有2~3个孩子的家庭②，凸显了俄罗斯社会保障出现了问题。这种致贫的风险会让很多家庭十分慎重地考虑生育问题，对人口和劳动力不足的俄罗斯来说，这无疑是雪上加霜，会造成恶性循环。普京在国情咨文中也重点提及贫困问题，提到解决贫困问题的方略，要提高最低工资标准，并承诺六年内将减少贫困率。③ 扶贫是一个系统的工程，仅靠增加收入是无法从根本上脱贫的，还需要提供更多的工作机会，改善社会保障体制。

面对收入水平下降，所有年龄层、职业阶层的俄罗斯人都开始缩减开支，但并不是所有的阶层都对收入下降、贫困有同样的感知。这就是不平衡的问题。社会学家指出，俄罗斯社会最为紧迫的价值问题是公平、诚信和尊重。④ 这些价值问题在危机和经济不景气时尤其引人注目。61%的俄罗斯人认为，当代俄罗斯社会并不公平。不公平是因为收入分配不平均（16%），较低的生活水平（9%），腐败、偷窃、对腐败分子没有惩罚（5%），缺乏对人的关心（4%），缺乏法制（4%）。⑤

民调显示（见图1），在2017年，认为个人和家庭生活更艰难的受访者明显下降，从2016年的48%下降至2017年的33%；同时，认为生活比原来更轻松的受访者从2016年的16%上升至18%。虽然俄经济还没有解除危机状态，但俄罗斯人明显感到已经度过最困难的时期（2015年为近年来的峰值，认为生活更艰难的人数达到55%，认为更轻松的人数为11%）。其中，还有一个重要原因是"后克里米亚共识"和"危机源自国外"的社会情绪，这使得俄罗斯民众对于国家和个人及家庭现状的评价都有所好转。但

---

① Рустем Фаляхов Россия проваливается в бедность：Каждый третий россиянин рискует оказаться за чертой бедности. https：//www. gazeta. ru/business/2017/01/12/10471853. shtml.
② Бедность как порог //Журнал《Огонёк》，№28 от 20. 07. 2015，стр. 26.
③ Послание Президента Федеральному Собранию，1 марта 2018 года. http：//www. kremlin. ru/events/president/news/56957.
④ Социологи предлагают Владимиру Путину победить с помощью правды // Газета 《Коммерсантъ》，№73 от 26. 04. 2017，С. 4.
⑤ О справедливости и несправедливости в российском обществе. ВЦИОМ，07. 04. 17. http：//fom. ru/TSennosti/13279/.

值得注意的是，即使是认为 2017 年感到生活更艰难的人数下降，但仍占到受访者的三分之一强，还有近一半的人（48%）认为和 2016 年相比没有什么变化。这说明，大部分俄罗斯人对目前生活的评价并没有明显好转。

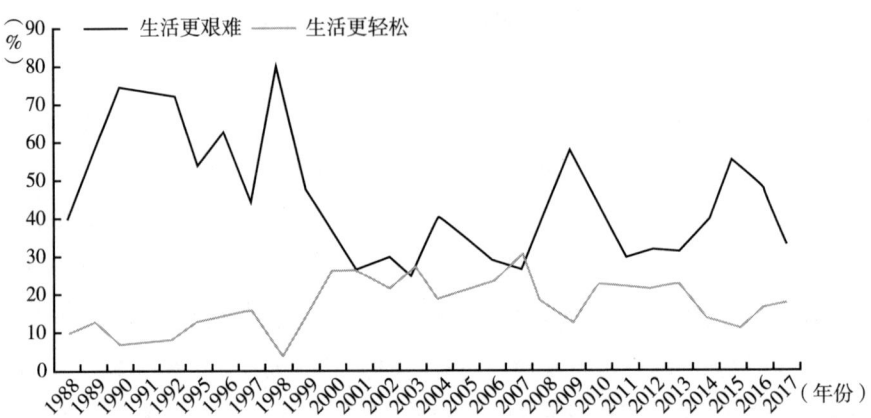

图 1　对于个人和家庭而言，如何评价过去的一年

资料来源：此项调查于 2017 年 12 月 15~20 日在全俄罗斯范围内进行，受访者为来自全俄 48 个地区 137 个居民点的 1600 名 18 岁以上的俄罗斯人，https://www.levada.ru/2017/12/24/itogi-uhodyashhego-goda/。

俄罗斯人对家庭生活和国家的评价具有高度的拟合性，整个国家的状况和个人、家庭的命运高度相关（见图 2）。对国家及个人评价的社会负面情

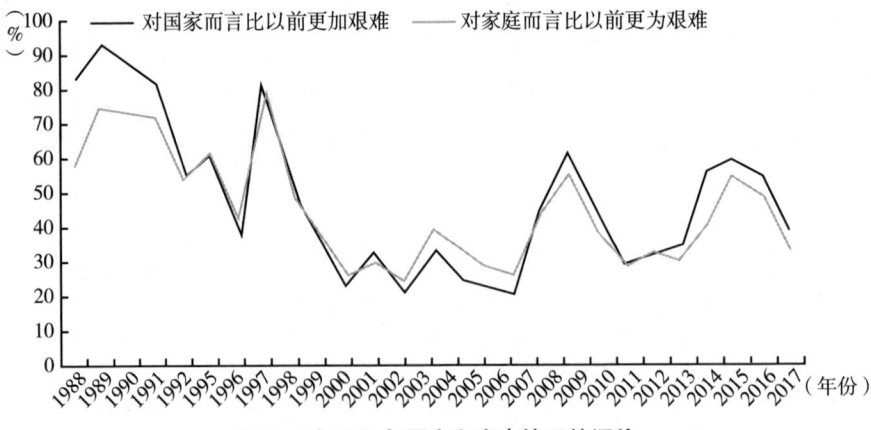

图 2　对 2017 年国家和家庭情况的评价

资料来源：同图 1。

绪在社会动荡、经济危机的节点上会达到峰值（如苏联解体初期，1998年、2009年经济危机，乌克兰事件后的西方制裁）。

二　期待变革的社会情绪

2017年8月，莫斯科卡耐基中心和列瓦达中心联合进行了调查项目"我们等待变革"①，主题是俄罗斯大众是否有进行改革的呼声。调查结果显示，42%的俄罗斯人期待进行彻底的大规模的改革；还有41%的俄罗斯人表示期待非彻底的、渐进式的改革，让生活状况更好；只有11%的人不希望有任何的改变。

在关于哪些阶层是改革支持者的问卷调查中，年轻人（38%）、低收入群体（38%）、中产阶级（27%）、退休人员（26%）被认为是俄罗斯最想改革的社会群体。而被认为不愿意改革的社会阶层是：官员和官僚（56%）；寡头、大商人（52%）；地方官员和地方精英（25%）。期待改革的社会群体中有低收入者和退休人员这样的弱势群体，他们希望通过改革增加收入、提高生活水平；还有年轻人和中产阶级期待突破现有体制，获得更多的社会资源和更高的社会地位。而没有改革意愿的社会群体往往是现有体制的既得利益者，在俄罗斯，既得利益者群体往往被认为是不正当的，具有较低的社会评价。俄罗斯人普遍认为各级官员和官僚腐败现象严重，官商勾结，寡头和大商人谋取非法所得。现有的社会分配体系并不公正和公开，阶层的贫富差距不断增大，这也成为当代俄罗斯社会矛盾的主要来源。

在民众的开放式答题中（见图3），关于改革的目标，俄罗斯民众普遍关心提高生活水平（25%）、社会保障和社会公平（17%）。调查的结果是对社会现实的反映，俄罗斯人的共同愿望是：生活更好一点，工资更高一点，商店里的商品价格不那么高。在开放式调查问卷中，民众普遍希望政府

---

① 本节的数据全都来自列瓦达中心2017年8月的调查数据。Андрей Колесников, Денис Волков Хотим ли мы перемен: Есть ли в России массовый спрос на изменения? http://carnegie.ru/2017/12/27/ru-pub-75116.

"切实地帮助居民",而不只是"在电视上说说""只是填满自己的口袋"和"帮助其他国家"。

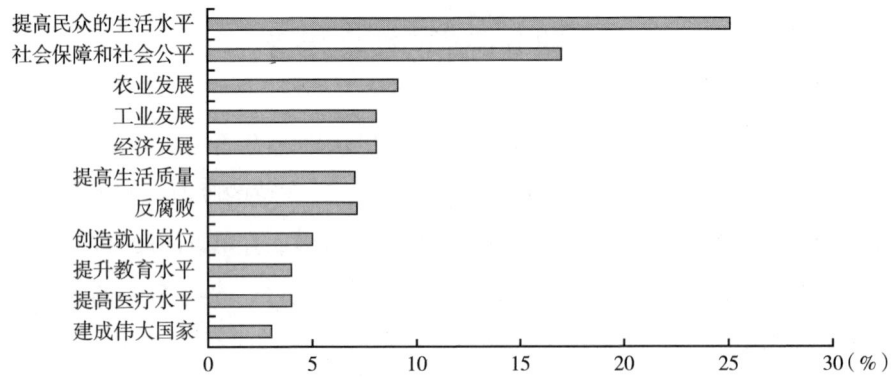

图3　您觉得我们国家改革的主要目标是什么(开放式答题)

资料来源：同图1。

调查数据显示，俄罗斯民众认为的国家政策优先方向也多集中在提高居民收入和社会保障领域，如提高医疗服务质量（50%）、降低通货膨胀（49%）、提高教育质量（31%）、农业发展（29%）、提升住房公共服务质量（27%）、支持中小型商业和企业（13%）、退休金改革（11%）等。也有俄罗斯民众认为国家政策的优先方向应该在政治领域，实现强国目标，但所占比率远低于社会领域，如提升军队的战备水平（20%）；提高国家行政服务水平，官员要承担对公民的责任（16%）；保障司法独立（13%）；改善和西方的关系（13%）；保障自由和诚实的选举（8%）；限制强力部门的影响，进行社会监督（5%）；限制国家对经济的操控（4%）；扩大民主和自由（3%）。俄罗斯民调显示，俄罗斯民众更关心个人和家庭生活的好转与社会保障的完善。

研究人员发现，在小组访谈中，访谈参与者也表达了对政治改革必要性的看法，如提出"政权更替""司法独立""私有财产不可侵犯"等议题。但是能够有意识、有内容地谈论改革方向的积极的公民人数要比想象中少，他们也提不出可行性的计划。如何才能让生活变得更好，多数人对此并没有答案。在这种条件下也不知道这种对现状不满的情绪未来会走向何处。多数人认为实施改革要依靠国家的力量。访谈参与者经常提出提高国家的支付、补贴和福利，进行价格监控，他们确信国家对公民有不变的义务。

在"谁是改革者"的问题中，并没有多少俄罗斯人听说过库德林和季托夫的改革方案，虽然他们是改革方案的提出者，在表示接受改革的受访者中，知道这些政治家名字的人不超过1%。近60%的受访者连这些政治家的名字都没听说过。在小组访谈中，受访者希望改革者能拿出一个具体的、有实施步骤的行动计划，就像一位受访者说的"像EXCEL表一样"，把每一项计划都交给各部委、各个层级机构的官员们。受访者对库德林的态度表示中立，即使是"自由派"受访者对他的评价也非常谨慎。

反对派领导人纳瓦尔尼也被列入潜在的改革者名单之中，近两年来，他博得了更多激进民众和民主党派大部分选民的同情。[①] 他在大众中间受欢迎程度的提高主要是因为在参加联邦级别选举中对他进行的限制。民众对纳瓦尔尼的支持不是因其改革计划、具体的施政建议和措施，而是他在全国各地调查和巡回讲演的政治行动积极性。

有25%的受访者选择普京作为改革者。在缺乏选择的政治系统中，多数受访者将改革的希望寄予普京本人。普京是"不可撼动的"，这已成为当前俄罗斯威权体制下不可言明的观念和游戏规则。这样的模式已经存在多年，即总统将各个阶层和群体的希望集于一身，他既是自由主义者，又是民族主义者，是帝国主义者，还是社会主义者。尤其是在他再一次竞选总统的当下，普京的这个全能形象是吸引和建构"普京大多数"的必要条件。而这个模式也会将普京塑造成为多数人眼中的改革者。实际上，普京有足够的时间将俄罗斯带到更好的方向，但他没有做到。普京的形象和声望让一部分俄罗斯人认为现政权才是最有可能的改革者，这样的一种社会情绪将改革者和执政者的身份混淆了，事实上，要进行触动统治集团利益的改革的可能性

---

① 支持者主要来自中小城市（10万~50万人口），受过高等教育的年轻人（年龄为25~39岁），多为从事管理职位或每天使用互联网的人。

很小。

特别值得注意的是，选择"无人可以是改革者"的人有31%，很难回答的受访者占30%。也就是说，60%多的受访者并没有确定谁能成为俄罗斯的改革者，也就是说，他们对当前俄罗斯能够进行改革持怀疑态度："无论是普京，还是其他人，哪怕是基督耶稣，现在来挥动魔杖解决所有问题都是不可能的。"

改革的代价也让俄罗斯人担忧。在访谈中，研究者形成了这样一种印象：对于所有阶层的人来说，最想要的和最为舒服的是既改变一切，又不用牺牲任何东西；不用冒险，不用付出任何努力，让政府自己改变。事实上，这种情况不可能发生。这也表明了俄罗斯人对改革还没有做好准备，只是愿意享受改革带来的成果，而不愿意付出代价。在"您是否准备好变化，以让生活质量提高？"一题中，多数民众还没有准备好个人（与国家一同）支付医疗服务费用（66%）、提高退休年龄（75%）、减少一部分社会福利（77%）。民众只是对一些技术层面的改革有所准备：64%的受访者准备好掌握新的技术和技能；45%的受访者同意关闭一些亏损的企业。

总之，俄罗斯人有改革的愿望，但对具体怎么样改革还不清楚，尽管大多数公民（甚至在"后克里米亚时代的普京的大多数"中间）认识到，如果没有改革，俄罗斯就不会前进，甚至可能停滞不前。

三　薄弱的社会自组织状况

现代民族国家的重要特征是政治、经济和社会领域分离。在当前俄罗斯严控的政治体制下选择性并不多，经济领域危机持续，社会领域的自我组织是实现社会团结的可能途径之一。评价社会领域发展状况主要是关注其社会自组织的能力，评价社会自组织能力的重要指标包括非政府组织的数量和质量、慈善事业、志愿者事业以及地方自治状况。

1. 第三部门/非政府组织

2015~2016年，俄罗斯非政府组织（НКО）的数量相对稳定，呈现缓慢增长的态势。2015 年底为 22.6 万个，2016 年底为 22.7 万个，2017 年底为 22.3 万个，减少将近 4000 个。① 社会 – 非政府组织却呈现增长态势，2015 年底为 140031 个；2016 年底增长到 143436 个，几乎占所有注册非政府组织的 63%。2017 年，在"开放的非政府组织"项目框架下，有些非政府组织获得了国家的支持，包括津贴、项目和资助。② 国家以及地方预算对于社会 – 非政府组织的资助也逐年提升。来自联邦预算的拨款，从 2015 年的 80 亿卢布增加到 2016 年的 112 亿卢布，到了 2017 年，仅总统津贴一项便高达 70 亿卢布。③

2. 社会慈善事业

2017 年，有三分之二的俄罗斯人参与了慈善事业。④ 2016 年，慈善事业的个人捐赠达到 1430 亿卢布，占到 GDP 的 0.34%。⑤ 民调显示，在"为什么需要捐赠"一题中，43% 的受访者认为是帮助那些处在困境的人；33% 的人从事慈善事业是为了自己的好心情；33% 的受访者认为"应该参与解决社会问题"。在"谁是最需要帮助的对象"一题中，受访者普遍认为儿童（58%）、宗教组织（30%）、穷人（28%）和动物（20%）是最需要帮助的。而对以下事项关注较少：支持科学研究（1%）、保护人权（1%）、保护心理健康（1%）。⑥ 在俄罗斯民众看来，支持科学研究、保护人权等应该是国家的任务，而不是慈善事业。在俄罗斯，慈善事业是相对个人化的行为，民众对慈善组织的认知度和信任度都很低，人们遇到问题和困难，更愿

---

① Доклад о состоянии гражданского общества в Российской Федерации за 2017 год. М., Общественная палата Российской Федерации, 2017, С. 24.

② Портал 《Открытые НКО》. https: //openngo. ru/.

③ Доклад Министерства экономического развития РФ о деятельности и развитии социально ориентированных некоммерческих организаций за 2016 г. http: //nko. economy. gov. ru/ Files/NewsDocuments/ef54d172 – 13a8 – 43a2 – ae4b – a7fe7becade7. pdf.

④ Исследование частных пожертвований. Фонд КАФ, 2017 год. http: //philanthropy. ru/ analysis/2017/11/08/56844/.

⑤ Каждый второй россиянин совершал пожертвование в НКО в 2016 году, 01. 11. 16. http: //www. cafrussia. ru/page/issledovaniya.

⑥ Доклад о состоянии гражданского общества в Российской Федерации за 2017 год. М., Общественная палата Российской Федерации, 2017, С. 46.

意找政府解决，而不是找慈善组织。

3. 志愿者事业

根据高等经济学院公民社会和非营利领域研究中心的研究结果，2017年，66%的组织使用志愿者；42%的俄罗斯人在一年中从事某种形式的公益活动或者没有报酬的工作，其中最主要的是建设社区基础设施和清扫社区，有一半的受访者都做过这样的工作，还有36%的受访者做社会工作。① 有将近三分之二的俄罗斯人（65%）认为，公益活动、志愿者行动能够为陌生人提供免费的帮助，解决社会上面临的问题。②

根据俄罗斯青年事务署（Росмолодежь）的数据，2017年，青年中的志愿者人数增长27%。2016年，全国志愿者人数为4168228人，2017年，志愿者人数为5283778人。③ 志愿者的规模占人口总数的3%。志愿者不只是青年人的专利，有三分之一的志愿者是56岁以上的中老年人；四分之一的志愿者在64岁以上，而72岁至80岁的志愿者占十分之一。④ 除了大型的体育赛事（2014年索契冬奥会、即将到来的2018世界杯），志愿者服务和公益服务集中在社会和医疗服务领域。

2017年，"促进俄罗斯联邦志愿者事业发展"项目创立；凝聚志愿者的交流空间和互联网网站"俄罗斯志愿者"创建⑤，到2017年底，在该网站注册了28850名志愿者和1396个组织，实施了636个项目。

---

① Эффективность волонтерской деятельности – в фокусе внимания исследователей, 04.09.2017. https://grans.hse.ru/news/208963286.html.

② Исследование 《Анализ добровольческой деятельности в Российской Федерации: вовлеченность групп населения, общественные приоритеты, барьеры для развития и пути их преодоления》// Центр исследований гражданского общества и некоммерческого сектора НИУ ВШЭ, 2017.

③ 《Возможность для саморазвития》: в Росмолодёжи заявили о стремительном увеличении числа волонтёров в стране // RT, 19.09.2017; ttps://russian.rt.com/russia/article/431599-volontyory-rost-pomosh-dobro.

④ Исследователи: более трети россиян 《серебряного возраста》вовлечены в волонтерство // Агентствосоциальной информации, 02.10.2015. https://www.asi.org.ru/news/2015/10/02/issledovateli-bolee-tretirossiyan-serebryanogo-vozrasta-vovlecheny-v-volontrstvo.

⑤ Сайт 《Добровольцы России》. https://добровольцыроссии.рф.

4. 地方自治

在俄罗斯社会自组织的体系中,地方自治是重要的方面,它一方面体现了公共行政的水平;另一方面体现了公民社会的发展状况。根据地方自治法规定,公民有各种参与社会决策的形式,包括全民公决、公开听证、法律创新、法律草案的"零读"、社会监督和评估以及影响评价等。事实上,法律规定的多项地方自治的措施都没有实施。现实中,具体问题的决策往往出自联邦一级,行政命令多从总统或者地方行政长官垂直向下发布,这种决策机制被认为比公民自治的方式更为便捷。近十年以来,地方政府官僚化严重,自治水平大幅度退化。大部分行政资源集中在区一级。居民对地方自治不信任,地方自治对公民的吸引力下降。①

2017年,地方自治机构合并速度加快,2016年减少了72个,2017年前五个月就减少了193个,主要是村级地方自治机构,② 主要是一些无人居住的村庄和村庄的"非农化"。这会造成农村基础设施建设滞后,一些村庄裁撤邮局、学校、储蓄所和派出所。地方自治机构合并和人口向大城市集中,这不只是地方自治的问题,还包括大部分居民并不热衷参与解决地方问题。2017年,许多政党遇到了找不到村委会候选人的问题。人们不想作为候选人参选。③ 在地方自治中出现了解决地方问题的非正式的力量,形成了各式各样的城市和乡村社团。

纵观俄罗斯社会领域的自组织状况,可以看到,非政府组织发展缓慢,且生存状况艰难;慈善事业尤其是慈善公益组织并不发达;志愿者事业虽然发展良好,但主要依靠行政力量推动;地方自治水平下降。因此,俄罗斯社会领域自组织程度不高,社会领域力量薄弱。

---

① Доклад о состоянии гражданского общества в Российской Федерации за 2017 год. М., Общественная палата Российской Федерации, 2017, С. 18.
② Граждане не хотят быть сельскими депутатами // Газета 《Коммерсантъ》 №113 от 27.06.2017, С. 2.
③ Эксперты КГИ предлагают установить барьеры для укрупнения муниципальных образований // Комитет гражданских инициатив, 01.08.2017: https://komitetgi.ru/news/news/3369/.

俄罗斯黄皮书

四 国家与社会的二元关系

在俄罗斯,政治、经济和社会三个领域并不完全独立,尤其是政治领域和社会领域并不是孤立地存在,国家政权力量一方面与社会力量进行合作,保障社会稳定与福祉;另一方面又要对社会领域严控,防止外国势力的渗透和政治反对派在社会领域的发展。

1. 合作与对话

在俄罗斯主流的社会意识中,"全俄罗斯团结一致"的观念最具代表性。这是大多数俄罗斯人的价值观,并没有民族和宗教属性、社会阶层、政治意识形态和爱好的差异。44%的俄罗斯人持有"全俄罗斯团结一致"的观点,高于很多具有较高教育水平和收入水平的国家。[1] 要实现全俄罗斯的团结,调整国家与社会的关系是最重要的,第一步就是能够平等地对话。

俄罗斯政府建立了与社会平等对话的途径。近年来,俄罗斯有多个途径能让政权与社会共谋发展。对话和沟通的途径包括:俄罗斯联邦社会院,各联邦主体的社会院,全俄人民阵线,联邦和地方执行机构的社会委员会,保护人权、儿童权益和企业家权益的组织,联邦级别的青年论坛等;在2010年代出现的自治组织,如俄罗斯社会论坛,地区社会创新论坛,由俄罗斯联邦社会院主办的维护公民社会利益的"共同体"论坛等。

"共同体"论坛是社会、经济和政治领域开放的对话平台,最能体现"全俄罗斯团结一致"的主题。2017年的论坛显示,俄罗斯有很多有热情的人,他们能让生活变得更好。因此,联邦社会院又将此论坛更名为"积极公民论坛"。2017年,"共同体"论坛共在九个大城市举办,有近8000人参加,平均每场有600人,在莫斯科举办的总论坛有3500人参加。这些参加者来自俄罗斯联邦500个地区。共讨论了200个议题,平均每场10个议题。"共同体"论坛促进公民的社会监督,促进地方事务得以解决;整合非政府

---

[1] Инициативный всероссийский опрос ВЦИОМ проведен 29–30 октября 2016 г..

组织和推动共同的项目,商业机构、社会企业、媒体和高校参与其中;在地方社会院活动的人数增加,总统津贴基金会的申请者增加。

国家与社会领域的合作最突出地体现为各级政府对社会-非政府组织①的支持。上文已经提到,在非政府组织数量减少的状况下,社会-非政府组织的数量增加,各级政府投入大量的预算资金来支持社会-非政府组织的发展。这些组织与政府有着良好的关系,不具有"外国代理人"特征。目前,这类组织已经成为维系社会福祉、提供社会保障和社会服务的重要力量。

2. 对抗与压制

2017年,社会与国家对抗的重要事件是"3·26游行示威"②。3月26日发生在俄罗斯多个城市的游行示威活动更多地被解读为政治事件,是反对派人物纳瓦尔尼领导的针对现政权的政治反对派运动。而从社会领域的视角来看,这也是一场社会运动,是俄罗斯民众对收入水平降低、社会贫困化严重等社会现实不满的一种表达。政府的应对是,采用法律和制度手段严密地控制社会的不满情绪,对社会运动持压制和严控的态度。

纳瓦尔尼领导的"与腐败斗争"基金会在2017年3月初公布了有关梅德韦杰夫腐败行为的资料影片,这成为3月26日示威游行的导火索。3月26日这一天,全俄共有6万人走上街头举行抗议示威活动。这虽然是政治反对派策划和动员的一次政治抗议运动,但这次抗议示威运动之所以能引起如此大的反应,有其深刻的社会根源。

反腐败历来是后社会主义国家社会运动中最具动员力的口号。在俄遭遇西方制裁、经济危机、民众生活贫困化的当下,涉腐官员的奢靡生活和民众日益贫困的现实形成强烈对比,更能引起全社会共鸣。民众走上街头是为了表达不满的情绪,他们看不到未来。俄政治反对派正是利用民意发起反对现政权的社会运动。

---

① 俄文全称是 Социально ориентированные Некоммерческие организации,社会-非政府组织,是指那些从事解决俄罗斯社会问题并促进公民社会发展的非政府组织。
② 在2017年发生了一系列游行示威,"3·26游行示威"规模最大、影响最深远,本文以此为例解析俄罗斯国家与社会领域的关系。

俄罗斯式"中产阶级"在 2011~2012 年的抗议示威运动中登上政治舞台，他们的特征是受教育程度较高，以中青年为主，思想独立，受民主和自由思想的洗礼，对当下俄罗斯政治和社会制度和现实多有不满。在 3 月 26 日的示威游行活动中，正是这样的群体成为抗议运动的主力。在这里，我们可以看到俄罗斯社会阶层的分化，中产阶级与社会其他阶层有着不同的政治诉求和社会情绪。

互联网和社交媒体成为抗议运动的主要传播手段。从"与腐败斗争"基金会发布的反腐败资料片上线到抗议运动爆发有将近四周的时间，俄罗斯政府掌握的传统媒体集体噤声，对此只有零星的报道，而在互联网和社交媒体上各种信息却得以广泛传播。至 26 日，反腐宣传片在 YouTube 网站和俄社交网站"同班同学"上的点击率已经超过了 1500 万次，可以说影响力超越了传统媒体。按照传递经验学说，网络媒体可以瞬间放大传播的广度和深度。新媒体成为游行示威活动政治动员的有力工具。

在经历了 2011~2012 年规模空前的反对派运动之后，普京在第三个总统任期伊始就颁布了诸多法令，在组织动员、传播方式两方面对社会领域进行严格管控。"3·26 游行示威"活动很快被平息，并未达到五年前的规模，与国家的严控不无关系。普京政权认为社会运动、抗议示威活动的主要原因是受外部势力的蛊惑，以颠覆俄罗斯政权和破坏社会稳定的局面。这也成为严控社会领域的合法性来源。

2012 年以来，普京政权修改和颁布了《游行示威法》《外国代理人法》《不受欢迎组织法》。修改《游行示威法》使得游行示威必须在当局允许的范围内进行，此次在多个城市举行的游行示威并没有得到准许，属于"非法"范畴，据此，包括纳瓦尔尼在内的几百名游行示威的组织者被拘捕。2017 年，纳瓦尔尼及其支持者多次因为其组织召集的抗议示威运动未被当局批准而被捕。《外国代理人法》《不受欢迎组织法》的通过，让一大批参与组织和动员游行示威的非政府组织被纳入"外国代理人黑名单"或"不受欢迎组织"名单，无法从事相应的政治活动。有关"外国代理人"的法律已经成为俄罗斯防范外国势力渗透的"防火墙"。作为对美国掀起的媒体战的回应，2017年11月5日，俄罗斯国家杜马通过了《信息安全法》和《媒体法》修正案，将"外国代理人"的指涉范围扩展至外国媒体。12月5日，"美国之音"广播电台、自由欧洲电台/自由电台等9家美国支持的媒体被列入俄罗斯司法部公布的"外国代理人"媒体名单。

互联网和社交媒体作为新媒体在反对派运动中发挥了巨大的作用，是主要的传播渠道。2012~2016年，普京政权几乎每年都要颁布法令，限制相关信息在互联网的传播，如《网站黑名单法》《反盗版法》《封闭极端主义网站法案》《博主法案》《雅罗瓦娅法案》等。这些法案越来越严苛，执法机构可以根据这些法案在非常情况下关闭互联网的信息传播渠道。这在某种程度上构成了互联网领域的"书报检查制度"。2017年，俄罗斯出台了很多法令，反击言论自由和匿名，尤其是加强了对社交软件的管理。2018年1月1日生效的法律修正案①规定，注册社交软件（比如WhatsApp，Viber，Skype，Facebook）必须使用真实的电话号码。设置这个功能是为了限制违法信息的传播。如果没有完成法律规定的注册，社交软件在俄罗斯的使用就会受到限制。社交软件将会被信息监察署（Роскомнадзор）监控，这个机构可以在任何时候根据需要关闭任何社交平台。社交网络中的匿名状况已经不存在，信息已经和电话号码关联起来。这样，通过社交软件进行社会动员的渠道几乎被堵住。在"3·26游行示威"之前，反腐败的纪录片在互联网上广泛传播，形成了广泛的民意基础。但是在"3·26游行示威"发生以后，当局通过上述法案有效地控制了组织动员的渠道，使得游行示威被限制在可控的范围之内。

结　语

综观2017年俄罗斯的社会形势，国家与社会的关系还是呈现"强国家、

---

① Федеральный закон от 29.07.2017 № 241-ФЗ "О внесении изменений в статьи 10-1 и 15-4 Федерального закона "Об информации, информационных технологиях и о защите информации". http://publication.pravo.gov.ru/Document/View/0001201707300031?index=0&rangeSize=1.

弱社会"的格局。俄罗斯民众已经强烈地感受到经济危机和西方制裁带给俄罗斯的经济困境,这已经深刻地影响了民众个人与家庭的生活水平和质量。但是在"后克里米亚共识""俄罗斯不能没有普京""危机来自国外"这些主流社会的情绪影响之下,俄罗斯民众并没有将收入降低、贫困化严重、社会保障不力的原因归罪于现政权,反而与现政权形成了同仇敌忾的社会情绪。在俄罗斯总统大选的背景下,普京政权是乐见这种社会情绪的。与此同时,期待变革也成为俄罗斯民众的基本诉求。但是,俄罗斯民众对改革还没有做好准备,并不清楚改革的方案和走向,也不想为此付出代价。俄罗斯民众把改革的主要希望寄托于现政权。但从目前的局势和以往的经验来看,现政权进行改革的可能性不大。在"强国家、弱社会"的格局中,俄罗斯社会领域的发展并不成熟,对政府和经济领域并没有构成监督,也无法发挥影响力。俄罗斯民众(主要是中产阶级)通过抗议示威的形式发泄不满情绪,但在当前对社会领域进行严控的政治体制下,游行示威被视为外部势力支持的破坏俄罗斯安全与稳定的行动,失去了广泛的民意基础,现政权很容易通过近年来施行的维系社会稳定的法律法规将其控制。同时我们也应该注意,在国家-社会极度不平衡的格局下,社会不满情绪不断累积且无法得到发泄和释放,这对俄罗斯社会的安全与稳定来说是一个危险信号。

Y.4
2017年普京治国理政的重要理念

李 智*

摘　要： 2017年是普京第三个总统任期即将结束之年，俄罗斯国内经济止跌回升，在颠簸中缓慢前进。普京表示，俄罗斯经济在2017年已经走出衰退并进入可持续发展和增长阶段，2017年是成功的一年。依照惯例，普京每年都会参与一些大型公开活动——"与普京直接连线"电视直播节目、瓦尔代国际辩论俱乐部年会、大型年度记者会以及年度国情咨文，这是克里姆林宫为总统精心打造的四大宣传法宝。通过梳理普京在这四大公开活动中所发表的言论，能够较为直观地领会普京的执政理念。

关键词： 普京　"与普京直接连线"　瓦尔代会议　年度记者会　国情咨文

　　自普京2012年开启第三个总统任期以来，俄罗斯政治和社会形势总体保持相对稳定的状态，然而受国际油价下跌以及西方制裁的影响，俄罗斯经济形势持续低迷，甚至一度出现停滞。2017年是普京第三个总统任期即将结束之年，在这一年中，俄罗斯国内经济止跌回升，在颠簸中缓慢前进。普京表示，俄罗斯经济在2017年已经走出衰退并进入可持续发展和增

---

* 李智，中国社会科学院俄罗斯东欧中亚研究所硕士研究生。

长阶段，2017年是成功的一年。① 与此同时，国际局势出现了较大转变，美国总统特朗普的上台为国际局势发展注入了较多的不确定因素；俄罗斯打赢叙利亚反恐战，以退为进再布中东"大棋局"，在加强中东地区影响力的同时，也提升了在全球的国际地位。随着2018年总统大选的临近，2017年注定在"十月革命"100周年与苏联解体25周年的交相映衬之下，成为令俄罗斯难忘的一年，普京必将抓住这一契机，凝聚民心，迎接属于他的第四个总统任期。依照惯例，普京每年都会参与一些大型公开活动，诸如通常于上半年举办的以国内民众为主要对象的"与普京直接连线"电视直播节目、10月以国内外智库学者为主要对象的瓦尔代国际辩论俱乐部年会、12月以国内外媒体记者为主要对象的普京大型年度记者会，以及一年一度的年终大戏——总统国情咨文。这四大年度公开活动虽然召开的时间各有先后，交流的对象各有侧重，然而唯一不变的主角始终是普京，最终都是为普京搭建一个对外交流的平台，以更好地向外界传达普京的治国理念，进而创造出良好的政治氛围，巩固执政根基。通过梳理普京在这些公开活动中所发表的言论，能够较为直观地理解普京当前的执政理念。

一 "与普京直接连线"电视直播节目

2017年普京第15次参加与民众互动的年度电视直播节目"与普京直接连线"活动，该年的活动较往年推迟了两个月，最终定在6月15日举行。俄罗斯总统新闻秘书佩斯科夫表示，推迟活动举行日期与普京的日程有关。活动虽然被推迟，但俄罗斯民众的参与热情丝毫不减，在直播节目开始前，节目组共收到约187万个问题。俄罗斯社会舆论基金会民调数据显示，有74%的俄罗斯民众表示有必要与总统普京进行"直接连线"，57%的受访者

---

① Putin to railway workers: Russian economy is back on track. http://www.fort-russ.com/2017/11/putin-to-railway-workers-russian.html.

认为举行直接连线会对俄罗斯国内事态产生影响①,"与普京直接连线"电视直播节目的重要意义由此可见一斑。

此次"与普京直接连线"活动是俄罗斯2018年总统大选前普京与民众的一次亲密互动。在历时4个小时的"与普京直接连线"电视直播节目中,普京回答了民众提出的73个问题,内容集中于经济、民生、国际形势等方面,普京是否参加2018年总统大选也成为民众和媒体关注的焦点。

(一)经济回暖,少安毋躁

普京回答的第一个问题便是民众最为关心的经济形势。普京表示,俄罗斯经济已走出衰退并步入增长期,尽管经济增长幅度不大,但已连续三个季度实现增长。从微观的数据指标来看,2016年第四季度国内GDP增长率为0.3%,2017年第一季度则增至0.5%,4月进一步升至1.4%;另一个重要的宏观经济指标表现在通货膨胀率已经降至俄国历史新低,处于4.2%。但由于之前的衰退程度非常严重,民众在短期内很难立刻感受到经济的增长。②

(二)携手共进,相煎何急

对于外部形势,普京表示俄罗斯没有把美国当作敌人,美国国内的反俄浪潮是美国内部政治斗争的结果,俄美在重大国际问题上开展合作仍是极其重要的。遗憾的是以美国为首的西方国家对俄罗斯的不合理制裁并未停止。普京称:"透过俄罗斯的历史可以看出,俄罗斯曾长期处于被制裁的状态。每当他们感到俄罗斯成为一个强大的竞争对手的时候,就会通过各种借口对俄罗斯施加制裁措施。"③ 因此当前的制裁并不使他感到意外。普京同时强调,即使没有发生克里米亚等问题,西方还会想出一些其他办法来遏制俄罗

---

① Most russians believe a straight line with putin useful. https://rusreality.com/2017/06/15/most–russians–believe–a–straight–line–with–putin–useful/.
② Direct Line with Vladimir Putin. http://en.kremlin.ru/events/president/transcripts/54790.
③ Ibid.

斯。普京表示，制裁已被证明是一把双刃剑，且施加制裁的一方所遭受的损失大于俄罗斯。换一个角度来看，制裁反而使俄罗斯对于油气出口的依赖逐渐降低，反制裁措施重振了俄罗斯国内的电子、航空以及农业领域。普京最后做出承诺，如果伙伴国取消制裁，俄罗斯也将以同样友好的方式作为回应。

在"与普京直接连线"电视直播节目的最后阶段，对于民众所关心的2018年总统大选，普京表示只有选民有资格决定由谁来领导一个城市、地区或者国家。

二 瓦尔代国际辩论俱乐部年会

2017年10月16~19日，瓦尔代国际辩论俱乐部第14届年度会议在俄罗斯索契举行，年会的主题为"创造性破坏：一个新的世界秩序将从现有冲突中产生"①。由于普京每年都会在最后的总结性议题中参与讨论并发表演讲，因此瓦尔代年会逐渐被贴上"普京智库"的标签。随着瓦尔代年会影响力的逐年提升，年会吸引着越来越多的新兴国家代表前来共同参与讨论国际事务，普京在年会中的发言逐渐成为俄罗斯对外阐述其国际理念，并在全球事务中发挥影响力的重要方式之一。年会最后的总结性议题为"未来世界——从冲突到合作"，普京着重阐述了他对当今国际秩序的看法。

（一）重建国际秩序，文明解决争端

普京开门见山地指出，当今世界已进入了瞬息万变的时代，全球范围内争夺国际地位的竞争日趋激烈。然而，全球治理的步伐却落后于时代发展的进程，昔日的全球治理模式以及化解矛盾冲突的办法在今天已经不太适用，甚至经常出现失灵的状况，而此时，新的方法还没有被制定出来。普京表示，国家间的利益不会始终保持一致，这是很正常的现象，也是建立在合作

---

① "创造性破坏"是20世纪著名的美籍奥地利经济学家和社会学家约瑟夫·熊彼特提出的重要观点。

与竞争平衡基础之上的国际关系不变的本质。然而这种平衡一旦被打破，便有可能产生不可预测的局面，并引发暴力冲突。在这样的背景下，没有任何国际问题能够真正得到有效的解决。普京紧接着拿中东的局势举例："我们有一些'同行'不但不去共同努力改善局势，反而竭尽全力试图将这片地区的混乱永久化，他们只是佯装对恐怖主义进行打击，有些人到现在依然认为这里的混乱是可控的。"① 对于朝鲜半岛问题，普京在谴责朝鲜进行核试验的同时重点强调，僵局应当通过对话的方式来解决，而不是将朝鲜逼到墙角，使用武力加以威胁。② 普京反复强调"对话"的重要性，旨在对国际社会表明：一切争端都应文明地解决，这是俄罗斯长期以来所赞成的做法。即便是再复杂的矛盾，都应当去尝试缓和它，而非激化它。

（二）阐明观点立场，痛批"双重标准"

随后，普京向西方国家对俄罗斯推行"双重标准"表达强烈的不满。普京首先借西班牙加泰罗尼亚政治局势明确了俄罗斯在此问题上的立场，普京表示加泰罗尼亚所发生的一切属于西班牙的内部事务，内政问题只能在西班牙法律体系内参照民主传统加以解决。紧接着，普京提到，就加泰罗尼亚而言，我们看到欧盟和其他一些国家一致谴责独立的支持者。然而，当初同样是他们，却幸灾乐祸地期望看到一系列欧洲国家的解体。普京直言不讳地指出，当初这些欧洲国家为了讨好美国，无条件地支持科索沃分裂，他们为此欢呼雀跃。而当视线转到今天的克里米亚，在它宣布独立并随后通过全民公投加入俄罗斯时，西方又不高兴了。事实表明，在一些人眼里，那些追求独立的人既可以被视为"正义的战士"，也可以被看作"分离主义者"，奉行这种"双重标准"必定将为国际局势增添不稳定因素。

---

① Meeting of the Valdai International Discussion Club. http：//en. kremlin. ru/events/president/transcripts/page/7.
② 《普京瓦尔代讲话痛批西方，同时呼吁不要把朝鲜逼到墙角》，http：//world. huanqiu. com/exclusive/2017 - 10/11331927. html。

（三）政治干预经济，无利社会发展

除此之外，普京谴责了在全球化的今天所出现的越来越多的政治干预经济和市场关系的现象，普京表示，有些国家甚至毫不隐瞒它们正在利用政治来谋求商业利益的行为。普京揭露美国近期刚刚通过的一系列制裁措施，旨在将俄罗斯挤出欧洲能源市场，迫使欧洲购买规模尚且有限的美国液化天然气。[①] 对此，普京重申，每个国家都有属于自己的政治、经济以及其他方面的利益，问题的关键在于它们究竟以何种方式捍卫和推动自己的利益。在当今世界，以牺牲他人为代价而谋取战略利益的行为是不可取的。这种基于自信、自负和追求自身特殊性的政策无法赢得真正的尊重，它不会使你变得强大，反而会引发反感和抵触。最终只会进一步加剧紧张，而无法建立起一个能够解决当今整个人类面临的技术、环境、气候和人道主义挑战的国际秩序。

（四）提倡渐进改革，避免社会动荡

谈论到当今世界不平衡加剧的问题时，普京的态度是应以渐进方式的改革来取得发展。普京表示，社会矛盾的过度堆积，终将引发剧烈的社会动荡。回顾1917年的俄国革命，其结果令人一言难尽。对于西方在20世纪所取得的成果，普京认为这些大都是为了应对当时苏联的挑战而取得的。遗憾的是，当苏联解体、西方国家瓜分完苏联的地缘政治遗产之后，它们却开始以冷战胜利者的身份自居，并确信自身的行为是正义的，进而开始对外输出民主，公然干涉其他主权国家的内政，俄罗斯面临势力范围的重新分配以及北约的持续扩张。普京提醒，过度的自信终将导致错误的出现，其结果往往是不幸的。俄罗斯浪费了25年，错失了很多机会，与此同时还背上了与西方互不信任的沉重负担，全球失衡的态势愈发加剧。

---

① US Using Anti‐Russia Sanctions to 'Push Russia Out' of European Energy Market. https：//sputniknews.com/business/201707261055903585‐us‐russia‐business‐europe‐market/.

（五）解决全球问题，需要行动诚意

对于全球性问题的解决态势，普京表示，当前的确能够不断听到有人承诺要解决全球性问题，但现实看到的是越来越多利己主义的出现。那些旨在协调利益和制定联合议程的国际机制正遭受侵蚀，基本的多边国际条约和极为重要的双边协议正在贬值。普京借数小时前美国总统在社交媒体上就俄美在核领域的合作表态一事，详细列举了俄美在核领域沟通中发生的一系列事件。通过这些具体的历史事件，普京认为俄罗斯在核裁军方面履行了自身义务，然而却被美国放了鸽子。俄罗斯为巩固国际安全做出了巨大的贡献，对美国展现出了前所未有的开放和信任，但换来的只是被美国无视。

（六）参与全球治理，维护国际稳定

最后，普京表达了他对当今国际秩序和全球治理体系的看法。普京指出，当今的国际环境复杂多变，参与全球治理势必是一项艰难而繁重的工作，但俄罗斯愿与志同道合的伙伴携手共同投身于这项工作之中。对于当今国际体系框架，普京表示将坚决捍卫联合国的中心地位，联合国的创建可以被视为人类有能力制定并遵守共同行为准则的标志。然而近些年来，不断有人试图贬低联合国的地位，抹黑或控制该组织，所有这些尝试最终都走向了失败。因此，具有普遍合法性的联合国仍应是国际体系的中心，在当前暂无可以替代的选择，我们的共同目标应是提升其权威性和有效性。联合国的运行机制仍须逐步完善，实现世界的安定与繁荣无疑是整个国际社会的责任[①]。

三 年度记者会

2017年12月14日，普京举行了第13次大型年度记者会，这既是普京

[①] Meeting of the Valdai International Discussion Club. http://en.kremlin.ru/events/president/transcripts/page/7.

第三次总统任期内的最后一次年度记者会,也是普京宣布参加2018年总统大选后参加的首场大型媒体交流会。本次记者会中,媒体所关注的焦点无疑是即将到来的总统大选,同时也围绕俄罗斯社会经济状况、俄美关系以及国际局势等热点问题对普京进行了提问。

(一)总统大选:没有对手

对于外界所关切的总统大选,普京表示宣布参选是根据国家的具体发展情况而做出的决定,他希望看到俄罗斯率先步入未来社会,俄罗斯必须成为一个政治系统更加灵活的现代化国家;他将以自荐候选人的身份参加总统大选。对于记者提出为什么俄罗斯不存在有竞争实力的反对派的问题,普京直言,最简单的答案就是"培养竞争对手不是我应该做的事情"[1]。普京紧接着强调,实际上政治和经济一样也需要竞争,一个缺乏竞争的政治制度是难以想象的,俄罗斯的政治制度应是充满竞争力的,我期望在俄罗斯看到一个更加平衡的政治制度,我将朝着这个方向努力。普京坦言当前反对派无法构成真正的威胁,他指出反对派不应只在广场上喧嚣,而应当为国家提出具体的建议,如果反对派在无法拿出纲领性文件的情况下掌握政权,结果只会是在俄罗斯也将发生像乌克兰那样的"广场革命"。普京在年度记者会中对反对派能力表现出的"无奈",实际上表明他才是当前有能力治理这个国家的最佳人选。

(二)经济形势:止跌回升

当提及俄罗斯的经济现状问题,普京表示俄罗斯今年实现经济增长是客观事实,国家经济和社会状况正在向好发展。从具体数据来看,俄罗斯在处于西方制裁以及国际油价下跌的大背景下,GDP和工业生产均实现了1.6%的增长,谷物出口位居世界第一,与此同时债务减少了1/3,国家储备增长了30倍。众多数据都表明,俄罗斯经济已经开始回暖。

---

[1] Vladimir Putin's annual news conference,http://en.kremlin.ru/events/president/news/56378.

（三）国际形势：讹言惑众，厝火积薪

国际形势方面，面对美国记者提出的关于特朗普以及"通俄门"的问题，普京首先对特朗普就任美国总统以来所取得的诸多成就表示肯定，同时认为，特朗普总统受到美国国内因素的限制而无法实现改善俄美关系的愿望，但他仍然期待俄美关系能够尽早得到改善。对于美国媒体不断炒作的"通俄门"事件，普京予以指责并解释称，总统选举前与各方接触是国际惯例，而美国却认为这具有间谍性质，不能将身边所发生的一切都归为"间谍活动"。"通俄门"事件的捏造者旨在以此来抹黑特朗普，这种行为最终只会削弱美国总统的合法性。

当被问及朝核问题时，普京首先对美国国会议员们进行了一番嘲讽："他们先将俄罗斯同朝鲜和伊朗相提并论，同时又敦促总统和我们谈解决朝鲜与伊朗的核问题，真是有趣。"① 随后，普京指责美国是导致这一局面出现的罪魁祸首，以美国为首的西方国家的所作所为只会进一步激化事态。普京重申了俄罗斯对于朝核问题的态度，表示俄罗斯不承认朝鲜的核地位，但当朝鲜目睹利比亚和伊拉克的遭遇之后，出于自保只能通过制造大规模杀伤性武器来保护自己。普京认为，双方都应当停止进一步加剧事态发展的行动。

在回答中国记者提出的中俄关系问题时，普京称发展对华关系是俄罗斯的全国共识，并高度评价中共十九大与"一带一路"倡议。普京表示，中共十九大报告中有关建设人类命运共同体的提议与俄罗斯的建议相吻合或相近，中国的稳定和发展对俄罗斯具有重大意义。即将临近的俄罗斯总统大选，不论结果如何，都不会影响俄中关系，俄中将继续保持长期的战略伙伴关系。

四 国情咨文

普京的2017年度国情咨文打破了通常在每年12月发布的惯例，推迟至

---

① Vladimir Putin's annual news conference，http：//en.kremlin.ru/events/president/news/56378.

2018年3月1日发布，地点也由传统的克里姆林宫格奥尔吉耶夫大厅移至马涅什展览馆进行。本次国情咨文宣读时间长达1小时57分钟，创历年最高纪录。普京开门见山地指出："今天的咨文具有特殊的意义，它将决定国家未来十几年的命运。"① 众所周知，2018年3月18日俄罗斯将进行新一届总统大选，普京在大选前17天通过国情咨文全面地阐述未来六年的总体规划，使这份国情咨文兼具了竞选纲领的作用，足以吸引广大俄罗斯选民的关注。俄罗斯总统新闻秘书佩斯科夫已公开表示，普京在国情咨文中对未来工作的规划与其竞选纲领一致；俄罗斯中央选举委员会主席帕姆菲洛娃表示，普京发表国情咨文的时间恰好与竞选活动时间重合，这并不违反任何法律②。

从内容来看，此次国情咨文的对内方面主要探讨了经济发展与社会民生问题，对外方面重点涉及国防建设。

（一）宏观经济稳定，放眼更高发展

普京在国情咨文开篇即谈及经济问题。他表示，俄罗斯经历了重大的挑战性变革，经受住了来自经济和社会领域的极其复杂的挑战；俄罗斯在宏观经济方面所取得的稳定，为俄罗斯经济的长期突破性增长提供了基础。但与此同时普京提醒，稳定只是基础，并非保障，不能对已取得的稳定盲目乐观，因为仍有许多问题尚待解决，落后仍是俄罗斯面临的主要威胁。

随后，普京对俄罗斯未来的经济发展制定了目标：经济增速应超过世界平均水平，这是下一届政府的任务和目标。普京还表示，俄罗斯仅仅保持在世界前5大经济体之中是不够的，在2020年代中期前，俄罗斯的人均GDP要比当前增长50%。虽然这是一项艰巨的任务，但要准备好去迎接挑战。

---

① Presidential Address to the Federal Assembly, http：//en. kremlin. ru/events/president/news/56957.
② Kremlin Confirms Putin's Address to Federal Assembly to Take Place on March 1, https：//sputniknews. com/russia/201802211061951936 - kremlin - address - federal - assembly - putin - march/.

（二）提高人民福祉，加强民生建设

关于民生方面，普京在国情咨文中指出，人民的福祉是俄罗斯发展的主要和关键因素，俄罗斯目前尚未达到应有的福利水平，在这个领域必须取得突破。普京指出："现代世界中国家的角色和地位不仅取决于自然资源和生产能力，最重要的是人，以及每个人的发展、自我实现、创造力的条件。因此，一切的核心都在于对俄罗斯人民的爱护和公民的福利。"① 当前，俄罗斯的贫困人口约有2000万，普京表示六年内俄罗斯贫困率应当减半。

此外，普京指出，人口问题或已成为限制俄罗斯经济增长的一大因素，未来十年要努力实现人口的自然增长，俄罗斯为此已经出台了诸多补贴政策，当前政府所实施的一系列鼓励生育的政策产生了效果。普京表示，未来仍将在保障妇幼生活方面进行有针对性的投入与补贴。对于养老问题，普京指出将增加养老金的设置并制定专门对老年人扶持的计划，与此同时增加医学发展的支出，建立抗肿瘤系统，在治疗和预防癌症问题上达到世界高水平，到2030年之前，俄罗斯的人均寿命要提高到80岁以上。

（三）展示新型武器，传递强硬信号

谈论完内政问题之后，普京并未将对外问题的重点放在国际局势或重大国际事件上，而是着重展现国防军事实力。普京指出，西方的制裁未能遏制俄罗斯在军事等相关领域的发展，普京表示："我想告诉所有那些在过去15年里试图煽动军备竞赛的人，所有试图获得对俄单边优势的人，以及所有对俄罗斯实施非法制裁、企图遏制俄罗斯发展的人：你们想阻挠的那些事情都已经发生了。但你们却没有遏制住俄罗斯。"②

普京在国情咨文中提到，俄罗斯已经测试了一大批无法拦截的新型战略

---

① Presidential Address to the Federal Assembly, http：//en.kremlin.ru/events/president/news/56957.
② Presidential Address to the Federal Assembly, http：//en.kremlin.ru/events/president/news/56957.

核武器，这一技术突破将为俄罗斯带来巨大优势，能够极大地提高俄罗斯的军事水平，提升俄罗斯在全球的地位。新研制的战略武器将用来应对美国单方面退出《反导条约》，并在俄罗斯周边部署反导系统的不友善行为。普京通过视频演示了这些新型战略武器的试射及模拟画面，除了新型的战略滑翔导弹系统、"匕首"高超音速空射导弹系统、"萨尔马特"战略导弹系统，普京还展示了无人潜航器和战斗激光装置的运作情况。普京表示，俄罗斯研制的新型战略武器在世界上是独一无二的，新武器的出现将使现有的一切反导系统失去作用。俄罗斯的军事研发没有违反任何国际条约，新武器将能够有效地应对试图阻挠俄罗斯发展的西方势力。

普京在即将结束此次国情咨文演讲时提到，俄罗斯将对核打击立即进行还击，对俄罗斯及其盟友使用任何威力的核武器都将被视为对俄罗斯的核攻击，任何人都不要对此产生怀疑。在最后，普京表示，以上所列举的武器装备只是冰山一角，俄罗斯已建立起一支具备现代化和高科技，同时又符合国家规模的精锐部队。

普京的 2017 年度国情咨文内容具体、务实，运用大量篇幅描绘了其未来政策的主要方向，尤其是在民生方面的诸多承诺，无疑是在为即将到来的大选增添筹码。然而咨文中所提出的目标并非能在短期内轻易实现，甚至面临较大的困难，诸如经济结构调整和人口增长问题等都是长期以来阻碍俄罗斯经济发展的顽疾，想要解决这些问题无疑需要付出极大的努力。咨文后半部分关于研发新型武器的内容，并非普京想要在反导问题上与美国展开军备竞赛，普京的高调示威是在向美国传递强硬的信号，这是普京的一贯作风。

Y.5
2017年俄罗斯政坛反对派现状简析

郝　赫*

摘　要： 在俄罗斯现政权对社会控制力度不断增强的背景下，体制内反对派的动能日趋衰弱，越来越难以聚合成合法框架下的有效制衡力量；社会对政权的不满情绪与反抗越来越多地通过体制外的渠道来表达，但体制外反对派面对的是政权以法律与法规扎起的制度藩篱以及愈益严密的管控手段；至少在短期内，形成有抗衡能力的政治势力的可能性不大。

关键词： 体制内反对派　体制外反对派　社会控制

一般说来，俄罗斯政坛反对派大致可以这样划分：从政治活动场域来讲，可分为体制内反对派和体制外反对派；从政治立场上来讲，可分为右翼与新左翼反对派；从参与者的代际来讲，可分为老牌反对派与新生反对派。在2017年里，老牌的、体制内的反对派呈现的是停滞与下行的趋势；新生的、体制外的反对派则明显活跃，相当进取，但各种反对势力在意识形态创设方面乏善可陈，"左""右"派的诉求都没有多少新意。

一　体制内反对派：僵化与弱化

俄罗斯政坛的体制内反对派是指在现行法律框架内（尤其是政党法的

---

* 郝赫，中国社会科学院俄罗斯东欧中亚研究所俄罗斯政治社会文化研究室副研究员，博士。

框架下）通过组建政党、参与杜马选举来实现政治主张的政治反对派。在近几届的国家杜马中，俄罗斯政坛的政治反对派一直是以俄罗斯共产党和"公正俄罗斯"党为代表的。俄罗斯的体制内反对派具有法理上的合法性，本应是挑战现政权的核心力量，但就俄罗斯目前的政治生态来讲，体制内反对派虽然保持了其在杜马之地位的相对稳定，但从"反对"的效能来看，却是日趋僵化且衰减的。

俄罗斯共产党和"公正俄罗斯"党虽已连续4届进入国家杜马，但已经显露出明显的疲态。首先，党的纲领、政策新意寥寥。俄共的政治主张仍然难以跳出"俄罗斯共产党为争取工人经济和社会权力而斗争"的窠臼，太过沉溺于具体社会政策尺度的争执。"公正俄罗斯"党则是在支持普京总统的前提下，倡导建立公正、互不压迫的社会，力争实现一个新型的社会主义社会。两党的纲领都缺乏对俄罗斯道路的深刻分析与反思，因而缺乏引领性。其次，两党都是领袖型政党，领袖对于政党的影响偏大，且领导梯队建设成效不佳，缺乏有影响力的政治新星。2013年，在俄共第15次代表大会上，久加诺夫连任俄共中央委员会主席；俄共中央委员会第一副主席职务仍由伊万·梅利尼科夫担任；副主席的人数由原来的1人增至3人，他们分别是弗拉基米尔·卡申、瓦列里·拉什金和德米特里·诺维科夫；目前党员人数为15.8万。2013年，米罗诺夫重新当选"公正俄罗斯"党的党主席。之前党主席是尼古拉·列维切夫，但米罗诺夫是该党的创始人和首任主席。据该党统计委员会主席亚历山大·布尔科夫透露，根据匿名投票结果，439名投票人中有396人投票给米罗诺夫。最后，体制内反对派的"反对动能"在衰减。对外，收回克里米亚形成的荣耀压制了反对派的声音，对内，第七届杜马选举中政权党的大胜和普京总统高达80%的支持率也让反对派的活动余地更加逼仄。同时，长期在杜马中拥有相对稳定的席位也在一定程度上消磨了体制内反对派的斗志。根据2014年政党法修正案条例修改后的规定，普京总统签署批准了新的规则，在国家杜马议员选举中，获得参加联邦选区投票的选民3%以上选票的政党，可以领到的政府资金提高到原来的2.5倍。进入议会的政党可以据此获得财政部门至少千万美元唾手可得的收入，以至于原是俄罗斯联邦共产党党员的艾琳娜·卢科亚诺娃教授对体制内反对派的政治影响力感到很悲观："最近，进入国家杜马的政党的经济待遇提高不止1倍，他们衣食无忧。这使他们不用考虑和其他政治力量联合。"① 这就在一定意义上可以解释为什么俄罗斯联邦共产党从未公开支持过街头抗议活动，"公正俄罗斯"党在早期确实支持过反对派的活动，其领导人米罗诺夫甚至还参加了2011年在圣彼得堡的抗议活动，但之后就销声匿迹，不再继续支持抗议活动。

面对2018年的总统大选，体制内的反对派同样没有表现出进取之心，两党的领袖都退出了竞选，俄罗斯共产党提名政治新人"列宁国营农场"负责人帕维尔·格鲁季宁参加竞选，但强调仍旧以俄共的发展计划为竞选纲领的基础，更加让人大跌眼镜的是格鲁季宁本人还是无党派人士。"公正俄罗斯"党则更加干脆，12月25日，主席米罗诺夫表示，该党召开党代会期间决定，放弃提名本党候选人，而是支持现任总统普京参加2018年总统大选。作为能够进入议会的反对党，竟然可以不顾数十万党员的支持，漠视广大纳税人的托付，其无展翅之志的萎靡情状毕现无疑。

俄罗斯共产党与"公正俄罗斯"党有反对之名而无反对之实的状况一定程度上有某些意识形态方面的原因。比如，二者都属于新左翼政党，都立足于追求社会分配环节的公正，都强调政府作为控制者来调配资源。这种主张落实到实际政治治理上，与俄罗斯当局实行的威权式治理有颇多相合之处。加之普京总统的政治威望不容动摇，这两个政党一定程度上更像是政权的建议性与协商性力量，而不是严格意义上的反对力量。久加诺夫与米罗诺夫也更像是政权的合作者。

曾在体制内存在过的"真正"的反对派是右翼力量，以亚博卢和右翼力量联盟为代表的政党曾经试图在体制内伸张自己的政治诉求。右翼对现行制度总体上持否定态度，主张自由市场、控制政府权力，以西方化为标杆来打造新俄罗斯。所以，右翼是现政权的非合作者，两者间有着根本性的发展

---

① http://www1.ftchinese.com/story/001048188?full=y.

道路之争。右翼以老派政治家涅姆佐夫、卡西亚诺夫、雷日科夫、雅辛等为代表，也包括原寡头霍多尔科夫斯基等，他们对现政权和普京持批评态度。

但经历了1990年代的混乱时期之后，右翼的政治主张遭到了毁灭性的打击。当今的俄罗斯社会与民众普遍以混乱为噩梦，很珍惜当下的安定。传统的右翼势力很难在短期内东山再起，所以右翼的代表人物也在调整和转变，也开始强调俄罗斯的国家利益。以霍多尔科夫斯基为例，在乌克兰危机背景下的访谈中，他就强调同意普京说的，要使俄罗斯成为"具有强大经济的强大国家"，也支持普京关于"俄罗斯世界"的立场。雅辛更是因支持普京应对制裁引发的经济危机的举措，被普京聘为高级顾问。尤其是涅姆佐夫被枪杀并未激化右翼与政权的矛盾，但失去涅姆佐夫这个高水平的领袖，使得右翼的处境更加艰难了。

在2016年底的第七届杜马选举中，两个主要的右翼政党表现低迷。老牌的右翼政党亚博卢仅获得了1.89%的选票，大幅低于上一届的3.43%；在被寄予厚望的单席位选区中只获得了6个第二名和6个第三名，没能突围成功。另一个由卡西亚诺夫、涅姆佐夫创立的右翼党派——人民自由党成绩更差，政党选举中仅得到0.71%的选票，单席位选区中也只获得了一个第三名。①

二 体制外反对派：特点与局限

体制外的反对派是近年来比较活跃的政治反对力量，尤其以2011年末2012年初第六届国家杜马选举前后的大规模抗议影响为大。

在俄罗斯体制外的反对派组织中，除个别领袖级别的号召人外，参与者一般并非政治人物，而是社会背景各异的人群，比如知识分子、年轻的专业人士和学生等，这些人常常不是以政党形式为纽带联结在一起，而是以事件或响应号召的临时组织，以游行示威的形式参与。因此体制外反对派表现为

---

① http://www.cikrf.ru/analog/vib_180916/index.html.

典型的精英政治，其代表人物成为最受瞩目的政治象征。

纳瓦尔尼是新生代最著名的反对派领袖。2000年，在大学修完法律和证券交易专业后，24岁的纳瓦尔尼加入了俄罗斯联合民主党，2007年被该党开除。纳瓦尔尼以律师和金融活动家为职业，但在政治方面，他一直没有停止表达。新媒体上的博客是他表达政治观点的平台。同时，他还为《福布斯俄罗斯》《莫斯科时报》等媒体撰写文章。2008年，纳瓦尔尼通过博客揭露了俄罗斯石油公司和其他国有油气公司的腐败问题。由于组织抗议游行，纳瓦尔尼先后在2011年12月和2012年6月被短暂逮捕。2013年9月，在莫斯科市长选举中，纳瓦尔尼获得了22%的选票。同年，纳瓦尔尼受到贪腐起诉并被判处5年缓刑。虽然免于坐牢，但他失去了参加2018年总统竞选的资格。

在公开层面，纳瓦尔尼可谓"头号反对派"，他善于利用互联网造势，并据此获得了广泛的社会影响。进入2017年以来，纳瓦尔尼重新活跃起来，号召、组织了数次规模较大的反贪腐示威游行，矛头直接指向总理梅德韦杰夫与普京总统。3月初，纳瓦尔尼发布了一个长视频，指控现任总理梅德韦杰夫通过非营利组织的秘密途径，大量占有豪宅、土地、游艇以及葡萄庄园。该视频指控说这些财富来自寡头的捐赠和非政府基金会在国家银行的贷款，总额超过700亿卢布（约85亿元人民币）。这引发了3月26日在俄罗斯数十座城市的大规模反腐败游行示威，估计有数万人参加了游行示威，抗议活动从俄罗斯西北部的圣彼得堡一直蔓延到远东的符拉迪沃斯托克。虽然游行抗议很快得到了控制，但波及地域之广、参与人数之众出乎大多数观察人士的预料，这是2011年杜马选举后规模最大的一次示威活动。随后，在6月12日，时值"俄罗斯日"庆典活动开展之际，在纳瓦尔尼的号召下，俄罗斯多地爆发了较大规模的游行示威活动，作为对3月26日反腐败大游行的直接呼应，提出的口号是"给我们答复"，要求政府就反腐败、总理梅德韦杰夫涉嫌贪腐等示威诉求予以应答。该次示威尤其以在莫斯科的规模较大，据称有数千人参加。最终，警方以示威申请及组织违规为由驱散了游行，并逮捕了以纳瓦尔尼为代表的数百名参与者，活动得以暂告平息。

纳瓦尔尼在2017年底实施了年内的最后一搏：报名参加总统大选。但俄罗斯中央选举委员会于12月25日决定禁止反对派人士阿列克谢·纳瓦尔尼参加定于2018年3月举行的总统选举。随后，纳瓦尔尼宣布将号召支持者于2018年1月28日在全俄罗斯范围内举行示威游行活动，以此抵制总统大选，"阻止不诚实的选举"。经过一个月的准备，示威活动如期举行，2018年1月28日在俄罗斯多个城市陆续展开了游行抗议，但普遍规模不大，与2017年3月组织的示威相比逊色不少，同时，纳瓦尔尼与数百名支持者被迅速逮捕。

俄罗斯体制外有影响的反对派人士还包括著名寡头霍多尔科夫斯基以及在2017年与现政权彻底决裂的马尔采夫。有资料说，霍多尔科夫斯基支持的反克里姆林宫组织"开放式俄罗斯运动"策划了2017年4月29日在圣彼得堡与莫斯科的小型示威活动，示威者以反普京继续执政为主旨进行了游行与请愿活动，活动规模为数百人。其中在圣彼得堡的活动较为激烈，最终被警方控制并强制终止。这次示威行动规模不大，但其发起的依托点——"开放式俄罗斯运动"的"OVDINFO"网站却借此声名鹊起。该网页制作精良，信息充实，言之有据，精英气质浓厚。

维亚切斯拉夫·马尔采夫（Мальцев Вячеслав Вячеславович）的反对方式则与此相反，他以鼓动底层民众为主，甚至不惜采用暴力手段。2017年11月4日是俄罗斯民族团结日（也称全国统一日），当日，以马尔采夫为首的名为"炮火准备运动"（Артподготовки）的反对派组织号召支持者进行游行示威，最终以11月5日约400人被捕告终。

相较前两者，马尔采夫团队的政治诉求明显要极端得多，从示威的主题来看，其一是号召弹劾总统普京，呼吁推翻普京统治，甚至不惜要在俄罗斯发动新的革命以实现其目标；其二是宣扬示威活动的方式可以更加激进。据报道，当时有许多抗议者持有刀具，或者手指上戴着铜环。据俄罗斯当局称，该组织成员曾计划于2017年11月4~5日在莫斯科纵火焚烧市政大楼并袭击警察，最终达到制造大规模骚乱的目的。另外，安全人员在抓捕行动中缴获了一把手枪、一枚手榴弹、15个燃烧瓶。马尔采夫把自己定位为民族主义者和无政府主义者，同时他并不否认自己是民粹主义者，声称他把民粹主义看作"与选民合作的战术方法"。马尔采夫认为普京是俄罗斯发展的最大阻碍因素，必须换掉普京，曾放言一旦入选杜马代表，就立即提出总统弹劾案。2017年4月，马尔采夫因在集会中涉嫌袭击政府人员被带到莫斯科拘留15日。之后，在6月12日的反腐败集会讲话后，再次被拘留10天。10月10日，马尔采夫被俄罗斯联邦安全局判处逮捕（此时马尔采夫已出走境外）。随后，俄罗斯联邦政府以"公开号召极端主义活动"罪名将马尔采夫列入了国际通缉名单。10月26日，俄罗斯当局认定"炮火准备运动"是极端主义组织，禁止其在俄罗斯境内运作。

俄罗斯体制外反对派虽然能够不时组织动员起声势浩大的示威活动，但其弱点也很突出。其一，缺乏明确的思想与组织，包括大规模的游行示威活动，多是以具体事件为缘由而兴起，以不满情绪为驱动，缺乏深入的政治思虑，也没有骨干的政治组织作为依托。其二，缺少明星级别的政治领袖。反对活动的召集人作为政治人物，其光环自然越大越佳，但俄罗斯体制外的反对派领袖普遍难以服众，被视为哗众取宠与别有用心者居多。尤其在老派领袖涅姆佐夫逝去、新派领袖纳瓦尔尼无法参与竞选之后，更难见应者云集的反对派新秀。其三，体制外反对派与政权系直接对峙，双方很难对话与共和，其生存与发展必然受到严格打压与限制，在俄罗斯的政治条件下，很难成长壮大。

此外，俄罗斯政府对于反对派势力，尤其是体制外的反对派势力可谓是费尽心力地加以应对。

自2012年以来，俄罗斯政权吸取教训，连续出台法律约束反对派政治行为。首先，推出了《关于聚会、集会、示威、游行和抗议法》修正案。该修正案进一步规范了申请举办公共集会的程序规则，要求确定活动场所、线路、安全措施，并细化了违法行为及其罚则。对违反该法的自然人、集会负责人和法人分别处以高额罚金。一年内因举行大规模活动违反该法被追究两次及以上行政责任的公民不得再担任公开活动的组织者。又通过《互联网黑名单法》来遏制传播鼓动战争或制造民族纠纷的内容。还对《非营利

组织法》进行修订,规定凡接受国外资金和财务资助并参与俄境内政治活动的非营利组织都将被定义为"外国代理人",并以此身份接受监管。在2017年底,借由与美国升级限制媒体的争斗,进一步修订和强化了后两项法案的威力,对传统媒体与网络媒体的限制大为加强。

2017年11月25日,杜马通过修正法案,在《关于信息,信息技术和信息保护的联邦法案》第10章第4条和15章第3条修正案和俄罗斯联邦《大众媒体法》第6条的修订中,推出新的法规,规定:第一,可未经法庭审理在俄罗斯关闭被认定为不受欢迎组织的网站,如果其信息中包含呼吁大规模骚乱的信息等违反既定法规的内容;第二,加入了对《大众媒体法》的修改,将在俄罗斯传播信息的所有外国机构列为"外国代理人"媒体,无论其"法律和组织形式"如何。被认定为"外国代理人"的媒体在向俄罗斯公众发布任何消息时,都必须提及自己"外国代理人"的身份,并且定期上交报告说明资金来源、花销情况、要达到何种目的以及管理人员情况等。外国媒体如拒绝在俄罗斯登记成为"外国代理人",其代表人可能被罚款,或承担最高两年有期徒刑的刑事责任。随着新的修订案的生效,其覆盖范围也正式覆盖了媒体领域。作为第一批打击对象,俄司法部已向在俄境内的美国之音、自由欧洲电台等由美国国会出资建立的媒体发送信件,通告将把它们认定为"外国代理人"。

法律法规层面的准备充分、充足之后,俄罗斯政府对于体制外的游行示威行动的行政控制也日益加强,打压反对派领袖、侦测并瓦解组织活动、信息与舆论监控、加强现场控制等直接手段运用得愈渐纯熟。几次经历之后,政府对付反对派的经验与能力都得到明显提升,尤其是在有备而来的情况下,当局先期精确掌握核心人员信息,现场采取果断动作,迅速熄灭"易燃点",直接把示威活动的能量释放限制到了最低水平。

目前看来,纳瓦尔尼等互联网时代的政治精英虽具有低成本介入政治、低成本扩大影响的优势,但也有缺乏明晰的政治理念、治理思路,缺乏政治实操经验的痼疾,在当前俄罗斯的政治形势下,体制外反动派动摇普京总统统治地位的可能性并不大。他们的机会应该在后普京时代。

经 济
Economy

Y.6
2017年俄罗斯经济社会发展状况

程亦军*

摘　要： 2017年世界经济总体向好，复苏步伐加快。在主要经济体中，美国经济增长强劲，中国经济持续稳定增长，欧盟各国经济状况有所改善，英国经济大体稳定，日本经济温和复苏。除此之外，多数新兴市场国家发展速度加快。在此背景下，国际市场需求趋旺，石油、天然气、煤炭、金属等大宗商品价格接连上扬，为俄罗斯提供了良好的外部空间。一年来，俄罗斯国民经济止跌回升，农业继续保持增长，市场消费开始复苏，交通运输业蓬勃发展，财政收支扭亏为盈，金融市场基本稳定。总括而言，拉动经济增长的主要动力来自对外贸易。在社会领域，人口老龄化程度进一步加深，经济自立

---

* 程亦军，中国社会科学院俄罗斯东欧中亚研究所研究员。

俄罗斯黄皮书

人口就业状况较上年同期略有改善，居民实际生活水平有所下降。

关键词： 俄罗斯　经济形势　大宗商品　对外贸易　人口老龄化

在连续两年持续衰退之后，俄罗斯经济终于在2017年止跌回升，迎来小幅增长。过去一年，农业继续保持增长，尽管增长幅度有所趋缓，市场消费开始复苏，交通运输业蓬勃发展，这说明俄罗斯经济活跃程度在增强。总体而言，与往年情况基本相同，拉动经济增长的主要动力依然来自出口。2017年世界经济总体向好，复苏步伐加快。主要经济体中，美国经济增长强劲，中国经济持续稳定增长，欧盟各国经济状况有所改善，英国经济基本稳定，日本经济温和复苏。此外，多数新兴市场国家发展速度加快。上述变化致使国际市场需求扩大，石油、天然气、煤炭、金属等大宗商品价格全面上扬，这为俄罗斯的对外贸易带来了福音。

2017年11月，俄罗斯总统普京在"莫斯科－基辅"火车站与铁路员工座谈时高调宣称，2017年是俄罗斯"成功的一年"，因为在这一年里俄罗斯经济"走出衰退并进入可持续发展和增长阶段"。随后他又极富激情地强调："立足于自身力量，俄罗斯获得了发展，我们既提高了经济独立，也加强了国家安全，这是显而易见的。这也是俄罗斯在巩固其独立和主权方面迈出的又一步。"① 不过，在具体分析俄罗斯经济形势之后我们发现，现实情况并不完全像政治家们所描述的那样令人振奋。从前11个月的经济实践来看，俄罗斯经济增长的步伐还很不稳定，特别是与上年相比，工农业生产指标均不甚理想，进入第四季度之后，工业生产重新出现负增长，给未来经济发展又增添了新的变数，这一趋势如得不到及时扭转，彻底摆脱停滞、"走出衰退并进入可持续发展和增长"的愿景无疑将再一次落空。

---

① 《普京总统表示2017年是成功之年》，http://sputniknews.cn/politics/201711291024168293/。

一 经济形势分析

2017年岁末，俄罗斯经济发展部对当年本国经济发展状况进行了简要评估，根据盖达尔经济政策研究所和总统直属国民经济与国家行政学院专家团队的研究成果列出了年度俄罗斯经济十大重要事件，入选事件包括国民经济恢复增长，营商环境国际排名上升，通货膨胀率降至3%以下，居民实际收入水平下降，提高职工退休年龄，外国投资大幅增长，粮食出口再创新高等。① 这基本勾勒出2017年俄罗斯经济形势的大体面貌。

2017年俄罗斯经济形势的主要特征表现在以下几个方面。

（一）国民经济止跌回升，增长幅度低于预期

根据俄罗斯联邦国家统计局的初步统计结果，按现行价格计算，2017年1~9月，俄罗斯国内生产总值为65.81万亿卢布，与上年同期相比增长1.6%。②

在经历了多个季度的持续下降之后，俄罗斯经济在2016年第四季度终于出现拐点，当季实现0.3%的微弱增长。2017年这一趋势得以延续，1~9月，俄罗斯经济走势呈现出前高后低的态势，前两个季度延续2016年第四季度开始的增长势头，并且逐季加快，第一季度同比增长0.5%，第二季度增长率升至2.5%，成为自2013年以来的最高季度增长率。2017年上半年平均增长率为1.5%。但是，经济增长势头很快便衰减下来，从第三季度开始多项经济指标趋于弱化，增长率也随之降至1.8%，低于此前的市场普遍预期（例如彭博新闻社预测值为1.9%），更低于俄罗斯官方预测（俄罗斯

---

① 《2017年俄罗斯经济十大重要事件》，http://www.suifenhe.gov.cn/contents/20/78420.html。
② РОССТАТ：Социально-экономическое положение России. январь-ноябрь 2017 года. http://www.gks.ru/free_doc/doc_2017/social/osn-11-2017.pdf；本文所引经济数据除专门注释外均来自该报告，另，由于是初步统计，数据统计期限不一，有1~9月、1~10月、1~11月不等，请读者详查。

经济发展部预测值为2.2%),这说明经济增长动力不足。进入第四季度之后,经济增长率进一步下降,10月只实现了1%的增长①,预计全年增长率不会高于2%。如果目前的发展趋势得不到扭转,那么下一年度的经济发展前景将再度不容乐观。

在国内生产总值构成中,占比第一位的是商业批发与零售、公路运输车辆和摩托车修理,达到15.9%。其他占比排名靠前的行业有加工业(13.1%)、矿产资源开采(10.7%)、固定资产管理(9.4%)。除了以上行业,占比较为突出的还有军事安全管理与保障、社会保障(分别为8%)、仓储运输(7%)、建筑业(5.5%)、农业、林业、渔业及狩猎(4.5%)、金融保险业务(4.3%)、专业科学技术活动(4.3%)、卫生和社会服务领域(3.8%)等。

(二)工业生产低速增长,岁末再度低迷

在2017年俄罗斯全年经济形势总体好于上年的背景下,工业生产却表现得不甚理想,始终呈低速增长态势,前三个季度同比增长率分别为0.1%、3.8%和1.4%。1~11月,工业生产平均增长率为1.2%,低于上年同期的1.4%。前11个月,对俄罗斯经济发展至关重要的矿产资源开采同比增长了2.2%,加工业同比增长0.4%,电力、燃气和热力生产同比增长0.6%。主要工业产品生产状况如下:煤炭产量增长6.9%,天然气产量增长10.4%,伴生油气产量增长2.0%,原油(含凝析油)产量与上年大体持平。鉴于价格上涨,相应产值明显提升。

2017年第四季度,工业生产指标开始恶化,11月同比下降3.6%,环比下降0.2%(2016年11月则同比增长3.4%,环比增长3.6%)。当月,在工业生产部门内部,采掘业同比下降1%,加工业下降4.7%,电力、燃气和热力生产下降6.4%。根据上述指标可对俄罗斯经济在11月的表现做出相当负面的评价。

---

① Минэкономразвития России: Картина экономики в октябре 2017 года. http://economy.gov.ru/minec/about/structure/depmacro/201704121.

（三）农业生产继续保持增长，增长幅度明显缩小

近年来，在俄罗斯各产业普遍萧条的环境中农业却一枝独秀，始终保持了增长态势，对稳定社会、鼓舞民心起到不可估量的作用，颇让俄罗斯人引以为自豪，俄罗斯政府也常常将此作为自己经济工作的巨大成绩加以颂扬。不过，由于农业在俄罗斯经济中所占比重很低（农林牧副渔合计产量只占国内生产总值的 4.5%），所以农业增长对整体经济的拉动作用并不显著。2017 年，俄罗斯农业继续保持增长，但是增长幅度明显小于此前数年，显现出增长乏力的态势。

按现行价格计算，2017 年 1~11 月，农业生产总值为 5.28 万亿卢布，同比增长 2.5%，增长幅度比上年同期下降将近一半（上年同期为 4.9%）。其中，11 月同比只增长 1.2%，远远低于上年同期的 6.8%，环比则下降 31.2%。主要农产品产量大体如下：谷物为 1.34 亿吨，同比增长 11.2%；葵花籽油为 960 万吨，同比减少 12.6%；甜菜为 4820 万吨，同比减少 6.1%；马铃薯为 2960 万吨，同比减少 4.9%；蔬菜为 1630 万吨，与上年同期持平。

2017 年 1~11 月，渔业生产同比增长 9.7%，林业生产略有下降。

（四）建筑、电信两大产业产值双双下降

得益于政府的大力扶持，作为俄罗斯民生工程的重要内容，住宅建设从 21 世纪开始在多数年份里基本保持了稳定增长，并且增长速度明显高于许多行业，但 2017 年这一态势未能得到延续。1~11 月，全国新建住宅 86 万套，同比下降 4%。建筑业全行业前 11 个月创造产值 6.458 万亿卢布，同比减少 1.9%。

产值出现下降的还有电信业，1~11 月同比下降 2.4%。

（五）固定资产投资好于上年，交通运输蓬勃发展

在多数年份当中，固定资产投资一直是俄罗斯经济数据中的弱项，2017

俄罗斯黄皮书

年这一状况有所改变。1~9月，全俄固定资产投资额达到9.6817万亿卢布，较之上年同期增长4.2%（上年同期该指标为-0.6%）。这一结果是在遭受西方国家集团经济制裁的背景下取得的，因而显得尤为突出。

2017年，被视为经济发展先行官的交通运输业在国民经济整体向好的带动下表现活跃，取得了良好成绩。1~11月，整个交通运输业较上年同期增长5.9%，比上年同期1.6%的增长率高出2倍多。其中，铁路运输同比增长6.5%，比上年同期1.5%的增长率提高3倍多。

1~11月，客流、物流双双增加，运输业获得了显著增长。货物运输总产值达5.0013万亿卢布，同比增长5.9%；其中，铁路运输为2.2735万亿卢布，公路运输为2288亿卢布，海洋运输为430亿卢布，内陆水运为622亿卢布，航空运输为70亿卢布，管道运输为2.3868万亿卢布。客运总产值为4601亿卢布；其中，铁路运输为1142亿卢布，公路运输为1064亿卢布，航空运输为2389亿卢布，水路运输为6亿卢布。

（六）消费市场活力初步恢复

消费曾经是拉动俄罗斯经济增长的主要引擎之一，但最近若干年由于整体经济形势不好，消费市场也出现萎缩。2017年这一状况有所改变，消费市场逐渐恢复活力，批发零售均实现增长。1~11月，全社会零售总额达到26.72万亿卢布，同比增长1.0%，而上年同期这一指标为-4.5%。进入岁末，消费增长幅度进一步扩大，其中11月零售总额达到2.56万亿卢布，同比增长2.7%。1~11月，商品批发总额为59.67万亿卢布，同比增长6.1%。统计资料显示，民间消费趋于活跃，餐饮、酒吧生意整体均好于上年，1~11月销售额达到1.28万亿卢布，同比增长2.2%（上年同期为-2.6%）①。与此同时，居民有偿服务市场也实现了0.2%的同比增长率（上年同期为-0.3%），总金额达到8.03万亿卢布。

---

① РОССТАТ: Оборот розничной торговли. http://www.gks.ru/wps/wcm/connect/rosstat_main/rosstat/ru/rates/55a8a2004a41fbc7bdd3bf78e6889fb6.

（七）对外贸易规模急剧扩大

虽然受到西方国家集团的经济制裁，但是2017年俄罗斯对外贸易出现多年未见的高速增长，1～10月进出口总额同比大幅增长25.1%，相对于上年同期下降15.2%的指标可谓冰火两重天。其中，对外出口增长25.8%（上年同期为-22.0%），进口增长24.0%（上年同期为-2.9%）。与工农业生产的显著区别在于，进入第四季度之后对外出口依然强劲增长，其中11月出口同比增长27.1%（上年同期为-8.2%），进口增幅有所下降，但增长率仍然达到了两位数——18.8%（上年同期为7.5%）。如上所述，俄罗斯对外贸易的大幅增长主要得益于国际市场大宗商品价格的普遍上扬。在过去一年里，国际市场上石油、天然气、金属、煤炭等大宗商品的价格都不同程度地出现上涨，而这些商品恰恰是俄罗斯的传统出口物资。对外贸易的大幅增长对当年俄罗斯整体经济的增长发挥了重要作用。

据俄罗斯中央银行统计，2017年1～10月，俄罗斯对外贸易总额达到4735.55亿美元，已超过上年全年指标（4734.38亿美元）；其中，出口为2818.98亿美元，进口为1916.57亿美元，贸易顺差为902.41亿美元。按照俄罗斯官方的统计习惯，贸易对象分为远邻国家和独联体国家两大类。2017年前10个月，对远邻国家的贸易额为4131.79亿美元；其中出口为2422.23亿美元，同比增长26.2%；进口1709.56亿美元，同比增长24.0%。对独联体国家的贸易额为603.76亿美元；其中，出口为396.75亿美元，同比增长23.9%；进口为207.01亿美元，同比增长24.5%。

俄罗斯联邦国家统计局提供的数据与俄罗斯中央银行的数据略有差异。按照国家统计局的数据，2017年1～10月，俄罗斯对外贸易总额为4681.56亿美元，同比增长25.1%；其中，出口为2853.03亿美元，同比增长25.7%；进口为1828.53亿美元，同比增长24.3%；贸易顺差1024.5亿美元。在贸易总额中，对远邻国家贸易额为4101.9亿美元，占比87.6%；其中，出口为2473.04亿美元，同比增长25.7%；进口为1628.86亿美元，同比增长24.0%。对独联体国家贸易额为579.66亿美元，同比增长25.7%，占比12.4%；其中，出口为379.99亿美元，同比增长25.5%；进口为199.67亿美元，同比增长26.0%。

从2017年前十个月的情况看，若按国际组织计算，俄罗斯的主要贸易伙伴为欧洲联盟、亚太经合组织、独联体、欧亚经济联盟。与这些国际组织的双边贸易额分别为2001.17亿美元，占比42.7%；1430亿美元，占比30.5%；579.67亿美元，占比12.4%；411.26亿美元，占比8.8%。如按单个国家统计，俄罗斯的前十大贸易伙伴为中国、德国、荷兰、白俄罗斯、意大利、美国、土耳其、日本、哈萨克斯坦和波兰，与这些国家的贸易额分别占其对外贸易总额的14.7%、8.6%、7.1%、5.2%、4.1%、4.0%、3.7%、3.2%、3.0%和2.8%。从中可以看出，虽然西方国家集团继续对俄实施经济制裁，而且制裁力度还在不断加强，但几个主要西方国家仍然位居俄罗斯前十大贸易伙伴之列。

从出口结构来看，传统出口产品仍然在2017年俄罗斯对外出口中占据主导地位，8种主要出口商品分别为食品和农业原料（不含纺织品）；矿产品；化工产品、橡胶；皮革原料、毛皮及其制品；木材、纸浆和纸制品；纺织品、鞋；金属、宝石及其制品；机器、设备、车辆。上述商品的出口额增长率均达到了两位数，其中矿产品和金属、宝石及其制品的增长率分别达到30%和26.4%。贸易额最大的出口商品依然是矿产品，金额达到1762.7亿美元，占出口总额的61.78%。值得注意的是，高技术商品出口增长明显，1~10月达到307.77亿美元，同比增长23.8%，这种状况为二十年来所罕见。

（八）消费价格指数涨幅再创新低

最近数年俄罗斯通货膨胀率持续下降，主要得益于市场消费价格涨幅较前些年明显趋缓，这种状况在2017年得以延续。2017年全年俄罗斯市场总体价格水平比较平稳，消费价格指数略有上涨，1~12月同比上涨

2.5%，明显低于上年同期5.4%的水平。其中11月为2.5%，12月降至0.4%①。

（九）财政收支略有盈余，金融市场基本稳定

2016年1~10月，联邦政府财政入不敷出，赤字达1万亿卢布。2017年同期联邦财政扭亏为盈，收入24.91万亿卢布，支出24.21万亿卢布，结余0.7万亿卢布。联邦财政收入的近20%来自石油天然气收入，总额为47649亿卢布；其中，碳氢化合物原料矿产开采税为3.2098万亿卢布，石油原料、天然气及石油加工产品出口关税为1.5551万亿卢布。

1~9月，主要预算外基金盈亏不等：联邦退休基金收入6.09万亿卢布，支出6.1万亿卢布；联邦社会保险基金收入0.52万亿卢布，支出0.49万亿卢布；联邦强制医疗保险基金收入1.25万亿卢布，支出1.24万亿卢布；联邦主体地方强制医疗保险基金收入1.28万亿卢布，支出1.22万亿卢布。

俄罗斯两大主权基金明显萎缩。截至2017年11月，国民福利基金总额为40138.1万亿卢布，比上年同期减少5281.2万亿卢布，下降11.62%②；储备基金总额为9755.2万亿卢布，比上年同期的1.99161万亿卢布整整减少了1.01609万亿卢布，下降幅度达到51%。③

一年来，在外汇市场上卢布小幅升值，2016年11月1日卢布与美元比价为64.94∶1，一年后的同一时期美元与卢布比价变为58.33∶1。据俄罗斯中央银行统计，截至2017年12月1日，俄罗斯联邦外汇储备为4316亿美元，比上年同期增加12%。

---

① РОССТАТ：Индекс потребительских цен（ИПЦ）. http：//www. gks. ru/wps/wcm/connect/rosstat_ main/rosstat/ru/rates/79a3cc004a41fc37bdd8bf78e6889fb6.

② Минфин России：Данные о движении средств и результатах управления средствами Фонда национального благосостояния. https：//www. minfin. ru/ru/statistics/fonds/.

③ Минфин России：Данные о движении средств и результатах управления средствами Резервного фонда. https：//www. minfin. ru/ru/statistics/fonds/.

二 社会发展领域的主要特点

在过去的一年里，尽管财政状况并不理想，但俄罗斯联邦政府仍然在社会发展领域进行了大量投入，以确保各项民生工程的正常实施，从而稳定民心。上述两大联邦主权基金的变动情况可以从一个侧面说明这一点。

2017年俄罗斯社会发展领域主要有以下几个特点。

（一）常住人口总数微弱增长

根据俄罗斯联邦国家统计局抽样调查结果，截至2017年11月1日，俄罗斯境内常住人口总数为1.469亿，当年前十个月新增人口6.35万，增长0.04%。

1~10月，全俄出生人口141.81万，出生率为11.6‰，死亡人口153.30万，死亡率为12.5‰，其中未满周岁幼儿死亡率为5.3‰，总人口自然损失11.49万。这说明在连续五年实现自然增长（即出生人口超过死亡人口）之后，俄罗斯人口再度陷入自然下降状态（即死亡人口超过出生人口）（详见表1）。这一时期全俄共接收外来移民394.72万，外迁移民376.88万，跨境移民净增17.84万，减去自然损失人口，常住人口总数增加6.35万。由此可见，总人口的微弱增长完全依赖于外来移民。

表1 俄罗斯人口自然增长状况（2015~2017年）

年度	总人口(百万)			人/每千人		
	出生	死亡	自然增长	出生	死亡	自然增长
2015	194.06	190.85	3.21	13.3	13.0	0.3
2016	188.87	189.10	-0.23	12.9	12.9	-0.01
2017*	141.81	153.30	-11.49	11.6	12.5	-0.9

*2017年数据为1~10月。

资料来源：POCCTAT：Рождаемость, смертность и естественный прирост населения. http://www.gks.ru/wps/wcm/connect/rosstat_main/rosstat/ru/statistics/population/demography/#。

（二）人口老龄化程度进一步加深

截至2017年1月1日，俄罗斯城市人口为1.09032亿，农村人口为3777.2万，城乡比例为74∶26。在总人口当中，男性人口为6810万，女性人口为7870万，男女性别比例为46∶54（见表2）。

在总人口中，低于劳动力年龄人口为2689.5万，占总人口的18.32%；适龄劳动力人口为8322.4万，占总人口的56.69%，继续处于下降状态；而高于劳动力年龄人口为3668.5万，占总人口的24.99%，占比持续提高（见表3）。根据现有人口结构可以判断，未来若干年适龄劳动力人口不断减少、高于劳动力年龄人口持续增加将是俄罗斯人口发展的一个主要趋势特征，并且带有不可逆转性。据俄罗斯官方估计，到2025年，高于劳动力年龄人口将接近4000万，占总人口的比例将达到27%[1]。这一发展趋势无疑将对俄罗斯劳动力市场和社会保障体系形成巨大的挑战。为此，俄罗斯政府已经着手实施应对措施，其中之一就是逐步提高公民的退休年龄，以图缓解因老龄人口快速增加而给政府财政带来的压力。2016年5月，俄罗斯总统普京签署了提高公务人员退休年龄的法令。该法令规定，以每年增加6个月的频率逐年提高退休年龄，最终将男性公民的退休年龄由以前的60岁提高到65岁，女性公民由55岁提高到63岁。该法令已于2017年1月1日生效[2]。

表2　俄罗斯人口性别构成（2016~2017年）

年份	总人口（百万）	其中（百万）		总人口占比（%）	
		男性	女性	男性	女性
2016	146.5	67.9	78.6	46	54
2017	146.8	68.1	78.7	46	54

资料来源：POCCTAT：Численность мужчин и женщин. http://www.gks.ru/wps/wcm/connect/rosstat_main/rosstat/ru/statistics/population/demography/#.

---

[1] 《俄退休人口到2025年前将增至4000万》，http://sputniknews.cn/society/201710051023742941/。
[2] 《普京签署提高官员退休年龄法令》，http://sputniknews.cn/russia/201605241019393003/。

表3 俄罗斯人口年龄分布（2016~2017年）

单位：万人

年份	2016	2017
总人口	14654.5	14680.4
低于劳动力年龄人口	2636.0	2689.5
适龄劳动力人口	8419.9	8322.4
高于劳动力年龄人口	3598.6	3668.5
城市人口	10865.8	10903.2
低于劳动力年龄人口	1875.8	1927.8
适龄劳动力人口	6337.3	6271.7
高于劳动力年龄人口	2652.7	2703.7
农村人口	3788.7	3777.2
低于劳动力年龄人口	760.2	761.7
适龄劳动力人口	2082.6	2050.7
高于劳动力年龄人口	945.9	964.8

注：表3为当年1月1日人口数据。

资料来源：POCCTAT：Распределение населения по возрастным группам. http：//www.gks.ru/wps/wcm/connect/rosstat_ main/rosstat/ru/statistics/population/demography/#。

（三）居民实际生活水平有所下降

2017年1~11月，俄罗斯居民货币收入总规模达到48.84万亿卢布，同比增长3.1%。居民在购买商品和支付服务方面所花费的资金为37.40万亿卢布，同比增长5.1%。这一时期居民储蓄为5.80万亿卢布，比上年同期减少8330亿卢布，下降12.6%。

1~11月，居民人均货币收入同比增长2.9%，实际可支配收入则下降1.4%；月平均名义工资收入为3.8033万卢布，同比增长7.1%，月平均实际可支配工资收入增长3.2%；平均退休金为1.3336万卢布，同比增长7.7%，实际退休金同比增长3.7%。其中，11月，居民人均货币收入为3.1536万卢布，同比增长2.9%，实际可支配货币收入减少0.3%；名义月平均工资收入为3.872万卢布，同比增长8%，实际月工资收入同比增长5.4%；平均退休金1.2956万卢布，同比增长4.2%，实际退休金同比增长1.7%（见表4）。

表4　反映居民生活水平的基本指标（2017年1~11月）

	11月	与上年11月相比（±）	11月与上年同期相比（±）
居民人均货币收入（卢布）	31536	2.9%	2.9%
实际可支配货币收入	—	-0.3%	-1.4%
月平均工资收入（卢布）	—	—	—
名义	38720	8.0%	7.1%
实际	—	5.4%	3.2%
平均退休金数额（卢布）	12956	4.2%	7.7%
实际退休金数额	—	1.7%	3.7%

资料来源：POCCTAT：Основные показатели, характеризующие уровень жизни населения. Социально-экономическое положение России（январь-ноябрь 2017 года）. http://www.gks.ru/free_doc/doc_2017/social/osn-11-2017.pdf。

拖欠工资行为依然不乏个案，截至2017年12月1日，逾期拖欠工资总额为3.12万亿卢布，较同年11月1日减少0.38万亿卢布。

（四）劳动力人口就业状况略好于上年

从2017年1月开始，俄罗斯联邦国家统计局对全国15岁及以上年龄段劳动力人口进行了抽样调查。调查结果显示，当年11月，全俄劳动力人口总量为7620万，占全国总人口的52%，同比减少0.6%。其中，7230万人在岗就业，同比减少0.4%，就业率为94.9%；390万人处于无工作状态，同比减少5.5%，失业率为5.1%；在居民就业服务机构注册登记的失业人口为70万，同比减少13.7%。上年同期，全俄劳动力人口为7670万，其中就业人口为7260万，就业率为94.7%；失业人口为410万，失业率为5.4%；正式登记失业人口为80万。由此可见，劳动力人口就业状况略有改善。

Y.7
俄罗斯经济发展优先方向与政策调整

高际香*

摘　要： 世界金融危机、石油价格下挫和制裁等因素使俄罗斯经济遭受冲击，至今仍在低谷中徘徊。为应对经济发展乃至经济安全的内外部挑战，俄罗斯相关机构对2018～2024年经济发展中长期战略进行了构思。虽然截至目前，俄罗斯经济发展战略尚未正式发布，但其总体目标和优先发展方向已初见端倪：总体目标将致力于促进经济长期持续稳定增长、增强科技实力、提升经济竞争力、促进区域经济均衡发展、提高居民生活水平、改善居民生活质量；发展优先方向将聚力于通过延迟退休增加劳动力供给、增加基础设施建设投资、增加非原料产品出口、继续推进进口替代、推动科技进步、发展数字经济、积极推进北极开发、提升国家管理效率。此外，为配合经济发展优先方向，俄罗斯将会对财政和货币政策进行相应调整，其中财政政策调整将会聚焦于提高财政预测准确度、优化税收和预算支出结构；货币政策从长期来看将会转向中性甚至温和。

关键词： 俄罗斯　经济发展　优先方向　政策调整

2000～2017年俄罗斯经济增长率经历三次大幅下滑：1999～2007年的

---

* 高际香，中国社会科学院俄罗斯东欧中亚研究所研究员。

年均增长率为7.1%,2010~2011年为4.3%,2012~2017年降至0.7%。①在世界经济中的排名亦不断下调:2011年俄罗斯GDP在世界排名第6位(以购买力平价计算),2016年降至第12位,2017年已下滑至第15位。俄罗斯未来经济发展前景不容乐观,世界银行预测称,未来六年俄罗斯经济的年均增长率不会超过1.5%。2018年2月初盖达尔研究所的报告也指出,如果不进行结构改革,2018年俄罗斯GDP年增长不会超过1.5%~2%。②

对于俄罗斯经济发展乃至经济安全面临的内外部挑战,2017年5月俄罗斯总统批准的《2030年前俄联邦经济安全战略》③做了详尽的阐述。概括而言,俄罗斯经济发展面临的最重要的外部挑战为:发达国家把自身在经济发展水平、高科技方面的优势作为全球竞争的工具,对俄罗斯获取外部金融资源和先进技术进行封堵,在构建经贸和金融投资多边调控机制方面绕开俄罗斯;节能技术、"绿色技术"发展引发的能源产品全球需求结构和消费结构的变化,对俄罗斯资源出口型经济发展模式构成严重挑战;市场基础发育不足、竞争力欠佳、在世界产业链分工中参与度不足,使得俄罗斯缺乏在世界经济中具有全球领导地位的非原料型企业,非原料产品出口规模受到抑制。从国内看,影响未来经济发展的主要挑战为:投资环境不佳、经营成本高、行政障碍较多、私有产权保护不力,实体经济投资不足;创新积极性不足、新技术和前沿技术研发落后、本国专家的技能水平和核心竞争力不足;长期融资不足、交通和能源基础设施发展不足;能源原料行业的资源产地面临衰竭;预算不平衡问题;

---

① 根据俄罗斯国家统计局数据计算所得,其中2017年俄罗斯经济增长率为1.5%。
② Дробышевский. С, Синельников-Мурылев. С, Особенности роста экономики России в 2017 и 2018 годах: стимулы и ограничения. Мониторинг экономической ситуации в России: тенденции и вызовы социально-экономического развития. № 2 (63) Февраль 2018 г. C. 9. https://www.iep.ru/files/text/crisis_monitoring/2018_2-63_February.pdf.
③ Стратегия экономической безопасности Российйской Федерации на период до 2030 года. No. 208. 2017. http://economy.gov.ru/wps/wcm/connect/69cfe05b－c0dc－4876－95aa－a901378bfdcf/0001201705150001.pdf.

居民收入水平差距较大，教育、医疗质量和"可及性"欠佳，人力资本发展潜力不足；人口老龄化、劳动力资源不足；地区发展不均衡；国家管理欠缺效率等。

面对经济发展的内外部威胁，并且基于2018年大选的考量，俄罗斯早在2016年就对2018~2024年经济发展的战略规划进行构思。以阿列克谢·库德林①为首的战略研究中心、以鲍里斯·季托夫②为首的斯托雷平俱乐部，以及俄罗斯经济发展部分别受命制定未来经济发展战略。2017年如上各方声称，各自完成的经济发展战略草案已提交总统。时至今日，总体方案，即如俄罗斯专家预估的"鸡尾酒式"（即各方方案的综合）的经济战略尚未推出。

但综合上述方案草案，加之对近三年来俄罗斯推出的相关战略、规划的梳理，俄罗斯经济未来发展优先方向已渐清晰。未来经济发展的总体目标是促进经济长期持续稳定增长③、增强科技实力、提升经济竞争力、促进区域经济均衡发展、提高居民生活水平、改善居民生活质量。为达成上述目标，俄罗斯明确了八大经济发展优先方向：通过延迟退休增加劳动力供给、增加基础设施建设投资、增加非原料产品出口、继续推进进口替代、推动科技进步、发展数字经济、积极推进北极开发、提升国家管理效率。

第一，通过延迟退休增加劳动力供给。从2017年起，俄罗斯进入一个漫长的人口指标恶化期，未来十年的劳动力数量将每年缩减0.5%~0.7%，导致经济增长率下挫约达0.5个百分点④。通过延迟退休增加劳动力供给是解决问题的主要途径之一。从人口发展趋势看，俄罗斯人均预期寿命将增

---

① 库德林为前财政部部长，现为总统专家局副局长、总统经济委员会结构改革和经济稳定增长优先方向工作组组长。
② 季托夫为俄罗斯总统企业家权利全权代表、商业监察员。
③ 库德林方案中提出，未来俄罗斯经济年均增长率应当与世界经济增长率达到同一水平，约为3.5%。
④ Иванова. М，Балаев. А，Гурвич. Е. Повышение пенсионного возраста и рынок труда// Вопросы экономики. 2017. №3. С. 22 – 39.

长，从中期看，将增至76岁（目前为72岁）①，2025年将达到78岁②。因此，延迟退休不仅具有必要性而且具备可行性。从目前来看，延迟退休方案有可能从2019年实施。可能选择的版本有两种：一种是退休年龄每年增加0.5岁，2035年达标；另一种方案是退休年龄每年增加1岁，2028年达标。在第一种方案下，2035年劳动年龄人口将达到9000万（2006年达到的最高水平），在第二种方案下，2035年劳动年龄人口增至8800万。领取退休金的最低工龄要求将从现在的15年提高至20年，养老金积分最低标准也将从现在的30分增至52分。

第二，增加基础设施建设投资。将固定资产投资占GDP的比重从2016年的18%增至24%对俄罗斯经济增长具有重要意义③。在促进经济增长方面，最具潜力的是基础设施投资。发展交通基础设施及供水系统对降低生产成本、提高经济竞争力具有重要作用。目前俄罗斯拟建的基础设施项目包括1200公里高速铁路（莫斯科－喀山、叶卡捷琳堡－车里雅宾斯克、莫斯科－图拉）、5000公里高速公路以及北海航道、贝阿铁路和西伯利亚大铁路等。为吸引基础设施建设投资，俄罗斯目前拟推出的主要举措有三项。一是拟建立基础设施按揭贷款制度（类似于租让制）。由对外经济银行承担，将引入银团贷款机制，与之配套，国家杜马将通过相关银团贷款修正案。该制度不仅可以实施统一的监管办法，进行投资过程的标准化管理，还可以吸纳投资者资金，提高国家基础设施投资的乘数效应。二是可能设立基础设施基金。目前基础设施基金正在政府和专家层面进行讨论。基本设想是把税收和基础设施使用费纳入专门基金，并用此基金中的资金补偿私人投资者的投入。设立基础设施基金不仅可以避免政府基础设施投入波动较大的弊端，还

---

① Кудрин. А，Соколов. И. Бюджетный маневр и структурная перестройка российской экономики// Вопросы экономики. 2017. № 9. С. 24.
② Кудрин призвал уравнять пенсионный возраст мужчин и женщин. https：//iz.ru/705582/ 2018－02－07/kudrin－schitaet－chto－pensionnyi－vozrast－muzhchin－i－zhenshchin－dolzhen－byt－odinakovym.
③ Медведев. Д. Социально-экономическое развитие России：обретение новой динамики// Вопросы экономики. 2016. №10.

可以节约政府支出，因为在项目产生经济和社会效益之前政府的投入不会太多。三是加强国际合作，通过共同设立基金助推基础设施建设。俄罗斯直接投资基金、远东发展基金已与中国合作建立了中俄投资基金、亚太粮食产业发展基金、中俄农业开发基金，目前正在酝酿建立中俄基础设施建设基金、矿业基金、建筑领域投资基金等。

第三，继续推进进口替代。2014年乌克兰危机发生后，欧美以封堵融资渠道和技术进口渠道为主要着力点，对俄罗斯实施制裁。在国际石油价格大幅下跌的背景下，俄罗斯经济结构痼疾凸显。自此，俄罗斯选择在农业、食品工业、医药、国防工业、机械制造、石油化工、轻工、信息产业、航空航天、原子能产业、生物技术等20多个行业实施大规模、高强度的进口替代政策。随着时间推移，在兼顾国家安全利益的同时，俄罗斯进口替代政策力图通过"再工业化"①摆脱能源依赖、转变经济增长方式、提高产业竞争力、提升本国在国际分工体系中地位的取向日渐清晰。② 对于进口替代项目，国家主要通过联邦财政专项贷款、工业发展基金、政府采购、税收优惠、签署"特别投资合同"（СИК）等提供支持。③ 其中，"特别投资合同"制度正在积极推广之中。这是由工业发展基金根据《俄联邦工业政策法》支持的项目。由投资者与俄罗斯联邦签订协议，其中包括投资者义务（在规定期限组织工业品生产）和俄罗斯联邦（或联邦主体）的义务（确保税收和监管条件的稳定性，并提供优惠和支持）。"特别投资合同"项目投资额一般不少于7.5亿卢布，用于建立现代化工厂或对工业企业进行现代化改

---

① Сухарев. О. Импортозамещение: программы и проблемы. С. 14. Металлы Евразии. 2016. No1.

② 2015年10月，在进口替代委员会会议上，俄罗斯总理梅德韦杰夫指出，进口替代应当成为俄罗斯经济增长的新引擎之一，应当集中精力发展工业，重点发展高科技产品生产，推进现代技术、生物技术、医疗技术等，当然，也包括食品生产。https://news.mail.Ru/economics/23514830/? frommail =1.

③ Волкодавова. Е, Жабин. А, Негонова. Н. Развитие инструментов импортозамещения в современных условиях ведения бизнеса в промышленности Российской Федерации. Интернет-журнал "НАУКОВЕДЕНИЕ". Том8. No2 (2016). http://naukovedenie.ru/PDF/90EVN216.pdf.

造（在项目实施中，新购置设备的比例不低于25%）。"特别投资合同"项下可以获得的优惠包括利润税优惠、折旧率优惠、财产税优惠以及其他优惠，还有租用地方自治机构财产和土地的租金优惠等。① "特别投资合同"有效期为项目盈利后5~10年，最多不超过10年。②

第四，增加非原料产品出口。根据库德林方案，中期来看，俄罗斯经济年均增长率将达3.5%~4%，即达到世界平均增长速度。为此，增加非原料产品出口势在必行。到2025年前，非原料产品的出口年均增长率不应低于7%，其中，高科技产品出口应当成为经济增长的支柱。2024年，机器设备在出口中占比应增至13%；2035年达到30%，与石油和天然气出口所占份额基本持平。为此，将通过取消外汇管制、简化行政手续、与其他国家签署优惠贸易协定等方式推进非原料产品出口。其中，以欧亚经济联盟为一个整体，积极与其他国家或经济合作组织设立自贸区是重要政策方向之一。2015年5月29日，欧亚经济联盟已与越南正式签署自贸区协定。2017年10月，欧亚经济联盟和中国共同发表《关于实质性结束中国与欧亚经济联盟经贸合作协议谈判的联合声明》。当前，欧亚经济联盟与伊朗、新加坡、韩国、印度、以色列、塞尔维亚的相关自贸区谈判正在进行之中。此外，欧亚经济联盟还与新西兰、柬埔寨、蒙古国、秘鲁和智利等国达成了建立自贸区的初步意向。③ 长远而言，在亚洲方向，欧亚经济联盟拟通过与越南和新加坡分别建立自贸区，使越南和新加坡成为欧亚经济联盟与东盟各国联系的桥梁，进一步促进欧亚经济联盟与东盟经济融合，进而推动欧亚经济联盟－东盟自贸区建设。在欧洲方向，俄罗斯希望欧亚经济联盟与塞尔维亚签订自贸区协定后，能够以此为桥梁，进一步加强与欧盟的联系，意图将塞尔维亚作

---

① Папченкова. М. Что Путин пообещал инвесторам. https：//www.vedomosti.ru/economics/articles/2017/06/02/692798 - chto-putin-poobeschal-investoram.

② http：//frprf.ru/gospodderzhka/o-spetsialnykh-investitsionnykh-kontraktakh-dlya-otdelnykh-otrasley-promyshlennosti/.

③ Евразийская экономическая интеграция（информация по состоянию на 01.09.2017）. Центр интеграционных исследований Евразийского Банка Развития. С. 26. https：//eabr.org/upload/iblock/518/EDB-Centre_ 2017_ Report – 43_ EEI_ RUS. pdf.

为欧亚经济联盟进入巴尔干地区乃至欧洲地区的踏板①。

第五，推动科技进步。《俄联邦科学技术发展战略》（2016年№642）提出了俄罗斯未来10~15年科技发展七大重点领域：一是先进数字和智能制造技术、机器人制造系统、新材料和新结构设计、大数据处理系统、机器学习和人工智能；二是环保和节能技术，有助于提高碳氢化合物开采和深加工效率的技术，能源开采、运输与存储技术；三是精准医疗、高科技医疗与保健技术；四是高产环保农业与养殖业；五是防范和消除对社会、经济和国家造成危害的技术；六是推动俄罗斯在开发和利用太空、大洋、南极、北极等方面占据世界领先地位的智能交通和通信技术；七是有助于俄罗斯社会有效应对全球化时代来自人与自然、人与技术以及社会制度之间巨大挑战的技术与方法。②为实施科技发展战略，俄罗斯正在对科学体系（科学院、联邦科研机构局、俄罗斯科学基金）进行改革，力图重构发展机制，力促在科技创新领域实现突破。

第六，发展数字经济。在2016年12月的国情咨文中，俄罗斯总统普京宣布，有必要构建通过信息技术来提高全行业效率的数字经济。在2017年6月的直播连线节目中，普京公开表示："发展数字经济是俄罗斯经济领域第一要务。"7月，俄罗斯联邦政府正式批准了第1632号文件《俄联邦数字经济规划》③。9月，在国家杜马经济发展、工业、创新发展和创业委员会中设立了数字经济和区块链技术专家委员会，负责发展数字经济立法层面的问题。从2018年起，数字经济规划进入实质执行阶段。数字经济发展的五大基本方向已确定：法律法规体系健全完善，数字经济生态系统建设，数字教育与人才培养，数字经济研究能力培育与技术设施建设，信息基础设施建设。

---

① Сербия – ЕАЭС: перспективы интеграции в рамках зоны свободной торговли. Рабочая тетрадь. № 37. 2016. М.: НП РСМД. http://russiancouncil.ru/upload/Serbia – EAEU – Paper37 – ru.pdf.

② Стратегия научно-технологического развития Российской Федерации. декабря 2016 г. № 642. С. 15 – 17.

③ Программа "Цифровая экономика Российской Федерации" от 28 июля 2017 г. № 1632 – р.

第七，积极推进北极开发。 2017年8月俄罗斯政府批准《俄联邦北极地区经济社会发展国家规划》（№1064）①。其主要目标是：把北海航道发展成为俄罗斯联邦在北极的国家交通干线，创造条件发展水域航行水文气象保障系统；通过科技发展，提高俄罗斯联邦北极地区和俄罗斯联邦北极大陆架资源基地的利用效率；提高国家对俄罗斯联邦北极地区社会经济发展的管理效率。规划下设三个子规划，分别涉及"发展支柱区"（опорная зона развития）、北海航路发展与极地航行、北极区域矿产资源开发所需油气设备和工程技术设备的制造。规划实施分为三个阶段。第一阶段（2015~2017年）的工作重点是设立北极发展问题国家委员会；为形成"发展支柱区"并确保其运作制定相关法律法规，组织技术条件；制定"发展支柱区"构想，包括为指定区域内实施的项目编制可行性建议，确定国家支持的关键领域和相关机制，并论证国家支持的金融和经济可行性；建立维护国家利益和促进北极地区经济社会发展的综合信息支持系统；创设机制，增强俄罗斯联邦在国际组织中的地位并增进在北极区域的国际互利合作。第二阶段（2018~2020年）实施"发展支柱区"试点项目；"北极"浮动抗冰平台试运行；在萨哈共和国（雅库特）建设一个现代高科技造船厂。第三阶段（2021~2025年）主要是解决北极地区的经济社会发展问题并保障国家安全，储备利于先进技术和电子元件基地发展的科技能力；对俄罗斯北极地区大陆架、内海水域生态实施监控，形成现代化的北极地区环境污染状态监控网；建立统一而功能稳定的北极地区运输业信息通信系统；确保俄罗斯联邦北极地区居民人居及生产活动安全；优化俄罗斯北极地区生态状况国家监控系统；编制和通过相关决议，进一步采取措施处理遭淹没的高危核辐射设施和核辐射废物；装备保障北极地区经济社会发展的无线电电子设备；形成一定数量的、能够保障北极地区经济社会综合发展所需的"发展支柱区"；"北方"自动化冰上信息系统进入试运营；减少外国制造的

---

① Государственная программа Российской Федерации "Социально-экономическое развитие Арктической зоны Российской Федерации" от 31 августа 2017 г. № 1064.

无线电电子设备在俄罗斯联邦北极地区的使用；生产具有竞争力的高科技产品，用以满足俄罗斯联邦北极地区矿产原料勘探、开采和加工的需要；缩小俄罗斯北极石油和天然气产品和矿产资源开采工程机械与世界水平的技术差距。

第八，提升国家管理效率。对国有经济比重较高的俄罗斯而言，国家管理效率提升无疑是促进经济发展的润滑剂与推进器。未来俄罗斯提升国家管理效率主要从三个方面入手。一是公务员培养与选拔制度调整。总统所属国民经济与国家行政学院将重构国家公务人员培养体系，改革官员选拔体系。二是缩减公务员数量，减少国家公务支出。根据库德林方案，将缩减1/3的公务员，从现在每万人拥有148.3个公务员降至103.6个，国家公务支出在国家总支出中的比例将从2.5%降至1.74%。① 三是提升国家管理的数字化水平。国家管理的数字化水平将从现在的5%~10%提升至2024年的50%。其中，司法制度改革将是重中之重。从经济层面看，经济主体对俄罗斯法院解决经济争端能力的信心有助于激发投资。因此，增加法官的独立性、提升司法人员素质、扩大俄罗斯联邦最高法院的权力等将会是司法改革的重要方向。

为配合上述优先方向的选择，俄罗斯将在财政货币政策上做出相应调整。

在财政政策调整方面，鉴于财政政策在为经济增长创造有利条件的总体目标之外，还承担恢复短期和中期预算平衡、确保长期预算稳定的责任，因此，未来俄罗斯财政政策调整将会体现在三个方面。一是提高财政预测准确度。俄罗斯原材料出口型经济模式容易导致一系列连锁反应：石油价格下降，预算收入相应减少，预算支出随之削减，赤字增加，引发通货膨胀，进而卢布贬值。鉴于此，财政预测精准度，特别是对石油价格预测的精准度，对于财政政策的选择意义重大。二是进行税收政策调整。俄罗斯将会根据经济结构调整目标和就业需要对直接税和间接税进行结构性调整，其中，不会

---

① http：//www.rbc.ru/rbcfreenews/5937d9cf9a7947e77066dccf.

对经济产生扭曲作用的税种可能会适度增加，导致不公平竞争的不合理的税收优惠也将逐渐取消，并且会针对新业态的发展完善相关税收立法，如电子商务税法等。三是预算支出结构调整。一直以来，俄罗斯预算支出结构的主要特点是国家安全及护法行动的支出和国防支出水平较高；社会政策方面的支出占GDP的比重落后于发达国家甚至中东欧国家；有助于人力资本发展的支出，如教育和医疗支出较少。① 为适应经济发展优先方向调整，俄罗斯将会对预算支出结构做出相应调整，其主要调整方向将是增加教育、医疗支出，适当缩减国家安全及护法行动的支出和国防支出。

在货币政策调整方面，俄罗斯中央银行目前坚守"通胀目标制"，力图把通胀率水平控制在4%以内。"通胀目标制"可以增强居民对本国货币购买力的信心，从而激励居民增加储蓄，进而积累成长期发展资源，促进金融部门的发展和投资的增长，为未来经济增长奠定基础。当然，"通胀目标制"短期往往伴随着经济增长的放缓，但从长期来看，"通胀目标制"有助于经济持续稳定发展。俄罗斯副总理德瓦尔科维奇对此认为："'通胀目标制'以牺牲经济短期增长换取经济长期稳定是必要的。"然而，当前的货币政策在俄罗斯国内饱受诟病，特别是企业界对"通胀目标制"下紧缩货币造成贷款利率居高颇有微词。② 有些研究甚至认为，高利率可能使企业陷入"恶性循环"（在企业债务质量下降和破产增加的状况下，信用风险溢价增长，而在银行贷款和存款利率保持较高水平时，严重依赖信贷的企业的收支状况将会进一步恶化，从而导致企业债务质量更加恶化、破产率大幅增加）的危险，将会抑制经济复苏，导致经济长期停滞。③ 因此，俄罗斯中央银行未来应当从两个方面发力：一是建立大众对中央银行的信任，降低通胀预

---

① Кудрин. А，Соколов. И. Бюджетный маневр и структурная перестройка российской экономики. Вопросы экономики. 2017. № 9. C. 20 – 21.
② Стратегия роста，Институт экономики роста им. Столыпина П. А. http：//stolypin. institute/wp-content/uploads/2017/10/strategiya-rosta-28. 02. 2017. pdf.
③ Солнцев. О，Сальников. В，Белоусов. Д. Уровень процентных ставок и их воздействие на экономическую активность как инструмент управления инфляцией иинфляционными ожиданиями. https：//www. iep. ru/files/Gaidarovskij_ Forum2018/solntsev-18. 01. 18. pdf.

期，提升信息透明度，增强大众对政策目标、措施和政策实施结果的理解；① 二是增强对未来金融状况、经济体系反应和物价动态的预测力（特别是在经济发展外部条件不利的情况下，尤为必要），并根据情况变化及时调整货币政策。② 从长远来看，随着通货膨胀水平下降，俄罗斯中央银行将会实施中性甚至较为温和的货币政策，降低基础利率并收窄利率调整空间。

---

① Кудрин. А, Горюнов. Е, Трунин. П. Стимулирующая денежно-кредитная политика：мифы и реальность. Вопросы экономики. 2017. №5. С. 16.
② Основные направления единой государственной денежно-кредитной политики на 2018 годи период 2019 и 2020 годов. Банк России. http：//www.cbr.ru/publ/ondkp/on_ 2018（2019 - 2020）.pdf .

Y.8
俄罗斯2017年农业发展现状与潜力

蒋菁*

摘　要： 2017年俄罗斯经济企稳回升，实现小幅增长，其中农业增长和农产品贸易增长成为俄罗斯经济增长的一大亮点，粮食丰收和出口均创历史新高。俄罗斯农业良好的发展局面为提振俄罗斯经济发挥了十分重要的作用。本文详细阐述2017年俄罗斯农业发展的总体形势，梳理2017年俄罗斯政府在促进农业长期稳定发展方面采取的主要措施，包括俄罗斯新出台的《2017～2025年俄罗斯农业发展科技规划》，最后简要分析俄罗斯农业发展的潜力和中俄农业合作的前景。

关键词： 俄罗斯　农业发展　农业合作

2017年俄罗斯经济企稳回升，实现小幅增长，其中农业增长和农产品贸易增长成为俄罗斯经济增长的一大亮点，粮食丰收和出口均创历史新高。俄罗斯国家统计局的数据显示，2017年俄罗斯农业总产值实现2.4%的增长，其中种植业农作物产值增长2.1%，畜牧业农产品产值增长2.8%。在粮食出口方面，俄罗斯农业部公布的2016～2017年度农业报告的数据显示：2016年7月1日至2017年6月30日，俄罗斯粮食出口量达到3547.4万吨，同比增长4.7%；小麦出口量达2707.5万吨，同比增长10%；均为历史最高值。俄罗斯海关总署表示，根据2017年12月13日的海关数据，俄罗斯

---

* 蒋菁，中国社会科学院俄罗斯东欧中亚研究所副研究员、经济学博士、政治学博士后。

粮食出口达 2450 万吨，同比增长 34%；其中，小麦出口 1907.4 万吨，同比增长 33.2%。俄罗斯农业部预测，2017～2018 年度（2017 年 7 月 1 日至 2018 年 6 月 30 日）俄罗斯的粮食出口将保持持续增长的势态，全年出口量预计将达 4500 万吨，而小麦出口预计可达 4000 万吨。此外，俄罗斯葵花籽油的出口增势强劲，目前仅次于乌克兰。2016～2017 年度，俄罗斯出口了超过 2200 万吨的葵花籽油，这是俄罗斯农业部积极开拓海外销售市场所取得的成绩之一①。俄罗斯农业良好的发展局面为提振俄罗斯经济发挥了十分重要的作用。

俄罗斯农业之所以能够在西方实施经济制裁而引起的经济危机背景下逆势加速发展，除了俄罗斯政府出台一系列措施，如提供农业优惠贷款，加大资金扶持，积极推动国家农业项目实施和推广进口替代项目之外，俄罗斯从政府层面，还特别注重农业科技的发展和利用，关注作物栽培技术、良种繁育等，在染色体基固定位、远缘杂交创造新品种、生物防治和植物营养技术等方面取得了领先的地位。此外，俄罗斯拥有得天独厚的农业发展条件，充分利用自身在农业环保技术、无污染生物防治病虫害和生物肥利用等方面的技术经验来促进农业生产，绿色农产品的标签深入人心，这些都是俄罗斯农产品在总产量和出口方面取得连年增长的有力保障。2017 年 8 月 25 日，俄罗斯政府批准了《2017～2025 年俄罗斯农业发展科技规划》，旨在长远规划进一步加强国家支持农业发展科技的政策，促进俄罗斯农业的持续稳定发展。

一 2017年俄罗斯农业发展总体形势

俄罗斯土地资源丰富，拥有 1.913 亿公顷的农业用地，其中耕地有 1.155 亿公顷，饲料用地为 7050 万公顷，常年耕种用地为 1700 万公顷，此

---

① Игорь Зарембо. Российское сельское хозяйство в 2017 году: рекорды вопреки//РИА НОВОСТИ. 23. декабря 2017 г. https: // ria. ru/ny2018_ resume/20171223/1511566139. html.

外还有 3600 万公顷的撂荒地。① 其主要农业产区集中在中央黑土区、伏尔加河沿岸地区、南方顿河流域、外高加索地区和西西伯利亚等地。俄罗斯各联邦区农产品产值在全俄所占的比重详见表1。

表1 2017年俄罗斯各联邦区农业总产值占全俄的比重（按实际价格计算）

单位：%

联邦主体	农业总产值占比	种植业农产品占比	畜牧业农产品占比
俄罗斯联邦	100.0	100.0	100.0
中央联邦区	25.2	25.2	25.2
西北联邦区	4.2	2.7	6.4
南方联邦区	18.3	23.4	11.6
北高加索联邦区	8.0	8.2	7.8
伏尔加沿岸联邦区	23.2	22.1	24.6
乌拉尔联邦区	5.9	4.5	7.7
西伯利亚联邦区	12.0	10.4	14.0
远东联邦区	3.2	3.5	2.7

资料来源：俄罗斯国家统计局，http://www.gks.ru/。

2017年，俄罗斯农业总体继续保持平稳增长，农业总产值实现5.653953万亿卢布（按实际价格计算），其中种植业总产值实现3.03316万亿卢布，畜牧业总产值实现2.620793万亿卢布②。在所有农产品生产的构成中，农业企业所创造的产值最多，它是保证俄罗斯农业长久稳定发展的重要支柱，也是国家重点扶持的对象。

（一）农业企业在俄罗斯农业发展中的地位进一步稳固

俄罗斯的农业生产经营主体分为三类：一是农业企业，包括各种股份公

---

① Сельское хозяйство России. Министерство сельского хозяйства Российской Федерации. Москва. отпечатано в типографии ФГБНУ Росинформагротех. 2016. С. 15.

② Продукция сельского хозяйства в 2017 году（предварительные данные）. http://www.gks.ru/wps/wcm/connect/rosstat_main/rosstat/ru/statistics/publications/catalog/doc_1265196018516.

司、农业生产合作社、国营农场等；二是居民经济，指公民个人的副业经济、个人菜园和集体果园等；三是农户（农场）经济，指农民以私有土地组建的家庭农场。

西方对俄实行经济制裁后，俄罗斯农业的逆势增长为俄罗斯社会稳定和经济复苏做出了巨大贡献。经济危机以来，俄罗斯对农业的支持力度不断加大，农业发展体系逐步完善。其中，农业企业作为俄罗斯大宗农产品最主要的生产者，近年来得到了稳定的发展，它在农业发展中的地位进一步稳固，成为俄罗斯农业总体保持持续稳定发展的重要保障。

通过近五年的统计数据分析可以看出，经济危机后农业企业在俄罗斯农产品生产构成中所占的比例呈逐年上升的趋势（见表2）。

表2 2013~2017年俄罗斯农产品生产的构成（按经营类型划分，以当年实际价格计算）

单位：%

年 份	2013	2014	2015	2016	2017*
经营类型	100	100	100	100	100
其中：					
农业企业	47.6	49.5	51.5	52.5	52.7
农户（农场）经济**	9.8	10.0	11.1	12.1	12.7
居民经济	42.6	40.5	37.4	35.4	34.6

* 2017年的数据为预估值； ** 包括个人企业主在内。

资料来源：Структура продукции сельского хозяйства по категориям хозяйств – по субъектам Российской Федерации в 2017 г. http：//www.gks.ru/free_doc/new_site/business/sx/tab-sel2.htm。

在2017年俄罗斯农产品生产的构成中，农业企业所占的比重最大，为52.7%；农业企业2017年创造的产值为2.978029万亿卢布，较上年增加5.2%；其中种植业实现产值1.437287万亿卢布，同比增幅为4.7%；畜牧业实现产值1.540742万亿卢布，同比增幅为5.8%。其次是居民经济，占比为34.6%。居民经济2017年所创造的农业产值为1.957915万亿卢布，同比下降4.4%；其中种植业实现产值1.01872万亿卢布，同比下降6.5%；

畜牧业实现产值9391.95亿卢布，同比下降2.1%。居民经济主要以种植马铃薯和蔬菜为主，2017年，马铃薯和蔬菜的种植面积分别占全俄马铃薯和蔬菜总种植面积的84.3%和72.6%。最后是农户（农场）经济，它在农产品生产构成中所占的比重最小，只有12.7%。俄罗斯农户（农场）经济2017年所创造的农业产值为7180.09亿卢布，较上年增加11.1%；其中种植业实现产值5771.53亿卢布，同比增幅为12.3%；畜牧业实现产值1408.56亿卢布，同比增幅为6.2%。

俄罗斯农业企业生产的农产品，主要以谷物、葵花籽、甜菜、肉禽产品、牛奶和鸡蛋为主。2017年农业企业生产了全俄70.1%的谷物和豆类作物（含玉米）、67.4%的葵花籽、87.9%的甜菜、14.3%的马铃薯和20.8%的蔬菜（马铃薯和蔬菜主要由居民经济生产，其产量分别占到了77.2%和63.4%），以及74.3%的肉禽产品、50.3%的牛奶和80%的鸡蛋。此外，农业企业肉禽屠宰量的增速从2016年6%提高至2017年的6.9%；牛奶产量的增速从2016年的2.3%提高到2017年的3.8%，鸡蛋产量的增速从2016的3.3%提高至2017年的3.8%。由此可见，农业企业在俄罗斯农业发展中的地位进一步稳固。

（二）总播种面积创15年新高，种植业再次喜迎大丰收

2017年俄罗斯的总播种面积，15年来首次突破8000万公顷，达到8020.1万公顷。其中：农业企业的播种面积为5424.29万公顷，与去年相比略有小幅下降，播种面积缩小0.5%；农户（农场）企业的播种面积为2286.1万公顷，较去年同期有5.4%的增长；而居民经济的播种面积则有一定萎缩，降幅为8.2%。

俄罗斯播种的农作物以谷物和豆类作物为主，其次是饲料作物和油料作物，马铃薯和蔬菜类作物在播种面积中所占的比例最小。在种植面积占比最高的谷物和豆类作物中，以小麦为主，其次是大麦、玉米、燕麦、黑麦、荞麦、豌豆等作物。各类主要农作物的种植面积见表3。

表3 2013～2017年俄罗斯主要农作物种植面积

单位：万公顷

年份	2013	2014	2015	2016	2017*
总播种面积：	7805.7	7852.5	7931.9	7999.3	8020.1
1. 谷物和豆类作物	4582.6	4622.0	4664.3	4711.0	4793.2
其中：					
冬季播种的谷物和豆类作物	1479.7	1487.2	1541.0	1606.2	1677.9
包括：					
小麦	1233.4	1216.1	1335.4	1402.1	1489.3
黑麦	183.1	187.4	129.0	125.9	120.8
小黑麦	24.0	23.7	23.5	21.2	16.8
大麦	39.2	60.0	53.0	57.1	51.0
春季播种的谷物和豆类作物	3102.9	3134.8	3123.3	3104.8	3115.3
包括：					
小麦	1272.9	1311.6	1347.9	1368.3	1297.7
小黑麦	1.1	1.4	1.5	1.6	1.4
玉米	245.0	268.7	277.1	289.5	310.6
大麦	862.8	879.1	835.5	776.7	753.5
燕麦	332.4	325.5	304.5	285.7	291.8
黍米	47.0	50.6	59.5	43.6	26.8
荞麦	109.6	100.8	95.7	120.4	168.9
水稻	19.0	19.7	20.2	20.8	18.6
粮用豆类	197.9	159.7	158.8	175.3	224.9
其中：豌豆	110.9	96.0	94.2	107.2	134.3
小麦播种面积合计	2506.4	2527.7	2683.3	2770.4	2787.0
黑麦播种面积合计	183.2	187.5	129.1	126.0	120.9
小黑麦麦播种面积合计	25.1	25.1	25.1	22.8	18.2
大麦播种面积合计	901.9	939.1	888.5	833.8	804.5
2. 工业原料作物	1204.5	1223.2	1270.9	1359.9	1383.6
其中：					
亚麻	5.5	5.1	5.3	4.8	4.6
大麻	0.3	0.2	0.2	0.3	0.4
甜菜	90.4	91.9	102.2	110.8	119.9
油料作物	1106.0	1120.4	1150.1	1230.2	1251.1
包括：					
向日葵	727.1	690.7	700.5	759.8	789.7

续表

年份	2013	2014	2015	2016	2017*
油用亚麻	47.8	49.9	64.2	70.8	56.6
大豆	153.2	200.6	212.3	222.8	260.4
芥末	15.4	19.3	19.1	18.1	15.0
油菜	132.6	119.1	102.1	97.8	102.2
亚麻荠	18.2	26.8	20.7	14.2	9.4
3. 马铃薯、蔬菜瓜果作物	296.9	294.5	299.3	290.6	268.3
其中：					
马铃薯	213.8	211.2	212.8	205.3	189.2
蔬菜	67.1	68.4	69.4	69.2	64.8
瓜类粮食作物	15.4	14.5	16.7	15.6	14.0
4. 饲料作物	1721.7	1712.7	1697.4	1637.8	1575.1

注：*2017年的数据为预估值。

资料来源：根据俄罗斯国家统计局和农业部公布的数据整理，http://www.gks.ru；http://mcx.ru/。

从表3可以看出，2017年俄罗斯继续提高了主要农作物的播种面积，如小麦、甜菜、大豆等，其国内市场上主要农产品的自给率不断提高。俄罗斯农业部的公报显示，2017年俄罗斯市场上谷物的自给率可达99.2%、白糖（由甜菜提炼）的自给率可达95%、植物食用油的自给率达83.2%、马铃薯的自给率达97.5%[1]。

从农作物的总产量来看，谷物和豆类作物的总产量继续增加，达到了13413万吨，同比增加11.2%，其中小麦产量再创历史新高，总产量达到8581.9万吨，同比增加17.1%。此外，大麦、燕麦、荞麦、豆类作物、大豆和油菜籽的总产量也有不同程度的增加，而小黑麦、玉米、水稻、黍米、向日葵籽、甜菜、亚麻等农作物的产量则有不同程度的下降。俄罗斯主要农作物产量近五年的变化见表4。

---

[1] Публичная декларация – Приоритетные целей и задач Министерства сельского хозяйства Российской Федерации на 2017 год. http://mcx.ru/upload/iblock/456/4568bb2a1dac5a2e8240361df84f9804.pdf.

表4 2013～2017年俄罗斯主要农作物的总产量

单位：万吨

年份	2013	2014	2015	2016	2017	同比上年,%
谷物和豆类作物（加工后）	9238.5	10531.5	10478.6	12067.2	13413.0	111.2
其中：						
谷物类作物	9034.7	10311.9	10242.9	11772.8	12986.3	110.3
小麦（冬季和春季）	5209.1	5971.1	6178.6	7329.5	8581.9	117.1
黑麦（冬季和春季）	336.0	328.1	208.7	254.1	254.5	100.2
小黑麦（冬季和春季）	58.2	65.4	56.5	61.9	49.7	80.3
谷物玉米	1163.5	1133.2	1317.3	1531.0	1205.1	78.7
大麦（冬季和春季）	1538.9	2044.4	1754.6	1799.3	2058.7	114.4
燕麦	493.2	527.4	453.6	476.1	544.8	114.4
水稻	93.5	104.9	111.0	108.1	98.4	91.0
荞麦	83.4	66.2	86.1	118.6	152.0	128.1
黍米	41.9	49.3	57.2	63.0	31.6	50.1
豆类作物	203.7	219.6	235.7	294.3	426.7	145.0
葵花籽	984.2	847.5	928.0	1101.0	962.8	87.4
大豆（加工后）	151.7	236.4	270.3	313.5	357.6	114.1
油菜籽（冬季和夏季，加工后）	125.9	133.8	101.2	99.9	150.3	150.5
甜菜（制糖原料）	3932.1	3351.3	3903.1	5136.7	4823.1	93.9
亚麻纤维	3.9	3.7	4.5	4.1	3.9	93.7
马铃薯	3019.9	3150.1	3364.6	3110.8	2958.6	95.1
其中：						
农业企业	330.6	381.0	465.6	421.0	423.3	100.5
居民经济	2484.1	2532.7	2609.6	2424.4	2284.9	94.2
蔬菜	1468.9	1545.8	1611.1	1628.1	1633.2	100.3
其中：						
农业企业	239.7	255.4	289.3	307.5	340.1	110.6
居民经济	1019.9	1080.3	1079.1	1082.7	1035.2	95.6
浆果和野果	294.2	299.6	290.3	331.1	294.6	89.0

资料来源：俄罗斯国家统计局，http://www.gks.ru/。

从主要农产品每公顷的收成来看，2017年是名副其实的丰收之年。谷物和豆类作物每公顷的收成同比增产11.1%，达到29.1公担（1公担相当于100公斤）；其中，小麦每公顷的收成达到31.2公担，同比增产16.4%；黑麦每公顷比上年增产6.9%；小黑麦每公顷比上年增产4.7%；大麦每公顷比上年增产18.6%；燕麦每公顷比上年增产13.3%；稻米每公顷比上年增产0.4%；粮用豆类作物每公顷比上年增产14.9%。收成减产的主要谷物类农作物只有玉米、荞麦和黍米，每公顷分别减产11.6%、3.8%和13%，但它们的播种规模都比较小。此外，菜籽油每公顷的收成同比上年有大幅增加，而马铃薯、蔬菜等每公顷的产量均有不同程度的增加，这保证了俄罗斯居民日常生活所必需的食品市场供应。

（三）畜牧业发展势态良好，主要产品产量增加

俄罗斯草场辽阔，具有发展畜牧业的很好条件。苏联解体后，原有的畜牧业生产力遭受重创，牲畜存栏数出现大幅下滑，畜牧业主要农产品的产量也随之锐减。普京上台之后，随着对农业生产的重视和出台相应的国家农业发展规划，俄罗斯畜牧业自2000年后开始逐渐复苏，畜牧业主要农产品的产量开始出现较为平稳的增长。2017年俄罗斯的肉禽屠宰量达到了1462.4万吨，同比增长4.7%；总产奶量达到3112万吨，同比增长1.2%；鸡蛋产量达447.7亿个，同比增长2.8%。俄罗斯近五年畜牧业农产品的产量见表5。

表5 2013~2017年俄罗斯畜牧业农产品的产量

年份	2013	2014	2015	2016	2017
肉禽屠宰量（万吨）	1222.3	1291.2	1347.5	1397.0	1462.4
牛奶产量（万吨）	3052.9	3079.1	3079.7	3075.9	3112.0
鸡蛋（亿个）	412.9	418.6	425.7	435.6	447.7

资料来源：根据俄罗斯国家统计局的数据整理得出，http://www.gks.ru/。

从牲畜的存栏量来看，大牲畜的养殖由于受气候和养殖规模成本的限制，俄罗斯大多数牲畜的存栏数依旧在下降，但降速在放缓。2017年只有猪和家禽的存栏量保持持续增长，具体见表6。

表6 2013～2017年俄罗斯牲畜和家禽的存栏数

年份	2013	2014	2015	2016	2017
大牲畜(万头)	1956.4	1926.37	1899.2	1875.3	1864.4
其中:农业企业	880.05	852.26	844.78	835.6	824.2
居民经济	871.5	859.6	830.1	801.7	791.6
农户(农场)经济	204.85	241.51	224.32	238.0	248.6
奶牛(万头)	866.1	853.08	840.80	826.4	820.3
其中:农业企业	352.25	343.93	338.74	335.9	331.9
居民经济	408.85	400.54	388.18	371.7	365.2
农户(农场)经济	104.0	108.61	113.89	118.8	123.2
猪(万头)	1908.14	1954.61	2150.65	2202.8	2327.9
其中:农业企业	1470.47	1558.82	1759.98	1838.9	1985.3
居民经济	391.35	353.64	345.1	319.5	300.3
农户(农场)经济	46.32	42.15	45.57	44.4	42.3
羊(万只)	2433.74	2471.12	2488.11	2484.4	2453.2
其中:农业企业	440.11	436.84	434.65	422.3	413.4
居民经济	1138.35	1155.6	1159.68	1149.0	1134.8
农户(农场)经济	855.28	878.67	893.78	913.1	905.1
家禽(亿只)	4.950	5.273	5.472	5.530	5.566
其中:农业企业	3.955	4.253	4.450	4.515	4.589
居民经济	0.917	0.937	0.925	0.914	0.882
农户(农场)经济	0.078	0.082	0.096	0.101	0.095

资料来源：根据俄罗斯国家统计局的数据整理得出，http://www.gks.ru/。

二 2017年俄罗斯促进农业发展的几项主要措施

国家支持、进口替代和农产品出口增长是俄罗斯农业持续稳定发展的决定性因素。俄罗斯农业部部长亚历山大·特卡乔夫在2017年4月的政府工作会议上指出，2016年俄罗斯农业获得的国家财政预算资金约为2220亿卢布，2017年，受经济危机影响俄罗斯采取了极为严苛的联邦预算审批，但国家用于农业方面的财政预算资金基本保持了上年的水平，2018年政府则计划投入 2420 亿卢布①。西方实行经济制裁后,俄罗斯采取了反制裁措施,因此粮食进口量已经连续三年出现下降,农业领域进口替代政策的实施效果开始显现。目前,俄罗斯完全有能力做到主要农产品的自给自足,并积极推动主要农产品的出口,包括农业机械的出口。2016 年俄罗斯农产品出口创造了 170 亿美元的外汇,2018 年有望达到 190 亿美元。此外,俄罗斯农业的发展还带动了农业机械制造业的增长和对外出口。俄罗斯工业和贸易部副部长亚历山大·莫罗佐夫在 2018 年 2 月召开的全俄农业会议上表示,2017 年俄罗斯农业机械制造产值超过 1070 亿卢布,较 2016 年增长 21%;出口额约为 80 亿卢布,同比增长 14%②。

尽管俄罗斯农业的生产和出口总体形势良好,但面对未来的发展,依旧需要解决一系列问题。例如,如何加快农业现代化和激励创新技术应用,如何帮助农业领域的小微企业解决启动资金,如何帮助缓解农业企业发展资金压力,如何加快农村基础设施建设等。

针对俄罗斯农业发展当前所面临的融资难、农业技术设备落后、农村基础设施薄弱,以及农业生产效率较低等问题,2017 年俄罗斯政府主要采取了以下措施。

(一)合并各种农业补贴,加大政府对农业的资金投入

为提高国家农业补贴的效率,2017 年俄罗斯政府下令将之前 26 种农业补贴合并成一种"统一补贴",赋予地方政府根据当地特色来补贴农业优先领域的权力,更重要的是简化了补贴申请的程序,有利于农业生产者更快获得国家的农业补贴,从而加快资金的流动,提高生产效率。自 2017 年 1 月 1 日起,俄罗斯规定农业优惠贷款的利率不得超过 5%,远低于商业贷款利率。2017 年俄罗斯批准的农业贷款规模超过 6000 亿卢布,其中 4300 亿卢

---

① Екатерина Дятловская. Правительство добавит до 30 млрд рублей на АПК. http://www.agroinvestor.ru/investments/news/.
② 《2017 年俄罗斯农业机械制造产值增长 21%》,http://www.suifenhe.gov.cn/contents/20/79139.html。

布属于农业投资贷款。2017年农业领域的固定资产投资为6120亿卢布,同比增长约4%,其中国家投入资金的比重从26%增至46%①。俄罗斯农业部部长亚历山大·特卡乔夫2017年6月指出,俄罗斯当前的国家财政预算中用于农业投资贷款补贴金额约为60亿卢布,2017年政府还将额外拨出600亿卢布的资金,用于补贴之前发放的农业贷款。此外,俄罗斯农业部还力争使政府增加360亿卢布的国家农业扶持资金,请求拨付低息农业投资贷款100亿卢布和农业设备租赁资金补贴70亿卢布。2017年,俄罗斯还提高了对农场主的专项资助金额幅度,每个资助对象的资助金额上限从150万卢布直接增至300万卢布。

(二)启动优惠贷款机制,简化贷款办理流程,缓解贷款人资金压力

2017年以前,贷款人办理短期农业贷款时,须先按商业贷款利率进行贷款,之后再另行申请政府相关的贷款补贴,这在一定程度上增加了贷款人短期流动资金的压力。目前,俄罗斯启动优惠贷款机制,采取了更为便捷的短期优惠贷款流程,允许贷款人直接在银行办理5%的优惠农业贷款,而农业部直接将资金拨给银行。未来,要保持农业持续稳定的发展,政府还必须着手解决农业长期贷款融资难的问题,帮助相关企业和个人实现新型农机设备更新、大型农机设备租赁等棘手的问题。目前,俄罗斯由国家提供的优惠贷款额度远远不能满足市场参与者的实际需求,解决中小型农业企业和农场主的资金困难依旧任重而道远。

(三)鼓励技术创新发展,加快新技术在农业领域的应用

近年来,俄罗斯农业部十分重视农机设备的应用与实践,鼓励创新,以适应新形势下农业发展的需要。2016年俄罗斯农业部举办的创新大赛首次

---

① Елена Скрынник. Экспорт — ключевой тренд. http://www.aif.ru/money/economy/eksport_klyuchevoy_trend_elena_skrynnik_o_selskom_hozyaystve_po-novomu.

将创新金奖授予了农业应用领域的无人机设备，这意味着创新驱动开始深入到农业发展领域。新技术在农业领域的应用不仅提高了效率，还节约了成本。技术创新与实践是俄罗斯农业未来发展的主要方向之一。

（四）加快农村发展和农业合作社的建设

俄罗斯农业部的数据指出，2016年俄罗斯在56个地方创建了300多个新的农业合作社，2017年有1200个农业合作社投入运营，国家为此投入了150亿卢布的财政资金，其主要目的就是强化统筹，进一步发展农村基础设施。[①] 2017年俄罗斯联邦还投入了155亿卢布的专项资金，用于实施农村发展的国家规划，除此之外该项目还吸引了180亿卢布配套资金，主要来自地方和预算外资金。[②] 这说明，农业已成为俄罗斯具有一定吸引力的投资领域，国家财政投入与吸引投资金额的比例基本达到1∶1，这一趋势对俄罗斯农业未来的发展意义重大。

（五）制定《2017～2025年俄罗斯联邦农业科技发展规划》

该规划已于2017年8月25日被俄政府正式批准，由俄罗斯农业部和工业贸易部负责实施，参与实施的机构还包括俄罗斯教育科学部、俄联邦科学机构管理署、俄罗斯通信与大众传媒部、俄罗斯科学院、俄罗斯各联邦主体的政府权力执行机构，以及支持科学技术创新发展的基金会和其他组织机构。俄罗斯政府制定该规划的主要目的是通过应用自身雄厚的农业科研力量和技术进行新种育苗、良种繁育，采用先进饲料生产工艺生产优质动物饲料和兽医药品添加剂，推广生物防治技术应用，以及加强农产品、各类原料和粮食的加工、储存和现代诊断技术，强化其质量检验检疫和基因检测的方

---

① Перспективы российского сельского хозяйства: инновации дают тенденции. https://www.agroxxi.ru/stati/perspektivy-rossiiskogo-selskogo-hozjaistva-innovacii-zadayut-tendencii.html.
② Правительство продолжит поддерживать сельское хозяйство в 2018 году. https://vnnews.ru/economic/59845-pravitelstvo-prodolzhit-podderzhivat-selskoe-khozyajstvo-v-2018-godu.html.

法,以确保俄罗斯农产品生产在今后取得稳步的增长。为实现该规划,俄罗斯政府计划在2017~2025年投入联邦预算内资金2609.84165亿卢布,投入联邦预算外资金2499.3052亿卢布,联邦预算内资金主要来自以下几个国家规划项目的实施,包括:《2013~2020年俄罗斯农业发展与农产品、原料和粮食市场调节国家规划》《2013~2020年俄联邦科学技术发展国家规划》《2013~2020年俄联邦教育发展国家规划》《俄联邦工业发展与竞争力提升国家规划》《2011~2020年信息社会国家规划》;而联邦预算外资金主要来自联邦主体预算资金和其他预算外资金。俄罗斯期望通过该规划的实施,切实提高俄罗斯农业的创新活力,加大农业领域投资吸引力,提高农工综合体基础设施保障水平,并确保农业领域急需专业人才的培养。《2017~2025年俄罗斯农业科技发展规划》的出台,对俄罗斯农业保持长期稳定的发展具有指导意义。

三 俄罗斯农业未来发展潜力与中俄合作

俄罗斯未来农业的发展,无论从自身的自然条件,还是从俄国内目前的发展环境和国际市场的需求来看,都具有较大的发展潜力。

首先,俄罗斯耕地面积广阔、土地肥沃,具有发展农业得天独厚的优良条件。它拥有世界第一多的农业用地,其耕地面积位列全球第四,其中55%属于优质的黑土地资源,未来可开发的潜力巨大,低廉富庶的土地成本是俄罗斯农产品参与全球竞争的巨大优势。

其次,俄罗斯水资源丰富,淡水储量位居世界第一,鱼类资源也居世界首位。丰富的水资源为俄罗斯农业可持续发展提供了有力的保障。

再者,俄罗斯不仅自然生态环境优越,气候独具多样性,同时也具备优越的地理位置,毗邻欧盟、东北亚、东南亚、中东等绿色有机农产品的需求大国,具备十分便利的出口物流通道,这为俄罗斯农产品出口提供了条件。西方实行经济制裁后,俄罗斯农产品进口数量连年下降,这无疑扩大了俄国内农产品消费市场的空间,加之国际粮食市场未来行情持续看好,卢布贬值使得俄罗斯农产品的出口竞争力进一步加强。近几年，俄罗斯总体农业发展形势良好，政府将农业生产和农产品出口列为经济发展的重点领域之一，明确列入政府的经济发展规划中，这对促进俄罗斯农业发展有着明显的推动作用。

此外，西方实行经济制裁后俄罗斯实施进口替代政策，农业领域收效显著，除了主要农产品大幅降低进口依赖度，自给率不断提高之外，它在国际农产品贸易中的地位也逐步回升。目前，俄罗斯小麦产量位居世界第三，奶制品产量位居世界第五，鸡肉和猪肉产量位居世界第七，鱼产量位居世界第九；小麦出口稳居全球第一，植物油出口位居世界第二。俄罗斯专家认为，未来3~5年最具出口潜力的农产品有：小麦和其他谷物产品（包括玉米、大麦和燕麦等）；面粉（不仅可以提高出口附加值，还可平衡谷物出口和物流运输的季节性问题）；葵花籽油（低价优质的产品具有一定的国际市场竞争力，主要目标市场瞄准欧盟、中国和印度，未来的出口量可能升至全球第一）；猪肉和禽类产品（主要目标市场瞄准中国、日本、韩国、东南亚和非洲）。[1] 未来，俄罗斯农产品出口将呈现多元化发展趋势。随着俄罗斯绿色食品国际知名度的不断提高，其出口的种类和数量还将进一步扩大。

近几年，俄罗斯农业丰收以及政府鼓励农产品出口政策为中俄扩大农业合作提供了契机，两国农业合作不断升温，农业贸易成为两国贸易新的增长点。2017年7月，中俄两国高层确定将农业合作作为中俄经济合作的重要领域。现阶段，中俄农业合作稳步推进，农产品贸易额不断提高。2017年，中国从俄罗斯进口的农产品已超过30亿美元，继续保持俄罗斯第一食品进口国的地位。目前，中国从俄罗斯进口最多的食品有冷冻水产、大豆、大豆油和葵花籽油，以及玉米、面粉、坚果、奶制品等。此外，中国还是俄罗斯谷物最大的潜在出口市场之一。中国当前从俄罗斯进口的谷物每年只有几十万吨，仅占中国谷物进口总量很小的一部分，未来市场潜力巨大。对此，俄

---

[1] Потенциал роста агроэкспорта России. Международный независимый институт аграрной политики. http://xn--80aplem.xn--p1ai/analytics/Potencial-rosta-agroeksporta-Rossii/.

罗斯方面积极表示，将进一步扩大对中国市场的小麦出口总量，并在积极商谈拓宽农产品出口的种类，如讨论取消中国对俄罗斯肉类产品的进口限制等。2017年3月底，中俄两国签署农产品出口长期合同，俄计划在2028年前向中国供应5200万吨农产品，计划明年出口约150万吨，主要是谷物和籽油，如大豆、大麦、油菜、亚麻种子以及葵花籽油等。为了保障供应，双方商定加强"中俄新粮食陆路走廊"项目的建设，2025年前对该项目的总投资额将超过11亿美元，计划在后贝加尔斯克建设粮食转运站，后续还要在俄罗斯境内建设29个粮食储存库。

  目前，中俄处在加快农业发展和加深国际合作的重要机遇期，双方在农产品和贸易结构方面具有很强的互补性，两国农业合作前景十分广阔。未来，充分挖掘两国在农业资源、农业贸易、农业科技、农业生产和农业投资等领域的合作潜力，进一步发挥双方在资源配置方面的互补性，提高合作效率，实现共同繁荣是中俄农业合作取得成效的关键，这也是中俄两国进一步深化全面战略协作伙伴关系的具体体现。

外 交
Diplomacy

Y.9

2017年俄罗斯外交

柳丰华*

摘　要： 2017年，俄罗斯继续推行进取性外交。俄罗斯与西方关系缓和无望，对抗加剧。与亚太国家合作加强，成果显著。主导的欧亚经济联盟一体化进程虽然有所发展，但是没能抑制独联体国家离心力的增长。顺利结束在叙利亚的大规模军事行动，积极开展对中东国家外交，再次成为一个对中东地缘政治具有重要影响力的大国。总的来说，2017年俄罗斯外交战术成果多，战略收获少。

关键词： 俄罗斯外交　与西方对抗　"转向东方"　欧亚经济联盟　叙利亚问题

---

* 柳丰华，中国社会科学院俄罗斯东欧中亚研究所俄罗斯外交研究室主任，研究员。

2017年，俄罗斯面临复杂的国际政治和周边安全形势。在国内，普京总统励精图治，以备战2018年俄罗斯总统选举。俄罗斯继续推行进取性外交，力图缓和其与西方的对抗，增强与东方的合作，维护其在独联体地区的传统影响，巩固俄在叙利亚所取得的军事政治成果。

一 2017年俄罗斯外交的特点

（一）俄罗斯与西方：缓和的期望落空，对抗愈演愈烈

自2014年以来，俄美两国因乌克兰危机而陷入持续对抗，俄罗斯一直在寻找能使俄美关系解冻的机会。2017年1月，特朗普就任美国总统，俄罗斯对其改善两国关系满怀期望，因为特朗普在竞选时多次表达了与俄开展合作、欣赏普京的态度。尽管特朗普有意修复美俄关系，但是美国政治精英和主流民众所持的强烈反俄情绪，特别是美国对俄罗斯通过网络攻击干预美国总统选举的指控和不断发酵的"通俄门"，使特朗普任何缓和对俄关系的政策都举步维艰。2月，美国国家安全顾问弗林引咎辞职，是建制派对特朗普总统改善美俄关系意向的公开警告。此后，特朗普总统在对俄政策表态时，日益谨慎。加上欧洲盟国等因素的影响，特朗普政府对俄罗斯和乌克兰危机的政策，逐渐回归到奥巴马时期的方针。①

同时，俄美各种既有矛盾纷纷发作。特朗普政府在克里米亚和乌克兰东部地区冲突问题上表态支持基辅，使普京政府认识到，乌克兰问题不会轻易从俄美两国的矛盾议题中消失。4月，特朗普总统下令美军使用导弹击毁叙利亚政府军的沙伊拉特军用机场，普京总统怒斥美军此举是"侵略"行为。6月，北约正式接纳巴尔干小国黑山为其成员国，这与其说是为了壮大北约势力，不如说是展示遏制俄罗斯的姿态。美国财政部宣布对俄38个组织和

---

① 柳丰华：《乌克兰危机以来的中俄美三角关系：调整与走势》，《国际经济评论》2017年第4期。

个人实施制裁，俄罗斯则将对美国反制裁措施的有效期从2018年初延长到年底。这些矛盾表明，无论是民主党还是共和党执政，美国都不会，也不可能改变与俄罗斯进行地缘政治竞争的方针。

7月7日，在20国集团汉堡峰会期间，普京总统和特朗普总统首次会晤虽然如期举行，但是没有产生俄罗斯预期的成果，令俄大失所望。同月下旬，美国国会众、参两院先后通过针对俄罗斯、伊朗和朝鲜三国的制裁法案，8月2日，特朗普总统签署该法案。根据法案，美国以俄罗斯涉嫌干涉美国2016年总统选举和乌克兰危机等为由，追加对俄相关个人和实体的经济制裁；国会有权否决总统做出的解除对俄制裁的决定。换言之，美国国会不仅确定了继续制裁和惩治俄罗斯的政策，而且还用立法形式，捆住了总统对俄决策的手脚，使他对俄政策只能更强硬，不能软化缓和。至此，俄罗斯对特朗普政府改善俄美关系彻底失望。

普京政府因而对美政策趋于强硬。首先是清算2016年12月底奥巴马政府驱逐俄罗斯驻美外交机构35名情报人员，查封俄常驻纽约代表处和俄驻华盛顿大使馆郊区别墅的旧账。7月28日，俄罗斯外交部公布对美国参议院通过对俄制裁法案的首批反制措施：要求美国驻俄外交机构在9月1日前裁减755名工作人员，以使俄、美在对方国外交机构的人数对等；将从8月1日起暂时禁止美驻俄大使馆使用谢列布里亚内博尔的外交别墅等房产。11月，针对美国迫使"今日俄罗斯"电视台在美分支机构注册为"外国代理人"，俄通过制定有关"外国代理人"的媒体法，将美国之音广播电台、自由广播电台等驻俄媒体认定为"外国代理人"。俄美两国对抗从政治、经济、外交、军事领域向媒体等领域扩散，表明特朗普时期美俄对抗呈现扩大化趋势。

俄美间有效合作仅限于核裁军领域。但是由于美国建设欧洲反导系统，俄罗斯是否会延长《第三阶段削减战略武器条约》有效期存在不确定性。2017年，俄美两国多次指责对方违反《中导条约》，有些美国国会议员公开讨论美国退出该条约的问题，俄美两国能否维系《中导条约》，也可能成为一个问题。

俄罗斯与欧盟虽然高层接触有所增加,但是双方关系僵局难以打破。2017年,意大利总统和总理、德国总理和总统、奥地利总理、英国外长等分别访问俄罗斯,普京总统也曾在出席20国集团汉堡峰会期间与欧洲国家领导人会晤,这些外交活动只是促进了双边交流,对于欧盟对俄开展高层交往、放宽制裁并没有助益。乌克兰危机、叙利亚问题、北约在东欧前沿的军事存在和俄罗斯人权等问题,是阻碍俄与欧盟关系正常化的主要障碍。欧盟与格鲁吉亚、摩尔多瓦和乌克兰签署联系国协定,因此俄欧在独联体西部和西南部地区的竞争日益激烈。此外,欧盟专注于处理英国脱欧、加强成员国间一体化、发展自身防御能力等内部事务,这一因素也减少了欧盟对与俄罗斯关系的关注。普京总统所支持的代表法国极右翼政党的总统候选人勒庞败选,有反俄倾向的马克龙当选法国总统,俄法关系日益疏远,也不利于俄罗斯与欧盟相互接近。

俄罗斯与欧盟继续制裁战。6月,欧盟理事会决定将对俄经济制裁延长半年,到2018年1月31日;普京总统签署命令,将俄对西方制裁的回应措施有效期延长到2018年12月31日。12月,欧盟再次将对俄制裁延长半年,到2018年7月31日。欧盟制裁对俄罗斯经济造成沉重打击:不仅俄欧(盟)贸易额下降到制裁前的2013年的50%以下,而且俄从欧盟引进资本和技术的渠道被大幅压缩。欧盟也不能自免于制裁之害,虽然不至于与俄方损失对称,因此一些成员国反对延长对俄制裁。尽管如此,由于欧盟把取消经济制裁同俄罗斯履行《新明斯克协议》挂钩,而俄不会按照欧盟的要求执行该协议,因此双方无论是取消制裁,还是恢复政治关系,都面临难以克服的困难。

(二)俄罗斯与亚太:加强合作

中俄全面战略协作伙伴关系深入发展。

(1)两国高层交往频密,政治互信增强。习近平主席访问俄罗斯,与普京总统签署《中俄进一步深化全面战略协作伙伴关系联合声明》《中俄关于当前世界形势和重大国际问题的联合声明》,批准《〈中俄睦邻友好合作条约〉实施纲要(2017~2020年)》,引领两国在政治、经济、外交、安全、人文等领域的合作向更高水平发展。普京总统先后参加在北京举行的"一带一路"国际合作高峰论坛和在厦门召开的"金砖国家"领导人会晤，习近平主席与普京总统还在上海合作组织阿斯塔纳峰会和亚太经合组织岘港峰会期间举行会谈，梅德韦杰夫总理来华参加中俄总理定期会晤等，都增进了两国政治友好。

（2）战略对接取得重要成果，经贸合作快速发展。10月1日中国与欧亚经济联盟实质性结束经贸合作协议谈判，该协议签署后，将为推进双方贸易便利化，切实开展"一带一路"建设与欧亚经济联盟对接合作，提供必要的制度性安排。中俄贸易额稳步增长，贸易结构持续改善。据中国海关总署数据，2017年两国贸易额为840.7亿美元，同比增长20.8%。[①] 中国稳居俄罗斯第一大贸易伙伴国，俄则保持了中国最大原油和电力进口来源国地位。中俄东线天然气管道项目顺利推进，阿穆尔天然气加工厂开工建设，亚马尔天然气项目首条生产线投产。两国在航空航天、电子商务、跨境基础设施建设、金融、农业等领域的合作日益扩大。当然，中俄经贸合作中也有问题，比如莫斯科至喀山高铁项目谈而不做，其中原因值得两国研究。

（3）军事安全与军事技术合作深入发展。中俄海军举行代号为"海上联合-2017"的联合军事演习，演习分为两个阶段进行：7月，在波罗的海海域；9月，在日本海和鄂霍茨克海海域。联合演习以联合救援与联合保护海上经济活动安全为主题，以反潜、防空和反舰训练等为科目，提高了中俄两国海军遂行海上防御作战的能力。12月，两军在北京举行"空天安全-2017"中俄第二次首长司令部计算机模拟导弹防御联合演习，演习目标是协同应对弹道导弹和巡航导弹对两国领土的攻击。年底俄罗斯向中国交付第二批10架苏-35战机，这是根据2015年签署的24架苏-35战机供应协议进行的。

（4）人文合作承前启后。2017年是俄罗斯"中俄媒体交流年"，两国媒体开展了丰富多彩的活动，进一步促进了两国媒体合作与民间友谊。两国

---

① 数据来源：中国海关总署网站，http://www.customs.gov.cn。

商定2018～2019年举办中俄地方合作交流年，将互办国家级"主题年"活动延续下去。教育方面，不仅各自国内学习对方语言文化的各类学生数量在增长，而且随着深圳北理莫斯科大学、上海交通大学－莫斯科航空学院中俄联合研究院开学招生，中俄合作办学取得可喜成果。中俄民众赴对方境内旅游人数不断增长，也表明两国民间交往方兴未艾。

（5）外交协作密切。中俄两国在推进世界多极化、加强联合国在国际事务中的核心作用、维护全球战略稳定等方面一如既往地保持协调与合作。中国和俄罗斯共同推动上海合作组织扩员进程，该组织阿斯塔纳峰会正式接纳印度和巴基斯坦为成员国。下一步，两国应在提升上海合作组织多边合作的质量上下功夫，使之在地理范围扩大的同时，依然保持相当高的区域合作的动力和吸引力。朝鲜核导与半岛稳定问题是2017年度世界性热点问题，为降低半岛武装冲突风险和解决朝鲜核问题，中俄两国以中方的"双暂停"倡议和"双轨并行"思路为基础，共同提出"双暂停"和同步谈判，一揽子解决所有问题的建议。两国还在叙利亚、反恐、互联网安全等国际问题上，以及在20国集团、"金砖国家"等多边机制中，进行了富有成效的外交合作。

在加强中俄全面战略协作伙伴关系的同时，俄罗斯积极发展与亚洲其他战略伙伴和主要国际组织的合作。2017年是俄罗斯与印度建交70周年，两国举行了一系列庆祝活动，积极发展在油气、核能、军事技术和国际事务等领域的合作，以加强俄印特惠战略伙伴关系。除了俄印经贸合作短板依然存在，2017年印度加强与美国的战略关系，也使俄罗斯惴惴不安。越南是俄罗斯的又一个战略伙伴，两国双边合作的发展以及欧亚经济联盟与越南自贸区的运行，进一步密切了俄越关系。越南作为亚太经合组织岘港峰会主办国，为普京总统与特朗普总统及与东盟国家元首举行会谈创造了条件。俄罗斯积极发展与东盟的政治对话及能源、军事技术、贸易联系，推进双方战略伙伴关系。欧亚经济联盟与东盟商讨建立自贸区，这两个国际组织是俄罗斯所倡议的"大欧亚伙伴关系"的重要组成部分。

日本是俄罗斯在亚洲地区唯一有领土争端的国家。俄日两国发展政治对话与经贸合作，但是相互关系没有发生实质性的改善。俄罗斯与日本恢复外交部长和国防部长"2+2"会谈,日本首相安倍晋三访俄,双方同意在经贸、能源、朝鲜核导、反恐等方面加强合作,但是在领土争端、签署和平条约问题上没有取得进展。两国在2016年达成的南千岛群岛联合开发计划,因为涉及主权和有关法律等问题,难以落实。日本抗议俄罗斯在争议岛屿部署导弹,俄担忧日本引进美国反导系统,并且避免使俄日合作针对中国。

(三)俄罗斯在独联体地区:忧喜交加

在独联体地区,新一轮的相对于俄罗斯的离心倾向逐渐显现。乌克兰危机已持续三年,乌东武装冲突和乌俄外交对抗使基辅坚定地投奔西方,欧乌自贸区运营等因素正在对独联体其他国家产生吸引力。格鲁吉亚、摩尔多瓦同欧盟签署联系国协定,甚至俄罗斯的"铁杆盟友"亚美尼亚也与欧盟签订《全面和加强伙伴关系协定》,这些事实表明,欧盟即便为各种内外问题所困,也仍然是独联体国家区域一体化政策的首选方向。巴库－第比利斯－卡尔斯铁路建成通车,又显示出南高加索国家加强与土耳其的交通、经济和人文联系的态势。如果说这些还只是外交层面的离心运动,那么,哈萨克斯坦启动哈萨克语字母改革,用拉丁字母拼写版本取代与俄语相近的西里尔字母版拼写,则反映出独联体国家内部在社会文化方面降低俄影响的趋势。

欧亚经济联盟及其框架下的经济一体化进程获得明显的发展。2017年,五个成员国签署并通过欧亚经济联盟关税法典条约,该条约将在2018年1月1日生效。欧亚经济联盟批准联盟数字转型基本方向,消除一些联盟市场上的壁垒和限制,对欧盟进行了有效的反倾销调查,完成同中国和伊朗的经贸合作协议谈判。欧亚经济联盟一体化进程呈现积极态势:联盟工业生产总体增长3.6%;农业增长1.5%;客、货运输增长约7%;内部贸易止跌回升,内贸额涨幅超过1/4;内部贸易约70%的出口支付是用成员国本币结算的。[①] 尽管如此,一些问题,诸如欧亚经济联盟对外贸易额远远超过内部贸

---

① Анастасия Толстухина, ЕАЭС: итоги 2017 года, 10 декабря 2017 года, https://interaffairs.ru/news/show/18939.

易额,俄罗斯拉动联盟一体化的实力有限,成员国积极发展与欧盟、中国等外部伙伴的经贸合作,等等,仍将制约欧亚一体化的发展。

(四)俄罗斯在中东:成果突出

俄罗斯顺利结束在叙利亚的大规模军事行动,并以对叙外交带动对中东地区外交,是2017年俄外交最突出的成果。在俄罗斯的军事打击和援助之下,叙利亚彻底击溃境内的极端组织"伊斯兰国",收复绝大部分失地,这是俄、叙及国际反恐联盟对世界反恐事业做出的重大贡献。俄罗斯因此而实现了保住巴沙尔政权,维护俄在叙军事政治和经济利益,将"伊斯兰国"极端组织阻止在俄国界之外等近期目标。俄罗斯组织叙利亚当局和反对派在阿斯塔纳、索契举行和谈,显示了俄在叙问题调解中的重要地位。俄罗斯与伊朗、土耳其结成"三角",加强在叙利亚问题上的协调;同时积极开展对沙特阿拉伯、埃及和以色列等国家的外交,争取它们在叙调解问题上进行合作。凭借有限的军事行动和颇有成效的外交斡旋,俄罗斯再次成为对中东地缘政治具有重要影响力的大国。

二 对2017年俄罗斯外交的评论

第一,战术成果多,战略收获少。俄罗斯外交的优先方向分别是独联体、欧洲、美国和亚洲,中东是次要方向。从外交成果方面看,2017年俄罗斯在中东,主要是在叙利亚军事政治活动的影响最大,其次是与亚洲国家的合作得到加强,再次是欧亚经济联盟有所发展。与美国关系未稳反降,与欧盟关系保持冷淡,或者说,没能改善与美欧关系;乌克兰东部冲突问题调解没有进展,独联体国家离心力增长,这些问题是2017年俄罗斯外交的不足之处。虽然亚洲在俄罗斯外贸中的比重继续增长,但是仍然难以与欧洲比肩,在投资方面更是如此。虽然欧亚经济联盟继续发展,但是难以压倒独联体地区对俄的离心运动。在叙利亚的军事干预和外交活动,确实提高了俄罗斯的国际影响,但是无助于实现当前俄最重要的外交目标,即为现代化创造有利的外部环境。

第二,外交服务于当前的内政。2018年俄罗斯将举行总统选举,因此,普京在内政外交上都更加关注为自己连选连任总统创造有利的条件。外交上,维持目前与北约的紧张关系,以便充分发挥"后克里米亚共识"效应,确保自己顺利赢得总统选举。可以假设,即使特朗普总统能够改善美俄关系,普京也将控制两国关系正常化节奏,把实质性的转变后移到选举结束之后或者其第四个总统任期开始之后。内政上,排挤政治反对派,加强对舆论、网络的管控,严控国内非政府组织接受境外政治资助,防止"颜色革命",以确保社会政治稳定。但是这些举措都引起西方的指责,加剧了俄罗斯与西方矛盾,从而消耗一部分俄外交资源。

第三,当前俄罗斯的国家利益、最高领导层的外交理念以及俄与外部世界的关系状况,已经大致划定了2018年俄外交政策走势:继续反对西方,同时也寻求改善相互关系的机会;继续"转向东方";继续推进欧亚经济联盟一体化。

Y.10
2017年独联体地区形势

刘 丹*

摘　要： 2017年，俄罗斯是独联体轮值主席国，俄把提高独联体的工作效率作为主要工作方向。俄独联体政策的目标是把后苏联空间的大多数国家团结在莫斯科周围。欧亚经济联盟是独联体经济发展的主要载体，2017年欧亚经济联盟对外贸易额同比有较大增长，与外部世界的联系日益紧密，联盟与中国的"盟带对接"有较大进展。安全合作是独联体机制的重要议题，独联体相关国家依托集体安全条约组织加大安全合作。俄乌关系仍然持续紧张，中亚地区安全形势依然严峻，摩尔多瓦由于国家内部存在分歧转向欧亚经济联盟之路并不平坦。以美国为首的北约对乌克兰的染指是西方干涉独联体事务的缩影，这是导致俄罗斯与西方直接对峙的重要原因之一。俄与北约关系持续恶化，短期内难以缓和。

关键词： 独联体　欧亚经济联盟　俄罗斯

一　俄罗斯对独联体政策及独联体
框架下的经济、安全合作

独联体国家始终位于俄罗斯外交的优先方向。2017年俄罗斯是独联体

---

* 刘丹，中国社会科学院俄罗斯东欧中亚研究所助理研究员。

轮值主席国，它的主要努力方向是提高独联体工作效率，"使所有成员国都能够得到具体实惠"①。尽管外部势力对后苏联空间影响较大，俄罗斯作为独联体地区主导国的地位依旧没有改变。俄罗斯独联体政策的目标是把后苏联空间的大多数国家团结在莫斯科周围。②基于此，独联体框架下的合作主要集中在经济和安全两个方面：进一步发展欧亚经济联盟，使其成为欧亚一体化的核心；安全合作是独联体机制的重要议题，俄罗斯是影响地区安全的关键国家。独联体机制内的安全议题使莫斯科有可能激活或协调后苏联空间所有多边机制，并提高其效率。③

（一）欧亚经济联盟发展状况与"盟带对接"

俄罗斯是欧亚经济联盟经济发展的火车头。2016年，受俄罗斯经济下滑、矿产资源价格下跌等因素影响，欧亚经济联盟以及成员国的贸易额都有一定程度的下滑。2017年1～11月，欧亚经济联盟与地区外国家贸易额达5670亿美元，其中出口3453亿美元，进口2217亿美元。与2016年同期相比，外贸额增加了1120亿美元，增幅为24.6%；商品出口量增长711亿美元，增幅为25.9%，进口增长409亿美元，增幅为22.6%。④2017年欧亚经济联盟对外贸易状况明显好转（见表1）。

除了自身贸易状况有所好转，欧亚经济联盟对外联系也进一步扩大。2017年5月15日，俄罗斯总统普京在北京"一带一路"国际合作高峰论坛

---

① Ирина Болгова, Председательство России в СНГ: к чему стремимся?, http://russiancouncil.ru/analytics-and-comments/interview/sng-v-2017-g-dostizheniya-vyzovy-perspektivy/.
② Ирина Болгова, Председательство России в СНГ: к чему стремимся?, http://russiancouncil.ru/analytics-and-comments/interview/sng-v-2017-g-dostizheniya-vyzovy-perspektivy/.
③ Ирина Болгова, Председательство России в СНГ: к чему стремимся?, http://russiancouncil.ru/analytics-and-comments/interview/sng-v-2017-g-dostizheniya-vyzovy-perspektivy/.
④ Об итогах внешней и взаимной торговли товарами Евразийского экономического союза, http://eec.eaeunion.org/ru/act/integr_i_makroec/dep_stat/tradestat/analytics/Documents/express/November2017.pdf.

表1 欧亚经济联盟对外贸易结构（2017年1～11月）

单位：亿美元

	外贸额	出口	进口	顺差	同比2016年1～11月（%）		
					外贸额	出口	进口
欧亚经济联盟	5669.908	3453.104	2216.804	1236.300	124.6	125.9	122.6
亚美尼亚	39.562	15.028	24.534	-9.506	122.7	118.3	125.5
白俄罗斯	270.144	139.613	130.531	9.082	122.8	125.8	119.7
哈萨克斯坦	538.508	384.648	153.860	230.788	124.3	131.6	109.0
吉尔吉斯斯坦	34.234	10.187	24.047	-13.860	108.9	107.1	109.6
俄罗斯	4787.460	2903.628	1883.832	1019.796	124.9	125.3	124.2

资料来源：欧亚经济联盟官网，http://eec.eaeunion.org/ru。

上表示："坚定扩大欧亚经济联盟的对外联系，50个欧洲、亚洲、拉丁美洲国家表现出与该联盟合作的兴趣。"[①] 目前，该组织已经与越南签署自贸区协定，与印度、以色列进行自由贸易谈判，与中国进行经贸合作伙伴协定的谈判，并与埃及、伊朗、塞尔维亚和新加坡达成开启磋商协议。8月9日，俄罗斯外长拉夫罗夫表示，俄支持关于在欧亚经济联盟框架内与印度尼西亚设立自贸区问题开始谈判的提议，应该促进扩大欧亚经济联盟的对外联系。[②] 9月6日，韩国和俄罗斯商定成立工作小组，负责韩国与欧亚经济联盟建立自贸区的谈判。

在俄罗斯极力打造"大欧亚"的背景下，欧亚经济联盟与中国"一带一路"对接是重要议题。2016年，丝绸之路经济带倡议与欧亚经济联盟对接取得初步成果，双方提出多个大型合作项目。2017年，双方对接进一步深化，双方领导人高度重视"盟带对接"。5月14日，俄罗斯总统普京表示，将上合组织、欧亚经济联盟以及"一带一路"的潜力联合起来，可以

[①]《普京：50个欧亚和拉美国家对与欧亚经济联盟合作感兴趣》，http://sputniknews.cn/economics/201705151022626321/。
[②]《俄外长：俄支持印度尼西亚设立与欧亚经济联盟自贸区的提议》，http://sputniknews.cn/economics/201708091023318839/。

为欧亚伙伴关系奠定基础。① 5月26日，中国外交部部长王毅在与俄罗斯外长拉夫罗夫举行的新闻发布会上表示，双方正在全力推进两国发展战略以及"一带一路"建设和欧亚经济联盟的对接合作，加快推进能源、投资、航空航天、互联互通等战略性大项目的合作取得新的进展，双方对合作前景充满信心。② 6月2日，中国外交部新闻发言人华春莹在例行记者会上表示，俄罗斯近期发表了《俄罗斯2030年经济安全战略》，这与中国的国家发展战略契合。中方愿意同俄方近一步对接两国发展的长远构想，开拓新的合作领域，打造新的合作增长点，为中俄全面战略协作伙伴关系不断注入新的动力。③

在两国高层推动下，"盟带对接"取得一系列实质性成果。首先，铁路交通在对接中将发挥主要作用。目前，双方已经完成运输和基础设施领域几十个项目的名单制定工作，其中约20项属于铁路运输领域，比如莫斯科－喀山高铁建设项目、布列斯特－明斯克－奥尔沙－俄罗斯边境铁路建设项目、中国－吉尔吉斯斯坦－乌兹别克斯坦铁路项目和亚美尼亚－伊朗等项目。其次，7月习近平主席访俄期间，中国商务部部长钟山与俄罗斯经济发展部部长马克西姆·奥列什金签署了《中华人民共和国商务部与俄罗斯联邦经济发展部关于欧亚经济伙伴关系协定联合可行性研究的联合声明》。联合可行性研究涵盖双方共同关注的领域，包括服务贸易、投资及货物贸易的相关议题。"这是为了具体落实两国领导人关于'一带一路'与欧亚经济联盟建设对接合作的重要共识，不仅有利于探索进一步扩大双方贸易投资往来，还将致力于创造更加公平、透明、便利、可预期的贸易投资环境，共同促进区域经济发展。"④ 再次，7月，中俄双方签署《关于共同开发"滨海1

---

① 《普京：上合组织、欧亚经济联盟和"一带一路"潜力可成欧亚伙伴关系基础》，http://sputniknews.cn/economics/201705141022615297/。
② 《中国外长：中俄正全力推进丝路经济带与欧亚经济联盟的对接合作》，http://sputniknews.cn/russia_china_relations/201705261022721165/。
③ 《中国外交部：中国和欧亚经济联盟经贸伙伴合作协定有望尽早达成一致》，http://sputniknews.cn/economics/201706021022767845/。
④ 《中国商务部：中俄两国将开展欧亚经济伙伴关系协定可研工作》，http://sputniknews.cn/economics/201707061023038394/。

号"和"滨海2号"国际交通走廊的谅解备忘录》。"滨海1号""滨海2号"国际交通走廊项目是"盟带对接"的重要接口。7月5日,俄罗斯直接投资基金与中国国家开发银行签署了有关成立使用人民币结算的投资合作基金的协议。俄罗斯和中国尤其重视该项目,该项目包括在"盟带对接"框架内,是盟带对接的成果之一。①

为了让欧亚经济联盟与丝绸之路经济带进一步实现对接,俄罗斯一些学者表达了他们的看法。俄罗斯科学院远东研究所副所长奥斯特洛夫斯基认为,为了更好进行"盟带对接",需要设立自由贸易区。鉴于俄罗斯的基础设施与中国不同,俄罗斯主要任务是充分利用时机,获得发展基础设施机会。俄罗斯科学院远东研究所所长卢佳宁表示,10~15年前,在上海合作组织框架下建立自由贸易区的想法没有得到支持,现在情况发生了变化。"目前'盟带对接',不仅仅是建立新的运输走廊,更像是在丝绸之路经济带范围内的经济共同发展。俄中在这一范围内实施共同的经济活动,包括组织生产。"② 俄罗斯经济发展部副部长格鲁兹杰夫表示,欧亚经济联盟与中国"一带一路"对接的目的应该是共同建立大欧亚经济空间。③ 俄罗斯莫斯科国立国际关系学院分析中心主任卡赞采夫认为,中国在国际舞台上的重要性不断提高,俄罗斯和中亚国家可通过与中国经济一体化为其经济关系多元化提供重要契机,目前这不仅对中亚政治来说是前景极佳的议题,对俄罗斯政治也是如此。他还认为打造"大欧亚"(即建立一个包括中国、后苏联空间和欧盟国家的宏观经济区域)目前正因中国的"一带一路"政策而变得愈加迫切。④

---

① 《俄直接投资基金将与中国国家开发银行成立使用人民币结算的联合投资基金》,http://sputniknews.cn/economics/201707051023027779/。
② 《俄专家:欧亚经济联盟与丝绸之路经济带对接下一步将是建立自贸区》,http://sputniknews.cn/opinion/201705131022609741/。
③ 《俄经发部:俄罗斯、欧亚经济联盟和中国可以建造大欧亚共同经济空间》,http://sputniknews.cn/russia_china_relations/201704221022431818/。
④ 《专家:中国国际地位的加强将为大欧亚一体化创造条件》,http://sputniknews.cn/china/201702091021816552/。

在积极加强外部联系的同时,欧亚经济联盟组织运行顺利,并通过了一系列文件。2017年8月14日,在阿斯塔纳举行的欧亚政府间委员会会议主要关注欧亚经济联盟数字化议程、与伊朗的自贸区协议草案、联盟成员国劳动者养老金保障协议的落实。会议还关注各国和欧亚经济联盟成员国颁发的国际驾照互认问题,以便在联盟其他成员国境内开展商业活动。此外,政府间委员会委员确认实现2018～2020年空运等交通政策协调的活动计划,听取关于成员国进口关税确认和分配信息,执行《欧亚经济联盟海关法典》生效流程。[1] 10月,《欧亚经济联盟2025年前数字经济议程的主要方向》获得通过。

普京在2016年6月提出"大欧亚伙伴关系"计划,这是继欧亚经济联盟和"转向东方"之后的大战略构想。毫无疑问,欧亚经济联盟是这一战略构想的核心和载体。"欧亚空间的整合是必要的,这是恢复独联体国家的国家地位不可或缺的条件。实现欧亚大陆的稳定和安全,在多极世界中实现成员国各自的利益,这就是建立欧亚经济联盟的意义。"[2]

(二)集体安全与反恐合作

俄罗斯重视独联体框架下各方面的合作,以集体安全条约组织为依托的安全合作也是重要议题之一。2016年12月22日,俄罗斯国防部部长绍伊古表示,莫斯科倾向于优先发展与独联体、集体安全条约组织和上海合作组织国家的军事合作,俄罗斯已经与独联体成员国签署8项在不同领域互动的国际协议。2017年是集体安全条约签署25周年、集体安全条约组织成立15周年。3月26日,集体安全条约组织议会大会在圣彼得堡成功举行,会议期间讨论了组织行动的结果和前景、集体安全体系的法律保障、在国际议会机构中进一步协调、组织成员国代表团活动等问题。集安组织不仅能够确保成员国的集体安全,同时也为该地区的和平稳定做出显

---

[1] 《欧亚政府间委员会会议将在阿斯塔纳举行》,http://sputniknews.cn/economics/201708141023353577/。

[2] Лев Криштапович: Большой смысл евразийской интеграции, http://www.materik.ru/rubric/detail.php?ID=27392&phrase_id=2355695.

著贡献。集安组织与独联体和上海合作组织是后苏联空间安全领域合作的"三驾马车"。①

独联体各国面临的主要安全威胁是有组织犯罪、贩毒、腐败以及外部势力对国内政治的渗透。2017年4月5日，俄罗斯总统普京称，圣彼得堡地铁爆炸案表明，受恐怖主义威胁的局势并未改善，几乎每个独联体国家都会成为恐怖袭击的潜在目标。在国际恐怖主义威胁日益严峻的条件下，完善独联体国家间调查机关的协作是工作中的最重要部分。②

鉴于独联体国家南部边境恐怖主义威胁日益增加，9月，在独联体国家武装力量总参谋长委员会比什凯克会议上决定，进一步发展国防和安全领域的合作。会议期间与会各方就打击国际恐怖主义交流了意见与经验，拟订了这方面具体联合行动的计划。根据俄军在叙利亚打击恐怖组织的实践经验，提供了排雷、防辐射、生化防护领域专家培训和行动的细节资料。11月1日，集体安全条约组织秘书处顾问维利奇金表示，集安组织、上合组织地区反恐机构以及独联体反恐中心近日将签署一份关于打击恐怖主义、极端主义和分裂主义的协作备忘录。③

反恐形势在中亚尤为严峻，中亚国家对此有清楚认识。2017年12月27日，吉尔吉斯斯坦总统热恩别科夫在独联体国家领导人非正式会晤上表示，"伊斯兰国"和其他类似极端组织的意识形态在中亚蔓延加剧，这些组织正在大肆招募中亚国家公民。如果独联体和集安组织国家不在边境安全方面积极合作，就不可能充分保障集体安全、边境安全以及应对当代大部分挑战和威胁。④ 塔吉克斯坦总统拉赫蒙也在这次会晤中表示，2017年恐怖主义和极

---

① Валерий Семериков, Организация Договора о коллективной безопасности – от Договора к Организации, Международная жизнь, № 6, 2017 г, https://interaffairs.ru/jauthor/material/1869.
② 《普京将同独联体国家安全机关领导人讨论特工部门的协作问题》，http://sputniknews.cn/russia/201704041022256433/。
③ 《集安组织和上合组织及独联体拟联合打击恐怖主义》，http://sputniknews.cn/politics/201711011023947610/。
④ 《吉尔吉斯斯坦总统："伊斯兰国"意识形态在中亚蔓延加剧》，http://sputniknews.cn/politics/201712271024367308/。

端主义在世界各国呈现活跃态势，中东和朝鲜半岛局势严峻，该国担任独联体轮值主席国期间将致力于加强军事技术合作，特别关注军事合作构想的落实进展，以及有关巩固外部边界边境安全的合作计划。①

由此可见，独联体国家成功保障了多边合作，特别是建立了共同安全的体系。独联体国家有必要继续建立与完善联合防空系统的工作，落实统一通信系统框架内的计划，进行战斗训练的联合行动和其他广泛问题上的合作。俄罗斯专家认为，发展独联体内部的军事政治合作非常必要，这种合作会推动与独联体联系成员国土库曼斯坦在上述平台上开展更密切合作，以强化针对恐怖主义和极端主义的共同斗争。②

二 独联体地区热点问题

俄乌关系是独联体地区相当重要的一组双边关系。当今俄罗斯处在地缘政治经济的漩涡地带，它面临最重要的任务是为其内部经济发展和国家安全创造良好的外部环境。在乌克兰危机持续发酵背景下，俄罗斯这一战略愿景始终没能实现。但值得注意的是，俄罗斯与中亚国家以及与摩尔多瓦的关系稳中有进，局面向好。

（一）俄罗斯与乌克兰关系

自2014年乌克兰危机以来，俄乌关系持续交恶。2017年2月22日，乌克兰总统波罗申科声明，俄罗斯在东南部及德涅斯特河沿岸摩尔达维亚共和国部署的军队在任何时候都可能对乌领土进行袭击，并威胁乌边境安全。③基辅方面不止一次指控莫斯科干预乌克兰内政。俄罗斯否认这一指控，表示

---

① 《塔吉克斯坦总统表示担任独联体轮值主席国期间将致力于巩固军事技术合作》，http://sputniknews.cn/politics/201712271024367759/.
② Владимир Евсеев, СНГ — 25 лет: чего достигли? http://russiancouncil.ru/analytics-and-comments/interview/sng-v-2017-g-dostizheniya-vyzovy-perspektivy/.
③ 《波罗申科：乌克兰面临与俄罗斯进行"全面战争"的威胁》，http://sputniknews.cn/military/201702221021935927/.

类似的指控是完全不能被接受的。

乌克兰的离心倾向进一步加强。2017年5月，波罗申科在乌克兰的"欧洲日"开幕式上称，乌克兰已经变了，已经永远地脱离了"苏联和俄罗斯帝国"，欧洲和欧盟已经是改革、民主价值观和自由的真正代名词，欧盟就是乌克兰民主价值观的具体体现。① 此前，欧盟已经决定向乌克兰提供1000万欧元的国际外汇基金用于该国国家行政改革。5月11日，欧盟委员会批准了对乌克兰的免签制度，并于5月17日在斯特拉斯堡签署授予乌克兰免签资格的协议。

2017年8月29日，乌克兰总统发言人卢岑科称，在乌克兰统一顿巴斯地区的法案中，俄罗斯将被称为"侵略国"，该法案完成度已达99.9%，将在议会通过。乌克兰已与"诺曼底四国"（俄罗斯、乌克兰、德国、法国）就此问题进行商讨，这是首次在法律层面引入俄罗斯是"侵略国"的概念。② 2018年1月8日，乌克兰国家记忆研究所所长维亚特罗维奇表示，基辅须将苏联管辖期间定性为"布尔什维克和共产主义侵占"。俄罗斯国家杜马独联体事务、欧亚一体化及与同胞联系委员会主席卡拉什尼科夫随后向俄新社表示，若将苏联管辖时期定性为"侵占"，乌克兰应准备放弃哈尔科夫、第聂伯罗、顿巴斯和苏联时期划入该国的其他领土。③

尽管俄罗斯与乌克兰关系交恶，但是经济上的联系依然密切。2017年10月乌克兰国家统计局称，根据2017年7月1日的情况，俄罗斯对乌克兰经济的投资额为44亿美元，占乌外来投资的11.4%，在各国投资额中排名第三。④ "欧洲选择"对普通乌克兰人的生活水平造成了灾难性后

---

① 《波罗申科：乌克兰已经永远地脱离了"苏联和俄罗斯帝国"》，http://sputniknews.cn/politics/201705141022621261/。
② 《乌克兰计划正式宣称俄罗斯为"侵略国"》，http://sputniknews.cn/politics/201708291023468563/。
③ 《俄杜马回应基辅"苏联侵占说"：半个乌克兰都应还给俄罗斯》，http://sputniknews.cn/politics/201801081024434861/。
④ 向乌克兰经济投资最多的是塞浦路斯，投资额达99亿美元（占投资总额25.5%），排名第二的是荷兰，投资额达63亿美元（占投资总额16.2%），俄罗斯仍是乌克兰三大投资国之一。http://sputniknews.cn/economics/201710031023723507/。

果，乌克兰人均国内生产总值从 2013 年的 3969 美元下降到 2016 年的 2052 美元，这与吉布提、老挝等国家相当。①独联体多边自贸区对于提高后苏联空间的内部联系，并与全球市场和基础设施接轨具有明显的潜力和吸引力。正因如此，在与俄罗斯关系极度恶化的情况下，乌克兰并不拒绝参加独联体自由贸易区。②根据这种情况，俄罗斯专家提出建议：乌克兰与欧亚经济联盟之间可能的贸易和经济合作对话可以平行进行；鉴于乌克兰经济形势不佳，有必要认真考虑乌克兰与欧亚经济联盟潜在的合作条件；乌克兰与欧亚经济联盟的合作只能在经济领域进行，欧亚经济联盟不带有任何政治、军事目的。③

俄罗斯学者还认为，俄罗斯极力反对乌克兰加入北约，但在这个过程中俄与西方，首先是与美国发生了对峙，而在乌克兰收效甚微。俄应仔细观察，深入研究，并试图了解乌克兰，即使它意图向西，仍是重要邻居。在可预见的将来，俄对乌最重要的政策应该是防止战争并逐步加强对话。否则，俄罗斯将为忽视乌克兰付出巨大代价。④

（二）俄罗斯与中亚关系

中亚国家对俄罗斯的意义重大，尤其是中亚安全形势长期以来都是俄罗斯战略关切所在。俄罗斯独联体国家研究所中亚与哈萨克斯坦研究室主任格罗津表示，孱弱的中亚对俄罗斯和中国的稳定构成威胁，两国的大型项目与中亚地区局势息息相关。要想落实中方"一带一路"倡议，需要一个统一稳定、没有冲突的中亚，不管是中国还是俄罗斯，目前都无法减少对中亚地

---

① Юрий Кофнер, Украина между ЕС и ЕАЭС. Quo vadis Киев?, http：//www. materik. ru/rubric/detail. php？ID = 28827&SECTION＿ID = 13.
② Ирина Болгова, Председательство России в СНГ: к чему стремимся?, http：//russiancouncil. ru/analytics – and – comments/interview/sng – v – 2017 – g – dostizheniya – vyzovy – perspektivy/.
③ Юрий Кофнер, Украина между ЕС и ЕАЭС. Quo vadis Киев?, http：//www. materik. ru/rubric/detail. php？ID = 28827&SECTION＿ID = 13.
④ Дмитрий Тренин, Понять Украину, Россия в глобальной политике, № 5, 2017 г, http：//www. globalaffairs. ru/number/Ponyat – Ukrainu – 19123.

区的关注。①

2017 年，在俄罗斯与中亚各国建交 25 周年之际，《国际生活》杂志对俄罗斯外交部部长拉夫罗夫进行访谈。他谈到，过去 25 年来，中亚国家已完全成为国际事务的参与者。俄罗斯一贯尊重中亚各国人民的选择，支持其独立。俄与中亚国家建立了联盟或战略伙伴关系。俄与中亚各国对区域及全球议题主要问题的做法是一致或非常接近的，经贸关系十分密切，人文交流正在稳步推进，俄语仍然是中亚地区主要的民族间交流语言。俄重视对外国公民俄语教师的培训，俄对未来的关系感到乐观。近 10 年来，俄罗斯向中亚国家提供了 67 亿美元的援助。双边财政援助达 40 多亿美元。通过联合国援助超过 5.7 亿美元，通过世界银行和其他机构援助超过 13 亿美元，通过欧亚经济联盟援助超过 5.9230 亿美元。俄罗斯与中亚在双边及多边层面上进行了富有成效的互动。②

谈到中亚安全问题时拉夫罗夫认为：第一，中亚主要的安全威胁来自阿富汗；第二，外国武装恐怖分子的频繁跨境流动是另一大危险；第三，来自独联体的加入"圣战者"队伍的移民人数估计有数千人；第四，恐怖主义与有组织犯罪和贩毒有密切联系。俄罗斯特别重视在上海合作组织地区反恐机构框架内加强合作，该地区几乎所有国家，包括阿富汗，都是上合组织的成员、观察员或对话伙伴。集体安全条约组织在维护地区稳定方面非常重要。其任务包括打击恐怖主义、非法贩毒和网络威胁。③ 8 月 18 日，俄罗斯国防部部长绍伊古在军事部门会议上表示，阿富汗政府军与"塔利班"和"伊斯兰国"分子的武装冲突仍在持续，中亚地区局势仍不稳定。他表示，今年下半年计划与吉尔吉斯斯坦、塔吉克斯坦和乌兹别克斯坦武装部队组织

---

① 《专家：孱弱的中亚对俄中稳定构成威胁》，http：//sputniknews.cn/politics/201702221021926394/。
② Сергей Лавров，Министр иностранных дел России：К 25 – летию установления дипотношений со странами Центральной Азии，《Международная жизнь》，No 3，2017 г，https：//interaffairs.ru/jauthor/material/1813.
③ Сергей Лавров，Министр иностранных дел России：К 25 – летию установления дипотношений со странами Центральной Азии，《Международная жизнь》，No 3，2017 г，https：//interaffairs.ru/jauthor/material/1813.

联合行动和作战训练活动。①

9月12日，题为"欧盟与中亚——新伙伴关系战略10周年：未来发展"的国际会议在布鲁塞尔召开。次日，欧盟负责中亚事务的特别代表布里安表示，欧盟将调整对中亚地区的战略，欧盟有意加强与中亚国家在反恐、打击走私和非法移民方面的合作，并加强双方在运输、贸易和能源领域的联系。拉夫罗夫认为，如果欧盟实施的方案有助于成功解决中亚国家面临的社会经济问题，俄罗斯表示欢迎。但就欧盟在后苏联空间实施"东方伙伴关系"战略来看，欧盟对后苏联空间的政策往往带有"零和博弈"的色彩，欧洲对中亚的投资有政治动机。中亚在整个欧亚大陆的可持续发展方面大有前途，在这方面特别重要的是"融合一体化"，促进欧盟与欧亚经济联盟的实际合作。②

（三）摩尔多瓦转向欧亚经济联盟

2016年12月23日，多东就任摩尔多瓦总统。根据竞选纲领，他计划恢复与俄罗斯的战略伙伴关系。他一再表示，"恢复与俄关系对摩尔多瓦至关重要"。他还感谢俄罗斯总统近一年来在解决德涅斯特河沿岸问题、摩尔多瓦对俄出口问题和对俄境内摩劳工实行大赦等问题对摩给予的所有帮助和支持。③

2017年4月14日，在比什凯克举行的欧亚经济联盟最高委员会会议上，摩尔多瓦取得了欧亚经济联盟观察员国地位。观察员国地位使得摩尔多瓦能够列席联盟各机构的会议，接受联盟机构的非机密性文件。但是，这种地位无权参与联盟的决策。与此同时，获得联盟观察员地位的国家有义务不采取任何可能损害联盟及其成员国利益的行动，不违背"联盟条约"的目

---

① 《绍伊古：俄罗斯加强在中亚地区的地位》，http://sputniknews.cn/politics/201708181023395495/。
② Сергей Лавров, Министр иностранных дел России: К 25 - летию установления дипотношений со странами Центральной Азии,《Международная жизнь》, № 3, 2017 г, https://interaffairs.ru/jauthor/material/1813.
③ 《俄罗斯和摩尔多瓦两国总统讨论双边关系问题》，http://sputniknews.cn/politics/201712271024368060/。

的和宗旨。摩尔多瓦总统多东认为,欧亚经济联盟观察员地位的获得对"摩尔多瓦来说是历史性的一天",这符合摩大多数公民的期待。① 他一再表示与欧亚经济联盟的合作将成为他的政策重点之一。但是,由菲利波夫领导的"摩尔多瓦执政阶级"既控制着政府,也控制着议会(大多数议员都不是总统的支持者),他们不仅在公开演讲中不断重申忠于所选择的欧洲一体化方针,而且在"热点"问题上反对总统任何亲俄的声明或行动。多东与欧亚经济联盟签署了合作备忘录,菲利波夫立即在声明中表示议会和政府将否决这一协议,并重申该文件"不会得到议会批准,不会产生任何法律后果"。② 这意味着摩尔多瓦转向欧亚经济联盟的政策在国家内部存在分歧,通向欧亚经济联盟的道路并非畅通无阻。

三 以乌克兰为博弈场的俄罗斯与西方

独联体成立以来,以美国为首的西方国家就没有停止过对该地区的染指。其中乌克兰问题已经成为双方地缘政治经济博弈的战场。2017年,美国仍然一如既往地支持乌克兰民主进程。5月初,美国参议院批准2017年9月30日前联邦预算法案,规定向乌克兰提供不少于4.1亿美元的财政援助,其中包括军事援助。③ 7月,美国向乌克兰提供2500万美元安全援助,包括保障通信的哈里斯对讲机。④ 另外,五角大楼还斥巨资用于向乌克兰军方及国家安全部队提供军事训练、设备、防御性致命武器、后勤援助及情报援助。美国的这些做法引起俄罗斯的反感,俄不止一次就美对乌供武计划提出警告。

除了财政援助和军事援助,美国还与乌克兰举行了联合军演。2017年7

---

① Сергей Яковлевич Лавренов, Молдова стала наблюдателем в Евразийском экономическом союзе, http://www.materik.ru/rubric/detail.php?ID=27451&SECTION_ID=9.
② Сергей Яковлевич Лавренов, Молдова стала наблюдателем в Евразийском экономическом союзе, http://www.materik.ru/rubric/detail.php?ID=27451&SECTION_ID=9.
③ 《美驻乌使馆:美国向乌克兰提供2500万美元国际援助》, http://sputniknews.cn/military/201707131023100662/.
④ 同上。

月18日，乌克兰与美国的"海上微风-2017"联合军演，共有16个国家参演。① 8月，美国国防部部长詹姆斯·马蒂斯表示，拟在访问乌克兰期间强调华盛顿会致力于与基辅的战略伙伴关系，支持乌克兰主权和领土完整。②

除了美国之外，北约对乌克兰的影响也极为深刻。2014年12月，乌克兰最高拉达对两项法律进行修改，放弃国家的不结盟地位。该国新军事学说规定，将恢复加入北约的对外战略路线：乌克兰应至2020年确保其武装力量与北约各国军队完全兼容。2015年12月中旬，波罗申科访问布鲁塞尔期间签署了乌克兰与北约国防技术合作"路线图"。2017年7月，有关基辅北约合作20周年的乌克兰-北约委员会会议在基辅举行。7月10日，北约秘书长斯托尔滕贝格在电视台直播的新闻发布会上表示欢迎波罗申科总统所跨出的一步，以及乌克兰政府在打击腐败上实施的关键改革。他认为，这些改革对保障乌克兰人的安全和繁荣至关重要，并使乌克兰加速靠近北约。同日，俄罗斯总统新闻秘书佩斯科夫表示，若乌克兰加入北约，就意味着北约军事基础设施进一步接近俄边界，这不会有助于加强欧洲安全。佩斯科夫强调，乌克兰加入北约问题不直接涉及俄罗斯，但它在极大程度上间接涉及俄罗斯。③ 8月11日，俄罗斯外长拉夫罗夫表示，希望后苏联空间国家境内不再发生任何形式的"颜色革命"，并且认为这些革命并没有改善当地人民的生活。④

俄罗斯专家费年科认为，北约秘书长斯托尔滕贝格关于该组织将努力改善与俄关系的言论是陈词滥调，未来几年北约与俄罗斯的关系只会恶化。他认为，俄罗斯与北约关系中存在三个需要立即解决的主要问题：第一是俄罗

---

① 《乌美"海上微风-2017"联合军演在乌克兰展开》，http：//sputniknews.cn/military/201707191023147421/。
② 《美防长：访乌期间将确认两国战略伙伴关系》，http：//sputniknews.cn/politics/201708211023408861/。
③ 《总统新闻秘书：乌克兰接近北约将不会有助于加强欧洲安全》，http：//sputniknews.cn/politics/201707101023076326/。
④ 《拉夫罗夫：没有一场"颜色革命"让生活变得更好》，http：//sputniknews.cn/politics/201708111023342882/。

斯-北约基本文件的前景，名义上该文件从 2017 年 5 月 27 日起已失去效力，并且没有自动延长机制；第二是俄罗斯关于波罗的海和黑海上空飞行安全的倡议，一切依然不明朗；第三是没有任何信任措施方面的对话。① 斯托尔滕贝格此前接受俄罗斯卫星通讯社采访时表示，北约将继续努力改善与俄罗斯关系，但将参考乌克兰局势。

显然，乌克兰接近北约将不会有助于加强欧洲安全，乌克兰加入北约就意味着与俄罗斯直接进行对抗，这将导致乌克兰与俄罗斯陷入更为严重的地缘政治经济矛盾。面对这种局面，白俄罗斯学者认为，乌克兰联邦化是其应有的选择，这将使乌克兰所有地区政治达到平衡，并给乌带来安宁。联邦化符合乌克兰外交政策利益，这实际上是在行动上巩固该国的不结盟地位。联邦制下的乌克兰不再作为与邻国对抗的手段，这将减少冲突发生，北约在乌克兰出现的借口将会消失。联邦制将加强整个欧亚大陆的稳定和安全体系，这符合俄、白、乌各方利益。②

以美国为首的北约对乌克兰的染指是西方干涉独联体事务的缩影，这是导致俄罗斯与西方直接对峙的重要原因之一。以追求主导未来欧洲安全体系为目标的北约，"弱俄""遏俄"是其必然选项，这也导致独联体地区的主导国家俄罗斯必然在乌克兰加入北约的问题上与美西方"迎头相撞"。这一矛盾近期无法解决，俄与西方的博弈在独联体地区特别是在乌克兰仍将持续上演。

---

① 《专家：俄与北约关系未来几年将恶化》，http：//sputniknews.cn/military/201709151023605011/。
② Украинская катастрофа：взгляд из Белоруссии，http：//www.materik.ru/rubric/detail.php? ID＝28802&SECTION_ ID＝9.

Y.11
俄美对抗的僵持与深化

韩克敌*

摘　要： 2017年俄美关系仍然处于僵持甚至恶化状态。美国新当选总统特朗普执政一周年，其对俄政策逐渐清晰。在一些领域，特朗普政府超越了奥巴马政府，加大了对俄施压力度。在驱逐外交官、《中导条约》、叙利亚、乌克兰等领域，俄罗斯强化了反制措施。随着普京宣布竞选下一任俄罗斯总统和美国国内"通俄门"调查的持续，短时期内俄美关系难以走出阴霾。

关键词： 俄美关系　"通俄门"　中导条约

2017年，俄美关系仍然处于僵持甚至恶化状态，双方都称两国关系处于冷战后的最低点。2017年，俄美首脑之间没有实现互访，只有7月7日在德国举行的20国集团峰会期间举行的一次正式会谈和11月10日在越南举行亚太经合组织峰会期间进行的一次短暂寒暄。俄美之间曾经的一些合作机制，例如双方外交部长和国防部长组成"2+2"会谈模式，也在2014年乌克兰危机之后中断，至今没有恢复。

美国新当选总统特朗普执政一周年，其对俄政策逐渐清晰。特朗普团队中的"亲俄派"弗林和班农已经去职。俄罗斯也被迫更换了驻美大使。俄美关系发展的现实轨迹和特朗普上台前后双方表现出的良好愿望差距甚远。

---

* 韩克敌，中国社会科学院俄罗斯东欧中亚研究所副研究员。

美国政治的现实超越了特朗普的个人愿望和俄罗斯的努力。俄罗斯不愿意改变自己的立场，美国也无法调整态度，双方继续着制裁和报复的游戏。

特朗普政府在四个方面超越了奥巴马政府，加大了对俄施压力度：第一，对叙利亚政府军发动直接军事打击；第二，批准向乌克兰出售反坦克导弹这样"致命性"的武器；第三，公开"克里姆林宫名单"，将普京的密友和"小圈子"曝光；第四，特朗普政府发布的《国家安全战略报告》《国防战略报告》《核态势报告》和国情咨文，都明确将俄罗斯列为美国的"竞争对手"。

特朗普采取上述措施，是出于其主观意愿还是被动接受，仍然是个疑问。2017年12月14日和17日，美俄两国总统进行了通话。美方向俄方通报了恐怖主义情报，帮助俄罗斯挫败了一伙恐怖分子在圣彼得堡发动恐怖袭击的企图。普京表示了感谢，并表示俄方若得到类似情报，也会通报美方。这算是俄美关系冬日里不多的几抹暖阳。随着普京宣布竞选下一任俄罗斯总统和美国国内有关"通俄门"的持续调查，短时期内俄美关系难以走出阴霾。

一 "通俄门"调查

整个2017年，围绕俄罗斯干预美国2016年总统大选以及俄美关系问题，美国政坛风起云涌。特朗普对俄罗斯和普京的观点迥异于大多数美国人。竞选期间，他从未批评过普京，他多次表示拒绝相信俄罗斯干预了美国大选。2017年5月10日，特朗普突然将负责调查俄罗斯干预美国大选事件的联邦调查局局长科米解职，令美国舆论一片哗然，许多人指责特朗普"妨碍司法"。5月17日，美国司法部任命前联邦调查局局长穆勒为特别检察官，专门负责调查俄罗斯干预美国大选一事。

迄今为止，"通俄门"特别检察官穆勒指控了四人：特朗普前外交政策顾问帕帕多普洛斯、前国家安全事务助理弗林、前竞选委员会主席马纳福特，以及前竞选助理盖茨。马纳福特及其商业伙伴盖茨已经受到正式刑事指控。帕帕多普洛斯已经与美国联邦调查局达成认罪协议。12月1日，弗林也在法庭上认罪，承认此前在涉俄调查中向美国联邦调查局做伪证，隐瞒了其与俄驻美大使基斯利亚克的两次接触：一次是2016年12月22日，弗林要求俄罗斯在联合国安理会反对或者推迟就以色列定居点计划问题进行投票；另一次是2016年12月29日，在前总统奥巴马宣布对俄制裁并驱逐35名俄外交官后，弗林打电话给俄大使，要求俄罗斯对此保持克制，不要使争端升级。弗林承认在会见俄大使前后曾经和特朗普团队其他高层成员交流，他表示愿意配合特别检察官的调查。[①] 有媒体报道，特朗普的儿子小特朗普和女婿库什纳，为了获取希拉里的黑材料，曾经秘密会晤一位与俄罗斯政府有联系的女律师维塞里尼茨卡娅。这两人都接受了美国国会相关委员会的质询。

"通俄门"调查的核心，是特朗普是否知晓或配合俄罗斯的行动，即是否存在"勾结"（collusion）行为。由于受到外界压力，2月13日，弗林被迫辞去总统国家安全事务助理的职务。4月5日，白宫首席战略顾问班农被解除在国家安全委员会的职务。对于俄罗斯"干预"美国大选的事实，美国朝野基本取得一致共识。差别只在于，这种"干预"对总统大选结果的影响有多大？特朗普本人或其团队成员是否知道俄罗斯的计划？特朗普有没有和俄罗斯人配合行动？特朗普解除科米职务的行为是否构成阻碍司法罪？

普京总统严厉批驳了所谓俄罗斯政府和特朗普有染的说法。"（俄罗斯政府和特朗普有联系）所有这些都是反对特朗普的人搞出来的，他们想让他的工作变成不合法。……这些人并没有意识到，他们正在损害这个国家（美国）的国内政治氛围。……他们对支持特朗普的选民不够尊重。""我们的大使被指控和某些人会面。但这是标准的国际惯例，外交人员或政府成员和所有的候选人、他们的团队会面，讨论各种问题和发展前景，他们（外

[①] "Michael Flynn Pleads Guilty to Lying to FBI on Contacts with Russian Ambassador", https：// www. washingtonpost. com/politics/michael – flynn – charged – with – making – false – statement – to – the – fbi/2017/12/01/e03a6c48 – d6a2 – 11e7 – 9461 – ba77d604373d_ story. html? hpid = hp_ hp – banner – main_ flynn – 937am%3Ahomepage%2Fstory&utm_ term =. bd5cc8aea125.

交人员）想去了解某某获得权力后将会怎么做以及该如何应对。这有什么特别的吗？为什么所有这些（最后）呈现出一种间谍狂热。"①

美国国会以俄罗斯"干涉"美国总统选举和乌克兰危机为由，追加对俄相关个人和实体的经济制裁。2017年7月25日和27日，美国国会两院分别通过了《2017年通过制裁反击美国对手法》，将对俄制裁法律化。该法案公布的新制裁目标包括俄罗斯铁路、航运、能源、军工、银行以及被美指控"干预"美国总统大选的机构和个人。法案同时限制总统修改或解除制裁的权力，规定任何取消制裁的决定需要得到国会的同意，这些规定使得对俄制裁制度化与长期化。传统上，外交是美国总统的权力范围。但这个法案反映了国会对特朗普的不信任及对俄罗斯的敌视。8月2日，特朗普被迫签署了该法案。他随后发表声明，称该项法案"存在严重缺陷"，损害了美国行政部门在外交方面的权威，降低了总统的"灵活性"。

俄罗斯总理梅德韦杰夫称，美国的新制裁措施等同于"一场全面的贸易战争"，终结了俄美改善关系的任何希望，"制裁的法律化将使其影响延续数十年，除非奇迹发生"②。2017年7月28日，俄罗斯采取反制措施。③要求美国驻俄外交使团人数从755人减至455人，使其与俄驻美外交人员相等。同时禁止美使馆使用其位于莫斯科郊外的一处度假屋和市内的一处库房。这标志着普京对特朗普的观望和期待结束，俄美双方重新回到对抗的轨道。俄罗斯要求的裁减人员大大超过奥巴马裁减35人的幅度，虽然其中很多是俄罗斯籍的美国使馆雇员。

8月31日，美国国务院发表声明称，为实现外交使团的对等，美国要求俄罗斯在9月2日前，关闭俄驻旧金山总领事馆及华盛顿和纽约的两处建

---

① "Vladimir Putin's Annual News Conference". http://en.kremlin.ru/events/president/transcripts/56378.
② "US Sanctions Are 'Trade War' on Russia, Says PM Medvedev", http://www.bbc.com/news/world-europe-40809715.
③ 该措施主要针对奥巴马政府2016年12月29日驱逐35名俄罗斯外交官，查封俄外交部门两处房产的决定。俄政府当时未立即宣布反制措施，希望下届特朗普政府时期美俄关系能够转圜。

筑，随后进行了入室搜查。俄外交部召见了美驻俄代表，抗议美国的搜查行为，指责此是"前所未有的侵略行为"，违反了国际法。但是美国国务院认为，所在国有权批准或终止一个设施的外交资格。这些房产作为外交设施已被关闭，因此不具有外交豁免身份。美派员搜查是为了安全，是合法的，符合"维也纳外交关系公约""维也纳领事关系公约"及美俄双边协定。

双方都抬出"对等原则"来证明自己行为的合理性。俄罗斯讲的是外交人员及工作人员数量对等，而美国讲的是领事馆数量对等。目前，双方各有三个领事馆位于对方国家，美国驻俄领事馆位于圣彼得堡、叶卡捷琳堡、符拉迪沃斯托克。美国曾在苏联时期的乌克兰共和国首都基辅设有一个领事馆，随着乌克兰独立，美国在俄罗斯只维持三个领事馆。俄驻美领事馆位于纽约、休斯顿、西雅图、旧金山（已被取消）。长期以来，美驻俄使领馆人员数量大于俄驻美人员。当然，其中也不排除美在驻俄使领馆安插了许多情报人员。

9月13日，美国以国家安全为由宣布，禁止联邦机构使用俄罗斯网络安全厂商卡巴斯基实验室（Kaspersky Lab）的产品。美国国土安全部发布声明称，对卡巴斯基高层"与俄罗斯情报部门及其他政府机构之间的关系表示关切"。11月13日，俄罗斯卫星通讯社的伙伴公司"瑞斯通"（Reston Translator）和"今日俄罗斯-美国"（RT America）被作为"外国代理人"在美国司法部登记。"今日俄罗斯-美国"被取消赴美国国会采访的资格，而卫星通讯社本身暂未作为"外国代理人"登记。根据美国1938年《外国代理人登记法》，"外国代理人"必须定期向美国政府报告工作状况、披露财务及人员信息。作为报复措施，俄议会也通过了有关"外国代理人"的法案，11月25日，普京总统签署该法案。12月5日，俄罗斯司法部将美国之音、自由欧洲电台等9家媒体认定为"外国代理人"，采取了相应的限制措施。

2017年，两国都更换了驻对方国家大使。由于原驻美大使基斯利亚克的行为在美国广受质疑，俄罗斯被迫更换了驻美大使。8月21日，普京签署命令，任命外交部副部长安东诺夫为俄罗斯新任驻美大使，接替自2009

年一直担任驻美大使的基斯利亚克。10月3日，美国新任驻俄大使洪博培（Jon Huntsman）向俄总统普京递交了国书。

12月20日，美国宣布因为侵犯人权，对3个俄罗斯族人和2个车臣人予以制裁，包括车臣共和国首脑卡德罗夫。2018年1月10日，华盛顿市议会通过决议，将俄驻美使馆门前威斯康星大道的一段路命名为"鲍里斯·涅姆佐夫"路，以纪念2015年被暗杀的俄罗斯反对派领袖涅姆佐夫。① 1月29日，根据制裁法案的要求，美国财政部公布"克里姆林宫报告"，将114位俄罗斯官员和96名企业家列名其中，涵盖了俄罗斯政界商界几乎所有的头面人物。这份报告表明，美国未来会将打击目标对准普京的密友和"小圈子"，而这些人是普京的统治基础。

二 《中导条约》之争

近年，俄美争执的一个焦点是《中导条约》（INF – Intermediate-Range Nuclear Force Treaty）。2017年，美国对俄罗斯的指责升级，认为俄违反了1987年美苏签署的《中导条约》，试验和部署了陆基中程巡航导弹和弹道导弹。

1987年，时任苏联领导人戈尔巴乔夫和美国总统里根签署了《中导条约》。该条约规定，美苏（俄）两国无限期禁止试验、生产、储存和部署射程从500～5500公里的陆基巡航导弹和弹道导弹，双方销毁这种导弹及其发射装置。该条约将射程为500～1000公里界定为短程导弹，射程为1000～5500公里界定为中程导弹。空基和海基导弹不受该条约约束。截至1991年5月28日，美国削减了大约800枚，苏联削减了约1800枚。②

---

① 2015年2月27日，涅姆佐夫在克里姆林宫不远处被杀害。2017年7月13日，该案在莫斯科宣判，5名罪犯都来自车臣，主犯达达耶夫（Zaur Dadayev）被判监禁20年，其余4人被判11～19年不等。

② "Adherence to and Compliance with Arms Control, Nonproliferation and Disarmament Agreements and Commitments"，https：//www.state.gov/documents/organization/270603.pdf.

中程导弹具有一些特点：一是数量众多，不易控制；二是往往在前沿部署，容易擦枪走火；三是核常兼备，既能发射核弹头，也能发射常规弹头，这增加了防护的复杂性，容易引起误判。该条约成为世界核军备控制领域的一个基础性条约。它的签署和实施减缓了欧洲和亚洲的紧张局势。因为，俄国部署中程导弹明确以其近邻国家为打击目标，尤其是美国的欧洲盟国和亚太盟国（日本、韩国），而冷战时期美国的中程导弹多部署在欧洲，主要应对苏联威胁。

美国和俄罗斯相互指责对方违反该条约。从 2013 年开始，美国政府多次和俄罗斯政府交涉，指责俄持续违背了该条约。[①] 在 2014 年 7 月 28 日，时任美国总统奥巴马就曾给普京写信，指责俄罗斯违反 1987 年协议，测试了一种陆基中远程巡航导弹 SSC–8。这些导弹能够打击美国的欧洲盟国，能够对美国前沿部署的导弹防御系统，例如部署在波兰、罗马尼亚、韩国、日本的导弹防御系统构成威胁。美国军方认为，该型导弹射程达到 2000 公里，如果部署在加里宁格勒，可以威胁包括英国和法国在内的整个欧洲。2017 年 3 月 8 日，美国参谋长联席会议副主席、空军上将塞尔瓦在国会作证，美国军方相信俄罗斯已经部署了陆基巡航导弹，违反了《中导条约》。俄罗斯其他违反条约的导弹型号可能包括："R–500"（北约代号 SSC–7）巡航导弹和"RS–26"弹道导弹。[②] 美国许多人对俄罗斯的履约现状不满，美国政界出现越来越大的呼声，要求美国退出《中导条约》，研发新的陆基中程导弹。11 月，美国国会通过的《2018 财年国防授权法案》明确指出俄罗斯违反了《中导条约》，要求美国采取反制措施，同时拨款 5800 万美元，要求美国研发自己的陆基中程导弹。

俄方反驳美国的指控，称俄罗斯严格履行该条约。莫斯科反过来指责华盛顿违反了条约。俄称美国在东欧部署的导弹防御系统，例如部署在罗马尼

---

① "Adherence to and Compliance with Arms Control, Nonproliferation and Disarmament Agreements and Commitments" https://www.state.gov/documents/organization/270603.pdf.
② "Adherence to and Compliance with Arms Control, Nonproliferation and Disarmament Agreements and Commitments", https://www.state.gov/documents/organization/270603.pdf.

亚和波兰的使用"标准-3"导弹（SM-3）的发射装置，类似于美国海军军舰上的导弹发射装置，他们能够发射"战斧式"巡航导弹，属于中程导弹范畴，违反了《中导条约》，对俄造成了威胁。美国则辩称东欧反导系统是防御性质的，并不违反条约。俄外长拉夫罗夫进一步要求美国从欧洲撤走核武器。

在一些俄罗斯人眼中，这个条约是不平等的条约。一方面，因为条约签订时，美国具有很强的空基和海基导弹能力，而俄罗斯空基和海基导弹能力不能和美国相比。近年，美国的经济和科技优势加大了美俄之间军备的差距，在高超声速武器、反导武器、隐形武器方面，俄罗斯都落在后面。另一方面，需要指出，俄对中国、朝鲜、伊朗、印度、巴基斯坦等国近年发展中程导弹系统不满。俄罗斯认为，它的领土和以上这些国家（中国、朝鲜、伊朗、巴基斯坦等国）接近，比美国更易受中程导弹的威胁。俄罗斯与美国都有将该条约由原来的俄美双边变为多国多边的意图。相比之下，俄罗斯的意愿更为强烈，俄罗斯对条约的不满程度大于美国。

2007年2月10日，普京曾在慕尼黑安全峰会上直接表达了对《中导条约》的不满。他指出："在1980年代，苏联和美国签署协定，销毁所有的短程和中程导弹，但是这些文件没有普遍性。今天，许多其他国家拥有这些导弹，包括朝鲜民主人民共和国、韩国、印度、伊朗、巴基斯坦和以色列。许多国家正在研发这些系统，计划使其成为自己武器库的一部分。而只有美国和俄罗斯承担不生产这些武器的责任。很明显，在这样的情况下，我们必须考虑如何确保我们自己的安全。与此同时，我们不可能禁止破坏稳定的新武器的出现。当然，这里指的是防止新时代的对抗措施，特别是在外太空。星球大战不再是一个幻想，而是一个现实。在1980年代中期，我们的美国伙伴就已经能够拦截他们自己的卫星。"①

《中导条约》是冷战时期最成功的武器控制条约，很大程度上避免了核

---

① "Speech and the Following Discussion at the Munich Conference on Security Policy"，http：//en.kremlin.ru/events/president/transcripts/24034.

力量的前沿对峙。俄美2010年签署的《削减进攻性战略武器条约》将于2021年到期,其前景也不明朗。这两个条约加上《核不扩散条约》,是国际核控制与核裁军的基础性条约。《中导条约》之争是冷战后俄美新军备竞赛的一个表现。如果废除该条约,将可能导致新一轮的武器竞赛。

三 叙利亚战争

2017年,俄在叙利亚战场取得了一些成就。在俄军帮助下,叙政府军基本收复了幼发拉底河西岸地区,攻占了一些重要城市,如霍姆斯、帕尔米拉、代尔祖尔等。俄与土耳其、伊朗筹划了叙利亚问题阿斯塔纳会议,提出建立"冲突降级区"。10月,普京在瓦尔代论坛期间又提议在索契举行叙利亚全国对话大会。2017年1月18日,俄叙签署《扩建俄海军驻叙塔尔图斯基地物资技术保障中心协议》。文件规定,将该技术中心扩建为海军基地,俄军可以在塔尔图斯港停靠11艘军舰,包括核动力舰艇,俄军可以无偿使用该区域的土地和水域,俄军人员及家属、设备、动产和不动产都具有司法豁免权,有效期49年,到期可以再延长25年。12月26日,俄联邦委员会批准了该协议。俄罗斯在塔尔图斯的军队驻扎权获得法律认可,这是俄罗斯介入叙利亚战争较大回报之一。

然而,俄罗斯在叙利亚的成就不宜夸大。2017年4月7日,美国以叙利亚政府军使用化学武器为由,从地中海战舰上使用59枚"战斧"巡航导弹,对叙中部霍姆斯省沙伊拉特空军基地发动空袭。此举明显打击了叙利亚政府和俄罗斯的威望。俄罗斯希望建立一个自己主导的叙利亚和谈机制,代替联合国主导下的日内瓦和谈机制,巩固俄在叙利亚的战略地位。为此,俄先后提出了阿斯塔纳会谈和索契叙利亚全国对话大会。然而,阿斯塔纳会谈成果寥寥,许多叙利亚反对派也拒绝参加索契全国对话大会。他们认为:第一,俄罗斯在叙利亚实际上已经是参战方,没有担任调停人的资格;第二,俄罗斯将联合国日内瓦和谈放置一边,另外筹组会议,是试图夺取叙利亚问题的控制权。主要障碍仍然是叙利亚现任总统阿萨德的去留问题。叙反对派将阿萨德下台作为谈判的先决条件，而这一要求却遭到叙利亚政府的拒绝。美国、欧盟、沙特阿拉伯和叙利亚反对派都无意做出让步。

俄罗斯宣称已经消灭了"伊斯兰国"。确实"伊斯兰国"的据点拉卡和代尔祖尔等地已经被攻占，恐怖分子四散。虽然没有了"伊斯兰国"，叙利亚仍然是一个四分五裂的地区，主要分为四块：一是叙政府军控制了地中海沿岸大马士革、霍姆斯、阿勒颇一线及幼发拉底河以西地区，包括帕尔米拉、代尔祖尔和迈亚丁；二是美国支持的库尔德人武装"叙利亚民主军"攻占了"伊斯兰国"首都拉卡，占据了幼发拉底河东岸地区，包括叙土边界大部和叙伊（伊拉克）边界，与叙利亚政府军形成对峙在叙利亚东北部和叙伊（伊拉克）边界，一个"库尔德人国家"已经初步成型；三是土耳其控制了叙北部土叙边境一部分地区；四是叙政府反对派"叙利亚自由军"控制了叙北部的伊德利卜省及靠近约旦和以色列的一些边境地区。

12月11日，普京首次突然飞抵叙利亚赫梅米姆空军基地，宣称俄军已经取得打击"伊斯兰国"的胜利，下令从叙利亚撤军。然而，战事仍未平息。12月31日夜，赫梅米姆空军基地受到炮击，俄罗斯军队遭遇巨大损失。① 俄罗斯国防部承认有2名军人死亡，但未提是否有飞机受损。2018年2月3日，俄军一架苏-25飞机在叙利亚西北部的伊德利卜省被击落，飞行员阵亡。这是俄罗斯政府第二次公开宣布从叙利亚撤军。其实2016年3月14日，普京也曾做了同样的撤军表示。但是，随之而来的，是持续一年的更为猛烈的战斗。

俄罗斯这次宣布撤军明显是为2018年3月的总统大选做准备。12月6日，普京刚刚宣布参选下一届俄罗斯总统。俄罗斯民众对俄介入叙利亚战争，一直存在不同看法。伴随一场持续战争的是高昂的开支、不断的伤亡，以及有关道义的争执。为确保2018年总统大选获胜，普京希望进行战略收缩，降低在叙利亚和乌克兰的介入深度，至少在大选期间保持相对平静，避

---

① 有报道称俄方损失了7架飞机：4架苏-24，2架苏-35，1架安-72。"Хмеймим попал под огонь, https://www.kommersant.ru/doc/3514249.

免叙利亚战争成为大选中的一个争议话题。

围绕叙利亚战争,形成俄罗斯、土耳其、伊朗为一方,美国、欧盟、以色列、沙特阿拉伯、阿联酋为另一方的格局。伊拉克和埃及等国则左右观望。俄罗斯的阵营比较脆弱,俄伊(伊朗)在由谁主导叙利亚局势上存在一定分歧。俄土立场也有差异,土耳其和伊德利卜省的叙反对派关系密切,而俄罗斯与叙利亚库尔德人也存在一定联系。2018年1月20日,土耳其进攻叙利亚西北部阿夫林地区的库尔德人武装力量,进一步使局势复杂化。俄罗斯默许了土耳其的行动,而美国和叙利亚政府提出了批评。迄今,叙利亚战争已经进入第8个年头,一个统一的和平的叙利亚仍然遥遥无期。

四 乌克兰危机

自2014年以来,乌克兰一直是俄美关系的核心。根据联合国统计,乌克兰东部的冲突已经导致上万人丧生。乌克兰强力部门阵亡2700人,其中军人近2400名。[①] 2017年,乌克兰东部政府军与反政府军之间的冲突减少,烈度降低,但是俄美双方围绕乌克兰和黑海的幕后斗争没有降温。俄罗斯不断强化对克里米亚的控制,拒绝在卢甘斯克和顿涅茨克地区做出让步,顿巴斯地区的未来走向仍不清晰。

过去一年,特朗普的乌克兰政策从含混逐渐走向清晰。他基本维持了奥巴马政府的路线,不承认俄对克里米亚的兼并,批评俄罗斯干预乌克兰东部事务,继续给予乌克兰政府军事和经济援助。俄乌两国都提出了向乌东部派遣联合国维持和平部队的建议。不同之处在于,俄罗斯提议维和部队部署在冲突沿线,而乌克兰提出维和部队应该部署在顿巴斯全境和俄乌边境;俄罗斯强调基辅和东部分离主义分子直接对话,而乌克兰方面希望联合国直接管理东部两州。

---

① 《乌总统:顿巴斯行动期间逾2700名乌军官兵牺牲》,http://sputniknews.cn/military/201712071024226909/。

俄罗斯黄皮书

    2017年7月30日至8月2日，美国副总统彭斯相继访问了爱沙尼亚、格鲁吉亚和北约新成员国黑山。7月31日，彭斯专门在塔林发表演讲："自四分之一世纪以前共产主义倒台以来，一个强大而团结的北约如今比以往任何时候都更为必要。而在波罗的海国家，没有比来自你们东面那个难以捉摸的邻国的侵略幽灵更加迫在眉睫的威胁。……俄罗斯试图通过武力重新划定国际边界，破坏主权国家的民主，分裂欧洲的自由国家。"① 彭斯重申美国对北约宪章第5条有关集体安全的承诺。8月24日，美国国防部部长马蒂斯访问乌克兰，在与乌克兰总统波罗申科会面时承诺，美国永远不会承认克里米亚是俄罗斯的一部分。他向乌国防部部长波托拉克表示，美国将加强与基辅的战略伙伴关系。12月7日，在俄美都参加的欧安组织（OSCE）会议上，美国国务卿蒂勒森表示："从一开始，我们就给俄罗斯讲得非常清楚，我们必须处理乌克兰问题。它是美国与俄罗斯关系重新正常化一个最困难的障碍。""我们应该清楚，这种暴力的根源是俄罗斯正在武装、领导、训练（乌东部）反政府武装，并和他们并肩战斗。""我们呼吁俄罗斯和它的代理人停止骚扰、威胁、攻击欧安组织特别观察团。""我们永远不会接受俄罗斯对克里米亚的占领与吞并。与克里米亚相关的对俄制裁将一直保持，直到俄罗斯将半岛归还乌克兰。在乌克兰东部，将和我们的欧洲伙伴一道，维持（对俄）制裁，直到俄从顿巴斯撤走它的部队。"② 2018年1月26日，美国财政部将俄罗斯与乌克兰21名个人和9个实体列入新一批制裁名单，主要是"顿涅茨克人民共和国"、"卢甘斯克人民共和国"和塞瓦斯托波尔的主要官员，以及俄罗斯能源部负责电力工业的副部长切雷佐夫。③ 名单中包括

---

① "Vice President Mike Pence: Russian 'Aggression' Makes NATO Necessary", https://www.nbcnews.com/news/world/vice-president-mike-pence-russian-aggression-makes-nato-necessary-n788026.

② "Tillerson Vows No Warming with Russia until It Leaves Ukraine", https://www.washingtonpost.com/world/europe/tillerson-vows-no-warming-with-russia-until-it-leaves-ukraine/2017/12/07/2d1b8e0c-d7b6-11e7-9ad9-ca0619edfa05_story.html?utm_term=.fefae7247958.

③ "Treasury Sanctions Additional Individuals and Entities in Connection with the Conflict in Ukraine and Russia's Occupation of Crimea", https://home.treasury.gov/news/press-releases/sm0266.

3名个人与2个实体，美国政府指控他们将4台俄德合资企业生产的燃气轮机运往克里米亚。①

同样在欧安组织会议上，俄罗斯外长拉夫罗夫指责北约东扩和美国在欧洲部署反导体系行为。他提出，这"明显地破坏了（欧洲安全）不可分割的原则"。"（乌克兰东部）联合控制和协调中心（Joint Control and Coordination Centre）的局势已经非常危险。乌克兰，特别是其总统波罗申科，他曾经在2014年带头提出要建立这样一个中心，如今正在采取各种方式，对（中心的）俄罗斯官员制造出一种无法忍受的环境，提出无法接受的要求，目的是关闭这个中心。所有这些责任，当然应该由乌克兰当局负责。"② 2017年10月19日，普京在瓦尔代会议上的讲话，表达了他对美国的批评："在1990年代初，打开历史真正新的一章的唯一机会出现了。我指的是苏联停止存在的时期。不幸的是，在分割了苏联的地缘政治遗产之后，我们的西方伙伴开始相信他们事业的正义性，宣称他们是冷战的胜利者，就像我提到的，开始公开干预主权国家的事务，向外输出民主，就像苏联当年向世界其他地区输出社会主义革命一样。我们面临着势力范围的再分配和北约东扩，过度自信总是导致错误，结果是不幸的。25年被浪费了，错失了很多机会，（双方）背上了互不信任的沉重包袱。所以，全球的不平衡加重了。"③

美国2018年国防预算计划向乌克兰提供3.5亿美元的军事援助。特朗普政府最让人意外的动作是批准向乌克兰出售"致命性"武器。12月19日，美国国务院发言人表示："俄罗斯及其代理人是乌克兰东部暴力的根

---

① 克里米亚的电力供应主要依赖乌克兰，与乌克兰分离后需要建立自己独立的电力供应系统，发电站必不可少，燃气轮机是发电设备。一家俄罗斯企业以在塔曼半岛建电厂为名，从西门子俄罗斯公司购买燃气轮机，然后偷偷转运到克里米亚，俄罗斯正在塞瓦斯托波尔和辛菲罗波尔建两座电厂。西门子公司宣布，不参加燃气轮机的安装调试，冻结向俄罗斯销售燃气轮机，要求俄罗斯企业将机器归还。

② "Foreign Minister Sergey Lavrov's Remarks at the 24th OSCE Ministerial Council Meeting", http：//www.mid.ru/en/meropriyatiya_s_uchastiem_ministra/-/asset_publisher/xK1BhB2bUjd3/content/id/2980504?novelty-display-dynamic=novelty.

③ "Meeting of the Valdai International Discussion Club", http：//en.kremlin.ru/events/president/news/55882.

源。""俄罗斯政府持续地通过在地面提供军事力量、直接控制代理人政府来制造冲突和人道主义危机。乌克兰东部的冲突并不是一场内战，这些由俄罗斯制造的所谓的共和国不是合法的实体。"① 12月21日，美国政府批准向乌克兰提供轻武器的商业合同，主要是狙击步枪。12月22日，美国国务院宣布，"为加强乌克兰的防卫能力"，批准向乌克兰提供4700万美元的装备，包括210枚"标枪"反坦克导弹和35个发射器。这个举措突破了上届奥巴马政府不向乌克兰出售"致命性武器"的自我约束，表明了美国对乌克兰支持力度的实质性提升。此前，美国向乌提供的均为"非致命性"装备，例如夜视仪、炮兵侦测雷达、防弹衣、头盔、军用车辆、毛毯等。美国政府强调，反坦克导弹仍然属于"防御性质"的武器。美国的举措遭到俄罗斯的激烈批评。12月23日，俄罗斯副外长雷巴科夫（Sergei Ryabkov）称，美国的行为"正在将乌克兰推向新的流血"。"在某种意义上，美国已经越线，从一个调停者变为战争的支持者。""美国武器会导致我们邻国新的牺牲，对此我们不会无动于衷。"②

2017年9月14~20日，俄罗斯与白俄罗斯举行了代号为"西方-2017"的联合军演，军演规模创近30年来之最。根据北约估计，参演人数将达到近4万人，演习地域包括俄罗斯西部、加里宁格勒，以及白俄罗斯。但是，俄国防部部长绍伊古说，参演官兵大约只有1.3万人。北约国家，特别是波罗的海三国认为，这次军演是模拟对它们的攻击。美国欧洲陆军司令霍奇斯中将（Ben Hodges）认为，俄罗斯可能利用这次军演将一些部队和武器装备调入白俄罗斯并留下来，为未来进攻做准备。10月26日，俄罗斯又罕见地举行了一次"三位一体"战略力量综合演习，弹道导弹核潜艇、陆基洲际导弹和轰炸机分别从海底、陆上和空中发射导弹。4天后，10月30日，美国进行了"环球雷霆"战略核力量年度军事演习，全面检验美国核力量的战备状态。俄美大规模军演的频率和强度，反映了俄美之间、俄与北约之间持续的紧张关系。

---

① "Department Press Briefing"，https：//www.state.gov/r/pa/prs/dpb/2017/12/276694.htm.
② "US Will Provide Anti - Tank Weapons to Ukraine, State Dept. Official Says"，http：//edition.cnn.com/2017/12/22/politics/us - ukraine - anti - tank - weapons - russia/.

Y.12
2017年俄欧关系述评

赵玉明*

摘　要： 2017年俄欧双方继续维持僵持状态。政治与外交方面，尽管俄与部分国家保持较为密切往来，但受制于乌克兰危机得不到解决，俄欧不仅继续进行制裁与反制裁，双方之间的媒体战也呈现升级态势。军事与安全方面，尽管双方在俄罗斯－北约理事会框架下进行了三次会晤，但就军事部署和军演的实际状况来看，双方对峙的火药味仍显浓烈。经贸方面，虽然2017年双方贸易额较去年有较大提升，但主要是国际能源价格上涨所致。

关键词： 乌克兰危机　制裁与反制裁　"诺曼底四方"　俄罗斯－北约理事会

一　政治与外交方面

2017年，俄欧关系未有重大突破，仍旧处于冷战结束以来最低谷。

（一）俄欧总体关系

3月13日，欧盟理事会宣布，对破坏"乌克兰领土完整"的俄罗斯、乌克兰两国150名自然人和37个组织延长制裁措施6个月，至2017年9月

---

* 赵玉明，中国社会科学院俄罗斯东欧中亚研究所助理研究员，历史学博士。

15日，制裁内容主要为资产冻结和入境禁令。3月17日，在克里米亚并入俄罗斯3周年之际，欧盟外交与安全政策高级代表莫盖里尼发表声明，表示不承认这一违反国际法的行为，并呼吁俄罗斯尊重乌克兰的"主权独立和领土完整"。① 俄外交部发表声明表示，欧盟拒绝承认现实，看不到克里米亚居民在成为俄公民之后生活改善等积极的一面，而且是北约在东部前线增加部署军力和装备，对欧洲和黑海地区的安全局势造成负面影响。②

4月24日，莫盖里尼访问俄罗斯，与俄外长拉夫罗夫举行会谈。在会后举行的新闻发布会上，拉夫罗夫表示双方应加强政治对话。③ 莫盖里尼则表示，欧俄合作没有冻结，布鲁塞尔愿意与俄方继续展开合作。④ 莫盖里尼此次访俄为2012年以来欧盟外交与安全政策高级代表首次访俄。尽管如此，俄欧关系并没有得到改善，欧盟对俄制裁没有任何放松。8月4日，欧盟宣布追加对3个破坏乌克兰领土完整和主权独立的俄罗斯人和企业实施制裁。⑤ 11月21日，欧盟再次对俄实施制裁，将新当选的克里米亚塞瓦斯托波尔市市长列入制裁名单。⑥

---

① Declaration by the High Representative Federica Mogherini on behalf of the EU on Crimea, http://www.consilium.europa.eu/en/press/press-releases/2017/03/17/hr-declaration-crimea/.

② Комментарий Департамента информации и печати МИД России относительно заявления Высокого представителя ЕС по иностранным делам и политике безопасности от имени Евросоюза по Крыму и резолюции Европарламента "Об украинских политзаключенных в России и ситуации в Крыму". http://www.mid.ru/ru/evropejskij-souz-es/-/asset_publisher/.6OiYovt2s4Yc/content/id/2698336.

③ О встрече Министра иностранных дел России С. В. Лаврова с Высоким представителем ЕС по иностранным делам и политике безопасности, заместителем Председателя Европейской комиссии Ф. Могерини. http://www.mid.ru/ru/foreign_policy/news/-/asset_publisher/cKNonkJE02Bw/content/id/2736173.

④ Remarks by HR/VP Mogherini at the joint press conference with Foreign Minister of the Russian Federation Sergey Lavrov, https://eeas.europa.eu/delegations/russia/24982/remarks-hrvp-mogherini-joint-press-conference-foreign-minister-russian-federation-sergey_en.

⑤ EU adds 3 persons and 3 companies to sanctions list over actions against Ukraine's territorial integrity, http://www.consilium.europa.eu/en/press/press-releases/2017/08/04/sanctions-ukraine/.

⑥ EU adds the "Governor of Sevastopol" to its sanctions list over actions against Ukraine's territorial integrity, http://www.consilium.europa.eu/en/press/press-releases/2017/11/21/eu-adds-the-governor-of-sevastopol-to-its-sanctions-list-over-actions-against-ukraines-territorial-integrity/.

另外,"诺曼底四方"模式在 2017 年仍旧继续进行,四方领导人在年内进行了数次电话会谈,但未取得明显成果。对此,俄罗斯总统普京在 12 月 14 日召开的年度大型记者招待会上明确表示,"诺曼底模式"效率极低。①

(二)俄欧双方媒体战升级

2017 年,以英国为主的欧洲国家不断强调,俄正在对欧洲进行媒体战和有意识的宣传战,其中,"今日俄罗斯"电视台和俄罗斯卫星通讯社受到重点关注和严厉对待,俄方则在不同场合指责西方国家侵犯俄媒体的新闻自由。

5 月 5 日,英国《泰晤士报》发表文章称,"今日俄罗斯"电视台和俄罗斯卫星通讯社是"骇人听闻的、打着新闻幌子进行欺诈的国家工具"。5 月 20 日,俄外交部对此发表声明表示反对,认为没有一条相关俄媒发布的信息被确定为"不可信",反而是《泰晤士报》经常被揭发散布"假新闻"。② 6 月 20 日,俄外交部表示欧盟法院对"今日俄罗斯"国际通讯社总经理德米特里·基谢廖夫的诉讼审理反映了欧盟境内的新闻审查。③ 8 月 25 日,欧洲记者联合会秘书长里卡多·古铁雷斯表示,爱沙尼亚拒绝给予俄记者采访欧盟非正式外长会议的行为,是对媒体自由的严重攻击。④

11 月 24 日,英国首相特蕾莎·梅在"东方伙伴关系"峰会上宣示对抗来自俄罗斯威胁的重要性并宣布拨款 1 亿英镑用于打击虚假报道。⑤ 次日,欧盟宣布,每年将拨款 100 万欧元用于对抗俄罗斯假新闻。⑥

---

① Большая пресс-конференция Владимира Путина. http://kremlin.ru/events/president/news/56378.
② 《俄外交部评论〈泰晤士报〉关于 RT 电视台和俄罗斯卫星通讯社》,http://sputniknews.cn/russia/201705201022675893/。
③ 《俄外交部:法院对俄媒体人基谢廖夫的诉讼审理表明欧盟存在新闻审查》,http://sputniknews.cn/politics/201706201022903127/。
④ 《欧洲记联秘书长:拒绝"今日俄罗斯"国际通讯社采访欧盟外长会议是侵犯媒体自由》,http://sputniknews.cn/russia/201708251023444945/。
⑤ 《英国首相在"东方伙伴关系"峰会上将宣示对抗俄罗斯威胁的重要性》,http://sputniknews.cn/politics/201711241024122398/。
⑥ EU anti-propaganda unit gets 1m a year to counter Russian fake news,https://www.theguardian.com/world/2017/nov/25/eu-anti-propaganda-unit-gets-1m-a-year-to-counter-russian-fake-news.

（三）俄与部分欧洲国家双边关系

2017年，俄与部分欧洲国家之间的双边关系主要有如下方面。

第一，摩尔多瓦总统三度访俄。1月17~18日，摩尔多瓦总统伊戈尔·多东访问俄罗斯。两国元首就经贸合作、移民和德涅斯特河沿岸共和国等问题举行了双边会谈。摩尔多瓦总统多东访问莫斯科打破了该国总统当选后首访布鲁塞尔的传统。3月17日，摩尔多瓦总统多东本年度再次访俄。两国领导人讨论了1月多东访俄签订条约的实际进展情况，以及经贸合作与地区现实问题。①

5月29日，摩尔多瓦政府宣布，因做出与身份不相符合的行为，5名俄外交官被认为是"不受欢迎的人"，并限期离境。5月30日，摩总统多东对此表示不满，要求该国外交部部长和信息与安全局局长提交报告，解释为何驱逐俄外交人员。按照安排，多东仍于5月31日参加本年度圣彼得堡国际经济论坛，并与普京举行会晤。5月31日，俄罗斯向摩尔多瓦提交照会，宣布5名摩方外交官为"不受欢迎的人"。摩尔多瓦为议会制共和国，总理掌握行政权力，总统承担更多礼仪性的工作，因此，多东虽然对摩政府此举表示不满，但无法干涉这一决定。

第二，普京两度访问匈牙利。2月2日，普京访问匈牙利，与该国总理欧尔班举行会谈，主要讨论了能源合作问题。8月28日，普京应欧尔班之约，赴匈牙利参加第31届世界柔道锦标赛开幕式。期间，普京与欧尔班举行了工作会晤。

第三，斯洛文尼亚总统访俄。2月10日，斯洛文尼亚总统帕霍尔访问俄罗斯，与普京举行会谈。双方主要讨论了深化两国关系，特别是在经贸、文化、人文领域的合作问题。此外，双方还签署了一系列合作协议。

第四，塞尔维亚总理武契奇两度访俄。3月27日，在普京与武契奇的

---

① Встреча с Президентом Молдовы Игорем Додоном. http：//kremlin.ru/events/president/news/54059.

会晤中，双方主要讨论了经贸合作与双边关系前景，并就国际与地区现实问题交换了观点。有分析认为，武契奇访俄与4月塞尔维亚大选及供应米格-29战机等军事装备有关。① 12月19日，普京在克里姆林宫会见来访的塞尔维亚总统武契奇。两国元首主要就政治经贸、人文领域的战略合作，以及国际和地区热点问题进行了会谈。②

第五，俄意关系。4月11日，意大利总统马塔雷拉访俄，与普京在克里姆林宫举行会晤。双方主要讨论了反恐问题、经贸合作。当日七国集团正在意大利举行外长会议，其主要议题为叙利亚问题。有分析认为，马塔雷拉此行有安抚俄罗斯之意。③ 5月17日，意大利总理真蒂洛尼访俄，两国领导人在索契举行会晤，主要讨论了双边关系与国际局势。

第六，德国继续坚持对俄制裁。5月2日，德国总理默克尔出访俄罗斯。两国领导人讨论了双边关系的现状和前景，能源、经贸、文化和人文领域的合作，以及乌克兰危机和叙利亚危机。普京表示，俄愿给予G20轮值主席国德国所有必要的支持，另外，有关俄影响美国总统选举的报道是毫无根据的谣言，被美国的内部斗争所利用。默克尔表示，在《新明斯克协议》得到完全执行的情况下可取消对俄制裁。

第七，法新任总统马克龙上台，但法俄关系未有改善。5月7日，马克龙赢得2017年法国总统大选胜利，成为该国历史上最年轻的总统。5月8日，普京电贺马克龙当选。普京表示，面对恐怖主义和极端主义威胁，俄法双方应该克服相互不信任，共同为国际稳定和安全努力。5月29日，普京应邀访问法国，与马克龙举行会晤。双方讨论了经贸合作、制裁与反制裁等问题，还就乌克兰危机与"诺曼底四方"模式、叙利亚危机与反恐问题、朝核问题进行了交流。有分析人士认为，在法国大选前普京多次公开示好马

---

① Встреча с Премьер-министром Сербии Александром Вучичем. http：//kremlin.ru/events/president/news/54109.
② Российско-сербские переговоры. http：//kremlin.ru/events/president/news/56415.
③ Встреча с Президентом Италии Серджо Маттареллой. http：//kremlin.ru/events/president/news/54264.

克龙的竞争对手菲永及勒庞，此次在马克龙当选后闪电访问法国，有主动示好、谋求建立个人关系之意。

第八，普京访问芬兰。7月27日，普京赴芬兰访问，参加该国独立100周年纪念。在新闻发布会上，芬兰总统尼尼斯托表示，应就保障波罗的海地区稳定和安全问题与俄罗斯展开对话，普京则表示将在北极事务上加强与芬兰的合作。

第九，捷克总统访俄。11月21日，捷克总统泽曼访俄，两国元首就经贸、文化与人文等领域的合作签署了相关协议，并就欧洲与国际局势交换了观点。泽曼表示，反对欧盟对俄罗斯实施制裁，也反对俄就此采取的回应措施。①

二　经贸往来

2017年，俄欧经贸合作的主要表现有以下几点。

（一）双方继续进行经济制裁与反制裁

6月28日，欧盟理事会通过正式决定，将2017年7月底到期的对俄经济制裁延长半年。② 6月30日，普京颁布法令将对欧制裁从2018年1月1日延长到12月31日，以作为欧盟延长对俄制裁的回应措施。

10月25日，俄政府出台决议，决定即日起至2018年12月31日，禁止从美国、欧盟等西方国家进口猪肉及相关制成品。③ 12月21日，欧盟理事会再次延长对俄经济制裁6个月，至2018年7月31日。④

---

① Российско-чешские переговоры. http：//kremlin. ru/events/president/news/56139.
② Russia：EU prolongs economic sanctions by six months，http：//www. consilium. europa. eu/en/press/press-releases/2017/06/28/eu-sanctions-russia/.
③ О корректировке перечня продукции, запрещённой к ввозу в Россию. http：//government. ru/docs/29853/.
④ Russia：EU prolongs economic sanctions by six months，http：//www. consilium. europa. eu/en/press/press-releases/2017/12/21/russia-eu-prolongs-economic-sanctions-by-six-months/.

可以明显看出，因乌克兰危机得不到明显改善或解决，欧盟在2017年坚持对俄制裁的立场没有改变。俄外交部则在12月28日明确表态，尽管制裁导致俄欧双方经济利益互损，但欧盟无视反俄制裁对欧洲经济造成的损失，坚持将俄完全执行《新明斯克协议》作为撤销制裁的条件，但需要指出的是，冲突双方是基辅与顿巴斯。俄方在对待制裁问题上的立场是不变的，即不会与欧盟谈判撤销制裁的条件和标准。[①]

虽然2017年俄欧双方不断延续制裁与反制裁的政策，但如表1所示，2017年俄欧贸易额比2016年增加了20%以上，主要原因是年内国际能源价格的上涨。

表1 2017年俄对欧贸易额

2017年对欧盟贸易额(亿美元)			占俄对外总贸易额(%)	相当于2016年贸易额(%)		
出口	进口	进出口		出口	进口	进出口
1595.968	868.947	2464.915	42.8	122.1	124.4	122.9

资料来源：Внешняя торговля Российской Федерации по основным странам и группам стран за январь - декабрь 2017 года. http：//www.customs.ru/index2.php?option = com_content&view = article&id = 25865&Itemid = 1977.

（二）能源合作

第一，普京正式批准"土耳其流"天然气协议。2月7日，普京签署法令，批准俄土两国建造"土耳其流"天然气管道协议。俄罗斯和土耳其两国于2016年10月10日已就"土耳其流"项目签署政府间协议。协议规定，经黑海海底建设两条天然气支线管道，每条管道年输气能力为157.5亿立方米。一条支线直接用于向土耳其市场供气，另一条支线用于经土耳其中转向欧洲国家供气。第二条支线的落实，将取决于欧洲国家对俄罗斯天然气感兴趣的程度及获得欧洲国家落实该项目的保证情况。此前，俄国家杜马和俄联

---

① Россия-ЕС. Санкции и контрсанкции. http：//www.mid.ru/ru/evropejskij-souz-es/ - /asset_publisher/6OiYovt2s4Yc/content/id/3011627.

邦委员会于1月20日和2月1日批准了该协议。

第二，俄匈核能开发问题。如上文所述，普京在2月2日访问匈牙利期间主要讨论了能源合作问题。普京表示，匈牙利是俄向欧洲供应油气中转运输链中的可靠环节。此外，俄方将参与匈牙利维保克什核电站新机组建设工程筹备工作，其正式建设将在2018年开始进行。欧尔班则表示，两国签署的建立两个核电站新机组的协议完全符合欧盟各项要求。

第三，"北溪2号"天然气管道建设问题。8月2日，美国总统特朗普签署了扩大对俄经济制裁法案。法案包括针对"北溪2号"天然气管道项目的内容。在特朗普签署对俄制裁法案后，德国外交部部长锡格默·加布里尔表示，美国的新制裁是非法的。他指出，美国是想借此达到向欧洲供应美国能源的目的。就美制裁法案的签署欧盟委员会主席容克也表示，布鲁塞尔将致力于保护欧盟的经济利益。8月17日，俄常驻欧盟代表弗拉基米尔·奇若夫表示，随着"北溪2号"和"土耳其流"输气管道的建设，俄向欧洲的天然气输送将减少从乌克兰过境，但不会完全停止。① 10月19日，普京在瓦尔代国际辩论俱乐部会议的演讲中表示，美国国会通过制裁的目的是将俄罗斯挤出欧洲能源市场。②

三 军事与安全方面

自2016年俄罗斯－北约理事会恢复运行，2017年双方进行了三次会晤。另外，9月初北约军事委员会主席彼得·帕维尔与俄军总参谋长格拉西莫夫在阿塞拜疆首都巴库举行会晤，讨论建立俄罗斯－北约直接军事联系的渠道问题。③ 但双方在地区稳定和欧洲安全问题上未取得明显成果，问题的

---

① 《俄常驻欧盟代表称美国无法代替俄罗斯向欧洲供气》，http://sputniknews.cn/economics/201708171023382687/。
② Заседание Международного дискуссионного клуба 《Валдай》. http://kremlin.ru/events/president/news/55882.
③ Chairman of NATO Military Committee, General Pavel met with Russian Chief of General Staff, General Gerasimov, https://www.nato.int/cps/en/natohq/news_146764.htm?selectedLocale=en.

症结在于俄方要求北约停止在东部盟国增加军事存在，而北约则坚持要求俄方尊重乌克兰的领土和主权完整，完全执行《新明斯克协议》。纵观2017年，俄罗斯与北约双方的动作主要有以下几个方面。

（一）双方军事部署和演习动作频繁

第一，北约方面。据俄媒报道，2017年，北约在波罗的海三国和波兰共部署了4个营的多国部队，总人数达到5000名军人，而美国在罗马尼亚和波兰部署反导防御体系的活动也在进行之中。另外，俄武装力量总参谋长瓦列里·格拉西莫夫年底表示，北约东翼的空中侦察强度增加了1倍。[①] 除了加强军事存在外，北约还频繁在东部盟国及乌克兰、格鲁吉亚举行军事演习，以增加其军事存在感知度，增强这些国家的信心。据不完全统计，北约方面的演习有如下几次。

4月17~30日，北约"夏季盾牌"军事演习在拉脱维亚举行，来自12个国家的1200名军人参加。军演主要操练炮兵支援、空中防御和侦察、抵御大规模杀伤性武器、反坦克防御和军事工程师作业。"夏季盾牌"自2004年开始在拉脱维亚举行，2014年起被纳入北约军演计划，并对所有北约成员国开放。[②]

5月8日，北约"春季风暴-2017"大规模国际演习在爱沙尼亚接近俄罗斯的边境地区进行，共有13个国家的9000名军人参演。[③]

6月3~15日，北约"军刀出击"演习在拉脱维亚进行，共有8个国家的2000多名军人参加。[④]

6月20日，北约在立陶宛举行"铁狼-2017"军事演习，9国军人参

[①] 《年终总结：2017年主要军事事件盘点》，http://sputniknews.cn/military/201712311024391213/。
[②] 《北约在拉脱维亚拉开军演帷幕 1200名军人参加》，http://sputniknews.cn/military/201704171022376784/。
[③] 《北约在爱沙尼亚举行"春季风暴-2017"大规模演习》，http://www.chinanews.com/gj/2017/05-08/8218315.shtml。
[④] 《北约"军刀出击"演习在拉脱维亚开始》，http://sputniknews.cn/military/201706031022774753/。

加，演习的目的在于加强地区稳定与安全，加强合作伙伴有效性行动，改善北约成员国武装力量的相互协作。①

7月10~23日，乌克兰与美国在黑海举行"海上微风-2017"联合军事演习，共有17个国家的军人和大量装备参演。②

7月30日，美国等8个国家2800名军人和500多件技术装备在格鲁吉亚境内举行"高贵伙伴-2017"联合军事演习。

9月3日，来自美国、乌克兰、拉脱维亚、保加利亚等国的1500名军人在格鲁吉亚举行"敏捷精神-2017"军事演习。③

9月11日，"快速三叉戟-2017"多国军演在乌克兰西部利沃夫州举行，美国、加拿大、保加利亚等国共2500名军人参加。④

10月16~29日，北约在拉脱维亚举行"银箭-2017"联合军演，来自12个北约成员国的3500名军人参演。拉脱维亚国防部指出，军演旨在完善拉脱维亚国家武装力量与盟友之间的合作，并演练规划和执行有战斗保障内容的各种防御行动的技能。⑤

11月28日至12月1日，北约代号为"网络联盟"大规模网络战演习在爱沙尼亚进行。25个北约成员国及伙伴国700多名信息技术专家参演。演习目的在于检验北约成员国及伙伴国应付网络攻击的能力，并演练专家在国内和国际层面的协作。⑥

第二，俄罗斯方面。2017年，俄西部军区加强了改善基础设施和军事

---

① 《北约秘书长抵达立陶宛观摩"铁狼-2017"军演》，http://sputniknews.cn/military/201706201022901608/。
② 《乌美"海上微风-2017"联合军演在黑海拉开帷幕》，http://sputniknews.cn/military/201707101023068839/。
③ 《多国联合军事演习在格鲁吉亚举行》，http://www.xinhuanet.com/mil/2017-09/04/c_1121596793.htm。
④ 《"快速三叉戟-2017"多国军演在乌克兰举行》，http://world.huanqiu.com/hot/2017-09/11236410.html。
⑤ 《北约多国将在拉脱维亚举行联合军演 参演士兵逾3500人》，http://sputniknews.cn/military/201710161023817545/。
⑥ 《北约在爱沙尼亚开始大规模网络战演习》，http://sputniknews.cn/military/201711291024153996/。

装备现代化工作，俄国防部部长绍伊古10月表示，西部军区在2017年将获得1800多件新式现代化武器。[①] 军事演习方面，俄军的主要动作有如下几次。

6月13日，"斯拉夫兄弟-2017"联合反恐演习实兵阶段在白俄罗斯布列斯特训练场开始。1000余名俄罗斯、白俄罗斯和塞尔维亚军人以及150多辆俄白技术装备参演。[②]

9月14~20日，俄罗斯、白俄罗斯两国军队在白俄罗斯境内及俄罗斯的3个训练场举行"西方-2017"战略军事演习，超过1.2万名军人参加，共动用约70架飞机与直升机、250辆坦克、200门各型火炮、10艘军舰。9月18日，普京在列宁格勒州的靶场现场观摩了演习。"西方"战略演习的传统来自1981年苏联举行的"西方-81"演习。该演习为参加人数超过50万的大规模战略军事演习，有针对西方、震慑北约之意。2009年，俄罗斯在俄白联盟框架下正式恢复"西方"军事演习，每两年举行一次。此次"西方-2017"军事演习引起了西方的高度关注。

（二）双方不断指责对方破坏地区安全与稳定

2017年俄与北约双方除了进行各种军事部署和演习外，还在不同场合不断指责对方。2月16日，普京在俄联邦安全局相关会议上表示，北约扩张旨在"遏制"俄罗斯。因在乌克兰问题上与俄罗斯持不同意见，北约成员国采取一系列措施，扩大军事活动。例如在东欧国家和波罗的海三国以及波罗的海和黑海水域加强军事存在，发展军事基础设施，增加俄罗斯边境附近的演习次数和强度。莫斯科对北约这种前所未有的频繁军事活动表示强烈不安。[③] 4月1日，俄外交部在北约理事会部长级会议结束后发布消息称，俄实际被强加了基于军事对抗逻辑的对抗关系模式。莫斯科看不到北约准备

[①] 《俄罗斯增强西部边境军力》，http://sputniknews.cn/military/201712011024182414/。
[②] 《22国武官观摩白俄"斯拉夫兄弟-2017"演习进程》，http://sputniknews.cn/military/201706131022848218/。
[③] 《普京：北约扩张旨在制约俄罗斯》，http://sputniknews.cn/politics/201702161021880722/。

恢复与俄罗斯在共同利益领域和对抗现实安全威胁方面合作的迹象。北约将自己的意识形态强加于解决全球问题的实际工作之上。① 5 月 26 日，在俄罗斯－北约理事会成立 20 周年之际，俄外交部表示，俄与北约的关系遭遇冷战后最大危机，北约对俄采取"遏制"政策。且北约在俄国境附近的行动为危险举动，试图绕开有关俄罗斯与北约关系的基本原则，展开军备竞赛。② 7 月 10 日，俄总统新闻秘书佩斯科夫表示，若乌克兰加入北约，就意味着北约军事基础设施进一步接近俄边界，这不会有助于加强欧洲安全。③ 11 月 16 日，俄外交部第一副部长季托夫在接受采访时表示，在波兰部署"爱国者"导弹是美国使用反导系统包围俄罗斯计划的一部分。季托夫还指出，俄正针对北约在俄边境扩大军力采取反制措施。④

北约方面，4 月 12 日，北约秘书长斯托尔滕贝格在与美国总统特朗普的会晤中表示，俄是北约最大邻国，该组织无意与俄进行新冷战和军备竞赛，且有意与俄进行接触和对话。⑤ 但是从实际情况来看，这种接触与对话并未取得明显效果，俄与北约的关系并未得到改善。

结　语

受制于乌克兰危机得不到解决，2017 年俄欧关系继续呈现僵持状态。值得注意的是，俄国内支持进行反制裁的民意基础开始下降。根据 3 月 24

---

① 《俄外交部评论北约理事会会议：莫斯科被强加对抗模式》，http：//sputniknews. cn/russia/201704011022234081/。
② Заявление МИД России в связи с юбилейными датами в отношениях Россия-НАТО. http：//www. mid. ru/ru/foreign_ policy/rso/nato/－/asset_ publisher/ObVB8wSP5tE2/content/id/2767662.
③ 《俄总统新闻秘书：乌克兰接近北约将不会有助于加强欧洲安全》，http：//sputniknews. cn/politics/201707101023076326/。
④ 《俄副外长：俄罗斯正针对北约在俄边境扩大军力采取反制措施》，http：//sputniknews. cn/politics/201711161024067730/。
⑤ Joint press conference，by NATO Secretary General Jens Stoltenberg and the President of the United States，Donald Trump，https：//www. nato. int/cps/en/natohq/opinions_ 143135. htm.

日全俄社会舆论调查中心发布民调结果显示，2014年以来对西方进行反制裁的支持率从84%下降到72%，反对进行反制裁的民众从9%上升到24%。① 欧盟方面，尽管有部分欧盟国家表态对俄进行制裁无意义，但在德国等国坚持下，欧盟对俄制裁立场并未松动。对此，拉夫罗夫11月30日的表态具有代表性："我们希望，欧盟内部可以找到一股力量拒绝按照'最小公分母'的原则，即停止按少数人意志——却是欧盟内部反俄激进组织的意志，构建对俄政策。俄方将按照欧洲伙伴准备的节奏展开合作。"②

2018年3月18日，俄即将迎来总统大选，欧盟对此表示高度关注。12月21日，欧盟驻俄大使艾德在接受俄媒采访时表示，欧盟期待2018年俄总统大选公正透明，为所有候选人创造平等条件，并符合欧安组织民主制度与人权办公室的标准。③ 但欧盟的期望显然不符合俄罗斯国内政治现实。12月26日，欧盟发表声明，认为俄中央选举委员会禁止反对派领导人纳瓦尔尼参加总统大选的行为，必将导致欧盟对俄政治多元化和选举结果产生怀疑。④

---

① Российские контрсанкции: держим оборону! https://wciom.ru/index.php?id=236&uid=116127.
② 《俄外长：俄将与欧盟按它们节奏展开合作》，http://sputniknews.cn/politics/201711301024172045/。
③ 《欧盟期待2018年俄罗斯大选将符合欧安组织的标准》，http://sputniknews.cn/politics/201712211024333254/。
④ Decision of the Russian Central Election Commission to bar Alexei Navalny from running in the 2018 Presidential election, https://eeas.europa.eu/delegations/russia/37894/decision-russian-central-election-commission-bar-alexei-navalny-running-2018-presidential_en.

Y.13
2017年俄罗斯亚太外交评述

李勇慧*

摘　要： 2017年俄罗斯亚太外交在反思中逐渐凸显清晰的线条和战略重点。对内，进一步落实跨越经济发展区的政策，规划修建交通基础设施，加大招商引资力度；对外，整合自己的政治实力、战略谋划能力和军事外交资源，将大欧亚伙伴关系的构想逐渐清晰化。通过参与朝鲜半岛事务继续扩大影响力，以能源合作为抓手进一步布局地缘经济共同体，发挥军工贸易的优势，抢占亚太市场。俄罗斯亚太外交折射出俄对欧亚地区地缘战略、地缘经济、地缘政治的追求，反映了俄罗斯不会依附于西方或东方的独立外交思想。同时，"向东看"政策面临的不利因素仍将长期存在，"向东看"的转向注定是一个曲折漫长的过程。

关键词： 俄罗斯　"向东看"　大欧亚主义　能源合作

2013年底乌克兰危机爆发后俄罗斯与西方关系交恶，为了摆脱西方的围堵和对冲严厉的经济制裁带来的损失，俄罗斯采取更加积极的"向东看"政策。

一　2017年俄罗斯国内关于俄罗斯亚太外交政策的再思考

乌克兰危机爆发后，俄罗斯精英开始高度关注亚太地区，把俄罗斯政

---

* 李勇慧，中国社会科学院俄罗斯东欧中亚研究所研究员。

治、经济发展与俄罗斯对亚太战略相互关联起来进行讨论。时过四年，讨论仍在持续，2017年讨论更多集中于深刻分析俄罗斯当前面临的外部环境，以及俄罗斯"向东看"政策更深的战略含义。

首先，俄罗斯与西方国家矛盾进入新阶段，俄罗斯与快速发展的东方国家发展关系将进一步演变为俄罗斯与"新西方"的矛盾。卡拉加诺夫认为，俄罗斯与西方的矛盾始于20世纪80年代初，形成于当下。主要表现为，一是地缘政治演变与资源（人力资源、经济、金融）再分配的矛盾。俄罗斯开始准备恢复并捍卫自己的利益，俄罗斯也不会再次加入西方的俱乐部。二是俄罗斯与北约及其东扩的矛盾。美国将宝押在北约身上，维护自己在欧洲的利益，同时可能会吸收亚太国家日本、韩国、澳大利亚和新西兰加入北约，成为新的军事政治同盟和世界的"民主联盟"。三是文明的冲突。俄罗斯已处在三个断裂层：极端宗教和基督教文明的断裂处，贫富差别的断裂处，欧亚断裂处。面对欧亚断裂层，俄罗斯面临选择：现代还是落后，自由还是专制等，归根结底是进步和停滞之间的选择。① 四是能源竞争。由于俄罗斯拥有丰富的油气资源，它仍然具有影响未来世界的能力，成为美国防范的主要对手。欧洲能源供应依赖于俄罗斯，这会使欧洲降低对美国的依赖。②

其次，加强地区经济一体化是俄罗斯融入亚太地区最好的模式，也是俄罗斯"向东看"政策的主要内容。一是该政策帮助俄罗斯消除国内经济不平衡的现象，开发远东地区，推动地区经济结构平衡发展，形成新的经济一体化合作环节。二是该政策将助力俄罗斯经济竞争力的提升。近十年，俄罗斯的经济模式不仅建立在原料出口的基础上，而且建立在集权化管理上，集中资金和劳动资源，这种体制运转效率极低，必须寻找新的增长点。③ 俄罗斯学者认为，亚太地区存在两个经贸竞争合作形态，一个是有美国参加

---

① Сергей Караганов. Новая эпоха противостояния//Россия в глобальой политике. №6. 2017.
② 同①。
③ Российский поворот на Восток. http://www.globalaffairs.ru/global-processes/Rossiiskii-povorot-na-Vostok - 19272.

的，一个是有中国参与的，俄罗斯游离于这两个竞争体之外，俄罗斯要根据自身的竞争实力来选择合作方式，为此该地区要削减制度性壁垒，俄罗斯与中国、印度和东盟在可预见的未来实现自由贸易是可能的。俄罗斯与亚太国家贸易一体化是俄罗斯提升竞争力的主要条件，可以将国家、地区和全球的合作相互交织和伴生，以增加俄罗斯的经济竞争力。[1] 三是通过欧亚经济联盟加快融入亚太地区经济一体化进程。通过欧亚经济联盟不仅要形成统一的能源国内部市场，还要有统一的能源出口政策。面对各种各样的地区一体化组织，欧亚经济联盟也要和亚洲伙伴一起寻找平衡的应对措施。东北亚的中国、日本、韩国和蒙古国是欧亚经济联盟的主要合作对象。最后，俄罗斯"向东看"政策的地缘战略目标是大欧亚主义。俄罗斯学者认为，俄罗斯出现一种新的地缘政治经济认同，要与西方解除政治和精神上的依赖，这是新现象。在"向东转"的过程中，提出了大欧亚伙伴关系。"向东看"政策为俄罗斯带来不可预测的机遇，尤其是在中国不愿在该地区称霸的情况下。中国向西推进，俄罗斯向东推进，将会开拓大欧亚地区合作和发展的新空间，从而成为世界发展的一个新中心。[2] 大欧亚伙伴关系得到中俄双方领导人的官方支持。其含义包含了几层意思：其一，是概念性的框架，地理范围包括了欧亚大陆；其二，是地缘经济共同体，包括了亚洲国家间的合作，中国与美国的合作，与欧亚经济联盟的合作；其三，是恢复大丝绸之路的概念，多种文明的交融；其四，是地缘战略共同体，构建发展、合作、和平和安全共同空间，对未来地缘战略和经济的认同，是交通和经济发展的重要环节。中国-俄罗斯是最初的架构，还有上合组织与欧盟，欧亚经济联盟与欧盟。[3]

---

[1] Д. Изотов. Россия-АТР: перспективы либерализациии торговли//Мировая экономика и международные отношения. №5. 2017.

[2] С. Караганов, Игорь Макаров. Российский поворот на Восток. http://www.globalaffairs.ru/global-processes/Rossiiskii-povorot-na-Vostok – 19272.

[3] С. Караганов. От поворота на Восток к большой Евразии//Международная жизнь. №5. 2017.

二 2017年俄罗斯亚太外交的主要表现

2017年俄罗斯在亚太方向的外交践行了上述思考。

（一）远东地区经济发展和交通基础设施建设取得一定成效

1. 经济和投资出现双增长

2015年，远东地区出台超前经济发展区政策，从2015年起，在工业生产值方面，俄罗斯联邦整体的增长率是-3%，而远东地区的增长率为1%多。到2017年，俄罗斯联邦增长将近2%，而远东地区增长将近4%。固定资产投资方面，从2012~2015年，全俄投资率都是下降的，2015年，远东地区增长超过10%，而俄罗斯联邦平均无增长。到2017年，远东地区增长了近20%，俄罗斯联邦整体增长了5%。四年来，远东地区政府管理资源（GRP）优化速度增长超过了俄罗斯的平均值，2017年在吸引投资、工业生产、建筑（1~10月增长了11%）、农业（1~10月增长了5%）等方面都显示出积极增长态势。正在实现的1000多个投资项目，总金额达37万亿卢布。"远东一公顷"土地政策收到较好回应，已经收到"远东一公顷"土地申请10万多份，划拨出土地4万公顷，主要用于农业开发和生态旅游。超前发展经济区到目前为止已经发展到18个，吸引投资2132万亿卢布，创造了上万个工作岗位，远东地区78%的贸易是与亚洲国家开展的，超前发展经济区和符拉迪沃斯托克自由港的十几个新项目已初见成效。[①] 经济成果将会在一年半后显现出来，因为有投资周期，人口还未见增长，但是一切都已经开始发生变化。

2. 通过建设远东交通基础设施，进一步开放远东与外部世界相互联通

在"一带一路"与欧亚经济联盟对接倡议下俄罗斯提出了"滨海1号"

---

① Внешняя политика России в условиях "азиатского парадокса". http://ru.valdaiclub.com/a/highlights/rossiya-aziatskii-paradox/.

和"滨海2号"国际交通走廊发展计划，经过符拉迪沃斯托克自由港，将中国的黑龙江和吉林两省与滨海边疆区的海港连接起来。自由港各检查站实行24小时工作制和物资过境一站式服务，电子申报并对外贸企业开通绿色通道。2017年上半年，共办理442份经"滨海1号"和"滨海2号"国际交通走廊过境货物报关单，货物总重量超过6.3万吨，黑龙江与吉林同俄滨海边疆区间货流量是2016年同期（0.52万吨）的11倍。2017年上半年过境货物的平均通关时间为21分钟，通关速度也较2016年（33分钟）有所提高。"滨海1号"过境货物已实现100%电子报关。2017年1~6月，通过"滨海1号"运送的过境货物量同比增长了24倍并仍有提升潜力。俄罗斯联邦政府还出台法令确定俄滨海边疆区边境口岸为中国特定商品进口口岸。①

3. 积极推动北方海路开发和利用合作

北方海路是远东到欧洲的最短路线，比通过苏伊士运河穿越南部海洋的路线几乎缩短一半。2017年11月1日，中国国家主席习近平在会见俄总理梅德韦杰夫时强调，双方要合作开发和利用北极航道，打造"冰上丝绸之路"。"冰上丝绸之路"是指北方海路，穿越北极圈，连接北美、东亚和西欧三大经济中心的海运航道，沿着俄罗斯北部海岸线，将港口串联起来。中俄是北极开发的主要合作伙伴，双方共同参与的亚马尔液化气项目就位于北纬71度的北极圈内。打造"冰上丝绸之路"对中俄均具有重要意义，不仅是对共建"一带一路"的重要补充，也会给双方带来很好的经济收益，降低航运成本、提高运输效率、规避安全风险、提升航运安全。一旦北极航线正式开通，中国将成为俄罗斯在该航线的最大客户。2017年12月，亚马尔液化天然气项目已正式投产，未来，亚马尔液化天然气都将通过北极航道运往中国和亚太地区。

（二）在地区热点问题上不断凸显影响力

1. 在解决朝核问题上发挥影响力

2017年，朝鲜一系列的导弹试射和核试验后半岛局势急剧恶化，俄罗

---

① http://sputniknews.cn/russia/201709221023654409/.

斯充分发挥对朝鲜的传统影响力,利用各种渠道凸显在协调朝鲜半岛事务中的作用。朝鲜外交官访俄,俄罗斯政府官员访朝,俄朝间一直保持有效的沟通。俄外长拉夫罗夫表示:"俄方将尽力与其高层保持联系。当然,我们之间已经达成一个关于实施俄罗斯提出的有关解决朝鲜问题的'路线图'。"[1] 2018年1月朝韩于板门店谈判后,俄驻朝大使与朝鲜外务省官员立即讨论了该问题和两国建交70周年纪念活动等议题。[2] 美国在朝核问题上向中国提出更高的要求和希望,俄罗斯也希望在解决朝核问题的过程中改善俄美关系,在联合国严厉制裁朝鲜的过程中,俄罗斯在保住俄朝传统合作项目的同时,加深了朝鲜对其的信任。

巩固与韩国的关系也是俄罗斯强化在半岛影响力的重要手段。2017年9月,俄在东方经济论坛上与文在寅讨论朝鲜半岛局势,提出连接半岛的天然气管道和铁路,加强半岛和俄罗斯的经济一体化合作。俄方认为,实施由俄朝韩三方参与的经济项目将为朝鲜半岛双方的和解创造机遇。连接跨西伯利亚大铁路和跨朝鲜半岛铁路,架设连接俄罗斯与朝韩的输电线路,以及铺设天然气管道,能从根本上改变该地区的地缘政治形势,促进半岛关系正常化,解决朝核问题。[3] 俄罗斯还建议韩国参与开发北方海路。

利用中俄战略协作伙伴关系积极斡旋。在对朝问题上,俄罗斯强调与中国在对朝政策上的同步性和协调性,认为中俄在朝核问题上有相同的地缘政治利益,因此中俄的共同立场将有助于解决朝核问题。[4] 俄中东北亚安全定期对话是讨论朝核问题的一个重要机制。2018年1月13日,俄方主席、外交部副部长莫尔古洛夫和中方主席、外交部副部长孔铉佑在莫斯科举行会晤,双方表示,在联合提出和平倡议的基础上调解地区系列问题。[5] 俄罗斯和中国提出了解决朝鲜半岛问题的"双暂停"倡议,该计划分为三个阶段:

---

[1] http://sputniknews.cn/politics/201712251024353282/.
[2] http://sputniknews.cn/politics/201801121024467923/.
[3] http://sputniknews.cn/economics/201802061024648286/.
[4] http://www.ifes-ras.ru/component/content/article/1-world/2243-intervyu-direktora-idv-ran-sg-luzyanina-qparlamentskoj-gazeteq.
[5] http://sputniknews.cn/politics/201801131024473513/.

第一阶段，朝鲜应放弃核试验和导弹发射，同时缩减其规模和强度，以此减缓军事方面的紧张局势，美韩相应暂停在该地区举行联合军演；第二阶段，启动朝美、朝韩间的直接谈判；第三阶段，各方就在东北亚地区建立和平安全机制开展多边谈判。2018年1月，在美国加大制裁朝鲜的背景下，朝鲜决定参加在韩国举行的平昌冬奥会，迎来了朝鲜半岛局势短暂的缓和。美韩演习期推迟、朝鲜参加冬奥会、避免核导试验，意味着中俄计划第一阶段所规定的内容正在得以实现。中俄的计划并未被美国完全拒绝。

2. 在协调中印洞朗事件中发挥积极作用

2017年印度正式成为上合组织成员国，印度的地缘政治利益与俄罗斯的大欧亚主义构想相契合。在当前中俄关系发展更加紧密的情况下，俄印关系在该组织中对于中国来说是正面因素，所以在洞朗事件发生后俄罗斯明确维护上合组织内部成员间的团结和稳定。俄罗斯开展了各个层级的外交斡旋，从国家安全会议秘书巴特鲁舍夫到驻华的高级外交官都在为解决中印在洞朗的对峙而努力，最终在金砖峰会召开之前，中印解除了近两个多月的对峙。俄罗斯从在亚太地区抗衡美国的战略稳定及其与欧洲战略均衡的角度来维护与印度的关系，同时兼顾中印关系。如何将印度-欧亚经济联盟-上合组织-"一带一路"相互融合也将是俄罗斯大欧亚主义战略中的主要内容。在对待欧亚地区经济合作问题上，2018年1月，俄印就建立印度与欧亚经济联盟自贸区开始进行谈判，俄罗斯也希望并支持印度加入中国的"一带一路"倡议对话中来。①，俄驻印度大使尼古拉·库达舍夫1月7日表示，莫斯科愿意支持北京与新德里之间旨在消除印方对实施"一带一路"倡议担忧的对话。

（三）亚太地区是俄罗斯军技产品的主要市场

俄罗斯是世界第二大军火供应商，由于西方国家的制裁，2017年俄罗斯武器出口总额为130亿美元，比2016年略有下降，但相比油气出口，俄

---

① http：//sputniknews.cn/economics/201802071024658251/.

武器出口额相对稳定，16年来俄罗斯一直稳占世界武器市场份额的25%，俄罗斯军工亚太市场承载着振兴俄罗斯经济的重任。俄分管国防工业的副总理罗戈津在2016年曾指出，到2020年国防工业综合体的发展要成为俄罗斯经济发展的驱动器。① 中国、印度、越南等国家都是俄罗斯武器的传统市场，俄罗斯长达16年来一直占有中国市场份额的80%以上，印度市场份额的72%，越南情况也类似。② 其中，俄罗斯与印度军技合作不仅在数量上，而且在质量上和创新上的合作更胜一筹。俄罗斯与印度曾先后签订过两个军技合作协定——《1998～2010年俄印军技合作协定》和《2011～2020年俄印军技合作协定》。然而，印度近几年采取了武器进口多样化的政策，印度市场上出现了美国、韩国、日本等国的先进精锐武器，对俄罗斯在印度市场的传统地位形成挑战。同时，印度也在逐渐转换思路，从购买武器到生产武器，发展自己的国防工业。此外，美国的拉拢也影响到俄罗斯军火在印度市场的份额。

（四）欧亚经济联盟与越南签订自贸区协定一周年后，欧亚经济联盟与印度、伊朗、新加坡、韩国和中国相继开启自贸区谈判

自贸区谈判不仅使欧亚经济联盟从外部获得了生命力，也为俄罗斯"向东看"政策充实了具体内容，更为俄罗斯融入地区经济一体化奠定了基础。2017年，越南与欧亚经济联盟各国的合作顺利，贸易额明显增加，各种投资和项目也在发展。2017年1～8月，越南与俄罗斯的贸易额比去年同期增长了29%，越南出口增长了37%。自贸区协定成为推动双方经贸关系发展的新动力。在向越南投资的114个国家中，俄罗斯对越南投资列第17位，其在能源、开采业、生产和旅游业的投资超过了20亿美元。③ 白俄罗斯与越南的贸易增长明显，尤其是在机械制造业。越南与哈萨克斯坦的贸易

---

① https：//ria.ru/economy/20160624/1450603728.html.
② Россия на рынке оружия. https：//smart-lab.ru/blog/423194.php.
③ Итоги первого года зоны свободной торговли Евразийского союза и Вьетнама. http：//eurasia.expert/itogi-zony-svobodnoy-torgovli-evraziyskogo-soyuza-i-vetnama/.

额也大幅增长,自贸区协定的签署使越南与欧亚经济联盟成员国哈萨克斯坦之间实现了零关税,2017年上半年哈萨克斯坦出口到越南的商品总额为146亿美元,而2014年只有170万美元。而且未来越南还将推动哈萨克斯坦商品进入人口有6亿的东盟市场。

2017年10月,中国与欧亚经济联盟签署了《关于实质性结束中国与欧亚经济联盟经贸合作协议谈判的联合声明》,① 就经贸合作伙伴协定结束了最后实质性谈判。协议谈判启动于2016年6月,历经五轮谈判、三次工作组会议和两次部长级磋商,范围涵盖了海关程序与贸易便利化、知识产权、部门合作和政府采购等10个章节,包含了电子商务和竞争等新议题。协议的签署将进一步减少非关税贸易壁垒,提高贸易便利化水平,营造产业发展的良好环境,推动"一带一路"建设与欧亚经济联盟建设对接合作,促进中国与欧亚经济联盟及其成员国经贸关系的深入发展。

(五)亚太地区能源市场潜力广阔,俄罗斯在亚太地区的能源合作前途广阔

世界能源市场油气价格下跌,俄罗斯不得不考虑扩大出口渠道,更多面向亚洲,加快与中国及亚洲其他国家合作的步伐。2017年,俄罗斯已超越沙特阿拉伯成为对中国最大的石油出口国,占俄原油出口量的20%。日本与俄罗斯贸易量中70%以上是油气交易,能源合作成为俄日两国关系发展的驱动器。俄罗斯的油气还供应到韩国、印度尼西亚、菲律宾和中国台湾地区。

能源市场发展的一个重要趋势是加大了对液化气的需求,俄罗斯亚洲的液化气市场在中国和东盟。俄罗斯计划成为最大的液化气出口商,为此俄罗斯的天然气公司和诺瓦泰克公司向亚马尔和萨哈林的巨大工程投入巨资,俄还拟在哈巴罗夫斯克边疆区瓦尼诺港建设年转运量达250万吨的液化气中转

---

① 《中国与欧亚经济联盟实质性结束经贸合作协议谈判》,http://www.mofcom.gov.cn/article/ae/ai/201710/20171002654057.shtml。

站，总投资 2.7 亿美元，计划于 2019 年正式投入使用，主要面向亚太市场。当然，在亚洲市场也面临风险，俄罗斯专家认为，要在亚太地区搭建好一个相互协作的能源市场还要经历大致 20 年。就亚洲能源市场发展方向来说，正在由长期合同过渡到现货合同，这使得能源市场的供需产品和方式更加灵活多样，供货的安全性也是亚洲能源市场存在的另一个风险，西方也将对俄罗斯采用现代技术开采油气进行限制。

结　语

（一）2017年大欧亚伙伴关系构想成为"向东看"政策的核心内容

俄罗斯将 2016 年提出的大欧亚伙伴关系构想逐渐清晰化并付诸实践，体现了俄罗斯外交战略谋划和整合资源的能力。它包含了俄罗斯对欧亚地区地缘战略、地缘经济、地缘政治的追求，反映了俄罗斯不会依附于西方或东方的独立外交思想。

大欧亚伙伴关系把中俄关系作为基础，是俄罗斯希望借助中国获取政治影响力和经济利益。尽管中俄在宗教、哲学、价值观方面不同，但中俄在对维护国内稳定、反对西方干涉、预防"颜色革命"以及反对单极世界霸权方面看法一致。在两国关系中政治互信和坦诚沟通进一步得到巩固。2017 年"一带一路"与欧亚经济联盟的对接合作是实现大欧亚战略的经济基础和主要内容。此外，俄罗斯提出的大欧亚伙伴关系也是开放性、多元化的，包括与日本、韩国、印度、越南、东盟其他国家巩固关系，尽可能做到与亚太各国关系均衡、充实。2017 年，俄罗斯与上述国家的贸易额都有不同程度提高，在各个领域都加强了战略伙伴关系。大欧亚伙伴关系还有多个战略支点，它包含了以欧亚经济联盟为主导，与地区国家和各组织的经济合作，以及自贸区协定的签署。

（二）俄罗斯"向东看"政策是国内外环境变化的必然产物

在经济长期无法走出困境时，俄罗斯国内的政治思潮就会趋向保守。普京担任总统以来，对内的执政思想就是爱国主义、强国主义、国家主义和社会团结，以复兴俄罗斯全球大国地位为己任，具有浓厚的斯拉夫主义特征，同时在对外政策中又具有浓厚的新欧亚主义意味。

从外部环境看，俄罗斯面对的形势是亚太地区经济近十几年的快速发展，世界经济中心向亚太地区转移，以及亚太地区力量格局正在发生重要变化。俄罗斯出台的跨越经济发展区和发展远东自由港政策，超越陈旧思维，希望尽快融入亚太经济一体化，以给远东西伯利亚带来经济活力，从而提振国内经济，同时谋求政治权力的最大化。由于乌克兰危机而招致西方制裁使俄罗斯精英对俄罗斯远东地区和亚洲的认知发生了巨大改变。卡拉干诺夫认为，如果要发展，就要转换思路，应该把俄罗斯远东丰富的资源看作俄的竞争优势，而不是别国的资源附属，同时，要理解"向东看"政策不仅仅是与西方关系交恶后才转向东方，亚洲是世界发展的未来，俄罗斯国家地缘战略和地缘政治方向需要做出调整，尽管融入亚洲的道路还很漫长，与其认为俄罗斯是欧洲的边缘，追求向中心靠近，还不如把自己看作欧亚地区的中心，在大欧亚框架下与欧洲友好交往。① 他还认为，2017年俄罗斯对于自己的定位已经转变，俄罗斯的亚洲属性已经被认可，现在已很少有人再提俄罗斯究竟是属于亚洲还是欧洲的问题，俄罗斯是欧亚国家。②

（三）"向东看"政策仍无法对俄罗斯的国家属性做出最好的回答，拉动经济效应并不明显

俄转向东方不意味着要离开欧洲，转向东方也绝不是完全转向中国，转

---

① Российский поворот на Восток. http：//www.globalaffairs.ru/global-processes/Rossiiskii-povorot-na-Vostok – 19272.
② Сергей Караганов：В 2017 году нас в Азии стали считать своими. http：//svop.ru/main/26093/.

向东方更不是俄经济重心从西部转向东部。大多数俄罗斯精英基本不反对"向东看"政策,但更愿意将其看成经济政策,而不愿过多谈及国家的欧亚属性。俄罗斯副总理舒瓦洛夫说,不应该说俄罗斯转向东方,应该讲只是贸易发展转向东方,国家没有发生任何转向,俄罗斯就是欧亚国家,远东融入亚太地区经济一体化倡议与莫斯科、圣彼得堡等其他地区融入欧洲一样。要想俄罗斯经济稳定发展,必须要向东发展贸易,要学会与东方做贸易。俄总统普京2017年9月在东方经济论坛的全体会议上发言称:"俄罗斯有意深化与太平洋东岸和西岸国家的投资、贸易和金融关系,而且俄远东地区投资的空间几乎是无限的。"这说明俄罗斯"向东看"绝不意味着与西方隔离,而是在提升与东方国家关系的同时,也希望与西方继续合作,以达到东西间的平衡。

俄罗斯经济学家绍新认为,如果用经济数字证明的话,俄罗斯政府"向东看"政策还不能说取得了成功。从2016~2017年的统计数字看,无论从吸引投资,还是从欧亚经济联盟相互间的贸易额来看,欧亚经济联盟都不可能成为其他国际组织效仿的榜样。俄罗斯与荷兰的贸易额超过了与韩国和日本的总和。① 俄罗斯与亚太国家的政治关系还未能转化为经济成效,俄罗斯在亚太地区存在感不强。俄罗斯的谷物、肉类、化学产品、渔业加工品、海产品等进入中国、日本、韩国的非关税壁垒太多。亚洲市场是相对封闭的,生产和消费都本地化。即使在制裁的压力下,德国仍对俄罗斯有43个项目的投资,2017年,德对俄投资额增长20%,而日本投资俄罗斯的项目只有12个。

(四)"向东看"政策长期存在不利因素,"向东看"的转向是一个曲折漫长的过程

首先,俄罗斯内部必须放下戒备心理,去除人为因素,真正言行一致搞

---

① Перспективы ЕАЭС: вместо Большой Евразии появится Большая Азия. https://news.rambler.ru/articles/39098369-mirovoe-pravitelstvo-kto-ego-vozglavit/?updated.

好开放。发展需要吸引投资，吸引投资就必须开放，取消有形和无形的限制，培养市场经济思维，营造良好的投资环境和投资气候。

其次，俄罗斯远东人口至今仍在减少，主要原因是每年移出去的人口多于来定居的人口。苏联解体后，远东人口流失了123万，移民占94%。2016年1月，俄罗斯远东人口620万，占俄罗斯人口的4.2%，2017年1月，基本保持不变。2017年，俄罗斯政府出台了远东人口政策构想，构想规定到2020年创造条件稳定人口数量，到2025年通过自然出生、移民等政策使人口数量达到700万。① 留住人才主要依靠发展地区经济，为年轻人创造脑力劳动的工作岗位。以2017年1～5月为例，流失人口仍然大于进入人口。与2016年1月相比，2017年1月，远东流失12290人，尽管这已好于2015年1月的情况。2017年年流失人口还没有统计数字，但是2017年1～5月，一些州的人口进出数据见表1。②

表1 俄远东地区人口进出数据

单位：人

联邦主体	2017年1~5月进入/流出	差额	2016年1~5月进入/流出	差额
哈巴罗夫斯克州	17710/19641	-1931	20712/19767	945
滨海边疆区	9430/10908	-1478	9791/11282	-1491
楚科奇州	1218/1813	-595	1695/1650	45
阿穆尔州	9577/10169	-592	无数据	无数据
尤他自治州	1219/1781	-562	1264/1817	-553
马加丹州	3241/3292	-51	2697/2991	-294

再次，亚洲经济竞争激烈。亚洲市场相对封闭，其他市场的商品很难进入，形成"亚洲对亚洲"模式。俄罗斯想要进入亚太市场还要积累更多的外交资本，开放其自然资源丰富的远东和西伯利亚地区，否则凭借其目前经

---

① В РФ утверждена концепция демографической политики Дальнего Востока. https://regnum.ru/news/2293709.html.
② Отток населения выходит из-под объяснения. https://www.eastrussia.ru/material/ottok-naseleniya-vykhodit-iz-pod-obyasneniya/.

济发展状况很难在亚太地区的经济腾飞中获利。

最后,地区大国博弈加剧,朝核危机等安全问题尚未解决。发展和安全是俄罗斯亚太外交的两个战略目标,追求经济利益和政治权力实现安全目的是必由之路,最终确立俄罗斯在亚太地区的战略地位和政治影响力。要达到这个目标,不是依靠于东方或者西方,"俄罗斯的外交要建立在自己的思想和考虑之上,要成为力量中心"[1]。这就意味着俄罗斯要与中国、美国等大国在亚太安全机制和经济一体化进程中进行博弈,形成均势格局。在与中国、美国博弈过程中,使积极的政治因素为自己的经济加分,而又不触碰地区大国的各方利益,是俄罗斯正面临的挑战。此外,朝核危机导致半岛局势紧张化,使东北亚地区的军备竞赛日益激烈,由此可能引发的局部战争、核泄漏、难民等问题,也都可能成为俄罗斯"向东看"的阻碍。

---

[1] Внешняя политика России в условиях "азиатского парадокса". http://ru.valdaiclub.com/a/highlights/rossiya-aziatskii-paradox/.

Y.14
2017年俄罗斯对上海合作组织的政策

吕 萍*

摘 要： 印度和巴基斯坦在上合组织阿斯塔纳峰会上获得上合组织正式成员国地位。尽管国内对上合组织首轮扩员后的未来发展前景评价消极，但2017年俄罗斯仍继续推动组织扩员，主张接收伊朗为上合组织正式成员国。经济方面，在实施"向东转"战略后，从与上合组织成员国的经济合作中获益良多的俄罗斯改变了以往对上合组织框架内经济合作的消极态度，主动倡导多边经济合作。安全合作方面，俄罗斯一如既往地强调保障安全是上合组织的优先工作方向。

关键词： 俄罗斯 上合组织 扩员 经济合作 安全合作 政策

俄罗斯在2016年11月30日出台的新版《俄罗斯联邦外交政策构想》中指出，巩固上合组织在地区和全球事务中的地位和扩充成员非常重要，主张增强上合组织的政治和经济潜力。2017年俄罗斯在其外交实践中践行了这一构想。6月9日，印度和巴基斯坦在上合组织阿斯塔纳峰会上成为该组织的正式成员国。对于积极推动扩员的俄罗斯来说，上合组织实现首轮扩员是其"向东转"战略实施以来的一大成果，在此基础上俄罗斯继续推动组织扩员，支持下一步接收伊朗为成员国，同时倡导上合组织框架内的多边经济合作，并一以贯之地坚持保障安全是上合组织优先工作方向。

---

* 吕萍，中国社会科学院俄罗斯东欧中亚研究所外交研究室副研究员。

一 继续推动上合组织扩员

2015年7月10日，在俄罗斯乌法召开的上合组织成员国元首理事会第十五次会议启动了接收印度和巴基斯坦为上合组织成员国的程序。经过两年时间，印、巴两国完成了所有必需程序，在2017年6月9日于阿斯塔纳召开的上合组织第十七次峰会上，印、巴两国获得正式成员国地位，上合组织完成了首次扩员。

俄罗斯是上合组织扩员的积极推动者。在上合组织着手扩员之初，俄罗斯国内各界对扩员基本持肯定态度，关于扩员的积极评价主要是扩员后上合组织成员国的领土面积总和将覆盖世界陆地面积的23%，人口总数将达到世界人口的43%，GDP将占世界总量的1/4。但是，在俄罗斯还有另外一种消极声音。自启动接纳印度和巴基斯坦加入上合组织的程序以来，随着时间的推移和形势的变化，相关的消极评价和负面声音逐渐成为主流，伴随"上合组织进入全新的发展时期"这一公式化评价越来越多的是对上合组织未来发展前景的担忧。

俄罗斯国内对上合组织扩员后的担忧集中体现在以下方面。

（一）协商一致原则将被破坏，工作效率恐会下降

上合组织的所有决定都需要全体成员国协商一致后才能通过，印度和中国之间有领土争议，印度和巴基斯坦之间更是积怨已久，矛盾错综复杂，难以化解。在这种背景下印巴正式成为上合组织成员国后协商一致原则将很难实现。如，《阿斯塔纳宣言》中指出成员国支持《不扩散核武器公约》，赞同我国提出的"一带一路"倡议，由于印巴两国均未签署《不扩散核武器公约》，印度抵制"一带一路"倡议，未来针对此类文件的议题各国如何达成一致将是复杂的问题。在协商一致原则难以实现的情况下，上合组织必将耗费时间和精力协调各方立场，同时印巴两国会将两国之间的矛盾带进上合组织，调解这些矛盾必然会浪费上合组织的精力和资源。

（二）中国将减轻对上合组织的重视程度

俄专家认为，为了防止中国凭借雄厚的经济实力在上合组织中居主导地位，俄罗斯对中国有关经济合作的各种提议态度消极，令中国失望。俄罗斯极力主张上合组织扩员也不符合中国的初衷。为了实施自己的经济方案，中国创立了亚投行，提出了"一带一路"倡议，还与阿富汗、巴基斯坦和塔吉克斯坦成立了四国反恐合作军事协调机制。尤其是中国在2017年出版的《亚太安全白皮书》中，按重要性排名多边机制，上合组织位列倒数第二，而与安全议题关系不大的东盟却排名首位。种种迹象表明中国已经对上合组织的工作效率失去信心和耐心，减轻了对上合组织的重视程度。

（三）上合组织内部面临被分化的风险

印度从来不掩饰对中国"一带一路"倡议的抵触和对巴基斯坦的不满，总理莫迪拒绝出席北京"一带一路"高峰论坛，指责巴基斯坦是恐怖主义基地。俄专家更是把印巴在克什米尔问题上的矛盾称作安装在上合组织内部的"定时炸弹"[1]，时刻有爆炸的可能，上合组织声誉受损的风险显著增加。这些矛盾将极大地影响上合组织的内部团结，降低该多边机制的运行效率。此外，随着印巴的加入，上合组织很可能面临暗中出现小集团甚至被分化的风险。

（四）美国将助推印度从内部分化上合组织

印度与美国关系密切，特朗普就任美国总统后提出了"新南亚战略"和"印太战略"，在这一背景下，俄罗斯担心美国未来会通过印度分化上合组织。[2]

阿斯塔纳峰会结束一周之后的6月9日，印度边防人员为阻挠我国修

---

[1] 《俄专家：克什米尔冲突是上合组织内的"定时炸弹"》，http://sputniknews.cn/politics/201712021024192038/。

[2] 吕萍：《俄罗斯对新形势下上合组织的看法与评价》，《俄罗斯学刊》2017年第6期。

路，非法越过已划定的中印边界锡金段，在洞朗地区与我国军方对峙。直至8月28日印方才撤回其越界人员和设备。7月8日，阿斯塔纳峰会结束后一个月，印度与巴基斯坦在两国交界处交火。这两起事件均发生在印度和巴基斯坦刚刚获得上合组织正式成员国资格之后，因此更令人对上合组织发展前景担忧。俄罗斯多数学者和官员都认为，上合组织的扩员是目光短浅、没有远见的一步举措，认为中印之间的矛盾不仅将使上合组织的工作瘫痪，同时还会破坏"互信、互利、平等、协商、尊重多样文明、谋求共同发展"的"上海精神"，印度和巴基斯坦之间的矛盾甚至可将扩员带来的所有优势"归零"。①

俄当局也意识到扩员给上合组织带来的负面影响。面对记者关于上合组织是否遭遇危机的提问，俄驻华大使安德烈·杰尼索夫虽然否认上合组织遇到危机，但不得不承认上合组织的协商一致原则"既是优点，也是缺点"，印度和巴基斯坦的加入将会给上合组织带来问题，影响工作效率，致使中国转而寻求其他安全合作形式。② 普京也承认，让印巴这两个相互对立的国家完全融入上合组织并不容易，但希望扩员能够使上合组织在应对威胁、确保地区安全上更加有效率。

虽然承认印度和巴基斯坦的加入给上合组织带来很多负面影响，但俄罗斯仍然积极推动上合组织继续接收新成员。俄罗斯认为，在印度和巴基斯坦加入以后继续扩员有助于提高上合组织在国际上的作用。普京在阿斯塔纳峰会发言中指出："扩员毫无疑问有助于上合组织在政治、经济和人文领域变得更加强大和有影响力。"③ 俄罗斯主张下一步吸收伊朗加入上合组织。这一主张也得到了中国的赞同。伊朗目前是上合组织观察员国，2008年即递交了加入申请，但由于其受到国际制裁，其申请一直被搁置。随着制裁的取消，伊朗加入上合组织不再有障碍。俄总理梅德韦杰夫在2017年12月1日

---

① ШОС расширяет понятие экстремизма. http：//kommersant.ru/doc/3263302.
② Ничего, что России невыгодно, она делать не будет. http：//kommersant.ru/doc/3235889.
③ Выступление на саммите ШОС в расширенном составе. http：//www.kremlin.ru/events/president/transcripts/54739.

于索契召开的上合组织政府首脑理事会第十六次会议上表示:"如果说到事情的实际方面,我们不认为现在伊朗加入上合组织有什么障碍。以前情况非常复杂,涉及众所周知的伊朗核问题,随着这一国际问题得到调解。现在所有这些问题都已经成为过去。我们的伙伴国确实希望伊朗加入。"① 梅德韦杰夫同时也强调,接收新成员加入必须经过上合组织全体成员国的协商一致。目前已递交加入上合组织申请的有伊朗和阿富汗,阿富汗由于复杂的国内形势暂时不在考虑之列,反对伊朗加入的上合组织成员国只有塔吉克斯坦。塔吉克斯坦认为伊朗为其国内禁止的塔吉克伊斯兰复兴党提供庇护,因此坚决反对其加入。

2018年是印度和巴基斯坦加入上合组织的第一年,两国将获得上合组织的投票权。俄罗斯对扩员后上合组织发展前景的担忧是否会变成现实?上合组织的影响力是否会扩大?在国际舞台上的作用是否会提升?这些问题将在2018年初见分晓。但不论结果如何,俄罗斯都将继续推动上合组织扩员,最终助力其实现"大欧亚伙伴关系"构想。

二 倡导上合组织框架内的多边经济合作

上合组织经过多年发展已经逐渐成长为一个成熟的地区性国际组织,多数成员国对上合组织的期望早已超出了安全合作的范围,经济合作议题随之提上日程。中国主张加强上合组织内部的经济合作,但自身经济形势不佳的俄罗斯对此并不支持。因乌克兰事件受到西方制裁之后,俄罗斯开始切实推进"向东转"战略,随后普京于2015年底提出了大欧亚伙伴关系,将上合组织、欧亚经济联盟、东盟视为实现这一战略的基础。经过两年的实践,转向亚洲之后俄罗斯在西方未取消制裁的情况下在政治、经济方面都收到了良好的预期效果,与上合组织成员国之间的贸易额大幅增

---

① Пресс-конференция Дмитрия Медведева по завершении заседания. http://government.ru/news/30366/.

长，俄罗斯对上合组织框架内经济合作的看法有了较大的改观，开始积极倡导多边经济合作。

普京在上合组织阿斯塔纳峰会发言中指出："至于经济合作方面，我相信，应当以在上合组织全部空间内共同努力、协调国家战略和多边方案为目标，联合欧亚经济联盟、上合组织、东盟、中国的'一带一路'倡议的潜力。"① 俄总统上海合作组织事务特别代表巴赫季耶尔·哈基莫夫表示，对上合组织来说，从经济角度来看联合理念是重要的，这将体现在联合重大项目上，"上合组织是基于我们所说的'上海精神'——互信、谋求共同发展、互利。上合组织主张经济领域的发展和紧密联系。这是在宪章中规定的。但客观来说，我们所拥有的机会与经济联系的状况有很大差距。我们需要大型联合项目，统合尽可能多的国家。"② 在倡导多边合作的同时，俄当局也鼓励国内各地区积极与上合组织国家开展经济合作，并主动为其创造条件吸引投资，寻找合作机会。2017年6月，俄罗斯外交部专门为克拉斯诺亚尔斯克边疆区举行推介会，拉夫罗夫讲话时表示希望该地区能够与新伙伴们开展合作，首先是上合组织国家③。

在俄罗斯开始重视上合组织经济合作后，一些久谈无果的问题有了新的进展。在以经贸和人文合作为主题的上合组织政府首脑理事会第十六次会议上，俄罗斯总理梅德韦杰夫称："还需要就一系列问题进行协商，包括上合组织内部经济合作的个别条款。关于上合组织开发银行、上合组织专门账户的问题讨论大概已经进行了十余年。是时候让所有议题都进入实质性协商了，而不是竹篮打水一场空。"④

---

① Выступление на саммите ШОС в расширенном составе. http://www.kremlin.ru/events/president/transcripts/54739.
② 《俄总统代表：上合组织需要大型联合项目》，http://sputniknews.cn/politics/201711231024114241/。
③ Вступительное слово Министра иностранных дел России С. В. Лаврова в ходе встречи с Губернатором Краснодарского края В. И. Кондратьевым. Краснодар. http://www.mid.ru/foreign_policy/news/-/asset_publisher/cKNonkJE02Bw/content/id/2803787.
④ Пресс-конференция Дмитрия Медведева по завершении заседания. http://government.ru/news/30366/.

俄罗斯黄皮书

俄罗斯观念的转变使上合组织框架内多年来停滞不前的务实经济合作取得了一定进展。上合组织秘书长阿利莫夫在接受采访时说："上海合作组织现在的议程实质上是整个地区的发展议程，其中包括保障安全与稳定，加强经贸、经济和人文合作的一系列问题。"①

然而，尽管俄罗斯开始重视上合组织的经济合作，尤其是在上合组织开发银行和专门账户问题上也表现出了一定的积极性，但对中国的顾虑并没有因此而消除，依然担心中国凭借经济优势在上合组织内发挥主导作用。在上合组织政府首脑理事会第十六次会议后的新闻发布会上，有记者问及建立上合组织自贸区的可能性，梅德韦杰夫回答说："目前我们正在进行欧亚经济联盟与中国的谈判。中国的经济十分庞大，对世界经济有着巨大影响。所以就像通常所说的那样，需要先以这种模式演练一阵。但原则上我不排除，某个时候我们将签署上合组织的类似协议。但这已经是更高级别的一体化和更高级别的信任，这应当在上合组织所有成员国之间通过谈判来达成……自贸区协议类型的一体化形式或者某种其他更有进展的经济一体化形式没有必要。如果我们能够在上合组织内部落实哪怕是目前的项目（这些都是非常大的项目，如道路和基础设施领域的），就已经是巨大的进步了。"② 基于这一顾虑，俄罗斯虽然在上合组织经济合作上向前迈出了步伐，但对中国的防范之心仍妨碍其在经济合作上保持开放心态，限制了上合组织经济合作的进一步发展。

三 强化上合组织框架内的安全合作

上合组织成立的初衷是为了解决成员国之间的边界问题和打击三股势力，确保地区安全。成立十六年来，反恐一直是上合组织的优先发展方向。打击国际恐怖主义是 2017 年阿斯塔纳峰会的主要议题。成员国元首发表了

---

① 《拉·阿利莫夫：上合组织现在的议程实质上是整个地区的发展议程》，http：//chn. sectsco. org/news/20171219/367771. html。
② 同①。

《关于共同打击国际恐怖主义的声明》，通过了《上合组织反极端主义公约》，同时有关打击恐怖主义的内容在《阿斯塔纳宣言》中前所未有地占据了大幅版面。

俄罗斯一向将安全合作视为上合组织框架内最重要的发展方向，并在阿斯塔纳峰会上再次强调了这一点。普京在发言中指出："到目前为止，保障成员国外部边境的安全与稳定过去是，现在也是上合组织工作的优先方向，我赞同这一点。"同时普京认为，只有各国协同努力才能战胜恐怖主义："恐怖主义和极端主义在全世界前所未有的猖獗使这一问题变得尤为迫切。我多次强调，只有在无条件遵守国际法基础上竭诚联合所有国家的建设性力量才能战胜这种邪恶。应当毫不妥协地对恐怖主义进行综合性打击。在消除其产生的社会和经济影响的同时，必须尽一切所能清除恐怖主义的意识形态。因此上合组织地区反恐机构的作用不断增大。加强其工作的法律基础的重要举措就是我们今天签署的《反极端主义公约》。"①

《反极端主义公约》是阿斯塔纳峰会签署的重要文件。由于印度和巴基斯坦刚成为上合组织正式成员国便发生了中印对峙和印巴交火，在人们对上合组织的未来普遍感到悲观和担忧的背景下，与会成员国在反恐的问题上达成了一致，《反极端主义公约》因此被看作此次峰会的唯一成果。

俄罗斯重视《反极端主义公约》。上合组织《反极端主义公约》草案于2017年3月30日在上合组织地区反恐怖机构理事会第三十次会议上获得通过。在4月6日召开的上合组织成员国安全秘书会议第十二次会议上，中国、俄罗斯、哈萨克斯坦、吉尔吉斯斯坦、塔吉克斯坦和乌兹别克斯坦的代表共同就《反极端主义公约》的新文本进行了磋商。在俄罗斯的坚持下，会议决定，将包括反暴力颠覆合法政权（不仅指恐怖主义威胁，也包括广义上的"颜色革命"）在内的对极端主义的解释写进文件。俄方代表、俄罗

---

① Выступление на саммите ШОС в расширенном составе. http://www.kremlin.ru/events/president/transcripts/54739.

斯联邦国家安全会议秘书尼古拉·帕特鲁舍夫认为："不能允许打击恐怖主义和暴力极端主义成为向我们施压的借口之一。"①

由于介入复杂的中东局势，参与打击"伊斯兰国"，俄罗斯面对的恐怖威胁逐年提高。2017年12月12日，俄罗斯国家反恐委员会主席、联邦安全局局长博尔特尼科夫在国家反恐委员会会议上表示，2017年俄罗斯阻止了61起尚在策划阶段的恐怖主义犯罪活动，其中18起是计划在人流密集地和重要设施内制造大型恐怖袭击。此外，俄罗斯还阻止了56个地下涉恐团伙的活动，取缔了2000多个恐怖主义和极端主义网站。② 2017年4月3日，圣彼得堡地铁站发生恐怖袭击，包括自杀式袭击者在内有14人在袭击中丧生。12月27日晚，圣彼得堡再次遭受恐怖袭击，一家超市发生爆炸，13人受伤。

"伊斯兰国"虽然遭受重创，但其残余势力却呈现出外溢趋势，对国际安全造成极大威胁。地理、历史、民族、宗教等原因，使阿富汗和中亚地区及其周边地区成为"伊斯兰国"残余势力的首选聚集地，尤其是局势动荡不安的阿富汗。毗邻阿富汗的中亚、南亚地区面临的最大威胁源自阿富汗恐怖分子持续向周边地区渗透。俄罗斯将中亚视为自己的"远方边境地区"，上合组织的责任范围包括了大部分中亚地区，随着印度和巴基斯坦的加入南亚地区也进入该范围，上合组织的反恐职能在这一地区尤其重要。尼古拉·帕特鲁舍夫在出席上合组织成员国安全秘书会议第十二次会议时指出："来自'伊斯兰国'恐怖主义团伙的威胁并未减弱，他们一心想在包括阿富汗、中亚、南亚和东南亚地区建立新的'桥头堡'，因此，调解阿富汗的冲突对上合组织非常重要。"③ 普京指出："阿富汗形势对于保障地区安全和稳定具有关键意义，依靠军事手段来解决阿富汗内部冲突显然是没有前景的。俄罗斯同上合组织所有成员国一样，一贯支持通过阿富汗内部达成协议实现政治

---

① ШОС расширяет понятие экстремизма. https：//www.kommersant.ru/doc/3263302.
② 《俄2017年阻止18起大型恐袭》，http：//world.people/com.cn/n1/2017/1213/c1002 - 29702572.html。
③ ШОС расширяет понятие экстремизма，https：//www.kommersant.ru/doc/3263302.

解决。上合组织可以加强这方面工作,建议恢复2009年暂停的'上合组织－阿富汗'联络小组的工作。"① 10月12日,在莫斯科举行了"上合组织－阿富汗"联络小组外交部副部长级会议,会上各方就地区安全所面临的挑战和威胁、协助阿富汗恢复和平稳定、重振经济等问题详细交换了意见。一致强调,为解决上述问题,必须要深化上合组织和阿富汗之间在该磋商机制框架内的进一步合作。

上合组织在保障中亚地区安全方面发挥了重要作用。2017年10月25日,上合组织地区反恐怖机构执委会副主任穆卡舍夫表示,上合组织成员国的情报部门和执法机构过去三年来共挫败550多起策划中的涉恐和极端主义犯罪,共制止1500多名已加入国际恐怖组织的上合组织成员国公民开展犯罪活动,制止200多名上合组织成员国公民出境加入恐怖组织,还缴获了700多个自制爆炸装置、50多吨爆炸物、6000多件枪支和50多万件弹药。此外,上合组织相关机构还冻结了2000名涉及资助恐怖主义者的账户,限制访问带有90万份涉恐和极端主义性质信息的10万个网站②。

随着形势变化,网络恐怖主义也成为危害地区安全的重要恐怖活动形式。恐怖分子通过网络宣传极端思想,招募恐怖分子,谋划恐怖袭击,网络恐怖主义已经和现实世界中的恐怖主义高度融合。普京在2017年10月26日的国家安全委员会上讲话时指出:"信息空间的威胁级别不断上升,风险值在增大,各种网络攻击带来的负面后果已经不是地区性的,而是实实在在地具有全球性特点和规模。"③ 俄罗斯坚决主张加强网络反恐领域中的国际合作,希望通过签署相关的双边或多边地区协议——尤其是在上合组织框架内,推动联合国通过《信息空间的负责任国家行为准则》。目前俄罗斯正协

---

① Выступление на саммите ШОС в расширенном составе, http://www.kremlin.ru/events/president/transcripts/54739.

② 《上合组织成员国近三年来挫败550起涉恐和极端主义犯罪》, http://sputniknews.cn/military/201710251023890536/。

③ Заседание Совета Безопасности. http://www.kremlin.ru/events/president/news/55924.

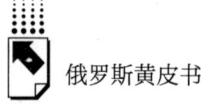

同上合组织成员国一起就国家在信息空间中的行为准则起草联合国大会的决议草案,还计划在2018年成立上合组织国际信息安全专家小组专门讨论该决议的新文本。此外,阿富汗的毒品产量和输出持续扩大是影响中亚地区乃至全球安全的迫切问题。俄罗斯认为在这一方向上应加强上合组织与联合国机构及其他国际组织的协作。

从2017年俄罗斯对上合组织的基本政策可以看出,在西方仍未取消对俄制裁的背景下,俄罗斯对上合组织较以往更为重视。俄罗斯通过上合组织来实现其"向东转"战略和大欧亚伙伴关系构想,改变了以往对上合组织内经济合作的消极态度。但对中国在上合组内的地位和优势的防范并没有改变,这也是影响上合组织框架内经济合作的最大障碍。

Y.15
2017年欧亚经济联盟运行情况

王晨星*

摘　要： 2017年是欧亚经济联盟运行的第三年。目前，欧亚经济联盟已经从初创阶段进入平稳发展阶段。新版《欧亚经济联盟海关法典》最终通过，经济一体化效应逐步体现，国际合作顺利开展是本年度欧亚经济联盟发展的亮点。不过，在完成体制机制初创后，如何挖掘区域一体化潜力，将是欧亚经济联盟在下一阶段需要着力解决的问题。

关键词： 欧亚经济联盟　欧亚一体化　"一带一盟"对接

2017年是欧亚经济联盟运行的第三年。总体来看，欧亚经济联盟运行平稳，同时，联盟积极开展对外合作，其国际知名度和认可度显著提升。不过，虽然欧亚经济联盟经济一体化效应正在逐步显现，但依然是数量的增长，还没出现质的飞跃。本文拟从机制运行状态、经济一体化效应及国际合作三个方面，梳理欧亚经济联盟本年度的运行情况。

一　欧亚经济联盟机制运行状态

总体来看，2017年度欧亚经济联盟各项机制运行状态平稳。主要体现在以下方面。

---

* 王晨星，中国社会科学院俄罗斯东欧中亚研究所助理研究员、博士。

第一,各层级会晤机制运转正常。2017年度,最高欧亚经济委员会举行例会2次,共通过决议16项,其中有15项获得生效,① 主要涉及人事调整、联盟内数字化建设、轮值主席国交接、法案修正等,此外还通过指令5项,主要涉及例行会晤举行的时间和地点等会议组织工作;欧亚政府间委员会举行例会3次,共通过决议4项,并全部获得生效,主要涉及农业综合体开发研究、交通政策协调等,还通过各类指令23项,主要涉及商品贸易、组织机制建设、例行会议安排等;欧亚经济委员会理事会几乎每月召开例会1次,共通过决议98项,其中已经生效的占83.7%;欧亚经济委员会工作会议平均每周召开1次,共通过决议186项,其中已经生效的占83.9%。从表1看,欧亚经济联盟各级机构运转基本正常,决议生效率也较高。

表1 2017年度欧亚经济联盟各级机构工作情况量化统计表

机构	会晤(次)	决议(项)	指令(项)	建议(项)	决议生效率(%)
最高欧亚经济委员会	2	16	—	—	93.8
欧亚政府间委员会	3	4	18	—	100
欧亚经济委员会理事会	13	98	35	3	83.7
欧亚经济委员会工作会议	36	186	195	29	83.9

资料来源:笔者根据欧亚经济委员会官方网站信息整理而成。

第二,部门组织完成人员小幅调整。2016年2月产生的新一届欧亚经济委员会工作会议实现了人员精简,完成了人员新老交替,在职务配置中也体现了成员国间的平等性。2017年4月14日,最高欧亚经济委员会任命哈萨克斯坦的扎克瑟雷科夫(Т. М. Жаксылыков)接替苏列依缅诺夫

---

① 最高欧亚经济委员会第9号决议《关于修订欧亚经济委员会工作章程的决议》暂时没有生效,原因是该决议将在新版《欧亚经济联盟海关法典》生效后再生效。该决议根据新版《欧亚经济联盟海关法典》,对《欧亚经济委员会工作章程》附件1中的第6、7、12、118~121、124~128条以及附件2中的第33~44条进行补充说明。参见:Решение № 9 Высшего Евразийского Экономического Совета "О внесении изменений в Регламент работы Евразийской экономической комиссии", 14 апреля 2017 года, г. Бишкек. https://docs.eaeunion.org/docs/ru-ru/01413590/scd_17042017_9。

（Т. М. Сулейменов）担任经济与金融政策部部长，以及任命库萨伊诺夫（М. А. Кусаинов）接替阿尔达别尔格诺夫（Н. Ш. Алдабергенов）担任竞争与反垄断协调部部长。本次人员调整幅度不大，仅在涉及哈萨克斯坦人员的两个部门领导岗位上调整（见表2）。

表2 调整后的欧亚经济委员会工作会议内部机构、人员、职能（2017年4月至今）

主席：萨尔基西昂（Т. С. Саркисян），亚美尼亚人。 职责：主持欧亚经济委员会工作会议日常工作。	礼宾与组织司
	财务司
	法务司
	行政管理司
部长：瓦洛娃娅（Т. Д. Валовая），俄罗斯人。 分管：一体化与宏观经济政策部	宏观经济政策司
	统计司
	一体化发展司
部长：扎克瑟雷科夫（Т. М. Жаксылыков），哈萨克斯坦人。 分管：经济与金融政策部	金融政策司
	企业活动发展司
部长：辛德尔斯基（С. С. Сидорский），白俄罗斯人。 分管：工业与农业综合体部	工业政策司
	农业政策司
部长：尼基什娜（В. О. Никишина），俄罗斯人。 分管：贸易部	关税与非关税协调司
	内部市场保护司
	贸易政策司
部长：克列什科夫（В. Н. Корешков），白俄罗斯人。 分管：技术协调部	技术协调与认证司
	卫生标准司
部长：卡得尔库洛夫（М. А. Кадыркулов），吉尔吉斯斯坦人。 分管：海关合作部	海关基础设施司
	海关法律与执行司
部长：茹努索夫（А. О. Жунусов），吉尔吉斯斯坦人。 分管：能源与基础设施合作部	交通与基础设施司
	能源司
部长：库萨伊诺夫（М. А. Кусаинов），哈萨克斯坦人。 分管：竞争与反垄断协调部	反垄断协调司
	竞争政策与国家采购政策司
部长：米娜西昂（К. А. Минасян），亚美尼亚人。 分管：内部市场、信息化、信息与交流技术部	信息技术司

资料来源：笔者根据欧亚经济委员会官方网站信息整理而成。

第三，法律机制建设不断完善。本年度欧亚经济联盟法律机制建设的亮点是新版《欧亚经济联盟海关法典》（以下简称新版法典）最终在各成员国国内立法机构获得通过。经10月11日在最高欧亚经济委员会上成员国首脑再次确认，新版法典于2018年1月1日正式生效。事实上，新版法典的制定并不顺利。2016年11月16日，欧亚政府间委员会通过了《关于欧亚经济联盟海关法典条约草案的指令》。① 但是，白俄罗斯总统卢卡申科起初拒绝签署，直到2014年4月才签署，② 这导致新版法典推迟生效。新版法典的目标是在欧亚经济联盟范围内构建商品贸易协调机制，确保商品得以自由流通，夯实商品共同市场的基础。其意义主要有以下几点：其一，新版法典将取代2010年中开始实施的《关税同盟海关法典》，将成为欧亚经济联盟商品共同市场的基础性法律文件；其二，新版法典充分考虑并应用当前国际贸易中的新要求、新标准及新技术，将进一步简化商品通关程序，利用现代化数字技术，减少人为干预，确保商品通关程序透明化、公平法、合法化，这对改善欧亚经济联盟的商品贸易环境大有裨益；其三，提高商品通关及海关管理的工作效率，按照新版法典要求，原本需要1个工作日来完成通关手续，现在只需4小时即可完成所有流程；其四，新版法典充分运用欧亚经济联盟目前力推的"统一窗口"机制，试图从制度上规范商品通关及海关管理的流程。③ 哈萨克斯坦海关官员协会理事会主席什斯塔科夫（Г. Шестаков）评价指出，新版法典吸收了哈萨克斯坦2009年版海关法典中诸多贸易自由化的内容，而这些内容并未在2010年《关税同盟海关法典》中体现。应该说，新版法典在一定程度上是对哈萨克斯坦2009年版海关法典的回归。④ 欧亚经济委员会工作会议海关合作部部长卡得尔库洛夫认为，新版法典将海关领域一体化进程推向新的高度，希望该法典不仅

---

① Распоряжение №19 "О проекте Договора о Таможенном кодексе Евразийского экономического союза". https://docs.eaeunion.org/docs/ru-ru/01411972/ico_22112016_19

② Лукашенко подписал Таможенный кодекс ЕАЭС. 12 апреля 2017 года. https://www.rbc.ru/rbcfreenews/58ee29889a7947db31213994.

③ Новый Таможенный кодекс ЕАЭС вступит в силу с 1 января 2018 года. http://www.eurasiancommission.org/ru/nae/news/Pages/14_11_17.aspx.

④ Эксперт рассказал, кому введение Таможенного кодекса ЕАЭС облегчит работу//РИА новости. https://ria.ru/economy/20180101/1512058210.html.

能强化欧亚经济联盟贸易关系，还能吸引新的外部投资。值得注意的是，该法典还是欧亚经济联盟一体化实践中第一部完全以电子化技术应用为导向的法律文件。这将是欧亚经济联盟对外经济活动协调机制数字化改造的基础。①

第四，区域一体化政策协调机制建设逐步推进。本年度，欧亚经济联盟在一体化政策协调机制方面有以下重要举措。首先，在最高欧亚经济委员会层面通过了《2017～2018年度欧亚经济联盟成员国宏观经济政策重点方向》。② 该文件指出，目前欧亚经济联盟面临的外部经济环境并不乐观，主要影响因素有国际油价降低、世界经济增速放缓、西方对俄经济制裁持续等。对此，该文件提出，中短期内欧亚经济联盟成员国的宏观经济政策取向应该是，为成员国经济有效发展及保持经济稳定增长创造条件；加大吸引投资力度；提升商品的技术附加值；推动非能源产品出口等。其次，在欧亚跨政府委员会层面通过《2018～2020年欧亚经济联盟成员国交通政策协调主要方向与实施阶段规划》。③ 该规划围绕铁路、公路、水路等陆上交通运输，提出了与国际交通体系一体化、充分挖掘交通过境潜力、提高运输服务质量、建立和发展欧亚运输走廊、发展交通基础设施、加大交通运输人才储备等发展构想。再次，《欧亚经济联盟构建石油与石油产品共同市场计划草案》于2017年12月正式在欧亚经济委员会理事会层面通过，各成员国总理也原则上同意该草案，2018年将提交到最高欧亚经济委员会审议。④

---

① Интеграция в действии: каких результатов достиг Евразийский экономический союз в 2017 году. https：//russian. rt. com/ussr/article/465964-eaes-rezultaty-razvitie.

② Решение Высшего Евразийского экономического совета №7 "Об основных ориентирах макроэкономической политики государств-членов Евразийского экономического союза на 2017～2018 годы". г. Бишкек. https：//docs. eaeunion. org/docs/ru-ru/01413588/scd_ 17042017_ 7.

③ Решение Евразийского межправительственного совета №3 "Об утверждении плана мероприятий (дорожной карты) по реализации Основных направлений и этапов реализации скоординированной (согласованной) транспортной политики государств-членов Евразийского экономического союза на 2018～2020 годы". г. Ереван. https：//docs. eaeunion. org/docs/ru-ru/01415092/icd_ 26102017_ 3.

④ Совет ЕЭК одобрил Программу формирования общих рынков нефти и нефтепродуктов ЕАЭС. http：//www. eurasiancommission. org/ru/nae/news/Pages/22-12-2017-1. aspx.

二 欧亚经济联盟经济一体化效应评估

总体来看,欧亚经济联盟的经济一体化效应正在逐步显现,但依然是数量的增长,尚未出现质的飞越。也就是说,目前欧亚经济联盟框架下的区域经济一体化进程仍处在"有增长,无发展"的瓶颈阶段。

第一,内部与对外商品贸易出现恢复性增长。商品贸易是目前欧亚经济联盟框架下一体化程度最高的领域之一。就内部商品贸易而言,2017年1~11月,成员国间贸易总量为488亿美元,比2016年同期增长26.4%。[①] 这是2013年统一经济空间时期成员国间贸易转为负增长以来,首次出现大幅度恢复性增长(见表3)。其实,恢复性增长的迹象在2016年就已经出现。2016年1~11月的成员国间贸易总额为374.1亿美元,比2015年同期有所下跌,然而单从10月来看,却比2015年同期增长0.3%,11月增幅扩大到

表3 2011~2017年11月欧亚经济联盟(含关税同盟、统一经济空间时期)内部商品贸易总额及增长率[②]

序列	年份	总额(亿美元)	增长率(%)
1	2011	622.73	—
2	2012	685.82	8.7
3	2013	641.0	-5.5
4	2014	574.0	-11
5	2015	454.0	-25.8
6	2016	374.1	-5.8
7	2017	488.0	26.4

资料来源:笔者根据欧亚经济委员会官方网站信息整理而成。

[①] Об итогах взаимной торговли товарами Евразийского экономического союза (Январь - ноябрь 2017). http://www.eurasiancommission.org/ru/act/integr_i_makroec/dep_stat/tradestat/analytics/Documents/2017/Analytics_E_201711.pdf.

[②] Взаимная торговля товарами. Статистический бюллетень 2011~2016. http://www.eurasiancommission.org/ru/act/integr_i_makroec/dep_stat/tradestat/publications/Pages/default.aspx; Об итогах внешней торговли товарами Евразийского экономического союза (Январь - ноябрь 2017). http://www.eurasiancommission.org/ru/act/integr_i_makroec/dep_stat/tradestat/analytics/Documents/2017/Analytics_E_201711.pdf.

4.4%。应该说，2017年度成员国间的贸易止跌并出现增长起始于2016年下半年。从表3中还能看出，尽管2017年五个成员国间贸易出现明显增长，但是其总量离2012年关税同盟、统一经济空间时期的俄、白、哈三国间贸易总量685.82亿美元的峰值还有一定距离。

在对外商品贸易方面，欧亚经济联盟也有起色。2017年1～11月，欧亚经济联盟对外贸易总额为5670亿美元，其中出口3453亿美元，进口为2217亿美元，对外贸易总额比2016年全年增长24.6%，出口额增长25.9%，进口额增长22.6%。① 与成员国间内部贸易类似，欧亚经济联盟对外贸易也处在触底反弹的阶段（见表4）。2011年关税同盟时期，对外贸易总额为9130亿美元，比2010年增长33%。2012年对外贸易总额继续增长，但增幅收窄，当年对外贸易总额为9393亿美元，增长3.2%。2013年出现拐点，对外贸易额由正增长转为负增长，对外贸易总额9310亿美元，下跌0.4%。2014年对外贸易额继续下跌6.9%，总额为8685亿美元。2015年对外贸易额出现大幅下跌，跌幅达33.6%，总额为5795亿美元。2016年对外贸易总额继续下跌至5094亿美元。2017年欧亚经济联盟对外贸易止跌，开始恢复性增长，但也仅为2012年对外贸易总额的60.36%。就地区而言，欧盟是欧亚经济联盟最大的贸易伙伴，从贸易份额看，占出口总额的50.5%，进口总额的40.6%；其次是亚太地区，占出口总额的25.4%，进口总额的42.8%；最后除欧亚经济联盟外的其他独联体地区占比最低，分别占出口总额的5.5%，进口总额的4.2%。从国别来看，中国是欧亚经济联盟最大贸易伙伴国，占其对外贸易总额的16.2%；其次是德国，为8.7%；再次是意大利，为8.7%。②

---

① Об итогах внешней торговли товарами Евразийского экономического союза（Январь - ноябрь 2017 года）. http://www.eurasiancommission.org/ru/act/integr_i_makroec/dep_stat/tradestat/analytics/Documents/2017/Analytics_E_201711.pdf.

② Об итогах внешней торговли товарами Евразийского экономического союза（Январь - ноябрь 2017 года）. http://www.eurasiancommission.org/ru/act/integr_i_makroec/dep_stat/tradestat/analytics/Documents/2017/Analytics_E_201711.pdf.

表4 2011～2017年11月欧亚经济联盟（含关税同盟、统一经济空间时期）对外商品贸易总额及增长率[①]

年份	对外贸易总额（亿美元）	出口额（亿美元）	进口额（亿美元）	对外贸易总额增长率(%)	出口额增长率(%)	进口额增长率(%)
2011	9130	5865	3265	33	34.2	31.1
2012	9393	6001	3392	3.2	2.6	4.1
2013	9310	5854	3456	-0.4	-1.4	1.4
2014	8685	5565	3120	-6.9	-5.3	-9.6
2015	5795	3741	2054	-33.6	-32.7	-35.3
2016	5094	3083	2011	-12.1	-17.5	-2.1
2017	5670	3453	2217	24.6	25.9	22.6

资料来源：笔者根据欧亚经济委员会官方网站信息整理而成。

从内外商品贸易在欧亚经济联盟整体贸易中的比重来看，2017年1～11月，欧亚经济联盟内部商品贸易比重有所提高，对外商品贸易比重有所降低，但与2016年同期相差无几。也就是说，当前及未来中短期内，欧亚经济联盟商品贸易一体化领域中的两个趋势仍难以逆转：一是对外贸易比重远高于内部贸易，成员国间贸易依旧是欧亚经济联盟商品贸易一体化进程中的"软肋"，这与成立之初欧亚经济联盟力主扩大内部贸易来降低对外经济依赖度的初衷还有一段距离；二是俄罗斯依然是欧亚经济联盟贸易的重心和枢纽（见图1）。一方面，俄罗斯对外贸易中仅有9%是与域内其他成员国完成的，剩余91%的对外贸易仍旧与域外经济体完成。应该说，俄罗斯"重域外、轻域内"的贸易格局直接影响到欧亚经济联盟的内部及对外贸易格局。另一方面，欧亚经济联盟成员国间贸易依旧以俄罗斯为中转枢纽，其他成员国间贸易量仍不大。

---

① Внешняя торговля товарами. Статистический бюллетень 2011～2016. http://www.eurasiancommission.org/ru/act/integr_i_makroec/dep_stat/tradestat/publications/Pages/default.aspx；Об итогах внешней торговли товарами Евразийского экономического союза (Январь – ноябрь 2017 года). http://www.eurasiancommission.org/ru/act/integr_i_makroec/dep_stat/tradestat/analytics/Documents/2017/Analytics_E_201711.pdf.

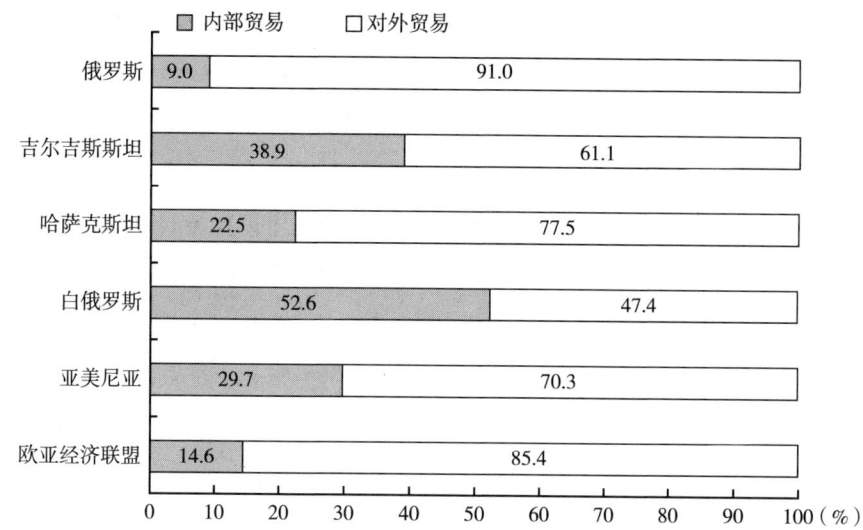

**图1　2017年1~11月欧亚经济联盟内部与对外
商品贸易占贸易总额比重一览表**①

资料来源：笔者根据欧亚经济委员会官方网站信息整理而成。

第二，贸易结构大体未变，商品贸易多元化任重而道远。欧亚经济委员会的数据表明，能源产品在欧亚经济联盟内部及对外贸易中依旧占主导地位。

从欧亚经济联盟内部成员国间贸易结构来看，占比最大的是能源产品，为27.5%；其次是汽车、机械设备及交通工具，为18.4%；再次是农产品，为15.2%。其中俄、白两国对欧亚经济联盟内部贸易贡献较大，在能源产品中俄罗斯提供了84.4%，在汽车、机械设备及交通工具产品中俄罗斯和白罗斯分别提供了56.5%和40%，在农产品中俄罗斯和白罗斯分别提供了35.1%及53.7%。此外，2017年1~11月，在欧亚经济联盟框架内各成员国商品出口明显上升。亚美尼亚对欧亚经济联盟内部市场出口比2016年同期增长了40.4%；白罗斯增长20.9%；哈萨克斯坦增长31.3%；吉尔吉斯斯坦增长25.7%；俄罗斯增长27.8%。① 虽然欧亚经济

---

① 同①。

联盟内部贸易总量还不及2012年俄、白、哈三国间的贸易总量，但是增长势头迅猛。

在对外出口贸易方面，2017年1～11月，欧亚经济联盟出口商品中的63.5%为能源产品，比2016年的能源产品出口比重上升了2.8%。其次是金属及金属产品，比重为10.6%，与2016年的10.4%相当。再次是化工产品，比重是6%，与2016年的6.7%也相当。需要指出的是，以上三种商品出口总量中约80%是由俄罗斯提供的。① 在对外进口贸易方面，汽车、机械设备及交通工具是欧亚经济联盟的重点进口商品，2017年1～11月，该类商品占进口总额的44.7%，比2016年上升1.4%。其次是化工产品，为18.2%，与2016年的18.5%相当。再次是农产品，为8.9%，比2016年下降了4.3%。② 显然，在国际经济体系中，欧亚经济联盟是自然资源和工业原材料来源地、工业制成品消费地的基本格局仍未得到明显改变。

第三，投资总额明显增加，且投资领域趋于多元，但依旧面临来自其他国际金融机构的竞争压力。欧亚经济联盟框架下的投资、金融共同市场主要依托欧亚开发银行来推进。尽管到目前为止，欧亚经济联盟内部资本自由流通尚未实现，未形成统一的投资政策及规范，金融合作仍然处在双边层面，但欧亚开发银行对独联体地区的投资金额正在不断增加（见图2、表5）。截至2018年2月1日，欧亚开发银行拥有储备金70亿美元，投资领域涉及金融部门、农业综合体、冶金、机械制造、采矿业、化工业、基础设施、交通、能源及其他。其中，对金融、交通、能源、采矿业的投资力度最大，分别占比为19.5%、18.2%、17.6%、15.3%。截至

---

① Об итогах внешней торговли товарами Евразийского экономического союза（Январь - ноябрь 2017）. http：//www. eurasiancommission. org/ru/act/integr_ i_ makroec/dep_ stat/ tradestat/analytics/Documents/2017/Analytics_ E_ 201711. pdf；Внешняя торговля товарами. Статистика Евразийского экономического союза 2016 года. http：// www. eurasiancommission. org/ru/act/integr_ i_ makroec/dep_ stat/tradestat/publications/ Documents/Ext_ 2016. pdf.

② 同①。

2017年底，欧亚开发银行投资项目总额达61亿美元。同时，2017年欧亚开发银行成为继欧洲复兴开发银行之后的第二大对独联体地区投资的国际金融组织。

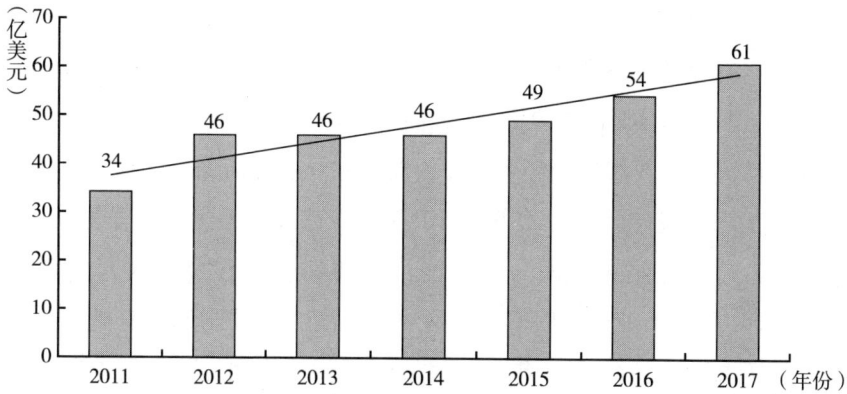

图2　2011～2017年欧亚开发银行投资总额汇总

资料来源：Цифры и факты Евразийского банка развития. https://eabr.org/about/facts-and-figures/。

表5　2016～2017年欧亚开发银行与其他国际金融机构在独联体地区投资总额对比

单位：百万美元

时间	2016年一季度	2016年二季度	2016年三季度	2016年四季度	2017年一季度	2017年二季度	2017年三季度	2017年四季度
欧亚开发银行	126	23	79	473	108	102	365	38
欧洲复兴开发银行	200	421	334	273	107	830	63	593
欧洲投资银行	—	—	—	127	11	—	118	14
亚洲开发银行	—	—	—	506	—	—	—	—
黑海贸易与开发银行	—	55	42	21	—	39	67	66
亚洲基础设施投资银行	—	—	—	600	—	—	—	—
国际金融公司	—	—	—	—	5	90	—	25
国际经济合作银行	—	—	—	—	—	—	—	17

资料来源：Обзоры инвестиционной деятельности международных банков развития 2016～2017 гг. https://eabr.org/analytics/industry-research/reviews-idb-investment/#tab2017。

三 欧亚经济联盟对外合作的新进展

2017年，欧亚经济联盟积极开展对外合作，国际知名度和认可度显著提升，但与欧盟的关系始终难以突破。

第一，与中国实质性结束经贸合作协议谈判。2016年6月25日，中国与欧亚经济委员会正式启动经贸合作协议谈判。在经历五轮谈判、三次工作组会和两次部长级磋商后，2017年10月1日正式结束经贸合作协议谈判，签署《关于实质性结束中国与欧亚经济联盟经贸合作协议谈判的联合声明》。这是中国与欧亚经济联盟首次达成的经贸方面的制度性安排，是落实习近平主席与普京总统2015年5月签署的《关于丝绸之路经济带建设与欧亚经济联盟建设对接合作的联合声明》的重要成果。[1] 中国与欧亚经济联盟经贸合作协议将涉及贸易便利化、知识产权、部门合作、政府采购、电子商务与竞争等内容。从更高的欧亚经济伙伴关系建设层面上看，中国与欧亚经济联盟经贸合作协议亦具有重要意义。在俄罗斯倡导的欧亚经济伙伴关系中，欧亚经济联盟是主要载体，中俄共建是关键，"一带一盟"对接合作是抓手。2017年7月，习近平主席访俄期间，中俄双方签署《关于欧亚经济伙伴关系协定联合可行性研究的联合声明》，决定开展欧亚经济伙伴关系协定的可行性研究工作，显示了中俄两国深化互利合作、推进贸易自由化和地区经济一体化的坚定决心，以及探讨全面、高水平、未来面向其他经济体开放的贸易投资自由化安排的共同意愿，这将为两国全面战略协作伙伴关系注入新动力。[2]

第二，与新兴国家、发展中国家积极开展对话合作。据悉，新加坡或将成为继越南之后与欧亚经济联盟签署自贸区协定的第二个域外国家。目前，

---

[1] 《中国与欧亚经济联盟实质性结束经贸合作协议谈判》，http://www.mofcom.gov.cn/article/ae/ai/201710/20171002654057.shtml。

[2] 《中俄签署〈关于丝绸之路经济带建设与欧亚经济联盟建设对接合作的联合声明〉》，http://www.mofcom.gov.cn/article/ae/ai/201707/20170702604249.shtml。

欧亚经济联盟与新加坡的自贸区谈判进展顺利，双方很可能在2018年年内正式签署自贸区协定。①另外，2017年4月，摩尔多瓦正式成为欧亚经济联盟观察员国，这意味着欧亚经济联盟在后苏联空间影响力显著提高。同时，欧亚经济联盟与蒙古国、塞尔维亚、印度、巴西、柬埔寨等国均建立起了稳定的对话平台及合作机制。

第三，与欧盟的关系尚未获得实质性突破。欧盟一直是欧亚经济联盟的外交重点。早在关税同盟时期，俄、白、哈三国就把欧盟定为对外合作优先对象，目标是建立连接里斯本和符拉迪沃斯托克（海参崴）的共同经济空间。为此，之前的关税同盟委员会、后来的欧亚经济委员会以及欧亚开发银行等机构做了大量的工作。在乌克兰危机、西方对俄经济制裁的困难背景下，欧亚经济联盟始终没有放弃与欧洲多边机制建立对话的努力。2017年12月5日，欧亚经济委员会工作会议一体化与宏观经济政策部部长瓦洛娃娅在维也纳进程第七次会议上表示，从"俄罗斯－欧盟"模式转为"欧亚经济联盟－欧盟"模式是符合当前形势需要的，欧亚经济联盟时刻准备与欧盟展开对话。②欧盟的哈恩（Johannes Hahn）却指出，欧盟已经与亚美尼亚、哈萨克斯坦等欧亚经济联盟成员国签署了新的伙伴关系协定，这意味着欧盟与欧亚经济联盟成员国已经建立起了对话框架。③可见，欧亚经济联盟与欧盟在建立对话机制、开展合作的问题上仍然存在立场分歧，即欧亚经济联盟主张以多边机制为主体的模式开展对话合作，而欧盟则更愿意采取"欧盟对具体国家"的双边模式开展合作。

在与欧盟对话难以取得突破的情况下，欧亚经济联盟把目光投向了欧洲安全与合作组织。2017年12月7~8日，欧亚经济委员会工作会议一体化与宏观经济政策部部长瓦洛娃娅参加了欧安组织外长峰会。峰会期间，瓦洛

---

① Соглашение о ЗСТ между Сингапуром и ЕАЭС могут заключить в 2018 году//РИА новости. https://ria.ru/economy/20171017/1506979162.html.
② Министр ЕЭК Татьяна Валовая и еврокомиссар Йоханнес Хан открыли дискуссию о необходимости сбалансированных отношений между ЕАЭС и ЕС. 06 декабря 2017 года. http://www.eurasiancommission.org/ru/nae/news/Pages/6-12-2017-3.aspx.
③ 同③。

娃娅与欧安组织代表商讨了2018年欧亚经济联盟参加欧安组织经济合作活动的可能性，意在为与欧盟国家开展直接对话创造机会。① 由于欧亚经济联盟成员国都是欧安组织成员国，欧亚经济联盟与欧洲安全与合作组织的对话可能要相对容易一些。

结　语

欧亚经济联盟的重点发展区域也是中国丝绸之路经济带的战略支撑与核心区域，欧亚经济联盟和丝绸之路经济带在这一地区相互交汇，战略利益要求二者必须加强协调沟通，以便趋利避害。尽管欧亚经济联盟发展进程缓慢，但它已经对亚欧中心地带产生了某些重要的影响。因此，欧亚经济联盟是我国丝绸之路经济带建设过程中不可忽视的区域一体化机制，对它在下一阶段的发展应给予持续关注。

---

① ЕЭК обсудила возможность участия в мероприятия по линии второй экономической корзины. ОБСЕ в 2018 году. http：//www.eurasiancommission.org/ru/nae/news/Pages/7－12－2017－2.aspx.

Y.16 乌克兰危机与俄乌关系

胡 冰[*]

摘　要： 2017年，持续四年的乌克兰危机在国际社会的受关注度继续减弱，但是乌克兰东部局势的周期性恶化和冲突升级不时地能召回一些关注的目光。自乌克兰危机爆发以来，俄乌关系是俄罗斯外交中最棘手的问题之一。一方面，乌克兰危机将本是同根生的俄乌关系变成了"世仇"，民族主义情绪使得两国关系的发展似乎难以逆转；另一方面，乌克兰问题也成为俄罗斯与西方改善关系的最大障碍。2018年，再次赢得大选的普京在其最后一个任期内，是否会为摆脱国内贫弱的现状和外部的困境，尝试在乌克兰问题上改变其强硬的作风，以缓和与西方的关系，从而减轻西方制裁对俄罗斯内部发展的影响？俄乌两国是否可能恢复双边关系的正常化呢？

关键词： 乌克兰危机　明斯克协议　顿巴斯一体化协议　俄美关系　俄欧关系

乌克兰独立之后，乌国内亲欧与亲俄势力对于国家发展道路一直没有达成共识。从克拉夫丘克到波罗申科，乌克兰始终未能摆脱俄欧之困，实际上是一个"分裂"的国家。对俄罗斯来说，乌克兰不仅是其历史源头，也是俄欧之间最后的地缘政治屏障，因此它是俄罗斯必与西方争夺的缓冲地带，

---

[*] 胡冰，中国社会科学院俄罗斯东欧中亚研究所助理研究员，《俄罗斯东欧中亚研究》编辑。

俄罗斯绝不能容忍其全面倒向西方。对于西方来说，乌克兰被视为五个"地缘政治支点国"之一。布热津斯基在《大棋局：美国的首要地位及其地缘战略》中这样描述乌克兰对俄罗斯的重要性："没有乌克兰，俄罗斯不能成为一个欧亚帝国。"苏联解体以来，乌克兰一直是西方限制和削弱俄罗斯、阻止其崛起的重要支点，是大国博弈的舞台。乌克兰危机爆发至今已经四年，但俄罗斯与西方关系的恶化、西方对俄罗斯的制裁、俄罗斯内政外交的转向，仍在持续发酵。

一　乌克兰危机之后俄乌关系的新发展

截至目前，乌克兰危机已持续四年，但全面停火协议难以得到切实履行。2017年12月27日，乌克兰顿巴斯冲突以来最大规模的一次俘虏交换顺利进行，2018年将成为执行明斯克协议的决定性一年。

2013年11月，乌克兰亲俄派总统亚努科维奇中止和欧盟签署政治和自由贸易协议，欲强化与俄罗斯的关系，从而导致乌克兰亲欧派在基辅展开大规模抗议；反对派继而要求亚努科维奇下台，提前举行选举；其后危机蔓延至乌克兰全境，演变成亲俄和反俄人士的武装冲突。2014年3月16日，克里米亚自治共和国政府发起公投，约96%的选民赞成脱乌入俄，克里米亚政府随即宣布脱离乌克兰并起草条约准备加入俄罗斯。3月18日，俄罗斯接收克里米亚共和国和塞瓦斯托波尔市。21日，俄罗斯将其作为联邦主体编入克里米亚联邦区，从而使俄乌两国关系跌至冰点。但是，俄罗斯并没有停止对乌克兰的惩戒。2014年4月，乌克兰东部爆发武装冲突，俄罗斯以各种形式向乌克兰东部俄罗斯族谋求独立的地方武装提供支持。乌克兰政府军与民间武装冲突不断，导致紧挨冲突双方"接触线"的顿涅茨克州阿夫杰耶夫卡地区水电和暖气供应中断，并造成大量平民伤亡。乌克兰危机在亚努科维奇政权倒台后愈演愈烈。俄罗斯拒绝承认乌克兰临时政府的合法性。同年9月，乌克兰问题三方联络小组与乌东部民间武装在明斯克达成停火协议，但冲突并未停止。2015年2月，乌克兰、俄罗斯、法国、德国四国领导人在白俄罗斯首都明斯克彻夜谈判，最终就解决乌克兰危机达成共识，签署了明斯克协议，内容主要包括"双方全面停火、从冲突地区后撤重武器"，"按照乌克兰法律举行地方选举"和"恢复乌克兰政府对整个冲突地区国家边界的完全控制"等，但俄乌双方立场不同，难达共识，协议并未得到有效执行。2016年，乌克兰东部战事趋于平静，偶有交火，但并未发生大规模激烈冲突，俄、德、法、乌"诺曼底四方"进行了数次协商，但仍未能推动乌克兰问题的有效解决。

2017年1月29日以来，乌克兰东部局势再次紧张。乌克兰军方在阿夫捷耶夫卡市附近频繁进攻，与东部民间武装激烈交火，双方均使用了重型武器。乌克兰极端民族主义分子还封锁了顿巴斯地区的铁路运输线，坚称任何与自行成立的共和国的贸易都是走私行为。卢甘斯克和顿涅茨克"人民共和国"对此的回应是停止向基辅供应煤炭，并对所有未在两个共和国注册的乌克兰企业实施外部管理。在上述背景下，2月19日，普京签署命令，"临时承认""顿涅茨克共和国"和"卢甘斯克共和国"颁布的护照等证明。此举引发乌政府严重抗议和西方国家强烈谴责。乌克兰危机再次吸引了全世界的目光。7月19日，乌克兰东部民间武装领导人宣布成立"小俄罗斯"并举行全民公决通过国旗和宪法。乌克兰官方立场强硬，表示将恢复对顿巴斯和克里米亚的主权。相比之下，俄方反应平静，并重申忠实于明斯克协议，对其他问题暂不置评。11月29日，乌克兰问题三方联络小组在白俄罗斯首都明斯克举行例会达成协议，乌克兰政府同乌东部民间武装于12月27日用238人换回74人，这是自冲突以来最大规模的战俘交换活动，"乌克兰的抉择－人民的权利"社会运动负责人梅德韦德丘克表示，交换俘虏第二阶段将以"74人换29人"的方式进行。

2018年1月18日，乌克兰最高拉达以280张赞成票通过了关于"顿巴斯重新一体化"的总统法案。俄罗斯外交部随后发布消息就此回应称，乌克兰通过"顿巴斯重新一体化"法案的行径表明该国正在酝酿新一轮战争。双方战略互信严重缺失，但外部环境的变化为俄乌缓解提供了契机，短期内双方关系得到根本性改善存在一定难度，但不排除发生转折的可能性。

二 西方对俄乌关系走势的影响

俄乌关系的恶化虽然开始于乌克兰对国家道路及发展模式的选择，但两国关系的发展不仅仅受限于乌克兰国内的政治问题和俄乌两国对民族身份的认同、历史文化和地缘的纠葛。乌克兰危机不仅仅是一个地区性问题，更是事关俄罗斯与整个外部世界关系的战略性问题。随着乌克兰危机的发展，俄罗斯与西方世界之间出现了类似于冷战时期的对抗，美欧对俄罗斯制裁的逐步升级，国内经济形势的恶化使俄罗斯把对外战略重点向东方转移，进一步加强与中国和亚太地区国家的合作，一方面为了缓解西方制裁的压力，另一方面为了赢得更大的战略回旋余地，加强在国际事务中的影响力。而波罗申科领导的乌克兰在乌克兰危机之后则进一步转向西方，一方面寻求西方援助，另一方面为加入欧盟和北约进行改革。

（一）从奥巴马到特朗普：美国对乌克兰危机的态度变化

兼顾东西方平衡同时又亲俄的亚努科维奇政府被推翻后，亲西方的民族主义激进派在乌克兰执政，使俄罗斯在安全缓冲区和外部稳定性方面受到严重威胁，俄罗斯的大国雄心受到重创。亚努科维奇执政期间放弃加入欧盟的计划使美国以乌克兰国内危机为契机，阻挠普京的欧亚联盟计划。危机发生以来，美国对俄罗斯在乌克兰的举措经历了反介入→制裁→威慑的过程。从乌克兰危机一开始，主张巧实力的奥巴马政府明确排除了在乌克兰问题上使用武力，侧重通过政治、外交和经济手段对俄实施反制。2014年，美国发动了六轮对俄制裁，2016年，美国向乌克兰提供了10亿美元的经济贷款、3.35亿美元军事援助。在加强对乌克兰军事人员培训的同时，还与乌在北约框架下举行多次军演，震慑俄罗斯。回顾奥巴马政府应对乌克兰危机的政策，可以看到，在美国将对外战略从全球收缩到亚太的大背景下，美国在欧洲采取守势，在解决危机时把欧盟国家推到一线，自己则退居幕后。但是奥巴马政府因为忽略了俄在克里米亚采取非常措施的可能性、对俄在乌东部的战略意图把握不准、危机初期反应迟缓没有及时有效形成威慑等失误招致了美国鹰派的批评。

特朗普在竞选期间多次表达了对普京的好感，表示将重新缓和并修补美俄关系，批评美国因乌克兰危机与俄正面对抗，并强调欧洲领头羊德国应该对乌克兰问题的解决承担主要责任。他还表示，乌克兰没有必要加入北约。特朗普成为美国总统之后，虽然对俄罗斯采取了更加慎重和克制的态度，但经常表现出加强两国关系的愿望。美俄之间互动频繁，大有回暖趋势。特别是在2017年1月28日，特朗普总统主动与普京通电话，表示美国尊重俄罗斯，致力于改善双边关系。美俄总统电话连线加剧了乌克兰政府对可能被美国"抛弃"的恐惧。乌克兰总统波罗申科担忧，一旦乌克兰失去美国支持，将遭到来自俄罗斯更大的压力，不仅克里米亚问题被忽略，东部统一也会化为泡影，甚至还会引发国内政局动荡，危及其执政根基。因此在美俄两国总统通话后的第二天，乌克兰政府就挑起战火，意在分化美俄立场，牵制其缓和进程。

随着特朗普上台，俄美关系进入调整期，乌克兰问题能否得到真正解决取决于俄美关系的改善程度。乌克兰危机本来就是美俄大国政治角逐的缩影，如果这一美国主导、西方多国参与对俄罗斯围堵和孤立的态势有所松懈，乌克兰局势的缓和也许会出现新的契机。但冰冻三尺非一日之寒，美国国内的战略判断依然是俄罗斯对恢复冷战时期超级大国地位的野心和对地缘政治利益的争夺，"遏制、排斥"仍是美国对俄罗斯政策的重点。特朗普在国内受到多方力量的牵制，仅凭特朗普一己之力难以扭转美俄关系多年来处于冰点的态势。"通俄门"影响的扩大，使得特朗普无法在美俄关系的改善上有所作为。国会几乎一致支持7月对俄罗斯采取新一轮制裁，特朗普本人也不得不做出让步。特朗普特别安全顾问弗林因为与俄方的私下"协议"而去职，显示了美国朝野在特朗普与俄方改善关系问题上的高度不安，比如特朗普团队可能会提供什么作为交换，是解除制裁，还是重新考虑美国对乌克兰及其他受俄罗斯"侵略"国家的支援？[①] 特朗普的国家安全顾问团队向

---

① What Was Trump's Russia Plan? http：//carnegieendowment.org/2017/12/08/what-was-trump-s-russia-plan-pub-74965.

其提出建议,要想实现与莫斯科关系正常化的目标,乌克兰战争必须结束,但美国在外交或军事上几乎没有对俄罗斯施加足够压力的手段,因此制裁可能收效甚微。鉴于美俄关系一直以来并不令人乐观的大背景,希望通过特朗普和普京之间的私交来扭转美俄之间一直以来的僵硬对抗,显然是不现实的。

(二)欧盟与乌克兰问题的解决

虽然欧盟对俄罗斯心存芥蒂,但美欧对俄实施的多轮制裁存在明显的差别,美国对俄制裁高调出击;欧盟却显得相对谨慎克制。其中原因,一方面,美欧与俄经贸合作程度不同。美俄之间的贸易一年仅300亿美元左右,而俄欧高达4000亿美元,欧盟1/3的能源来自俄罗斯,而美国已基本实现能源独立,在这方面对俄无所求,由于经济依存度不同,美国可以放开手脚对俄实施制裁,而欧盟不得不瞻前顾后。另一方面,双方承受制裁带来的消极影响的能力不同。自从金融危机以来,美国经济复苏相对比较快,而欧盟尚未从经济衰退中恢复元气,制裁俄罗斯对欧盟的贸易出口有一定打击。当然制裁与反制裁对俄罗斯打击更大,制裁导致俄罗斯获取西方技术、资本的途径受阻,尤其是能源和军工行业在俄罗斯国民经济中占比较高,而欧美对俄罗斯国防、金融和能源行业的制裁一再升级。

缓解欧洲和俄罗斯之间的紧张关系,解决乌克兰危机是关键。自2016年以来,欧盟因英国脱欧、难民危机、恐怖袭击等问题自顾不暇,对乌克兰的关注度有所下降。同时,欧盟对乌克兰政府政治经济改革以及反腐工作原地踏步感到失望,援助之心有所减弱。但乌克兰对欧盟的好感并未减退,根据2017年12月在乌克兰的一项民意调查,50%的人支持欧盟一体化,只比2014年的59%略有下降,且远高于支持俄罗斯主导的欧亚经济联盟16%的比例。对欧盟的高支持率反映了四年来乌克兰寻求进一步摆脱之前在西方与俄罗斯之间的双重依赖。

乌克兰与欧盟的关系可以作为一个很好的案例,来测试欧盟与一个毫无入盟前景的国家之间的关系到底能够多么紧密?欧盟和乌克兰之间在签署了联系国协定和自由贸易区协定之后,欧盟与乌克兰关系的发展周期已经到了一个双方都表现出疲惫迹象的阶段，在2019年乌克兰大选之前，双方对改革的共同承诺都可能有所动摇。2017年6月实行签证自由化以来，欧盟批准持有生物识别护照的乌克兰公民可以免签证前往申根国家，可以在欧盟享受90天旅行免签证的待遇，但不允许乌克兰人在欧盟工作。约有40万乌克兰人利用新获得的机会前往申根区，不到乌克兰总人口的1%，因此免签证制度有一定的象征意义，但不足以维持乌克兰对欧盟的兴趣和信任，也不足以维持乌克兰精英阶层的改革承诺。

对于乌克兰来说，按照欧盟法律和标准进行改革是一个缓慢而痛苦的过程。到目前为止，双方新采取的自主贸易措施收效甚微，尽管自由贸易协定的签订增加了乌克兰对欧盟的出口，但商品和服务贸易总量仍略低于乌克兰危机前的水平。乌克兰政府制订了一系列雄心勃勃的计划，包括加入申根区、关税同盟、能源联盟和数字单一市场。波罗申科总统更进一步宣称，一旦这些政策调整得以实施，获得欧盟成员国身份只是一个时间问题，这种过于乐观的言辞可能是其在2019年乌克兰总统和议会选举前赢得民心的举措之一。

一方面，欧盟对乌克兰入盟的积极性在减退，欧盟的现行制度并不欢迎那些行政能力薄弱、经济正在实现现代化或是那些正在努力建立法治的国家加入。此外，自贸协定必定对不同的经济行为体和地区产生不同的影响。在此影响下，乌克兰东南部的工业将受到严重冲击，甚至可能进一步给基辅的当权者带来政治压力。尽管欧盟对乌克兰的宏观财政援助是迄今为止向非欧盟国家提供的最大援助，但是由于乌克兰并没有成员国身份，欧盟的援助旨在抑制此类影响，因此最终将受到限制。在2017年12月的东部伙伴关系峰会上，欧盟承诺提供20亿美元的宏观财政援助，与国际货币基金组织保持一致，但欧盟在援助支出方面一向采取更灵活的方式。

另一方面，"诺曼底四方"这一将法国、德国、俄罗斯和乌克兰汇集在一起的外交框架也并未发挥应有作用，仅停留在要求各方履行明斯克协议，其提出的所谓"路线图"也成为空谈。四年来乌克兰政府特别在意的欧洲国家在投资方面也未出现明显增长之势。

德国总理默克尔是推进"诺曼底模式"持续发挥作用的关键人物，以

此建立了柏林、巴黎、基辅和莫斯科之间的沟通渠道。在德国看来，明斯克协议的实施、冲突管理和乌克兰内部改革进程被认为是不可分割的，因为成功的国内改革将是乌克兰抵御外部挑战的有效前提。2017年，德国被指定的发展援助金额为3.77亿欧元（将近5亿美元），此外还有2300万欧元的人道主义援助，680万欧元被用来支持三个乌克兰公民社会优先项目：法治、对话和调停，还有320万欧元用于扩大与乌东部地区和俄罗斯合作的德-乌项目①。德国通过各种渠道（包括七国集团）与基辅进行沟通，如此多的行为体参与虽然提供了一定程度的灵活性，但也为协调增加了难度。

与最近权力被明显削弱的默克尔不同，法国总统马克龙可以相对更加自由地领导欧洲处理与俄罗斯的艰难关系。为了提升法国在全球事务（包括欧洲安全事务和与俄罗斯的关系）中的形象，刚当选法国总统的马克龙虽然适时地指责俄罗斯吞并克里米亚，并批准欧盟对俄罗斯的制裁，但与此同时，对与莫斯科合作进一步稳定顿巴斯局势表现出了积极的态度，这一转变的最终目的是逐步放松对俄制裁。尤其是马克龙与普京达成协议，将以"诺曼底模式"恢复谈判。马克龙认为，现在判断2015年2月明斯克协议的有效性还为时过早，它仍是解决冲突的最佳途径，与其对明斯克协议的基本原则进行辩论，不如把重点放在日常实施上。为了使"诺曼底模式"更有成效，建议从接触线撤回敌对势力，加强国际观察员的监督，扩大人道主义援助和改善囚犯的状况。②除此之外，法国还加强了与乌克兰的双边关系，法国的双边援助项目仅次于德国，达270万欧元，主要用于政府改革、支持高等教育（主要用于培训新的行政人员），以及对乌国内社会和冲突地区进行人道主义援助。③此外，他还宣布2018年5月将参加圣彼得堡经济论坛，标志着已疏远的前合作伙伴之间有可能恢复全面对话，这有助于更好

---

① The EU and Ukraine: Taking a Breath, https://carnegieendowment.org/2018/02/27/eu-and-ukraine-taking-breath-pub-75648.
② From Ambition to Style to Substance: Emmanuel Macron Makes His Mark on French Foreign Policy, https://carnegie.ru/commentary/74871.
③ The EU and Ukraine: Taking a Breath, https://carnegieendowment.org/2018/02/27/eu-and-ukraine-taking-breath-pub-75648.

地理解欧洲和俄罗斯之间现有的政治分歧，同时进一步扩大俄欧之间的商业和文化联系。

声明式的欧洲化既不符合乌克兰的利益，也不符合欧盟的利益。欧盟和各成员国可能更加一致地利用各自的渠道，限制乌克兰重要领域的改革偏离欧盟所期待的范围。然而，最终改革的持续动力必须来自乌克兰内部，像欧盟这样的外部参与者只能起到助推的作用，这是乌克兰改革进程中的关键。乌克兰的外交政策取向虽然已经与西方走得更近，但其与西方的关系，尤其是与欧盟的关系并无定数。在2019年之前，欧盟和乌克兰政界人士都在两面下注，东西摇摆，这就要看俄罗斯是否能够抓住2018年的战略机遇期，重启俄乌关系，尽快解决乌克兰危机，为普京最后一个任期赢得相对稳定的外部环境。

三 2018年俄罗斯大选对俄乌关系的影响

俄罗斯介入乌克兰的另一个深层原因根植于普京执政以来的俄罗斯国内政治结构。乌克兰危机四年来，俄罗斯受欧美制裁，国际资本大举外流，使本就风雨飘摇的俄罗斯经济雪上加霜。未来几年，俄罗斯的外交和国内政治仍将紧密联系在一起。2018年总统大选被特意安排在俄罗斯正式吞并克里米亚四周年之际举行，本身就是乌克兰和俄罗斯之间争论的焦点，乌克兰抗议在克里米亚进行的总统选举投票，并认为这是克里米亚半岛上的第二次"公投"。乌克兰当局仅允许俄罗斯外交官投票，阻止在乌克兰的俄罗斯人进行投票，并封锁了俄罗斯设在驻基辅使馆以及在利沃夫、敖德萨和哈尔科夫领馆的投票站。

事实表明，仅凭外交政策不足以有力支撑普京的第四个任期。俄罗斯吞并克里米亚虽然团结了俄罗斯民众，激起国内民族主义情绪，但俄罗斯介入乌克兰东部冲突的成本越来越大，从理论上讲，这将推动普京政府尽快寻求解决该冲突的途径，因为在一定程度上，普京第四任期执政的重点应重新回到国内问题，尤其是民生领域如教育、医疗服务和提高居民生活水平。当然,国内改革进程并非坦途,国内改革的空间狭小将增加外交政策延续下去的可能性。

结　语

总的来说,乌克兰危机之后,乌克兰的形势并没有完全朝着普京预设的方向发展,乌克兰向西方靠拢的倾向更加明显,与俄罗斯的离心趋势更加严重,并将进行全面改革,甚至彻底摆脱俄罗斯的束缚。尽管如此,宣布自治的"顿涅茨克共和国"和"卢甘斯克共和国"对于普京政府来说仍然是一个有用的工具,可以威胁乌克兰的整体稳定并使局势升级或恶化。

乌克兰冲突持续时间如此之长有其内在原因,冲突中的人力、社会和环境成本变得更加难以控制。在这种情况下,人们所能期望的只能是细小的转变,如可以尝试让乌克兰政府的相关人员和非政府控制地区的领导人之间进行直接或间接的接触,2017年底的最大规模战俘交换就是一个好的开始。

最重要的是,在斯克里帕尔袭击事件中俄罗斯和西方的关系又一次陷入僵局,"诺曼底模式"仍然是唯一能让俄罗斯领导层与欧洲进行定期对话的高层机制。通过这种形式,乌克兰、俄罗斯、德国和法国的领导人已经承担了明斯克协议的执行任务。俄乌冲突将持续发酵,并有可能使牵涉其中的各方关系变得更加复杂而分散了解决危机的精力。

与此同时,在2019年乌克兰总统大选之前,波罗申科开始为自己的竞选活动做准备。为了吸引选民,他一方面有可能加大与被占领土的非政府人员进行接触的力度,推动危机尽快解决;另一方面可能为了竞选活动进一步强化自己的立场,试图利用冲突引发爱国主义言论、激发民族情绪来击败对手。

总而言之,2018年俄罗斯总统大选、斯克里帕尔袭击事件,以及即将到来的乌克兰大选,都为俄乌关系的走势和乌克兰危机的解决带来了不确定性。

十月革命一百周年专题

The October Revolution

Y.17
俄罗斯对1917年俄国革命研究的百年变化

刘显忠*

摘　要： 2017年俄国1917年革命满一百年。在这一百年间，俄罗斯学术界对十月革命的认识经历了一个复杂的变化过程。苏联时期，革命被认为是历史的火车头，对革命高度赞扬。苏联解体后，对革命由赞扬转变成了另一种意识形态化的否定，只提革命的消极内容，不提积极方面，革命成了绝对的恶。这种根据政治形势变化而改变的研究，不利于学术传统延续。俄罗斯对1917年革命研究的方法论陈旧，导致学术界很难形成共识。

关键词： 十月革命　俄罗斯　历史编纂学

---

* 刘显忠，中国社会科学院俄罗斯东欧中亚研究所研究员。

2017年俄国十月革命爆发一百周年。不管持各种不同立场的人对这场革命如何评价，它无疑是对20世纪世界历史及俄国自身历史都产生了重大影响的事件之一。这一点就是西方的一些历史学家也是承认的。美国一部很有影响的世界史著作曾对俄国革命做了这样的评价："1917年11月布尔什维克党夺取政权，这是俄国革命的决定性步骤。俄国革命作为决定20世纪发展进程的一股力量，其影响之大，并不亚于第一次世界大战。就其规模而言，只有1789年的法国革命能够与之比拟。"[1] 美国历史学家和哲学家詹姆斯·比林顿1966年也曾写道："如果说19世纪思想家的主要任务是确定自己对法国大革命的态度，那么当代人的中心任务就是评价俄国革命。后一个任务甚至更具有决定性，因为现在地球上十多亿人都宣称他们是俄国革命的继承者和捍卫者。1917年革命唤起的力量要比1789年法国革命和民主革命时代孕育的力量更有力、更鲜明地展现了自己。"[2] 所以2017年，俄国1917年的十月革命是个无法回避的话题。本文只想就1917年革命爆发后的一百年间，苏联及当今俄罗斯学术界对俄国1917年革命认识的变化进行一下梳理，以便从中看出现实政治的变化对历史研究的某种影响。

一　苏联时期对1917年革命认识的变化

首先是关于十月革命名称的变化。苏联时期一般把1917年俄国发生的革命看作两次对立的革命。把二月革命看成帝国主义时代的革命，相对于1905年第一次资产阶级民主革命而言一般称其为"俄国第二次资产阶级民主革命"或俄国"1917年二月资产阶级民主革命"。而把十月革命看成社会主义时代的革命，称其为"伟大的十月社会主义革命"。[3]

---

[1] 〔美〕帕尔默、科尔顿：《近现代世界史》（下），商务印书馆，1992，第953页。
[2] Русская революция: победа и поражение большевиков. Москва, 1997, с. 3.
[3] 苏联时期出过三个版本的《苏联大百科全书》，第一版于1926~1947年出版，共65卷和单独的苏联卷；第二版于1949~1958年出版，共51卷，1960年又增补了2册的索引；第三版于1969~1978年出版，共30卷31本。

不过，"伟大的十月社会主义革命"这个术语是后来出现的。一开始布尔什维克党人及其盟友都称十月的事件为"革命"。Ф. 拉斯柯尔尼科夫代表布尔什维克党团在立宪会议中宣读的宣言中首次使用了"伟大的十月革命"这个概念。在革命后的头十年，布尔什维克也经常称自己的革命为"十月政变"，当时这个名称还不带有贬义。列宁、斯大林等布尔什维克领导人也时而会使用"十月政变"这个术语。但是，后来"政变"一词开始同阴谋和一小撮人夺取政权联系在一起，类似宫廷政变。"十月政变"这种表述开始在对苏维埃政权持批判态度的文献和侨民的文献中被广泛使用，已经带有了贬义。从1927年（也有说是从1937年底）十月革命十周年起，出现了"伟大的十月社会主义革命"这个术语。十月革命六十周年时，它被称为20世纪的主要事件。1929年前，苏联曾把二月革命爆发的3月12日定为推翻专制制度节，以纪念资产阶级革命。1929年后这个日子成了一般的工作日。

对于二月革命和十月革命的关系，很多革命的领导人和侨民见证人，如列宁、托洛茨基、米留可夫、马尔托夫、邓尼金等都把它们看作不可分割的整体，是一次革命。列宁在《论无产阶级在这次革命中的任务》（即著名的《四月提纲》）里就说："目前俄国的特点是从革命的第一阶段过渡到革命的第二阶段"[①]。革命胜利后，列宁在《共产主义运动中的"左派"幼稚病》一书中总结俄国革命的经验时，仍把从2月到10月的革命通称为俄国的第二次革命。托洛茨基则认为："二月革命仅仅是一具外壳，而十月革命的内核蕴含在其中。二月革命的历史就是十月的内核怎么从自己的妥协主义外壳中剥离出来的历史。"[②] 布尔什维克的一些死对头尽管对革命的评价不同，但对十月革命和二月革命关系的认识却很相近。如革命的亲历者邓尼金在其所著的《俄国混乱史》、米留可夫在其所著的《第二次俄国革命史》中，都把二月革命和十月革命看成相互关联的各种趋势和事件不可分割的链条。立宪民主党的领导人、历史学家帕维尔·米留可夫认为："俄国革命如果停留在第一阶段而不

---

① 《列宁全集》第36卷，人民出版社，1959，第452页。
② 〔苏〕列夫·托洛茨基：《俄国革命史》（第一卷），商务印书馆，2014，第4页。

进行到底,那它就不是一场革命。"他认为,布尔什维克革命是"俄国革命长期复杂进程中的一个阶段"。十月革命并不是对二月革命的否定,而是二月革命所开创的进程的继续。"因为任何真正革命的爆发都要经历从温和到极端的各个阶段。"① 米留可夫的著作中把"革命"和"政变"两个词混用。他对二月革命,有时也用"政变"一词。② 俄罗斯哲学家和历史学家格奥尔基·费多托夫在侨居国外时也曾指出:"能否把二月革命和十月革命对立起来?当然不是对俄国革命进行社会学分析。它们作为这个巨大的历史进程的因素进入这个伟大的历史进程。对历史学家而言,始终都是二月革命是开始,十月革命是结束……引起二月革命爆发的那些力量也进行了十月革命。"③

革命的同时代人和参加者很难对革命做出客观的评价。政治取向不同的人对革命的认识是不同的。对俄国的君主主义者和右翼政治家而言,正是二月事件成了主要灾难,而其他的一切都只是逻辑结果或失败的继续。对俄国的民主派来说,正是二月革命成了俄国最伟大的成就,而十月事件是阴谋和自由民主理想的破灭。对于布尔什维克来讲,二月革命主要是十月革命的序幕。

革命后,俄国的自由主义者在反思革命时,更强调二月革命是历史的偶然,是由俄国参加第一次世界大战、尼古拉二世及其身边的人政治上的盲目无知引起的。当然也有亲历革命的自由主义者承认革命具有合理性,比如宗教哲学家、立宪民主党人别尔嘉耶夫写道:"我非常厌恶很多侨民的观点,他们认为布尔什维克革命是由某种恶势力,几乎就是一群罪犯所完成的,而他们自己则一直处于真理和光明之中。所有人都对革命负有责任。最要负责任的是旧制度的反动力量。我很早就认为俄国革命是不可避免的和正义的,但我并不认为它是非常美好的。相反,我早就预见到,在革命中自由将被消灭,极端的仇视文化、仇视'精神'的因素将在革命中获胜。"④

---

① Коммунист. 1990. №5. С. 48.
② Милюков П. Н. История второй русской революции. Москва. 2001.
③ Медведев Р. А. Русская революция 1917 года: победа и поражение большевиков (к 80-летию Русской революции 1917 года). Москва. 1997. С. 7.
④ 〔俄〕尼·别尔嘉耶夫:《自我认识——思想自传》,上海三联书店,1997,第219页。

俄罗斯对1917年俄国革命研究的百年变化

由于十月革命是革命后建立的苏联政治体制的合法性源泉,苏联官方史学对十月革命的评价一直很高,把它看成世界历史新时代的开端,十月革命原则的胜利是全球性的胜利。苏联时期十月革命历史编纂学的主调是强调十月革命的历史必然性,说19~20世纪之交世界资本主义进入了最后的帝国主义阶段,这为俄国革命创造了经济前提;同时,也给生产力的发展提供了强大的推动力,资本主义变成了社会进步道路上的障碍;生产的社会性和私人占有制形式之间的主要矛盾极端尖锐,其他社会矛盾也很激化。结果是世界上爆发了第一次世界大战,俄国推翻了专制制度,伟大的十月社会主义革命获得胜利。苏联时期承认革命是历史的火车头,所以官方史学家还强调布尔什维克党对十月革命和二月革命的领导,强调无产阶级在革命中的作用。认为在革命过程中工人阶级和贫苦农民结成联盟在布尔什维克党的领导下夺取了政权,建立了无产阶级国家,保证了国家的进步。十月社会主义革命具有世界历史意义,因为它开辟了全世界从资本主义向社会主义(共产主义)过渡的时代。

当然,苏联时期对1917年俄国革命的评价也不是完全没有变化的。比如对二月革命的认识。在第二版苏联大百科全书的"1917年二月资产阶级民主革命"的词条中,强调了推翻沙皇制度的二月革命的不彻底性,没有解决它所面临的任务,导致了新的危机。① 而20世纪70年代出版的第三版苏联大百科全书,则对二月革命在十月革命的胜利中所发挥的积极作用有了更多揭示,认为:"二月革命的胜利把俄国变成了所有交战国中最自由的国家,保证了群众广泛地享有政治权利的可能性。走出地下状态的布尔什维克党在群众中进行了大量的工作,帮助他们摆脱小资产阶级幻想,转向社会主义革命的立场。3月5(18)日《真理报》重新出版,开始大规模地建立工会,出现了工厂委员会,成了工人监督生产的据点,组建了工人纠察队。工人和农民在全国建立人民权力机关。3月就出现了600多个苏维埃:工人代表苏维埃、工兵代表苏维埃、士兵代表苏维埃。这对群众的革命组织、对革

---

① Большая Советская энциклопедия. второе издание. т. 44. 1956. С. 564.

命的进一步发展和把国家政权转到工人阶级手中具有决定性意义。"[1] 这样的评价在第二版中是没有的。

此外，20世纪60~70年代苏联的十月革命史研究中还出现了一个对当时官方有关十月革命结论提出挑战的"新方向"（новое направление）流派。该派的代表人物有当时的苏联科学院苏联历史研究所所长沃洛布耶夫（П. В. Волобуев）、塔尔诺夫斯基（К. Н. Тарновский）、安菲莫夫（А. М. Анфимов）、布尔加诺夫（А. Х. Бурганов）、阿弗列赫（А. Я. Аврех）、丹尼洛夫（В. П. Данилов）等。他们证明，从俄国资本主义成熟性中不能直接得出十月革命必然性的结论，必须考虑到俄国经济的多样性，承认自发势力在1917年事件发展中的作用，他们谈到了十月革命基本的民主潜力，俄国社会发展的选择性。"新方向"流派的出现是一部分苏联历史学家开始放弃教条独立思考十月革命问题的体现。但由于冲撞了官方意识形态，1972年7月，苏联科学院历史学部委员会在院士、党的活动家 П. 波斯别洛夫的动议下做出了谴责"新方向"流派的决议。1973年3月，苏共中央学术部举行了会议，在会议上"新方向"被定性为"修正主义"，批评"新方向"流派是对列宁主义理论、纲领、战略和策略原则的践踏。沃洛布耶夫被以无法胜任工作为由免去了苏联历史研究所所长职务。

20世纪80年代，试图创作"三次革命"史的"综合性著作"，确立布尔什维克党在革命进程中"无所不包的"作用。而且当时还决定创作新的多卷本的"苏共党史"。但这些工作因苏联解体而中断。不过，苏联时期，尤其是20年代和赫鲁晓夫时期，还是公布了大量的有关十月革命中布尔什维克的活动和下层民众参与十月革命的各种史料。

二 苏联解体后的俄罗斯对十月革命认识的变化

苏联解体后，俄罗斯国家制度发生了变化，非马克思主义的政治力量掌

---

[1] Большая Советская энциклопедия. третье издание. т. 27. 1977. С. 229.

权。俄罗斯当局不信仰马克思主义，对革命的认识也发生了根本性的变化，革命由历史的火车头变成了绝对的恶。

首先，是术语的变化。俄国 1917 年大革命或俄国 1917 年革命取代了苏联时期的"伟大的十月社会主义革命"。这样的术语不是最近几年才出现的，而是在苏联解体后不久就已经开始为一些研究者所使用。比如，1997 年出版的 В. П. 德米特连柯主编的《20 世纪俄国史》，是俄教育部推荐供师范院校使用的教学参考书。该书第三章的标题就是"俄国大革命"。罗伊·麦德维杰夫为 1917 年革命 80 周年而写的著作《俄国 1917 年革命：布尔什维克的胜利和失败》，也使用了这个术语。一些有社会主义取向的学者也都认为把 1917 年革命分成对立的二月资产阶级民主革命和十月社会主义革命不合理。赞同米留可夫、邓尼金、托洛茨基、马尔托夫等人的说法，认为是一次革命而不是两次革命。① 莫斯科师范大学历史系的夏金和卢布科夫主编的教科书则使用的是"1917 年俄国大革命"这样的标题。② 与术语相关联的是该术语所包含的内容。大多数学者都把 1917～1922 年这个时间段看作大革命时期。这样它就不仅包括二月革命和十月革命，而且也把苏联时期所说的内战包括在内了。当然，也有大学教科书把革命和内战分开。如夏金的教科书承认二月和十月是一次革命，把它们放在了同一章里，而将内战和外国武装干涉单独列了一章。俄罗斯科学院世界历史研究所的舒宾专门就革命结束的日期进行了论证，他认为对俄罗斯帝国制度的破坏在 1917 年 2～3 月就开始了。革命事件持续到了 1922 年。革命结束的日期是苏联的成立及祖国历史新时期——苏联历史的开始。此时，革命的主要问题——政权问题、土地问题、工人问题、民族问题都以某种方式得到了解决，出现了新的国家形式、新的合法性、游戏规则和行为规则。③ 把"俄国 1917 年大革命"这

---

① Под общ. ред. Сорокина А. Октябрь 1917: вызовы для XXI века. Москва. 2009. С. 14, 18. 一些左翼学者也基本认同"俄国大革命"的提法，如 2017 年左翼学者出版了一部名为《大革命的顶点——纪念十月革命一百周年》的集子。
② Под ред. Э. М. Щагина, А. В. Лубкова. Новейшая отечественная история. XX век. Книга 1.
③ Шубин А. В. Великая Российская революция. 10 вопросов. Москва, 2017. С. 15.

个术语纳入历史文化标准,正是对以前研究成果的认可。不过,由于当今俄罗斯学术研究的多元性,"十月革命"这个术语也仍然有学者在用,比如,苏联解体后出版的俄罗斯大百科全书中还有"1917年十月革命"这个词条。也还有学者在使用"十月革命"这个术语。①

苏联解体后的俄罗斯,对十月革命的认识也经历了一个变化的过程。在苏联解体后的初期,对革命的自由主义认识曾一度占上风,即高度赞扬遭到失败的自由主义的二月革命,否定十月革命的历史意义,十月革命被称为"政变"。自由主义历史编纂学者重复1917年夏天临时政府对布尔什维克领导人列宁提出的德国间谍的指控。这个时期自由主义历史编纂学的代表性成果,是1991年以俄罗斯国立人文大学的名义出版的集体专著《我们的祖国:政治史经验》。在这部书里,西方的历史道路成了俄国的样板。根据这部集体专著中的提法,这是"一条通向自由、平等和友爱的路"。与马克思列宁主义的教科书不同,1917年二月革命成了真正民主革命的样本,"俄国知识分子的精华"不是革命民主派和社会主义者,而是立宪民主党。在马克思列宁主义的历史编纂学中始终被称为"伟大的十月社会主义革命",在这部专著中被定义为"十月政变"。② 按一些历史学家的说法:"在1990年代到2000年代这个后苏联历史编纂学的发展阶段,以前1917年革命及布尔什维克党史的重点选题在学术界不再流行。研究者的注意力转向了对共产主义体制和它的领袖的揭露。"③ 对革命的这种认识实际上是从一种意识形态转向了另一种意识形态,要为当局提供历史合法性。

如果说苏联解体后的初期是肯定二月革命而否定十月革命,那么最近十几年,1917年的二月革命也开始被否定,认为导致帝国垮台的罪责不在布尔什维克,而在自由主义者,也就是说不是十月革命,而是二月革命。这方

---

① 如历史学博士 M. A. 费里德曼的文章题目就叫《十月革命一百周年前夕:历史研究的一些结论》,见 Общественные науки и современность. 2017. №2。

② Согрин В. В. Русская революция 1917 года и перипетии мировой истории. См. Новая и новейшая история. 2017. №3. С. 4.

③ Отв. ред. Петров Ю. А. Российская революция 1917 года: власть, общество, культура. Т. 1. Москва. 2017. С. 29.

面的一个重要代表人物就是索尔仁尼琴。索尔仁尼琴把俄罗斯帝国理想化。2000年代，他从对"红轮"和1917年十月革命的批评转向了对1917年二月革命的批评。2007年，他在俄政府机关报——《俄罗斯报》上发表的关于二月革命九十周年的长文中说得非常清楚："3月1日深夜彼得格勒输掉了俄罗斯本身——长达七十五年之久。"① 这实际上就是过去的君主派的观点。这种观点在当今俄罗斯权力集团内很有市场。比如当今俄罗斯的文化部部长弗拉基米尔·梅津斯基在2017年谈二月革命的原因和教训时指出："正是二月革命为无法阻止的革命进程奠定了基础。它的悲剧也正是这种无法阻止性。二月革命，这是对国家制度的摧毁。"② 对二月革命的否定，也导致了对临时政府时期自由主义认识的变化。如研究俄国1917年革命的专家、俄罗斯科学院俄罗斯历史研究所的布尔达科夫（В. П. Булдаков）认为："在世界大战的条件下，自由派知识分子也成了大国主义知识分子。立宪民主党的领袖米留可夫很快就赢得了'最主要帝国主义者'的声誉。其他自由主义者准备'超过'最极端的沙文主义者。"③ 1917年3～10月，俄国自由主义者也保留着帝国的本质是毫无疑义的：在很多方面仍然保留着旧的国家机构、外交协议，在经济领域和对别国领土的扩张掠夺计划方面实际上没有改变。立宪民主党人、进步派的领袖从1917年3月起在临时政府中担任各种部长，这是维持俄国扩张方针的保证。④

与当年俄罗斯政治家完全否定革命的态度不同，俄罗斯学界这些年对革命本身的认识也出现了变化。苏联时期，"革命"一词具有神圣的意义。资产阶级民主革命被看成欧洲历史最重要的里程碑，它推动了世界历史的前进

---

① Согрин В. В. Русская революция 1917 года и перипетии мировой истории//Новая и новейшая история. 2017. №3. С. 4.
② https://rg.ru/2017/02/18/medinskij-napomnil-o-glavnyh-prichinah-i-urokah-fevralskoj-revoliucii.html.
③ М. А. Фельдман. В преддверии столетия Октябрьской революции. Некоторые итоги исторических исследований. См. Общественные науки и современность. 2017. №2. С. 66.
④ М. А. Фельдман. В преддверии столетия Октябрьской революции. Некоторые итоги исторических исследований//Общественные науки и современность. 2017. №2. С. 66.

并准备了"伟大的十月社会主义革命"。20世纪90年代,革命成了绝对的恶。但这几年,俄罗斯学界对革命的认识发生了变化。如俄罗斯科学院世界历史研究所的舒宾认为,革命具有这样三个特点:其一,革命是社会政治冲突,也就是说这种冲突,一方面有广大的社会阶层、群众运动参与,另一方面有政治精英参与,革命与局部暴动不同的重要特征就是整个社会的分裂;其二,革命必须以冲突的一方或几方力求改变社会结构和基本的法律建制为前提;其三,革命是社会创造,它要克服现存解决矛盾和做出决议的机制的限制。革命就是力求建立新的建制和"游戏规则",它否定现有的合法性。所以革命行动主要是不合法的和非制度性的,革命不受现有制度和法律的限制,有时会导致暴力冲突。他认为,革命是通过社会政治冲突的方式改变社会主要结构的过程。这种冲突从破坏现有制度体系的合法性开始,以新的合法制度体系的出现而结束。此后,就连不认同革命结果的人都开始在新的制度框架内实行自己的追求并按新的规则生活。[1] 雅克文科也认为,讨论俄国需不需要革命没有意义。没有偶然的革命,数百万人参与的进程是不可避免和合乎规律的,这是客观的历史进程。尽管革命有各种悲剧,但革命是无法消除的。在革命中任何社会稳定的结构性原则和各种变革命令之间的冲突都找到了自己的解决方式。革命的责任在很大程度上要由精英来担负,精英有理解现实、理解历史逻辑和制定理智政策的智力资源和组织资源,却没有表现出跨越意识形态壁垒,舍小救大的抱负。[2] 俄罗斯科学院圣彼得堡历史研究所的研究员科洛尼茨基也有类似的看法:革命不是按定制发生的,历史提供了很多极端憎恨革命的国务活动家却最能促进革命准备的实例。[3]

对俄国革命原因的评价,这些年也发生了变化。学者们不再强调俄国资本主义发展的必然性,也不再强调阴谋论。如俄罗斯科学院世界历史研究所

---

[1] Шубин А. В. Великая российская революция. 10 вопросов. Москва. 2017. С. 14~15.
[2] Яковенко И. Г. Мышление революцией. См. Общественные науки и современность. 2017. №3. С. 88.
[3] Колоницкий Б. И. 1917: семнадцать очерков по истории Российской революции. СПб. 2017. С. 13.

著名历史学家、《近现代史》杂志主编 B. B. 索戈林在 2017 年发表的文章中就认为,俄国 1917 年的二月革命和十月革命是历史决定的,二月革命不可能解决符合革命人民,首先是农民期待的任务,农民与临时政府的立场不同,他们要自行夺取主人的土地,并在十月革命前夕已把 90% 的贵族土地据为己有。十月革命支持的就是这种下层的革命,布尔什维克更理解人民的诉求,十月革命把革命引上了社会主义道路。他引用俄国著名思想家别尔嘉耶夫的话说:"十月革命是非常清楚明了的真正的人民革命。"别尔嘉耶夫认为革命的根本原因就是:"居统治地位的特权阶级,主要是贵族,他们的文化、他们的性情、他们的外貌,甚至他们的语言,都与把他们视为另一个种族的人、外国人的人民——农民格格不入。"① 沙齐洛(B. K. Щацилло)也认同索戈林的看法,认为俄国 1917 年革命的起源和原因应当在 20 世纪初专制俄国国家发展的内因和特点中去寻找。寻找外部因素解释沙皇制度垮台的原因,指责其他大国的行为,说它们似乎早就要破坏俄国的国家制度,这是反历史的。应当根据 1917 年的二月事件,好好地考虑一下外部因素和内部因素的相互关联。他认为,1917 年俄国的国家制度和帝国的整个管理体制完全不符合 20 世纪的要求。军事形势只是加剧了各种令人气愤的矛盾,直观地表明了沙皇制度缺少自保的机制和本能。国内的复杂形势只是加重了政权在俄罗斯帝国几乎所有民族中间的孤立状态,最终使君主制名誉扫地。结果是,反对沙皇平庸政策的不仅是极"左"的革命激进派或国家杜马中的自由主义者,而且还有军队的最高领导人及家人。专制制度在俄国被完全孤立。② 俄罗斯科学院俄罗斯历史研究所所长彼得罗夫(Ю. А. Петров)在评论当今 1917 年革命历史编纂学的发展趋势时也指出,在现代的研究中"经常提出这样一种观点,即不应当在政府经济政策的崩溃中寻找俄国革命的深刻原因,而应当在俄国现代化的成就及与之相伴的从传统社会向工业社

---

① Согрин В. В. Российская революция 1917 года и перипетии мировой истории//Новая и новейшая история. 2017. №3.
② Русская революция 1917 года и мировая история//Новая и новейшая история. 2017. №4. С. 40~42.

会过渡过程中所遇到的困难中去寻找"①。根据这种看法，俄国革命的发生是因为国家对时代的挑战没有做好相应的准备，这导致了帝制与正在民主化社会的冲突。

对于第一次世界大战在 1917 年革命发生中的作用问题，学界形成了某种共识。在当今俄罗斯学术界，对俄国现代化进程的认识存在着"乐观派"和"悲观派"。"乐观派"认为，国家可以通过和平途径逐渐使"古老"的俄国社会群体现代化；而"悲观派"则坚持另外一种观点，认为这不可能在 19 世纪下半期到 20 世纪初的俄国社会政治体制的框架内实现，因为传统社会结构全力抵制现代化。所以"自上而下"进行的现代化进程导致了社会生活各个领域冲突的加剧，1917 年革命成了社会对国内发生变化的保守反应。而现代化的"乐观派"和"悲观派"一致认为，俄国参战对"旧制度"的垮台起了决定性作用。"乐观派"认为战争破坏了俄国发展的演化道路；而"悲观派"认为战争加剧了已有的矛盾。②

当然，对二月革命是自发的还是有组织发生的问题，还存在着尖锐的争论。布尔达科夫认为二月革命是暴动群众的胜利。舒宾得出了 1917 年二月革命是"下层"独立发挥作用的结论。米罗诺夫（Б. Н. Миронов）则反对二月革命的自发性观点。他提出了这样的问题："能否说，2 月底走上彼得格勒街头参加政治总罢工的成千上万的人没有受到怂恿，也没有受到推动，没有受到劝说，也没有听从劝说，也即他们是漫无目的地上了船。"尼科诺夫（В. А. Никонов）也认为，"发生革命不可能没有革命者"，革命都是"人为制造的"，所有的群众性行动都有其煽动者。③ 历史学家梅杜舍夫斯基（А. Н. Медушевский）对把革命分成自发和有组织性提出了异议。他认为这种分法，正是由于对 1917 年俄国革命的认识而出现在马克思主义的历史

---

① Петров Ю. А. Россия накануне Великой революции 1917 г.: современные историографические тенденции//Российская история. 2017. №2. С. 4~5.
② Селезнев Ф. Революция 1917 г. в свете современных теорий//Российская история. 2018. №1. С. 174.
③ 同②。

编纂学中，这种分法具有相对性。从法学的视角来看，如果发生了法律继承性的中断，那么革命和政变之间就没有差别；从政治学的角度来看，革命必须有自下而上的群众运动，这与政变不同，政变多半是精英集团的事。按照这个逻辑，所有的革命就定义而言都有自发性，而政变是有组织的。在俄国，二月革命从这个意义上看具有自发性，而十月革命是有组织的，即政变。前者之所以会成功，"与其说是爆发力，不如说是抵抗太弱"。十月革命则是"在事先定出的日期内"实现了秘密计划。① 而俄罗斯科学院俄罗斯历史研究所副所长茹拉夫廖夫（С. В. Журавлев）认为，把二月革命和十月革命作为一个统一的进程，就是要停止对所谓正确者和罪魁的寻找并思考1917年悲剧的普遍责任。他认为，布尔什维克和其他左翼激进主义者处于事件的中心时已经是革命的结束阶段了。不应当忘记使形势出现危机并致使国家解体的政权。第一阶段革命的领导人是杜马的自由主义者，他们组成的临时政府成了革命权力机关。几乎所有居民阶层都狂热地欢迎革命：知识分子代表、士兵、工人和农民，教会活动家也赞同革命。也就是说，如果看看自始至终参与了革命事件的政治和社会力量的光谱，就会发现，整个社会都在某种程度上参与了这个进程。②

对于俄国十月革命的影响，茹拉夫廖夫强调了以前没有充分估计到的革命的道德因素。他认为，第一次世界大战与人道主义精神、启蒙的价值观、进步思想背道而驰。很多西方知识分子当时就认为，正是俄国革命展现出了一条通向几乎已经毁灭了的人道主义价值观——社会平等、公正、新的和谐的世界秩序之路。所以，俄国革命在西方被接受，西方社会在怀有戒心的同时，也有某种期待。由此也就有了对革命后俄国的异常关注，关注苏联实验是什么，试图弄清楚能从苏联的经验中为世界其他国家获得什么。它表明世界大战不是文明的死胡同。苏维埃俄国生活中的很多东西吸引着从外部观察

---

① Медушевский А. Н. Политическая история русской революции: нормы, институты, формы социальной мобилизации в XX веке. Москва-Санкт-Петербург. 2017. C. 108~109.

② Историк. 2017. №11. C. 12.

局势的人。当布尔什维克采取解放妇女并让她们积极参加社会政治生活和生产,在各方面都平等的方针时,在全世界都引起了极高的热情。因为西方知识分子谈论和书写的也是性别平等的必然性,但苏维埃俄国第一个把这变成了现实。作者认为,二战前苏联的道德影响力特别强大。但后来斯大林的大规模镇压、揭露斯大林的个人崇拜及1968年苏联出兵捷克斯洛伐克等,导致苏联的威望在世界下降。①

三 俄罗斯1917年革命研究中存在的问题

综观百年来俄罗斯学术界对俄国1917年革命或十月革命的研究,可以看出,俄罗斯在这一百年间对俄国1917年革命史研究还是取得了不小的成就,尤其是积累了大量的史料。苏联时期,尤其是20世纪20年代和赫鲁晓夫时期,还公布了大量的有关十月革命中布尔什维克的活动和下层民众参与十月革命的各种史料。尽管随着时代的变迁,苏联时期很多研究的观点由于意识形态色彩浓重已经过时,但公布的史料永远也不会失去价值。苏联解体后,俄罗斯史学界开始对苏联时期不被关注或不让关注的革命史问题进行研究,不仅推出了很多文件集、资料集,也推出了大量的研究成果。列入俄罗斯1917年大革命组委会出版计划的有这样一些有关俄国1917年革命的文件集和研究专著,如《内战时俄国的民族悲剧:历史和现代的认识》《俄国1917年革命:政权、社会、文化》、四卷本的《苏维埃政权的宗教政策(文件集):1917~1924》《俄国革命的光明和阴影》(文件和学术论文集)、《喀琅施塔德苏维埃的会议记录》等。此外,2017年还出版了3卷本的《同时代人眼中的1917年革命》、俄罗斯科学院俄罗斯历史研究所副所长帕夫洛夫主编的文件集《1918年布尔什维克俄国的工人反对派运动》等。这些资料的公布无疑丰富了俄国革命史的史料基础,会促进对俄国1917年革命的深入研究,有助于独立的俄国1917年革命历

---

① Историк. 2017. №11. C. 13~15.

史编纂学的逐渐形成。

但也要承认，无论苏联时期还是苏联解体后的俄罗斯，对俄国1917年革命的研究还是存在一些问题。

首先，就是对十月革命问题的研究受政治形势变化的影响很大。这个问题在苏联时期十分明显，当时的历史研究几乎就成了政治宣传的工具，把革命理想化，强调革命的积极方面，不提消极面。苏联解体后，这个问题在某种程度上仍旧存在，尤其是解体后的头十年。当时为了为当局提供历史合法性，又走向了另一个极端，从一种意识形态化的高度赞扬转变成另一种意识形态化的完全否定。只提革命的消极内容，不提积极方面，革命成了绝对的恶。这种根据政治形势变化而改变的研究，不利于学术传统延续，也不是科学的研究态度。俄罗斯革命史研究中的这个问题有些俄罗斯学者也意识到了。如一位学者指出："在研究俄国革命时，至今占主导地位的仍是所谓的'来自上面的观点'。对于布尔什维克的传统而言，革命的性质和内容是由列宁的著名表述所确定的，即任何革命的最主要问题都是国家政权问题。由此就划分出了二月革命和十月革命，在后者的'社会主义性'的情况下就有了前者的'资产阶级性'的论断。有趣的是，布尔什维克的敌人也是出自同样的前提。在这样一些情况下，对于革命的日期、分期和革命的描述，起决定作用的是谁掌权，他宣布或试图推行什么样的政策。"[1] 科洛尼茨基也认为，"俄国革命仍在继续"，因为相当大的一部分俄罗斯人，其中包括一批历史学家，直到现在都把自己与革命的活动家等同起来。[2] 他认为当今俄罗斯历史学家的威信极低，国内的很多居民认为，学者只是在为意识形态服务，完成的是某种政治订货。而很多历史学家也主要把自己看成"党派"的历史学家，提出了革命史中自由主义的和保守主义的、社会主义的和共产主义的、民族主义的和帝国的、世俗的和宗教的说法，与现在的政治要员的

---

[1] Русская революция 1917 года и мировая история//Новая и новейшая история. 2017. №4. C. 38.
[2] Колоницкий Б. Юбилейный год и историки революции. См. Российская история. 2018. №1. C. 181～182.

观点相应和。①

其次,俄国十月革命史研究在方法论上没有突破。苏联很多研究者还受革命亲历者的观点的影响。正如科洛尼茨基所说:"如果说法国历史学家的代际交替彻底地改变了社会对18世纪末革命的认识,那么俄国直到现在对过去的理解都还受着回忆录作者(米留可夫和克伦斯基、托洛茨基和邓尼金、舒利金和苏汉诺夫)的强烈影响。这些回忆录作者主要是对'政党'的历史编纂学的形成产生了决定性影响。"② 历史学家梅杜舍夫斯基对这个问题说得更详细。他在新出的有关十月革命的著作中指出,在当今俄罗斯历史编纂学中,没有提出任何一种超越了当时的人对事件解释框架的观念。这种历史编纂学的成因就在于陈旧的方法论占主导地位。这种方法论可以概括地归结为三种主要的方法:历史唯物主义决定论(实质上是实证主义的变种),设定过去和现在文明的历史发展的不变性和无选择性的保守主义的文明和地缘政治理论,以及后现代主义学说。后现代主义学说把合理的学术认识的意义相对化,认为历史构建是艺术品——对历史的主观看法,它可以根据需要为其他观点取代。"历史终结论""文明冲突论""民主化浪潮"及与这些理论相关联的一些成见只是强化了这些认识,没有越出"社会心理决定论"的框架和历史进程的直线论。③ 结果是在当今的俄罗斯历史编纂学中看到的只是"解释冲突":证据确凿的知识为意识形态解释模式所取代,不同立场的拥护者不可能得出一致的不矛盾的结论。学术传统缺失,关键性的概念结论都是直接从过去或外国著作中借用的。在宣布必须回归"客观"的革命史,以克服意识形态的极端性而揭示革命的"真正"本质、原因和后果的同时,这一历史编纂学并没有提出新的方法论,在很多方面仍然是旧的苏联套路的俘虏,不过是通过另外一种概念性工具再现苏联套路。因为,

---

① Колоницкий Б. И. 1917: семнадцать очерков по истории Российской революции. СПб. , 2017. С. 14.
② Колоницкий Б. Юбилейный год и историки революции. См. Российская история. 2018. №1. С. 182.
③ Медушевский А. Н. Политическая история русской революции: нормы, институты, формы социальной мобилизации в XX веке. Москва-Санкт-Петербург. 2017. С. 12~13.

在后苏联时期对俄国革命的"重新认识"主要是由冷战斗士开始和进行的。他们要证明自己以前观点的正确性并在新的条件下维持这些观点在学术界的合法性。①由于俄国革命的研究在方法论上没有突破，反对苏联时期的历史解释的同时，使用的还是苏联时期的解释方式。这就导致了在对革命的解释上分歧大，难以形成共识。

---

① Медушевский А. Н. Политическая история русской революции: нормы, институты, формы социальной мобилизации в XX веке. Москва-Санкт-Петербург. 2017. C. 14.

Y.18
西方学界对俄国十月革命百年的述评

陈 余*

摘 要： 2017年是俄国十月革命一百周年。在俄罗斯社会各界以各种方式纪念这场革命的同时，西方学界也再次对百年前发生的这场影响世界历史进程的革命进行了深刻的剖析。本文试对2017年西方学界关于俄国革命的主要研究成果进行大致梳理，借以了解当代西方学界关于俄国革命的研究现状。

关键词： 俄国十月革命 西方学界 研究现状

1917年俄国十月革命不仅改变了俄国历史进程，也改变了世界历史进程。作为20世纪人类历史上的重大事件之一，十月革命问题长久以来一直是东西方学术研究的重点。苏联历史学家以马克思列宁主义历史观为基本原则，在大量史料基础上对十月革命进行了分析研究，充分肯定十月革命的历史功绩。苏联解体后，俄罗斯国内对十月革命的评价发生了巨大变化，学界出现了否定十月革命历史意义和发展道路的一边倒趋势。此外，俄罗斯总统叶利钦于1996年11月7日签署命令，取消十月革命纪念日，将11月7日定为和谐和解日。近年来俄罗斯公布了大量的档案材料，随着这些新鲜史料的出炉，对十月革命的重新评价又成为东西方学界关注的焦点。而2017年十月革命百年纪念无疑成为回顾和总结学界关于十月革命研究成果的一个契机。同苏联－俄罗斯对十月革命评价的态度相比，西方学界对十月革命的态

---

* 陈余，中国社会科学院俄罗斯东欧中亚研究所助理研究员。

度又是怎样的呢？本文将对2017年西方学界有关十月革命问题的研究成果进行考察，借以了解当代西方学界关于俄国革命的研究现状。

一 2017年西方围绕十月革命举办的社会纪念活动与学术会议

毫无疑问，俄罗斯是举办十月革命一百周年纪念活动最多的国家，但西方很多国家也都举办了相应的活动，活动形式以艺术展览为主。如英国伦敦皇家艺术学院于2017年2月11日至4月17日举办了"革命：1917～1932年俄罗斯"艺术展；大英图书馆在总馆的帕卡画廊举办了以"俄国革命：希望、悲剧和神话"（Russian Revolution. Hope, Tragedy, Myths）为主题的为期4个月的展览。

举办专门的学术研讨会和讲座是学界对十月革命纪念活动的主要形式。2017年5月15～16日，布达佩斯大学俄罗斯语言文化中心举办了题为"1917年俄国革命百年：世界历史意义"的会议。2017年10月19～21日，巴黎高等社会科学研究学校举办了题为"1917年10月的轨迹：前提、反应和革命模式"的会议。柏林自由大学2016年10月18日至2017年2月14日举办了"1917～2017年的俄国：革命—转型—全球化"的系列讲座。每周都有德国和欧洲的学者做报告，主要是关于俄国1917年革命的，也涉及苏联史后来的事件及当今俄罗斯的局势。伦敦大学2016年10月27日至2017年11月23日举行"俄国革命的社会史"系列讨论。讨论在伦敦大学每月举行一次。鲁尔大学（波鸿区）2017年9月28～30日举办了"俄罗斯革命哲学：百年后对过去的看法"的学术会议，鲁尔大学的会议组织者提议，对俄国革命，不仅作为世界历史事件来看待，也要作为哲学思想来看待，尝试分析革命与哲学的相互关系。白俄罗斯国立大学历史系在11月30日至12月1日举办了"白俄罗斯历史命运中的1917年"国际学术会议。

值得一提的是，2017年由美国凯南研究所、耶路撒冷希伯来大学俄罗斯和东欧犹太人研究中心以及波兰犹太历史博物馆三家科研学术单位联合开展了一个合作项目"俄国革命的遗产"（The Legacy of the Russian Revolution），分别于2017年4月、10月和12月在华盛顿特区、华沙和伊斯坦布尔举行会议，中东欧研究和俄罗斯犹太研究领域的杰出思想家齐聚一堂，探讨由1917年革命带来的挑战如何定义了20世纪，并继续影响着我们今天的世界。三次会议的主题分别是："俄国革命的百年遗产和当今世界：革命如何分裂、统一、塑造一个大陆"（凯南研究所）；"犹太人及其他：1917年起的中东欧民族关系"（波兰犹太历史博物馆）；"俄国革命和革命：1917年和当今对新社会的看法"（耶路撒冷希伯来大学俄罗斯和东欧犹太人研究中心）。

凯南研究所会议讨论的议题包括俄国革命与短暂的20世纪，现代化和人民运动，革命如何改变了国家和城市景象，俄国革命与当今全球化世界的根源。全球化在1917年是一个不稳定的话题，帝国主义、资本主义、共产主义和世界主义都是那个时期思想家和行为者所关注的主要问题，今天依然如此，即便它正在退缩。我们关于全球化能从1917年的叙述和预言中学到什么？波兰会议讨论的问题有：俄国革命通过其发起的进程、帮助创造的实体及其引发的反应在确定20世纪的过程中发挥了关键作用，俄国革命的遗产仍以多种方式影响着整个欧洲，俄国革命及其后果（大陆帝国的崩溃和民族国家的诞生）对中东欧而言至今仍具有特殊意义。而耶路撒冷会议探讨的是1917年俄国革命对以色列和整个犹太世界的公民社会和公共空间的影响，俄国革命与犹太复国主义革命之间的关联，以及自1917年以来这些关联对以色列文化和政治的影响。

另外，为纪念俄国革命百年，加拿大的地缘政治经济研究集团以革命为主题召开了学术会议，当然，会议讨论的重点是地缘政治经济问题。

二 西方围绕俄国革命问题的研究状况

长期以来，西方在对待十月革命和俄国问题研究上存在着几个不同学术流派。自20世纪20年代起，代表西方官方反共意识形态的自由派对十月革命和俄国问题的研究始终持否定态度,他们把十月革命看作布尔什维克对资产阶级临时政府的一次政变,对苏共领导下的苏联历史学派所秉持的肯定十月革命历史意义和国际影响的立场予以全面批判。同时,西方一些站在极"左"政治立场上研究十月革命问题的学者认为十月革命原本是人民群众试图掌握自身命运的一场革命,但由于受布尔什维克的操纵而未能实现革命的最初目标,这一派被称为自由意志派。20世纪50年代后期,东西方关系的缓和,使得西方学者能够通过文化交流的渠道查阅苏联的图书资料和档案文献,于是从20世纪60年代起,一个观点不同于上述两个流派的新流派——重评派逐渐在西方兴起。重评派关注"下层群众"在革命中的心理活动、思想变化和行动目标,研究普通百姓对当时政局所起的作用,试图揭示群众运动与布尔什维克党夺取政权之间的相互关系,以证明十月革命爆发的必然性。[①] 重评派的兴起与发展为西方的十月革命研究领域增添了多元化色彩,但这并不意味着否定和批判十月革命的观点在西方学界已经丧失了主导地位,恰恰相反,西方学界关于十月革命的主流观点依旧以批判为中心。苏联解体后,西方自由派观点甚至曾一度影响俄罗斯学者对十月革命的看法。

俄国革命百年之际,对这一问题的研究也成为西方学界的一个年度热点。通过对2017年发表的部分学术论文和专著的分析,可以看出当今西方关于俄国十月革命及其相关问题的研究呈现出如下几个特点。

1. 跨学科研究探索俄国革命对当今世界的影响

十月革命作为一个具有重要历史意义的事件,其对后世影响的范围之大、程度之深,自不待言。事实上,它不仅使当时的世界政治格局发生了重大变化,也对当今的世界政治格局产生了深远影响。因此,对十月革命问题的研究不再是历史学家们的专利,政治学家、经济学家乃至社会学家纷纷以十月革命问题为切入点,探索十月革命给当今世界的政治经济文化等各方面留下的遗产。

---

① 〔英〕爱·阿克顿:《三种传统观点和重评派观点》《重评布尔什维克的胜利》《十月的选择——90年代国外学者论十月革命》,中央编译出版社,1997,第74~128页。

俄罗斯黄皮书

2017年第22期的《地缘政治》（Geopolitics）刊登了一组题为《1917～2017：俄国革命的地缘政治遗产》（1917–2017：The Geopolitical Legacy of the Russian Revolution）的文章，从地缘政治学说的角度评价十月革命以及其对当今世界地缘政治的影响。作者从不同的学科和观点出发，考察了社会和政治的深刻变革如何通过空间和地理对外界产生影响。文章作者着重论述了20世纪以来在俄罗斯方面占主导地位的三个主题：中心与边缘的关系问题；俄罗斯与欧洲和亚洲关系的自我认同的文明动态；国家认同的地缘政治学。"这场动荡被证明是20世纪最重大的政治事件之一。在国内，它开启了一个彻底改变俄国社会的进程。在短短几十年的时间里，绝大多数农业农民工业化，创造了新的社会阶层，几十个不同的国家集团之间的关系从根本上被重组。在国际上，苏联最终获得世界超级大国的地位，从而塑造了一直持续至今的全球关系格局。""俄罗斯地缘政治学的一个重要教训，就是需要把持久的地理环境的重要性与对其社会和政治发展的创造性可塑性的基本认识结合起来。"其中，英国伯明翰大学地理、地球与环境科学系教授保罗·理查森在《中心–边缘：俄罗斯及其远东》一文中对十月革命到苏联解体这段时期莫斯科与远东地区的关系进行了梳理，认为距离一直是远东地区能够逃离中央管辖的主要因素。在中心野心与外围现实之间的痛苦裂缝中已经出现了肥沃的土壤，地方精英的特权和权力可以在这里得到短暂繁荣。① 弗吉尼亚大学斯拉夫语言文学系的克洛斯在《1917～2017年俄罗斯的转向亚洲》一文中，讲述了欧亚主义在苏联和后苏联空间的发展，而备受普京政府青睐的新欧亚主义在欧亚联盟的依托下正成为团结围绕俄罗斯的后苏联空间的外交和经济动力。哈佛大学俄罗斯及乌克兰史教授浦洛基（Serhii Plokhy）在其《漫长回声：俄国革命与俄罗斯民族构建的地缘政治》（The Long Echo: The Russian Revolution and the Geopolitics of the Russian Nation-Building）一文中认为，1917年革命爆发的国家建设进程远未结束，但毫无

---

① Mark Bassin, Paul Richardson, Vladimir Kolosov, Edith W. Clowes, John Agnew & Serhii Plokhy (2017) 1917–2017: The Geopolitical Legacy of the Russian Revolution//Geopolitics, 2017, VOL. 22, NO. 3, 665–692.

疑问，俄国革命事件引起的国家认同领域的变化是不可逆转的。由俄罗斯人、乌克兰人和白俄罗斯人组成的一个统一的俄罗斯民族的建设已经消失，没有战争可以改变这个简单的现实。

美国经济学家大卫·科兹在评价十月革命时认为：俄国十月革命对今天的社会主义运动而言具有重要的借鉴意义。他从苏联建设社会主义成功与失败的正反两方面经验出发，总结出两点教训：其一，社会主义运动要时刻准备"抓住时代"，要毫不犹豫抓住稍纵即逝的机遇夺取政权，以建设社会主义；其二，迈向社会主义的运动从一开始就要赋予（empower）劳动人民及其同盟以权利，社会主义建设的唯一保障就是使政治经济大权掌握在劳动人民手中，为创造社会主义在世界的可持续发展而继续奋斗。① 德国学者阿恩特·霍普曼在《俄国革命与发展挑战》一文中第一部分"俄国革命与全球分裂"中写道，俄国革命的遗产并不仅限于全球两极体系，这一遗产为争取民族解放和国家主权的斗争以及在两大阵营中获取优势，提供了可利用的空隙和空间。②

当代政治学家需要从1917年革命中学习些什么呢？《反帝国主义：列宁遗产与世界革命的命运》一文的作者认为，虽然苏联无法全面推翻全球帝国主义和资本主义制度，但是当新的组织试图以自主创新的方式把自己的斗争与全球现象联系起来时，列宁的想法就越来越受欢迎。从托洛茨基的第四国际到毛泽东主义、格瓦拉主义、红军派等其他诸多团体，帝国主义与资本主义、民族压迫与经济压迫之间有必然联系的观念，作为对全球不公正制度分析的关键刺激了议事日程和远超出马克思列宁主义界限的想象力。③

---

① David M. Kotz, One Hundred Years after the Russian Revolution: Looking Back and Looking Forward //International Critical Thought., 2017 VOL. 7, NO. 3, pp. 289 – 296.
② Arndt Hopfmann, The Russian Revolution and the development challenge – Part I: the Russian Revolution and a myriad of global cleavages//Review of African Political Economy, 2017 VOL. 44, NO. 154, pp. 646 – 653.
③ Jeremy Friedman, Peter Rutland, Anti – imperialism: The Leninist Legacy and the Fate of World Revolution// Slavic Review 76, no. 3 (Fall 2017), pp. 591 – 599.

2. 有关俄国革命的新文化史研究更为深入

20世纪70~80年代在西方出现的新文化史，目前已经发展成为当代西方史学的主要趋势。新文化史作为史学研究的主要形式，同样被运用于俄国革命史的研究。随着考察对象和史料来源的不断更新和丰富，近年来，西方对俄国革命的新文化史研究更为细致深入。

英国历史学家伊恩·撒切尔教授在《俄国革命宪法与1917年俄国革命时期的册子文学》①一文中考察了俄国革命时期小册子文章中对俄罗斯宪政地位的讨论情况。作为一个谨慎的资料来源，这本小册子向世人提供了详细的可被接受的论据，这对于理解同时代人认为他们从事的是什么样的俄国革命是至关重要的。在相当程度上，1917年的历史研究取决于大量有关布尔什维克文化的研究结果。这里所提到的小册子提供了非布尔什维克提倡的另一种宪法权利，试图创造一种政治文化来构建和巩固共和民主的革命。

《建筑学杂志》2017年第22辑刊出了一组文章，透过革命后俄国整个建筑领域（从住宅、办公室到公共空间）的发展和特点来考察革命后的社会凝聚力。社会凝聚力对20世纪的艺术家、建筑师等的想象力、理论和设计工作产生了深远影响。同时，它也被重新调整，以适应过多的，往往是相互矛盾和模糊的意义和联想。②

政治讽刺画作为一种艺术化的政治宣传手段凭借其通俗直观的特性往往能够获得良好的宣传效果。《讽刺图案中的1917遗产》一文作者从政治讽刺画的角度入手，通过对1917年视觉文化的现有材料的梳理和分析，突出了图形艺术反映权力关系的革命转变方式。讽刺画家在革命政治的鼓舞下，尝试用新技术表达他们对事物的批判。文章从分析画家如何塑造人物、如何吸引读者关注的视觉行为入手，强调1917年至苏联时期的政治讽刺画可以被理解为一种具有表演力的视觉话语，它在21世纪的讽刺画危机中具有新

---

① Ian D. Thatcher, The Russian Revolutionary Constitution and Pamphlet Literature in the 1917 Russian Revolution//Europe – Asia Studies, Vol. 68, No. 10, December 2016, pp. 1635 – 1653.
② Michal Murawski, Jane Rendell, The social condenser: a century of revolution through architecture, 1917 – 2017// The Journal of Architecture, Volume 22, Number 3, pp. 369 – 371.

的意义，并使我们对1917年政治变革的影响有了新的认识。①

历史记忆将一个地区、社会或国家的成员聚集在一起，可以通过组织特定的地点（旅游景点）来提供生动的公共记忆内核。戴安·柯恩克在《作为旅游胜地的俄国革命》一文中探讨了作为苏联旅游功能之一的革命遗址旅游现象，重点探讨了1905年和1917年革命遗址的旅行和游览是如何随着时间的推移而组织起来的，如何体现在苏联出版的一系列导游手册和旅游辅助资料中的。②

另外，学者们不仅关注革命起源问题以及革命对后来苏联和后苏联历史、斯大林及其继任者以及世界其他地区的影响，还特别关注革命的暴力问题③、意识形态、情感与权力结构④以及信息传播⑤、中心与各省的关系以及中心与边疆的关系等方面问题，同时也从女性的视角⑥研究十月革命，极大丰富了俄国革命问题的新文化史研究。

3. 在全球化视野下深入对俄国革命史的比较研究

在笔者所考察的文章中不乏将俄国十月革命同他国类似的革命进行比较研究的。其中，《枪杆子与断头台：俄国和法国革命中的国家恐怖》一文，通过与法国大革命时期"红色恐怖"的比较，考察了俄国内战时期的"红色恐怖"。作者认为，雅各宾派的经验对俄国内战产生了直接影响。另外，这种比较研究突出了布尔什维克将恐怖作为一项管理原则的实际做法。法国

---

① John Etty, The Legacy of 1917 in Graphic Satire// Slavic Review 76, no. 3（Fall 2017）, pp. 664 – 674.

② Diane P. Koenker, The Russian Revolution As a Tourist Attraction, Slavic Review 76, no. 3（Fall 2017）, pp. 753 – 762.

③ Roger D. Markwick, Violence to Velvet: Revolutions—1917 to 2017, Slavic Review 76, no. 3（Fall 2017）, pp. 600 – 609.

④ Eric Lohr, Joshua Sanborn, 1917: Revolution as Demobilization and State Collapse// Slavic Review 76, no. 3（Fall 2017）, pp. 703 – 709.

⑤ Joseph Lenkart, Russian Revolutions in Print: The Fate of the Ethnic Press. Slavic Review 76, no. 3（Fall 2017）, pp. 655 – 663.

⑥ Sally A. Boniece, Heroines and Hysterics: Mariia Spiridonova and her Female Revolutionary Cohort in 1917 – 18, Revolutionary Russia, 2017 Vol. 30, No. 1, pp. 78 – 101.; Rochelle Goldberg Ruthchild, Women and Gender in 1917. // Slavic Review 76, no. 3（Fall 2017）, pp. 694 – 702.

革命者在化解对其政权的潜在威胁时,似乎采取了更为强硬的立场,而布尔什维克准备通过表现出相对容忍和使用"软恐怖"来避免直接处决。正是由于采取了这一政策,布尔什维克才得以巩固其革命,并在法国革命者失败的地方成功地利用了恐怖。①

此外,有学者考察了俄国革命与西班牙三年布尔什维克运动的关系。俄国革命为西班牙社会冲突提供了巨大的推动力,既推动了由下而上的革命,也推动了自上而下的反革命。公开的革命和内战得以避免,最终导致军事独裁。西班牙1917~1920年的运动预示着1936~1939年的暴力。如果1905年革命是俄国1917革命的"彩排",那么1917~1920年的三年布尔什维克运动则是1936年西班牙内战的"彩排"。②

众所周知,俄国革命对世界历史的影响是巨大的,特别是作为全世界社会运动的灵感来源,那么,世界历史对这场革命有什么影响呢?历史学家将俄国革命置于全球史的背景中,强调其塑造了欧洲、亚洲和拉丁美洲的其他革命,并给未来的非殖民化领导人带来推翻殖民主义的希望。1917年的政治文化深受法国大革命以来出现的思想(公民自由和权利)、行动(民众抗议和选举)和象征(红旗、马赛、国际和五一节)的影响。《理解1917:走进俄国革命全球史》③一文以思想和概念的传播为中心,探讨历史学家应该如何把握世界对俄国革命的影响。

在探讨俄国革命起因的问题时,第一次世界大战的作用不容忽视。托尼·海伍德(Tony Heywood)在他的文章中重新审视了这场革命的起因和第一次世界大战的作用,他详细研究了战争的后勤保障,以及俄罗斯与奥斯曼冲突对俄罗斯国家有效运作能力的影响。除了令人信服地论证这一战线在俄罗斯战争中的中心作用之外,他还指出,战争扩大到黑海、对贸易的影响以

---

① Alistair S. Wright, GUNS AND GUILLOTINES: STATE TERROR IN THE RUSSIAN AND FRENCH REVOLUTIONS, //Revolutionary Russia, Vol 20, No. 2, December 2007, pp. 173 – 195.
② Arturo Zoffmann Rodriguez, Lenin in Barcelona: the Russian Revolution and the Spanish trienio bolchevista, 1917 – 1920// Slavic Review 76, no. 3 (Fall 2017), pp. 629 – 636.
③ Matthew Rendle, Making Sense of 1917: Towards a Global History of the Russian Revolution// Slavic Review 76, no. 3 (Fall 2017), pp. 610 – 618.

及由此造成的铁路瓶颈,都是导致2月彼得格勒爆发革命的重要原因。如果俄罗斯与奥斯曼帝国的冲突能够更早被遏制,事态可能会有不同的发展,再次表明战争的影响在加剧引发革命方面的重要性。

在当代欧洲各国历史教科书的叙述中,俄国革命也不是一个仅由特定国家原因决定的独立事件,而是第一次世界大战所导致的极端的、革命的结果。《"按俄国方式做":欧洲历史教科书对俄国革命的叙述》①一文作者选取了包括2000～2015年出版的、目前在中学和高中使用的来自22个欧洲国家(包括所有斯拉夫国家)的101本教科书进行考察。教科书认为俄国革命和第一次世界大战一样是人类的悲剧。

4. 俄国革命史研究的微观和宏观并重

近年来,西方史学界对俄国革命本身的研究体现出微观和宏观研究并重的特点,研究对象包罗万象,大到苏联的社会主义制度②,小到革命时期的警察制度③,从政治制度到经济问题④都有涉猎。史密斯(S. A. Smith)在其《危机四伏的帝国(1890～1920)》一书中对俄国革命遗产做出了负面评价,但最终的结果仍然是开放性的:结束不公正、等级制度和不平等仍然是可能的——就像结束专制主义和贵族统治,英国和法国革命的目标最终实现了,尽管走了漫长的有时是暴力的弯路。史密斯认识到中下阶层和专业人员的重要作用,即与工人和农民一起活动的庞大的"隐性"社会力量,但与各省或边疆的革命没有什么关系。这种分析倾向于课堂话语而不是对十月革命的详细叙述。他集中论述了内战和十月革命后的民族问题,做了清晰、合理的总结。对史密斯而言,布尔什维克不是传统的帝国主义者。他强调暴力

---

① Marharyta Fabrykant, "Do It the Russian Way": Narratives of the Russian Revolution in European History Textbooks//Slavic Review 76, no. 3 (Fall 2017), pp. 741 – 752.

② David L. Hoffmann, The Great Socialist Experiment? The Soviet State in its International Context. // Slavic Review 76, no. 3 (Fall 2017), pp. 619 – 628.

③ Murray Frame, Concepts of Policing during the Russian Revolution, 1917 – 1918. // Europe – Asia Studies, Vol. 68, No. 10, December 2016, 1654 – 1671.

④ Denis Mel'nik, Revolutionary Economic Reasoning in the Context of Revolution: The Origins and Fate of Bolshevik Economics, Slavic Review 76, no. 3 (Fall 2017), pp. 722 – 731.

的逻辑，但质疑列宁的责任，利用第一次世界大战和内战的关系，将暴力抽象出来，把列宁从因果链中剔除。

西方对俄国革命史的研究绝不仅限于十月革命研究。对二月革命和资产阶级临时政府的研究也不少，但为其正名的研究为数不多。《1917年俄罗斯临时政府回忆录》[1] 一文是对1917年俄国临时政府成员回忆录的第一次审查。从总体上看，作者将回忆者分为"乐观主义者"和"悲观主义者"，他们就合法性、个性、政策、分期和联盟等问题发表了自己的看法。"乐观主义者"的案例表明，需要从历史的角度，从对俄国临时政府的主要负面评价转向对其成就的更积极评价，挑战了有关1917年革命的现有著作。

1905年革命爆发后，引发了第二国际内部对这场革命性质的争论。[2] 大部分国际社会民主党领袖（the leaders of international Social Democracy）都站在孟什维克的立场上，认为俄国革命并非社会主义革命，最多是一场具有社会主义因素的资产阶级革命。他们认为杜马的抵制是错误的，是同资产阶级政党的合作。考茨基对俄国1905年革命的性质予以评价：它既不是一场资产阶级革命也不是社会主义革命。作为革命新阶段动力的无产阶级具有胜利的希望。

《革命与反犹主义：布尔什维克在1917》[3] 一文的作者考察了1917年两次革命之间布尔什维克对待反犹主义的态度。1917年二月革命和十月革命带来的不仅是沙皇政府的垮台和布尔什维克的上台，随着革命性质的变化，反犹暴力重新出现，屠杀幽灵再次回归。作者讲述了布尔什维克如何理解反犹太主义，在革命年代又是如何回应它的。反犹主义经历了俄国革命的政治

---

[1] Ian D. Thatcher, Memoirs of the Russian Provisional Government 1917, Revolutionary Russia, 2014 Vol. 27, No. 1, pp. 1 – 21.

[2] Paula Avila & Daniel Gaido, Karl Kautsky and the Russian Revolution of 1905：A Debate on the Driving Forces and the Prospects of the Russian Revolution in the Second International// International Critical Thought, 2017 VOL. 7, NO. 3, pp. 402 – 417.

[3] Brendan McGeever, Revolution and antisemitism：the Bolsheviks in 1917// Patterns of Prej, 2017, Vol. 51, Nos. 3 – 4, pp. 235 – 252.

分野，在各个社会群体和政治纲领中备受推崇，随着1917年政治危机的加深，布尔什维克在这场运动中不得不逐渐开始应对反犹主义。

结　语

综上所述，目前西方学界围绕俄国革命的研究呈现出微观和宏观研究并重的特征，从全球化的研究视角，强调外部战争对俄国革命的影响，以及革命的爆发对全球的影响，但对俄国革命爆发的内在传统因素、对内战中的族际冲突因素（民族主义和反犹主义）的研究略显薄弱。尽管如此，西方的俄国革命史研究方法在不断更新，新文化史研究方法日益成熟，在情感、意识形态等方面的研究取得了长足进展。整体而言，对十月革命持批判立场仍旧是西方学界的主流思想。

2017年西方学界对俄国十月革命百年的评述，只是近几十年来西方学界在俄国革命研究领域的一个小总结，它丰富了对革命进程的理解，并对俄国革命对当代俄罗斯和全球地缘政治的重要意义和巨大影响提出了独到见解。历史不是任人打扮的小姑娘，我们要继续秉着客观公正的态度去揭开历史的神秘面纱，探索更多的未解之谜。

Y.19 2017年俄罗斯民众对十月革命的认知与评价

——基于舆情数据的研究

周国长[*]

摘　要： 根据俄罗斯三大舆情机构有关1917年十月革命的调查数据，可以发现俄罗斯社会经过20多年转型，民众对十月革命的历史记忆和评价愈加理性。总体而言，肯定了十月革命对20世纪俄罗斯历史和人类历史的意义，认为它为俄罗斯人民开启了一个新的历史时代，推动了俄罗斯的社会经济发展。其背后变化的原因在于普京政府实施了新的历史文化政策和俄罗斯历史学界的研究更加深入、客观。

关键词： 俄罗斯　十月革命　评价

2017年是十月革命一百周年，对20世纪的俄罗斯和人类社会而言，在过去的一百年中，没有哪一个政治事件如同十月革命一样，对其的评价充满不可调和的观点和意见分歧。对一部分人而言，这是一场伟大的革命，从根本上改变了俄罗斯的社会发展面貌，并对20世纪的人类历史产生深远影响。对另外一部分人而言，这是一场悲剧式的国家政变，最终使俄罗斯偏离了原本的社会发展路径，使国家陷入灾难之中。

---

[*] 周国长，中国社会科学院俄罗斯东欧中亚研究所助理研究员。

2017年俄罗斯民众对十月革命的认知与评价

有关1917年俄国大革命的评价一直是俄罗斯政府和学界辩论的焦点之一。2013年,俄罗斯新版《历史文化标准》列出了俄罗斯历史上最有争议性和难以取得共识的20个问题,1917年俄国大革命就位列其中。俄罗斯科学院世界历史研究所所长A.丘巴里扬(Чубарьян)在接受媒体采访的时候强调:"1917年革命问题是新历史文化标准面临的最为困难的问题。"事实上,有关俄罗斯政府修改教科书以及对1917年俄国十月革命的态度与立场也成为我国国内学界关注的热点问题。国内学者就俄罗斯统一历史教科书"重塑"苏联记忆、普京与统一历史教科书、2017年俄罗斯官方和学界对十月革命的态等问题进行了探讨。① 但是对俄罗斯民众怎样评价1917年十月革命,则缺乏相应的关照。因此,本文主要从社会的视角出发,采用俄罗斯三大舆情调查中心——全俄舆情研究中心(ВЦИОМ)、列瓦达研究中心(Levada)、舆情研究基金会(ФОМ)收集的有关俄罗斯民众对1917年十月革命看法的舆情数据,② 分析俄罗斯民众对十月革命评价的变化并探讨其动因。

一 俄罗斯民众历史记忆中的十月革命

本项主要考察俄罗斯民众对十月革命的历史记忆情况并选取十月革命日

---

① 李琳:《俄罗斯新版历史教科书重塑"苏联记忆"研究》,《当代世界与社会主义》2016年第4期;马龙闪:《普京与俄罗斯统一历史教科书》,《历史教学问题》2017年第1期;吴恩远:《普京为什么要纪念十月革命100周年》,http://www.sohu.com/a/150648899_688065;李燕:《十月革命一百周年纪念:俄官方与学界的新动态》,《俄罗斯学刊》2017年第3期;汪晖:《十月的预言与危机——为纪念1917年俄国革命100周年而作》,《文艺理论与批评》2018年第1期;左凤荣:《俄新编中学历史教材对苏联体制和苏共领导人的看法》,《俄罗斯学刊》2018年第1期。
② 2017年3月2~6日,列瓦达研究中心根据俄罗斯48个地区的137个居民点年满18周岁以上的1600名公民就有关十月革命一百周年的相关问题进行了问卷调查,并在其网站上公布了相关调查数据;2017年10月11日,全俄舆情研究中心以"十月革命:1917~2017"为题公布了有关十月革命的问卷调查数据;舆情研究基金会则分别以"革命百年:俄罗斯人了解的革命及其评价"为题公布了有关十月革命的问卷调查数据。https://www.levada.ru/2017/04/05/oktyabrskaya-revolyutsiya-2/; Октябрьская революция:1917-2017. https://wciom.ru/index.php?id=236&uid=116446; http://fom.ru/Proshloe/13829。

229

的意义、十月革命的主要原因、革命中的历史人物评价等舆情数据作为参考（见图1、表1~表7）。

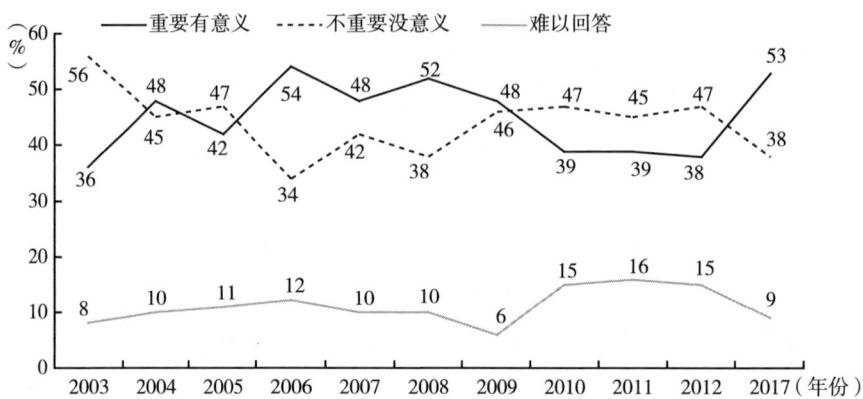

图1　11月7日是十月革命纪念日，它是一个重要有意义的日子吗？

资料来源：Революция как памятная дата：Надо ли отмечать годовщины революции？http：//fom.ru/posts/13856。

表1　十月革命的主要原因（单项选择）

单位：%

原因/年份	2005	2007	2010	2016
人民处于困难之中	54	45	43	45
政府软弱	21	23	17	20
俄罗斯人民敌人的阴谋	5	5	10	12
政治冒险家的极端主义	7	7	11	7
自发的乌合之众的挑衅	5	4	7	4
其他原因	1	0	1	3
难以回答	7	16	11	9

资料来源：Октябрьская революция：1917－2017. https：//wciom.ru/index.php？id=236&uid=116446。

表2 十月革命的主要原因（多项选择）

单位：%

原因/年份	1990	1997	2001	2007	2011	2017
劳动人民处于困难之中	66	57	60	57	53	50
政府软弱	36	40	39	35	34	45
俄罗斯人民敌人的阴谋	6	11	11	13	12	20
政治冒险家的极端主义	16	14	15	17	15	19
自发的乌合之众的挑衅	15	15	14	12	15	15
其他原因	2	1	<1	1	2	2
难以回答	12	11	9	9	12	7

资料来源：Октябрьская революция. https://www.levada.ru/2017/04/05/oktyabrskaya-revolyutsiya-2/。

表3 1917年俄国大革命时期历史人物的评价（单项选择）

单位：%

人物	年份	同情	反感	难以回答
尼古拉二世	2017	60	20	20
	2008	44	22	34
	2005	42	28	30
列宁	2017	53	30	17
	2008	42	20	28
	2005	50	32	18
斯大林	2017	52	30	18
	2008	28	48	24
	2005	37	47	16
高尔察克	2017	35	37	28
	2008	32	30	38
	2005	20	41	39
克伦斯基	2017	16	47	37
	2008	16	36	48
	2005	14	44	42
米留可夫	2017	7	28	65
	2008	10	29	61
	2005	7	32	61

资料来源：Октябрьская революция：1917-2017. https://wciom.ru/index.php?id=236&uid=116446。

表4 你是否同意以下有关十月革命的观点（单项选择）

单位：%

1. 给俄罗斯文化带来严重的破坏		
	1990年	2017年
同意	69	49
不同意	17	41
难以回答	14	10
2. 给俄罗斯农民带来严重的灾难		
同意	68	48
不同意	20	42
难以回答	12	10
3. 给东正教和其他宗教带来严重的损失		
同意	85	69
不同意	6	19
难以回答	9	12
4. 推翻君主专制对俄罗斯是巨大的损失		
同意	11	34
不同意	56	52
难以回答	33	13

资料来源：Октябрьская революция. https://www.levada.ru/2017/04/05/oktyabrskaya-revolyutsiya-2/。

表5 有一种观点认为，在1917年革命之前俄罗斯的发展是基于自己的传统和习俗，那么1917年十月革命之后，俄罗斯的发展还是根据自己的传统和民族特性，抑或是转向其他的道路（单项选择）

单位：%

年份	1998	2017
俄罗斯的发展是根据自己的传统和民族特性	27	50
俄罗斯走向其他发展道路	46	35
难以回答	28	15

资料来源：Октябрьская революция. https://www.levada.ru/2017/04/05/oktyabrskaya-revolyutsiya-2/。

表6 十月革命是否体现了俄罗斯帝国人民的意志（封闭性问题，单选）

单位：%

年份	1990	2016
基本同意	36	45
基本不同意	37	43
难以回答	27	12

资料来源：Октябрьская революция: 1917-2017. https://wciom.ru/index.php?id=236&uid=116446。

表7 众所周知，革命不仅发生在俄罗斯，同时也发生在英国、德国、法国等，你怎样看待革命这种历史现象（封闭性问题，单选）

单位：%

年份	2005	2012	2016
革命是一种历史必然性，既有其优点，也有其弊端	42	40	57
革命是动荡与牺牲，应尽可能少出现	38	37	25
革命是社会的革新，对许多人而言是机会	10	15	11
难以回答	10	8	7

资料来源：Октябрьская революция: 1917-2017. https://wciom.ru/index.php?id=236&uid=116446。

上面的图表反映了俄罗斯民众对1917年十月革命的历史记忆。从中可以看出，俄罗斯社会借助历史记忆，通过代代相传的集体知识来确证历史的连续性，以此重构自己的身份认同。

从表1中可以看出，俄罗斯民众对于十月革命日（11月7日）的记忆呈现出明显的波动趋势。2003~2006年，"十月革命日是一个重要且有意义的日子"的调查数据由36%上升到54%，2007~2012年之后，则呈现下降的趋势。到2017年，这一数据再一次上升到53%。波动曲线的变化与普京和梅德韦杰夫在俄罗斯担任总统的时间线大抵是相吻合的。

百年之后，俄罗斯民众也更加客观地审视1917年一系列革命事件的因果关系。根据表1和表2的最新数据，可以发现有近半数的受访者认为革命的主要原因在于人民处于困难之中。但是，这两者之间的调查数据由于取样以及答案选项不一样，也呈现出以下差异：全俄舆情研究中心的受访者认为革命的主要原因在于人民处于困难之中和政府的软弱的调查数据比较稳定，波动不大；而列瓦达研究中心的受访者中，认为革命的主要原因是人民处于困难之中呈现下降的走势，由 1990 年的 66% 下降到 2016 年的 50%，认为革命的主要原因是政府的软弱则呈现上升的走势，由 1990 年的 36% 上升到 2016 年的 45%。① 同时，全俄舆情研究中心和列瓦达研究中心的受访者中，认为革命的主要原因是俄罗斯人民敌人阴谋的观点的人数都有所增加。

根据表 3，我们可以观察到，近年来民众对 1917 年俄国大革命和苏联时期有代表性的历史人物表现出了更多的认可。在 2017 年的调查数据中，列宁和斯大林得到受访者积极评价的数据分别是 53% 和 52%，同时，对尼古拉二世抱同情态度的受访者也高达 60%。这一调查与舆情研究基金会的数据也较为一致。根据舆情研究基金会 2017 年 11 月 6 日的调查，53% 的受访者对尼古拉二世持同情的态度，52% 的受访者对列宁持同情态度。受访者中对托洛茨基、克伦斯基、米留可夫持同情态度的分别为 19%、10% 和 6%。② 从上述数据可以发现，俄罗斯民众对于布尔什维克主要领袖列宁、斯大林和俄罗斯帝国的末代帝王尼古拉二世都表现出较高的认可。英雄造时势。50% 的受访者认为列宁在布尔什维克夺取政权的过程中扮演了主要角色，没有列宁就没有十月革命；40% 的受访者认为即使列宁本人没有参加，十月革命也会发生。③

从表 4 我们也可以发现，对于 1990 年代认为十月革命给俄罗斯造成了巨大破坏的观点有所修正。根据最新调查数据，认为给俄罗斯文化带来严重破坏的观点由 1990 年的 69% 下降到 2017 年的 49%，持反对意见的观点则由 17% 上升到 41%；给农民造成巨大损失的观点由 1990 年的 68% 下降到 2017 年的 48%，持反对意见的则由 20% 上升到 42%。让人惊讶的是，认为推翻君主专制给俄罗斯造成巨大损失的观点则由 11% 上升到 34%，而持反对的观点则波动不大，还保留在 52%。经过 20 多年，受访者仍以高比例的

---

① Октябрьская революция. https：//www.levada.ru/2017/04/05/oktyabrskaya - revolyutsiya - 2/.
② Революция：исторические деятели，предпосылки и итоги. http：//fom.ru/Proshloe/13837.
③ Революция：исторические деятели，предпосылки и итоги. http：//fom.ru/Proshloe/13837.

回答认为十月革命对东正教和其他宗教造成了巨大的破坏。

意外的是，受访者中认为十月革命之后，俄罗斯的发展是根据自己的传统和民族特性的人数由1998年的27%上升到50%，认为俄罗斯走向其他发展道路的人数则由46%下降到35%。同时，认为十月革命表达了大多数俄罗斯人意志的人数在过去几十年间增长了9个百分点。1990年这一数据为36%，而2017年这一数据为45%。①

表7说明俄罗斯社会已经能够客观地认识世界历史上的革命现象，认为革命是一种历史必然性的受访者人数由2005年的42%上升到2016年的57%，持革命是动荡与牺牲观点的受访者人数则由38%下降到25%。

二 俄罗斯民众对十月革命的评价

本项主要考察俄罗斯公众对十月革命的评价，并选取十月革命的作用、十月革命的意义等舆情数据作为主要参考（见图2、表8~表10）。

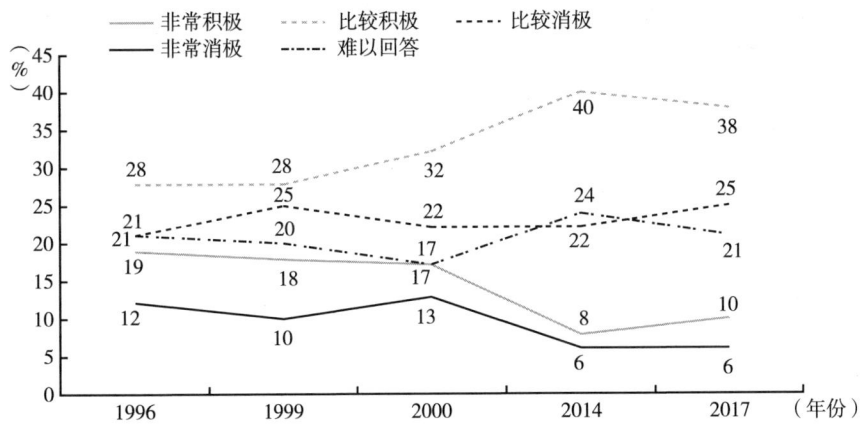

图2 你认为十月革命在俄罗斯历史上起了积极作用还是消极作用

资料来源：Октябрьская революция. https：//www.levada.ru/2017/04/05/oktyabrskaya-revolyutsiya-2/。

---

① Октябрьская революция：1917-2017. https：//wciom.ru/index.php?id=236&uid=116446.

表8　十月革命的历史意义（单项选择）

单位：%

年份	2001	2002	2003	2004	2005	2006	2007	2009	2010	2011	2017
为俄罗斯人民打开了一个新的历史时代	27	27	20	30	26	30	24	28	29	25	25
推动了国家的社会—经济发展	32	33	32	27	31	28	31	29	29	27	36
妨碍了国家的社会—经济发展	18	19	19	16	16	16	17	16	14	19	21
对国家而言是一个悲剧	12	9	14	14	15	10	9	10	9	8	6
难以回答	11	13	15	13	13	17	19	17	19	21	13

资料来源：Октябрьская революция. https://www.levada.ru/2017/04/05/oktyabrskaya-revolyutsiya-2/。

表9　如果生活在十月革命发生的时代，你会怎么做（单项选择）

单位：%

年份	1990	1997	2001	2002	2003	2004	2005	2007	2011	2017
积极支持布尔什维克	23	15	22	23	19	15	17	17	14	12
与布尔什维克合作	26	16	19	20	16	18	17	13	17	16
努力渡过这一艰难的时期，不参与任何一方	12	27	24	28	22	26	28	23	24	33
与布尔什维克进行斗争	5	7	6	8	9	8	7	6	6	8
出国	7	15	13	16	14	15	14	18	14	14
难以回答或其他	27	20	16	5	21	19	17	24	25	18

资料来源：Октябрьская революция. https://www.levada.ru/2017/04/05/oktyabrskaya-revolyutsiya-2/。

表10　你认为当今俄罗斯会发生类似于1917年那样的革命吗（单项选择）

单位：%

年份	2002	2017
非常肯定	7	7
比较肯定	27	21
比较否定	34	38
非常否定	20	21
难以回答	12	14

资料来源：Октябрьская революция. https://www.levada.ru/2017/04/05/oktyabrskaya-revolyutsiya-2/。

2017年俄罗斯民众对十月革命的认知与评价

苏联解体之初，社会制度的剧变带来极大的冲击和震荡，俄罗斯社会对1917年十月革命的评价严重对立：以俄罗斯联邦共产党为首的左翼力量充分肯定和高度评价，右翼力量竭力攻击并全面诋毁。相当一部分人不再把十月革命的胜利视为"真正的胜利"，而是使几代人陷入苦难的悲剧。社会舆论甚至认为，君主制的消失造成国家处于无政府状态，后来陷入内战，这是大俄罗斯的"丧钟"，使俄国放弃了"文明的康庄大道"，割裂了俄罗斯与欧洲。

进入2000年以后，俄罗斯民众对十月革命的评价逐渐恢复理性，倾向于综合考虑各研究流派的观点，力图从较为客观的立场重新审视这场革命的历史意义。从图2中我们可以发现，列瓦达研究中心组织的几次调查中，对十月革命持正面评价的受访者人数在46%~49%，而持负面评价的受访者人数则在28%~35%。2017年的调查数据中，积极评价十月革命的受访者占比为48%，消极评价十月革命的受访者占比为31%，前者比后者人数高出17个百分点。[1] 这也表明俄罗斯民众对十月革命的认知变得更为理性和客观。事实上，这也与表8的各项数据相符合。如2017年的调查数据中，认为十月革命为俄罗斯人民打开了一个新时代的人数为25%，推动国家社会经济发展的人数为36%，这两者加起来，肯定十月革命意义的人数达到61%；受访者中认为妨碍国家社会经济发展的人数为21%，对国家而言是一个社会悲剧的人数为6%，持否定评价的人数为27%，远远低于前者。显而易见，俄罗斯民众高度肯定了十月革命的历史意义，认为它是20世纪俄罗斯历史的重大事件，促进了社会经济发展。

尽管俄罗斯民众对十月革命总体持一种肯定的态度，但是从现实生活出发，他们不愿意俄罗斯再次陷入革命的动荡不安之中。这从表9和表10的数据中可以反映出来。根据表9的设问：如果生活在十月革命发生的时代，你会怎么做？可以发现积极支持布尔什维克的人数一直呈下降的趋势，由

---

[1] Октябрьская революция. https://www.levada.ru/2017/04/05/oktyabrskaya-revolyutsiya-2/.

1990年的23%下降到2017年的12%，与布尔什维克合作的人数也由1990年的26%下降到16%，而置身事外，不参与任何一方的人数则由12%上升到33%。表10的数据也表明，2017年不赞同俄罗斯重复1917年十月革命的人数高达59%。毋庸置疑，这也恰恰反映了俄罗斯人厌倦革命、追求稳定的社会心理。

三 俄罗斯民众对十月革命评价转变的原因

通过上文分析可以看出，俄罗斯经过20多年的转型，民众对十月革命的认知与看法愈加趋向理性与客观，在诸如十月革命的原因、重要历史人物评价、十月革命的作用、十月革命的意义等舆情数据上都呈现出这一特征。原因有以下两点。

（一）普京政府实施新的历史文化政策，对十月革命的态度逐渐转变，以引导民众淡化意识形态色彩，弥补分歧，实现历史和解

普京在其第一任总统期间，改变了叶利钦时期对苏联历史全盘否定的态度，承认苏联历史合理性的一面，并以此来构建俄罗斯民众的国家认同。因此，普京在历史记忆和文化记忆政策上实施了"全面继承学说"（доктрина тотальной преемственности），即融合了俄罗斯帝国、苏联和民主派的价值观。①

毋庸置疑，在普京看来，当代俄罗斯不仅是俄罗斯帝国的继承者，同时也是苏联的继承者。这也在2000年通过的《俄罗斯联邦宪法》对俄罗斯国家象征标志的法律规范中反映出来。新宪法规定使用的国旗是罗曼诺夫王朝的三色旗，使用的国徽是罗曼诺夫王室的双头鹰，而国歌则是新词装旧曲，

---

① Малинова О. Ю. "Октябрьский переворот" или "Великая российская революция"? Переосмысление "мифа основания" СССР в политическом дискурсе постсоветской России. Вартумян А. А. Революция как концепт и событие: монография. М.: ООО 《ЦИУМиНЛ》, 2015. С. 166 – 167.

使用的是苏联国歌的曲子。

但是，为了避免自由主义派别的反感，普京对苏联历史的肯定采取了"有选择性"的记忆，通过选择性地"应用"历史事件、现象、人物，来满足时代的具体需要。普京在多次的讲话中，都肯定了苏联早期的文学艺术、在第二次世界大战中的功绩以及载人航天工程，以此来宣扬苏联时期的"强国思想"。2005年，普京在俄罗斯联邦议会上公然宣称"苏联解体是20世纪最大的地缘政治灾难"，并且将解体的原因归纳为不怀好意的政客所致，这就与叶利钦时期的评价截然不同。

具体到1917年十月革命，俄罗斯政府则采取了更为审慎的态度。政府既不希望通过肯定十月革命来唤起人民对现行制度的不满，也担心引起"反十月革命"群体的反感。因此，俄罗斯政府对十月革命采取了"无害化"处理的策略。

2004年，俄罗斯联邦通过决议，将11月7日的"十月革命日"改为"军人荣誉日"。2005年，普京总统签署法令，恢复11月7日"十月革命日"称谓，不作为休息日，同时恢复红场的阅兵活动，但不是为了纪念十月革命，而是纪念1941年11月7日苏联红军在德军兵临莫斯科城下时举行的庄严阅兵，并一举击溃德军，取得莫斯科保卫战的胜利。

2012年普京第三次担任俄罗斯总统后，为防止对历史事件理解不同产生现实社会的分裂，维护社会和谐，他提出重新修改俄罗斯的历史教科书，并要求客观理性地处理俄国历史上极具争议性的问题，这其中也包括怎样评价十月革命的问题。2014年，当俄罗斯历史教科书修改委员会学术领导、俄罗斯科学院世界历史研究所所长丘巴里扬院士向普京总统汇报时指出，历史教科书修改委员会认为：1917年二月革命、十月革命和与此相连的国内战争，与其他国家类似的革命，如法国资产阶级革命、英国资产阶级革命比较，完全可以称为"大革命"，现在大多数俄罗斯人甚至包括不同派别的人都能够接受这个观点。普京对此表示赞同。[①] 此后，在俄

---

① 吴恩远：《普京为什么要纪念十月革命100周年》，http：//www.sohu.com/a/150648899_688065。

罗斯官方指导下，2016年俄大鸨出版社和教育出版社出版的两本最新中学历史教科书高度评价了1917年俄国革命对20世纪的历史意义。教育出版社出版的10年级上册教科书中写道："布尔什维克创建的新兴社会体制更成为全世界的典范。……十月革命的思想不仅影响到革命者，'资产阶级'国家领导人也明确意识到，剥削与压迫劳动人民将不可避免地引发社会爆炸。十月革命的共产主义影响使得资本主义国家开始改变政治制度和政策，试图解决社会内部矛盾，以削弱共产党人的影响力。"① 毋庸置疑，对革命的肯定评价也旨在消除俄国学界和以往历史教科书中对二月革命、十月革命意义采取的拔高或贬低的阐释，向青年一代灌输1917年俄国大革命正面、积极的印象。

2017年是十月革命一百周年，普京始终强调俄罗斯政府纪念这一历史事件是为了达到社会的和谐和团结。2016年12月，他在国情咨文中为十月革命100周年定下基调："历史的经验教训首先应当有利于今天社会的和谐。不能把过去年代的社会对立、仇恨、懊丧、冷酷等情感强加于今天，不能造成今天社会的分裂。"② 普京指出，不仅是学者和历史学家，俄罗斯社会也需要对这些事件进行客观、真实、深刻的分析。这是我们共同的历史，我们应郑重对待。同月，普京签署总统令，责成俄历史协会成立组委会，负责筹办相关纪念活动；责成文化部为组委会提供相关技术支持和保障；建议地方政府、社会团体、学术和教育机构积极参与纪念活动。纵观2017年俄罗斯举办的有关十月革命的纪念活动，主要是在各种博物馆、档案馆、纪念馆举办展览，各种学术机构举行学术会议，出版图书以及摄制影视节目等。在官方组织下，媒体经常召开新闻发布会，政府官员与观众和学者交流渠道通畅，各种身份的人士都参与交流。此外，除了在俄罗斯，在其他国家也举

---

① Волобуев О. В., Карпачёв С. П., Романов П. Н. История России. Начало XX – начало XXI в. 10 класс. М. : Дрофа. 2016. С. 79.

② Президент России о предстоящем 100 – летии Революции 1917 года. http: //rushistory.org/proekty/100 – letie – revolyutsii – 1917 – goda/prezident – rossii – o – predstoyashchem – 100 – letii – revolyutsii – 1917 – goda.html.

办多次国际会议、学术讨论和展览等,十月革命的研究和纪念活动走出国门,扩大了国际影响。尽管如此,俄罗斯政府并没有举办大型的政治纪念活动和庆典。

不言而喻,普京政府在2017年纪念十月革命的特点是突出学术性,淡化意识形态色彩和政治色彩,通过对十月革命的历史叙事、展览和展示,来修正俄罗斯民众对十月革命的认知和评价。特别是"普京版"统一历史教科书在2016~2017年进入中小学课堂,它会更持久地改变俄罗斯年轻一辈对十月革命的历史记忆。

(二)俄罗斯学界对十月革命的研究更加深入和客观

2017年是十月革命一百周年,俄罗斯历史学界从宏观、中观和微观层面对革命的原因、历史事件和群体、具体的历史人物进行了更为深入的研究。

1917年俄国大革命爆发的原因是长时段历史的必然性,还是受短时段历史事件的影响,一直是俄罗斯学界辩论的热点问题。俄罗斯科学院经济学所达维多夫研究员、圣彼得堡大学历史系米罗诺夫教授等人秉持"战争孕育革命"的观点,认为第一次世界大战时期俄国应对战争的失误和精英阶层的内部分裂最终导致了革命的爆发。克斯莫奇教授也赞同上述观点,认为还需要考虑到外部因素对俄国革命的影响,无论是协约国盟国,还是德国,他们都支持了俄国内部的政府反对派,诸如共济会、杜马反对派以及革命政党等。[①] 与此同时,俄罗斯学者还从他者的眼光来审视1917年俄国革命,通过发掘英国、法国和德国的材料,深化了他者眼中的俄国革命形象以及革命时期英俄关系的研究。[②]

恰恰是源自第一次世界大战的战争压力,导致俄罗斯帝国在现代化进程

---

① Космач, В. А. Причины, начало, основные этапы и характер Великой Российской (Русской) революции 1917 года. http://lib.vsu.by/xmlui/123456789/10747.

② Сергеев Е. Ю. Британия и Февральская революция 1917 года в России//Новая и новейшая история. № 4. 2017.; Магадеев И. Э. Восточный фронт в 1917 году и перспективы российской армии воценках французских военных экспертов.//Новая и новейшая история. № 12. 2017.

中陷入系统性危机，不可避免导致了革命的爆发，布尔达科夫和沃洛布耶夫等人在20世纪提出的这一观点也得到了部分历史学家的发展。沃伊季科夫就认为，1917年俄国大革命爆发的原因在于俄罗斯帝国如同陷入1612年的混乱时代，是帝国系统性危机的后果。[1]此后，由于临时政府没有解决社会危机，权柄最终落入布尔什维克手中。

本年度俄罗斯科学院历史研究所出版了两卷本的集体性著作《1917年俄国革命：政权、社会与文化》，该书系统性地研究了1917年俄国大革命时期的政治、经济、文化、社会等状况，指出无论是保守主义政党，还是自由主义政党，都没有在1917年的革命事件中得到群众的支持，而布尔什维克提出的"土地和自由"以及"没有兼并和赔款的和平"的口号则深入人心。[2]

阿克秀金和戈尔德特则从中观的视野出发，研究了1917年俄国大革命中知识分子的情感史，阐释了这个群体对布尔什维克的爱恨情仇。[3] 与下层群众不同，知识分子有自己较为独立的思想，他们从最初对革命的欣喜之情到布尔什维克夺权后产生了厌倦感和幻灭感。塔拉索夫研究了革命中彼得格勒卫戍部队的士兵这一群体，分析了彼得格勒卫戍部队中的左翼激进组织与布尔什维克合流，以及士兵逐步布尔什维克化的进程。[4] 需要指出的是，这是对一个老命题的新研究，对作者的观点与论证还存在某些争论。

微观研究则更多表现为对1917年俄国大革命中以前缺乏关注的历史人物、事件进行补遗，或者利用新的档案材料，对以前的研究进行修正。

---

[1] Сергей. Войтиков. Империя в системном кризисе Российская история. №5. 2017.
[2] Петров Ю. А. Российская революция 1917 года. Власть, общество, культура. Том 2．М．РОССПЭН. 2017. С. 566.
[3] Аксютин Ю. В. Гердт Н. Е. Русская интеллигенция и революция 1917 года: в хаосе событий и в смятении чувств. М．РОССПЭН. 2017.
[4] К Тарасов Солдатский большевизм. Военная организаци большевиков и леворадикальное движение в Петроградском гарнизоне（февраль 1917 - март 1918 г.）．СПБ. 2017．

《俄罗斯历史》杂志的第 5 期刊发了一组有关俄国大革命微观史研究的论文，① 涉及二月革命前夕下诺夫哥罗德的自由主义反对派、1917 年产业工人的革命心路、1917 年秋季乌拉尔地区社会主义政权中的多党体系等。

与此同时，俄罗斯科学院圣彼得堡分院科洛尼茨基教授作为新文化史研究的代表人物，研究了 1917 年俄国大革命春夏之际人民对克伦斯基崇拜的社会根源和心理动因。② 科洛尼茨基教授特别指出，人民对领袖的崇拜不是苏联的发明，而是源自克伦斯基对俄国传统的再造与发明。布尔达科夫研究员则探讨了第一次世界大战（1914～1917 年）时期战争、情感与政治三者之间的关系。③ 他指出，第一次世界大战在俄国社会引发了恐慌和大众无法控制的情感，这在很大程度上决定了革命时期的政治进程，布尔什维克依靠大众的狂热情绪和对公正的极端追求而最终获得政权。阿克肖诺夫副研究员则研究了 1917 年俄国大革命初期因为战争与谣言引起的社会恐慌，在此底色上，革命与暴力不可避免地成为解决当时社会问题的必然手段。④ 新文化史研究方法的引入，大大拓展了 1917 年俄国大革命史的研究空间。

毋庸置疑，俄罗斯历史学界对十月革命的研究摆脱了苏联和叶利钦时期强烈的意识形态色彩，既不"神化"十月革命，也不将其抹黑得一无是处。在学术导向方面，坚持历史事实的客观性，做到论从史出，写作严谨，逻辑性强。

---

① Владимир. Сапон Нижегородская либеральная оппозиция накануне Февральской революции 1917 г. // Российская история. 2017. No 5.; Михаил. Фельдман Промышленные рабочие России в 1917 г.: подходы к социалистической революции. Российская история. № 5. 2017.; Валерий. Кружинов, Зинаида. Сокова Органы многопартийной социалистической власти на Урале осенью 1917 г. //Российская история. № 5. 2017.

② Колоницкий Борис. Товарищ Керенский: антимонархическая революция и формирование культа вождя народа (март – июнь 1917 года). М.: Новое литературное обозрение. 2017.

③ Революция, эмоции, политики: к переосмыслению событий 1914 – 1917 гг. // Политическая концептология. № 2. 2017 г.

④ Владислав. Аксёнов Революция и насилие в воображении современников: слухи и эмоции "медового месяца" 1917 г. //Российская история. № 2. 2017.

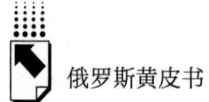

更为重要的是，俄罗斯历史学界还将自己的研究成果以公共史学的方式刊登在各种大众杂志和主流互联网平台上。《俄罗斯报》、《祖国》杂志、《论据与事实》等刊物中刊发了大量有关尼古拉二世、高尔察克、列宁的文章。根据全俄舆情基金会 2017 年的调查，50%的受访者对学界和媒体界出版的有关十月革命的文章和出版物感兴趣，32%的受访者认为媒体对十月革命的报道是客观的，29%的受访者认为不客观。① 由此可见，民众有关十月革命的历史记忆和看法也深受媒体的影响。

---

① Столетие революции: Что знают россияне о революции, и как оценивают ее итоги. http://fom.ru/Proshloe/13829.

中俄关系

Sino-Russia Relations

Y.20
2017年中俄关系

柳丰华*

摘　要： 2017年，中国开启中国特色社会主义的新时代，俄罗斯也处于为普京总统新一任期铺路过渡的关键年份。同时，世界经济低速增长，国际格局继续孕育深刻变化，国际安全形势面临诸多问题和挑战。中国与俄罗斯继续扩大各领域合作，携手应对挑战，使双方全面战略协作伙伴关系获得深入发展。

关键词： 2017年中俄关系　中俄全面战略协作伙伴关系　务实合作　战略协作

---

* 柳丰华，中国社会科学院俄罗斯东欧中亚研究所俄罗斯外交研究室主任，研究员。

2017年，中国开启中国特色社会主义的新时代，俄罗斯也处于为普京总统新一任期铺路过渡的关键年份。同时，世界经济低速增长，国际格局继续孕育深刻变化，国际安全形势面临诸多问题和挑战。中国与俄罗斯继续扩大各领域合作，携手应对挑战，使双方全面战略协作伙伴关系获得稳定发展。

一 中俄全面战略协作伙伴关系深入发展

两国高层交往频密，政治互信增强。7月，习近平主席访问俄罗斯，与普京总统签署《中华人民共和国和俄罗斯联邦关于进一步深化全面战略协作伙伴关系的联合声明》，重申两国致力于进一步发展和巩固平等信任、相互支持、共同繁荣、世代友好的中俄全面战略协作伙伴关系，推动深化政治互信、务实合作、安全合作、人文交流、国际协作;[①] 批准《〈中俄睦邻友好合作条约〉实施纲要（2017～2020年）》，为中俄两国各领域合作指明了发展方向和目标。普京总统先后参加在北京举行的"一带一路"国际合作高峰论坛和在厦门召开的"金砖国家"领导人会晤，习近平主席还在上海合作组织阿斯塔纳峰会和亚太经合组织岘港峰会期间与普京总统会谈，就中俄关系以及两国共同关心的国际和地区问题达成诸多重要共识。中俄元首共同引领两国在政治、经济、外交、安全、人文等领域的合作向更高水平发展。10月底，梅德韦杰夫总理访华，与李克强总理举行会晤，双方签署在投资、能源、农业、海关、金融、航天等领域的一系列合作文件。两国立法机关领导人定期会晤，中俄投资合作委员会、能源合作委员会、人文合作委员会、总理定期会晤委员会、中国东北地区和俄罗斯远东及贝加尔地区政府间合作委员会有效运转，两国政府各部门保持良好的交流与协作。

中俄两国战略对接取得重要成果。5月，普京总统出席北京"一带一

[①] 《中华人民共和国和俄罗斯联邦关于进一步深化全面战略协作伙伴关系的联合声明》，2017年7月5日，中国外交部网站，http://www.fmprc.gov.cn/web/zyxw/t1475443.shtml。

路"国际合作高峰论坛,高度评价"一带一路"倡议,重申俄罗斯积极支持并参与该倡议的态度。10月1日,中国与欧亚经济联盟实质性结束经贸合作协议谈判,该协议签署后,将为推进双方贸易便利化、切实开展"一带一路"建设与欧亚经济联盟对接合作,提供必要的制度性安排。这是双方落实中俄两国元首关于"一带一路"建设与欧亚经济联盟对接合作共识的重要成果。中国与俄罗斯启动《欧亚经济伙伴关系协定》联合可行性研究,该协定将是中方积极响应俄方提出的"大欧亚伙伴关系"倡议,与之共同探索欧亚区域经贸合作新制度的基础性文件。

经贸合作快速发展。国际石油价格上涨、俄罗斯经济形势好转、中俄两国政府积极推动等有利因素,促进了中俄经贸合作的发展。中俄贸易额稳步增长,贸易结构持续改善。据中国海关总署数据,2017年两国贸易额为840.7亿美元,同比增长20.8%。其中,中国对俄出口428.8亿美元,同比增长14.8%;从俄进口411.9亿美元,同比增长27.7%。[①] 中国稳居俄罗斯第一大贸易伙伴国,中俄贸易额占俄对外贸易总额的14.8%,俄也是中国重要贸易伙伴。中俄机电和高新技术产品贸易保持两位数增幅,农产品贸易成为双边贸易新的增长点。中俄跨境电商贸易蓬勃发展,俄罗斯成为中国跨境电商第二大出口目的国,中俄跨境电商贸易额占俄跨境电商交易总额的50%以上。[②] 与此同时,两国积极推进贸易便利化,加强了在市场准入、海关监管、检验检疫、标准认证等方面的合作。5月,双方在上海成立中俄国际商用飞机有限责任公司,它由中国商用飞机集团与俄罗斯联合飞机制造公司共同成立,从事新型远程宽体客机的联合研发;中俄远程宽体客机已被命名为CR929,项目研制进入实质阶段。

中俄能源战略协作伙伴关系更加巩固。2017年,俄罗斯保持了中国最大原油和电力进口来源国地位,全年对华出口原油5980万吨,同比增长13.9%。[③] 2018年1月1日,随着中俄原油管道第二条支线漠河-大庆管

---

① 数据来源:中国海关总署网站,http://www.customs.gov.cn.
② 数据来源:中国商务部网站,http://www.mofcom.gov.cn.
③ 数据来源:中国海关总署网站,http://www.customs.gov.cn.

道投入商业运营，中国每年经由中俄原油管道进口原油规模将从1500万吨提高到3000万吨。中俄东线天然气管道项目顺利推进，阿穆尔天然气加工厂开工建设。12月，中俄合作的亚马尔液化天然气项目首条生产线投产。这一项目是世界上最大的液化气项目之一，中国石油天然气集团公司和丝路基金分别占其20%和9.9%的股份。预计在第二、三条生产线建成投产后，该项目每年将生产1650万吨液化气，其中至少400万吨将销往中国，对中国和俄罗斯都具有重要的意义。丝路基金收购俄罗斯西布尔公司10%的股权，北京燃气集团公司收购俄上乔油气公司20%的股权也完成交割。

金融合作扩大。3月，中国工商银行在莫斯科宣布正式启动人民币清算行业务，将进一步便利人民币在中俄经贸与投资中的使用，促进中俄贸易、投资与金融等领域的合作。目前，中国工商银行、中国农业银行、中国银行、中国建设银行、国家开发银行、中国进出口银行都已在俄罗斯设立子行和代表处，与俄银行之间的合作日益密切。俄罗斯铝业联合公司在中国发行两期共15亿元熊猫债券。

军事安全与军事技术合作深入发展。6月，两国的国防部部长签署《2017～2020年中俄军事领域合作发展"路线图"》，该"路线图"对这四年内的中俄军事合作做了总体规划。中俄海军举行代号为"海上联合-2017"的联合军事演习，演习分为两个阶段进行：7月在波罗的海海域、9月在日本海和鄂霍茨克海海域。联合演习以联合救援与联合保护海上经济活动安全为主题，以反潜、防空和反舰训练等为科目，提高了中俄两国海军遂行海上防御作战的能力。12月，两军在北京举行"空天安全-2017"中俄第二次首长司令部计算机模拟导弹防御联合演习，演习目标是协同应对弹道导弹和巡航导弹对两国领土的攻击。2017年底，俄罗斯向中国交付第二批10架苏-35战机，这是根据2015年签署的24架苏-35战机供应协议进行的。

人文合作承前启后。2017年是俄罗斯"中俄媒体交流年"，两国媒体开展了丰富多彩的活动，进一步促进了两国媒体合作与民间友谊。两国商定

2018~2019年举办中俄地方合作交流年,将互办国家级"主题年"活动延续下去。教育方面,不仅各自国内学习对方语言文化的各类学生数量在增长,而且随着深圳北理莫斯科大学、上海交通大学-莫斯科航空学院中俄联合研究院开学招生,中俄合作办学取得可喜成果。中俄民众赴对方境内旅游人数不断增长,2017年,中国成为俄罗斯第一大游客来源国,俄是中国第五大游客来源国。也表明两国民间交往方兴未艾。

外交协作密切。习近平主席访俄时,与普京总统签署《中俄关于当前世界形势和重大国际问题的联合声明》。该文件阐述了中俄两国对国际关系、国际法的共同主张和对当前国际形势、重大问题的一致立场,强调双方将继续开展外交合作,以应对当前国际与地区形势中的威胁和挑战。中俄两国一如既往在推进世界多极化、加强联合国在国际事务中的核心作用等方面保持协调与合作。两国都反对某些国家以所谓的导弹威胁为借口,单方面在欧洲和亚太地区部署反导系统,从而严重损害区域内国家战略安全利益,对国际和地区战略平衡造成消极影响。中国与俄罗斯共同推动上海合作组织扩员进程,该组织阿斯塔纳峰会正式接纳印度和巴基斯坦为成员国。下一步,两国应在提升上海合作组织多边合作的质量上下功夫,使其在地理范围扩大的同时,依然保持相当高的区域合作的动力和吸引力。朝鲜核与半岛稳定问题是2017年度世界性热点问题,为降低半岛武装冲突风险和解决朝鲜核问题,中俄两国以中方的"双暂停"倡议和"双轨并行"思路为基础,共同提出"双暂停"和同步谈判,一揽子解决所有问题的建议。两国还在反恐、叙利亚、阿富汗、互联网安全等国际问题上,以及在"金砖国家"、20国集团、亚太经合组织等多边机制中,进行了富有成效的外交合作。

中俄睦邻友好与战略协作关系在两国社会获得广泛认同,可谓深入人心。中共十九大报告明确提出要构建新型国际关系和人类命运共同体,不言而喻,不断发展中俄全面战略协作伙伴和友好关系,是实施新时代中国外交战略的重要组成部分。在中国社会层面,尽管没有中俄关系民意调查作为佐证,但是对俄罗斯的友好、合作态度经常见诸学术论文、媒体文章

和社交媒体言论中。普京总统在2017年度记者会上表示,发展与中国的长期战略关系是俄罗斯全国性共识,相信无论2018年俄总统选举结果如何,中俄关系都会继续向前发展。2017年底,俄罗斯社会舆论基金会发布的研究显示,① 在2017年俄亲近友好国家榜单上,中国以62%的民意调查数据,首次超越传统的"头号朋友"白俄罗斯,成为俄罗斯人眼中"最亲近和友好的国家"。

二 对2017年中俄关系的评论

第一,2017年是中俄全面战略协作伙伴关系深入发展、成果丰硕的一年。两国在政治、经济、能源、金融、外交、人文、军事安全、"一带一路"建设与欧亚经济联盟对接等领域的合作全面推进,成果斐然。以中俄贸易为例,2017年两国贸易额占俄罗斯对外贸易总额的14.8%,说明俄对华贸易依存度很高。同时,2017年中俄贸易额同比增长20.8%,高于两国各自外贸的增幅,表明中俄贸易是双方经济发展的动力。务实合作与战略协作不断深化,为中俄睦邻友好与战略协作关系的持续发展打下坚实的物质和社会基础,使两国得以逐年书写相互关系发展的新篇章。

第二,中俄关系中并非没有问题。2017年,两国关系中存在的问题包括:"一带一路"建设与欧亚经济联盟对接合作进展缓慢,莫斯科-喀山高铁项目依然空转,中俄在发展上海合作组织方面需要进行更加积极、更有成效的协作,等等。当然,这些问题是次要的问题,不足以影响中俄全面战略协作伙伴关系的主流。尽管如此,双方仍有必要正视、重视这类问题,积极交流,理性对待,寻求公平、互利的解决之道,以促使中俄务实合作与战略协作顺利发展。

第三,中国共产党十九大的召开,为中俄关系指明了良好的发展前景。

---

① 《专家:中国成俄民众眼中"头号朋友" 两国关系持续深化》,新华网,http://www.xinhuanet.com/world/2017-12/29/c_129778266.htm。

党的十九大报告提出，中国要推动建设相互尊重、公平正义、合作共赢的新型国际关系，构建人类命运共同体。中国和俄罗斯都是大国，又互为重要邻邦，已经建立了被称为"典范"的当代大国关系和邻国关系。未来，中国将不断加强与俄罗斯的全面战略协作伙伴关系，并与它共同建设新型国际关系和人类命运共同体。

Y.21
2017年中俄人文合作

许 华[*]

摘 要： 2017年，中俄在传媒、文艺、教育、体育、旅游、电影等领域的合作务实有效，屡开新篇：既有常规项目，如政府主导的中俄媒体交流年、俄罗斯文化节、俄罗斯电影节、中国电影节等大型国家级活动，以及两国著名艺术团体组织的音乐会、博物馆精品展、画展等文艺交流活动；也有一些新颖灵活、具有突破性的非传统交流项目，如中俄合作的深圳北理莫斯科大学正式运营、中国冰球队加盟俄罗斯超级联赛、横渡黑龙江游泳比赛、荧光夜跑等。这些活动形式丰富、精彩纷呈，从上至下广泛接触民众，拉动了两国文化、传媒、旅游等产业之间的互动与合作，巩固了两国关系发展的社会和民意基础。

关键词： 中国 俄罗斯 中俄人文合作 中俄旅游

在习近平主席和普京总统的战略引领下，中国与俄罗斯的合作与交往不断跃上新台阶。"俄罗斯热"和"中国热"在两国持续升温，两国人文交流也日趋频繁，助力两国关系步稳行远。2017年，中俄在传媒、文艺、教育、体育、旅游、电影等领域的合作务实有效，屡开新篇：既有常规项目，如政府主导的中俄媒体交流年、俄罗斯文化节、俄罗斯电影节、中国电影节等大

---

[*] 许华，中国社会科学院俄罗斯东欧中亚研究所俄罗斯历史与文化研究室副主任，研究员。

型国家级活动，以及两国著名艺术团体组织的音乐会、博物馆精品展、画展等文艺交流活动；也有一些新颖灵活、具有突破性的非传统交流项目，如中俄合作的深圳北理莫斯科大学正式运营、中国冰球队加盟俄罗斯超级联赛、横渡黑龙江游泳比赛、荧光夜跑等。这些活动形式丰富、精彩纷呈，从上至下广泛接触民众，拉动了两国文化、传媒、旅游等产业之间的互动与合作，巩固了两国关系发展的社会和民意基础。

一 中俄人文合作的新进展

（一）传媒合作：以中俄媒体交流年为主线

俄中全面战略协作伙伴关系不断向前发展的进程中，两国媒体发挥了重要作用。在为期两年的中俄媒体交流年框架下，2017年双方以主流媒体为主力军，成功开展多项活动，全方位、立体式地推动两国关系的发展。俄总统办公厅第一副主任格罗莫夫称"中俄媒体交流年"为"俄中两国在人文领域最成功的合作项目，反映出两国关系的空前水平"。具有代表性的事件有"中俄头条"上线、媒体峰会"第三届中俄媒体论坛"召开、"喀秋莎"电视频道在中国开播等。①

新媒体合作成为中俄媒体合作的新突破。由中国国际广播电台和"今日俄罗斯"国际新闻通讯社联手打造的"中俄头条"移动应用双语客户端7月正式上线，这一开放式融媒体平台，为两国人民加深相互了解开辟了全新窗口和良好平台。国际台与"今日俄罗斯"通讯社将集中各自的优势采编资源，联合生产精品内容，打造品牌栏目。平台以APP为主要呈现形式，整合移动应用端APP、网络平台WAP端、PC端、微信和VK（俄罗斯的权威社交媒体）等社交平台资源，实现"大众采集、多种生成、多元传播"

---

① 《驻俄使馆举行庆祝"中俄媒体交流年"圆满闭幕暨迎新春媒体联谊活动》，外交部网站，http://www.fmprc.gov.cn/web/zwbd_673032/gzhd_673042/t1529154.shtml。

的融媒体传播模式。同时，客户端还将提供双语电台、在线翻译、跨境电商、旅游信息和直播等服务，具备立体互动、智能数据分析整合等功能。合作双方希望将"中俄头条"打造成更加开放、便捷的双边多功能服务平台和中俄双边资讯旗舰。①

第三届中俄媒体论坛于7月在莫斯科举行。论坛是中俄媒体的高峰会议，两国主管宣传的高级官员，开展国际传播的重要机构，如人民日报社、新华社、中央电视台、中国新闻社，以及全俄国家广播电视公司、"今日俄罗斯"电视台、塔斯社等主流媒体的领导人都出席会议。会议主题为"中俄合作新未来与媒体使命"，倡导聚媒体之智、集媒体之力，推动中俄关系发展迈上新台阶。本次会议参会媒体的数量较前两届有显著增长，签署了17项合作协议。与会代表普遍认为，双方媒体在国际传播领域积极宣传中俄合作，在影视出版领域积极挖掘两国传统文化内涵，制作了一大批优秀图书和影视作品，树立起良好的大国形象。② "喀秋莎"电视频道是俄罗斯"第一频道"电视台与中国中央电视台的合作成果，于2017年秋季开播。"喀秋莎"电视频道以文化类、教育类和娱乐性节目为主，包括1500部苏联和俄罗斯电影，为中国观众开启了一扇了解俄罗斯文化的窗户。节目用俄语播出，配有中文字幕。

在中俄媒体良好互动的背景下，俄罗斯主流媒体积极宣传中国共产党第十九次全国代表大会。俄罗斯多家主流媒体对中国政治生活中的这一重要事件给予了持续关注与重点报道。塔斯社专门开设了"解析中国共产党"栏目，对中共十九大进行全面报道。塔斯社重点关注了十九大报告中关于建设开放型经济的内容，指出："中国的经验对于俄罗斯非常重要，值得借鉴分析，因为俄罗斯也正在朝着这一方向前进。""今日俄罗斯"国际新闻通讯社重点关注了有关中国未来中长期发展规划的内容，认为中国成了全球经济

---

① 《中俄成功举办媒体交流年 合作再上新台阶》，国际在线，http://news.cri.cn/20170702/3b30e3ba-ca8c-ab35-cbbe-609f11fb3cc3.html。
② 《第三届中俄媒体论坛在莫斯科举行》，中国新闻网，http://www.chinanews.com/gj/2017/07-05/8269078.shtml。

的"领航者"。《俄罗斯报》在《中国提出新的发展规划》一文中，详细介绍与解读了习近平在十九大开幕会上所做的报告，认为十九大的召开标志着中国朝"中华民族伟大复兴"的目标又跨出了新的一步。

（二）文艺交流：节庆、展览和音乐会等活动多姿多彩

根据中俄两国文化部2017～2019年合作计划，双方在2017年通过举办文化节、中俄文化大集等活动，组织艺术团体和艺术家参与两国艺术节及艺术类比赛，促进两国地方间直接的文化合作，扩大人才交流和文化交流，并推动两国剧院、博物馆和图书馆等文化机构之间加强交流与合作。

2017年9月，"俄罗斯文化节"开幕式在广州举行。中俄两国从20世纪90年代开始定期互办文化节，活动内容不断丰富，涉及领域不断扩展。随着文化节活动的机制化，文化节已成为双方在对方国家影响最大、受众最多、规模最大的品牌性文化交流活动，成为加强中俄两国民众相互了解的重要平台。在2017年的"俄罗斯文化节"开幕式音乐会上，上百位中俄艺术家同台献艺，俄罗斯指挥家费多谢耶夫率领柴可夫斯基交响乐团演奏了柴可夫斯基的大提琴协奏曲《随想曲》、拉赫玛尼诺夫的第二钢琴协奏曲等。[①]

"俄罗斯电影节"和"中国电影节"自2006年举办以来，已形成良好的交流机制。2017年，中国国家新闻出版广电总局和俄罗斯文化部共同举办的"中国俄罗斯电影节"于6月在北京和哈尔滨开幕，"俄罗斯中国电影节"则于9月在莫斯科和叶卡捷琳堡举行。俄罗斯展演电影为《破冰船》《医生》《大村庄的热情》《离春天还有三天》《爸爸做的早餐》《俄罗斯之锤》《地震》七部新片，中方送展的是《解救吾先生》《刺客聂隐娘》《第三种爱情》《山河故人》《三城记》《王朝的女人·杨贵妃》《老炮儿》。

两国电影领域的交流与合作不断开辟新领域，合作拍摄电影近年来发展

---

① 林洁：《柴可夫斯基交响乐团奏响2017"俄罗斯文化节"序曲》，中青在线，http://news.cyol.com/content/2017-09/13/content_16494931.htm。

迅速。央视动画有限公司与俄罗斯瑞奇集团签署了《熊猫和开心球》的联合制作框架协议，并交换了中俄合拍动画片《熊猫和开心球》的联合拍摄备忘录。憨厚可爱的"熊猫和和"取材于中国的国宝熊猫，它承载着中国人民仁善、宽厚、谦和的中国文化意义。该片剧情轻松幽默，通过讲述妙趣横生的玩具店故事，体现出友爱、童趣和教育的主题。央视动画希望以此片提升"熊猫和和"这一国家级动画品牌形象的国际影响力，将"熊猫+"国际品牌的发展推向新高度。中俄联合拍摄的动作电影《中国游记：铁面人之谜》已经杀青，即将上映。曾经在2015年风靡中国的俄罗斯电影《他是龙》的第二部也由中俄影视制作公司开始洽谈合作事宜。①

博物馆、美术馆和图书馆的交流与合作成为中俄两国进行文明对话和传播国家形象的有效手段。4月，由中国美术馆与俄罗斯驻华大使馆共同主办的"中国美术馆之夜：伏尔加河之声——俄罗斯油画精品展专场活动"在中国美术馆开幕。此次展览的百幅俄罗斯精品油画让人们从中了解了俄罗斯油画发展的历史轨迹，感受到了俄罗斯绘画艺术的辉煌和厚重。6月，"帝国夏宫——俄罗斯彼得霍夫国家博物馆藏文物特展"在成都博物馆开幕，为中国公众带来数百件见证了俄罗斯罗曼诺夫王朝历史的"彼得夏宫"中保存的文物。11月，中国国家博物馆与俄罗斯国家历史博物馆联合推出"纪念十月革命100周年——俄罗斯国家历史博物馆藏十月革命文物展"，展示十月革命时期的文物和表现革命瞬间的经典油画和雕塑，记录人民纪念革命、保卫革命政权的宣传画，以及反映中苏友好历史的238件展品和十余张历史照片。

与此同时，俄罗斯也举办了宣传中国文化的系列展览。1月，《华夏文明之光》中国艺术展在圣彼得堡马涅什中央展览大厅开展，中俄文化界、艺术界人士数百人出席了展览开幕式。本次展览是应俄罗斯列宾美术学院的邀请，由该院与中国五洲传播中心、中国人民解放军艺术学院联合主办。8

---

① 《央视动画将与俄罗斯合拍动画片〈熊猫和开心球〉》，人民网，http：//comic. people. com. cn/n1/2017/0717/c122418 - 29410326. html。

月,第 24 届北京国际图书博览会在中国国际展览中心新馆举办。本次展会吸引了来自 89 个国家和地区的 2500 家参展商,海外展商比例超过 50%,其中俄罗斯展台格外引人注目。此次俄罗斯展区组织了不少精品图书前来参展,如青少年文学、俄语学习用书、人文社科等方面的作品以及莫斯科市政府出版计划框架下由俄罗斯 Eksmo 出版社出版的新书。展会还展示了根据中俄文学互译出版项目出版的图书。① 9 月,中国当代艺术家蔡国强在俄罗斯国立普希金造型艺术博物馆举办个人展览。

圣彼得堡交响乐团于 4~5 月在北京、大连、哈尔滨、沈阳、青岛、上海等地进行巡回演出。首席指挥官亚·德米特里耶夫和弗·阿尔特舒勒为中国观众献上精彩演出。两年前,在中国人民抗日战争暨世界反法西斯战争胜利 70 周年纪念活动期间,圣彼得堡交响乐团演奏了肖斯塔科维奇著名的《第七交响曲》,在广大音乐爱好者和乐评人中引起强烈反响。被誉为"俄罗斯文化名片"的大型民族舞蹈秀"科斯特洛玛"11 月在北京上演。"科斯特洛玛"用跨越时空的舞蹈艺术讲述俄罗斯历史及人民的生活,展现出俄罗斯悠久的文化遗产和独特的民族精神。②

(三)旅游:日益紧密的联系

旅游交流合作已经成为中俄双边务实合作的重要组成部分。据统计,2016 年中国访俄游客数量达到 107.3 万人次,同比上年增长 15%;俄罗斯访华游客达到 118.3 万人次,同比上年增长 31%。2017 年,中国是俄罗斯第一大入境客源国,中国也成为俄罗斯游客出境游增长幅度最大的目的地之一。据俄罗斯媒体报道,2017 年上半年中国免签赴俄游客数量与 2016 年同期相比增长 36%。中俄双边旅游快速发展离不开两国采取的各项有力措施。2017 年,俄罗斯多措并举欢迎中国游客赴俄旅游。俄罗斯联邦旅游署在圣

---

① 《俄罗斯精品图书亮相北京国际图书博览会》,人民网,http://world.people.com.cn/n1/2017/0823/c1002-29490139.html。
② 《俄罗斯文化名片"科斯特洛玛"将首次献礼中国》,新浪网,http://ent.sina.com.cn/j/2017-09-17/doc-ifykywuc5420347.shtml。

彼得堡、哈尔滨、北京、上海举行多场推介会，以进一步扩大俄罗斯在中国游客中的知名度。此外，两国旅游业界增加旅游项目，开通新航线，推出跨境旅游专列，不断推出各种符合市场需要的主题旅游项目。比如，"红色旅游""战争主题游""生态游""前苏联国家组合游"等。在签证便利化方面，中俄双方正在讨论把现有的5人成团免签赴俄旅游14天的规定改为3人成团免签，以及增加免签逗留天数等问题。两国旅游主管部门频繁互动，连续签署备忘录，在宣传展览、旅游投资、旅游保险、旅游教育等方面开展了系列交流与合作。①

（四）青少年交流：热度不减

青年人是国家的未来，也是两国关系发展的希望。继2014～2015"中俄青年友好交流年"之后，两国青年和学生之间一直保持着积极联系和交流。2017年，两国政府利用多种艺术交流形式加强对年轻人的培养和教育，青年媒体人、运动员、小艺术家们开展了论坛、体育运动会和艺术展演等多种活动。青年一代在这些活动中感受时代责任，了解两国的历史和文化传统，为中俄关系未来的发展奠定友谊的基础。

第二届中俄网络媒体年会暨中俄青年媒体创新营9月在俄罗斯顿河畔罗斯托夫开幕。与会者就网络媒体新形式和新机遇、互联网信息安全等话题进行交流和探讨。

第七届中俄青少年运动会11月在广州开幕。运动会为期6天，中国和俄罗斯各派出160名运动员参赛，运动员年龄为13～17岁。比赛共设摔跤、柔道、拳击、水球、武术等9个项目。除竞技比赛外，运动会期间还穿插了丰富多彩的文化交流活动，俄罗斯青少年们参加了中国传统体育项目赛龙舟，体验了中国传统的中医文化。②

"汉语桥"第六届全俄大学生中文比赛5月在俄罗斯喀山举行。来自莫

---

① 《俄罗斯：中俄旅游合作紧密》，《人民日报（海外版）》，2017年9月4日。
② 《2017年第七届中俄青少年运动会在广东开幕》，中国体育报，http://www.sport.org.cn/p-news/2017/1107/161080.html。

斯科、圣彼得堡、喀山等六个代表队的 30 名大学生参加了最终比拼，通过多个环节展示了较高的汉语水平和对中国文化的了解。中国驻俄罗斯使馆教育处公使衔参赞赵国成指出，参赛学生的语言水平逐年提高，这说明俄罗斯教育机构的中文授课水平不断提高。"汉语桥"中文比赛自 2002 年创立以来，已成为中俄人文交流的有益平台和俄罗斯青年学生学习汉语、了解中国文化的窗口。[①]

中俄小艺术家参加了 8 月举行的上合组织成员国"童心共筑世界梦"青少年艺术展演。活动为期 5 天，中俄青少年进行专场演出，并参观宋庆龄故居，体验中华传统文化，开展文化参访和联欢等系列活动。[②]

二 中俄人文合作的新亮点

（一）教育合作：第一所中俄合作实体大学成立

近年来，随着中俄两国关系日益紧密，两国教育合作步入发展新时期。在保证两国公派名额的同时，校际合作以及通过自费留学等渠道的留学人员数量在不断上升。据统计，2016 年，留学中国的俄罗斯学生近 18000 人，留学俄罗斯的中国学生达 3 万多人。同时，双方各类长短期交流人员数量约 3 万人次。为此，中俄双方不断采取措施，支持和鼓励更多本国学生到对方国家留学。预计到 2020 年，双方留学人数将增至 10 万人。[③]

在扩大留学人员数量的同时，近些年，中俄两国在俄罗斯中文语言教学合作方面，也取得非常大的进步。目前，俄罗斯有 22 所孔子学院或课堂。200 余所大中小学开展汉语教学，中国有 22 个俄语中心和 300 多所大中小

---

① 《"汉语桥"第六届全俄大学生中文比赛落幕》，国际在线，http://news.cri.cn/20170527/ce93921b-b20d-2152-36e2-af47136f9ec7.html。
② 《上合组织成员国青少年艺术展演"童心共筑世界梦"》，《光明日报》2017 年 8 月 24 日。
③ 《中俄两国教育合作不断深入，双方留学生超过 7 万人》，国际在线，http://news.cri.cn/20170630/67f781d0-187d-cdfc-3d18-4293b4a8cc24.html。

学开展俄语教学。2016年俄罗斯试行将汉语列入国家统一考试科目，汉语考试将于2020年被正式纳入俄罗斯国家统一考试体系，这些举措在俄中小学生间掀起新的汉语学习热潮。中国学习俄语的人数也逐年增加，俄语逐渐走出"小语种"圈子，迈入通用外语行列。①

在高等教育领域，中俄高校合作办学拓宽了教育合作的广度和深度。目前正在运行的中俄合作办学机构和项目已有100多个，涉及众多中俄高等院校。莫斯科大学与北京理工大学合作创办的深圳北理莫斯科大学于2017年9月正式招收新生，这是两国间首个具有独立法人资格的合作办学机构。不同于上海合作组织大学和金砖国家大学的非实体合作网络，北理大学是第一所中俄合作的实体大学。通过合作办学，中俄两国相互引进优质教育资源，提升教育质量，培养具有国际视野的高素质人才。

（二）科技合作：发展新机遇

中国与俄罗斯之间的科学和技术交流历史悠久，一直是人文合作的重要内容。两国科技人员在苏联时期曾结下深厚友谊。苏联解体后，双方的合作经历了恢复调整、规范发展等阶段。如今，中俄创新合作迈出实质性步伐，部门及地区间合作成效显著，共同研发项目合作不断拓展，大科学装置领域合作稳步推进。②

2017年，两国积极开展科技大项目合作和创新合作。中国启迪控股股份有限公司与俄罗斯斯科尔科沃创新中心于12月签署框架协议，计划共建中俄高科技中心，通过建立新平台扶持有潜力的初创企业。斯科尔科沃基金会主席德罗兹多夫表示，建立斯科尔科沃创新中心的主要目的是帮助俄罗斯年轻的高科技企业走向市场。目前中心入驻企业共有1800家，是俄罗斯规模最大的创新科技园区。去年中心共吸引投资80亿卢布（约1.35亿美

---

① 《"四看"中俄人文合作亮点 助力两国关系长远发展》，新华网，http：//www.xinhuanet.com/world/2017-09/21/c_129709643.htm。
② 中国国际科技合作网，http：//www.cistc.gov.cn/cn/introduction/info_4.asp?column=953&id=94636。

元),比上年增长了30%,今年来自中国的投资额约有5000万美元。他希望更多的中国企业以此为契机,进驻斯科尔科沃创新中心,同俄罗斯企业展开更广泛、更深层次的合作。①

中俄高铁技术联合研发中心11月在长春揭牌。为保证中俄高铁项目顺利实施,响应俄方提出的建立中俄高铁技术联合研发机构的要求,中俄双方组建高铁技术联合研发中心,搭建中俄两国高铁领域技术合作桥梁,使双方能在此基础上广泛开展学术交流和更深层次、更高水平的合作,扩大核心技术关注视野,实现双方共同技术进步。近年来,中俄双方合作进一步加深,尤其是在高铁领域,两国于2014年和2016年分别签署《中俄高铁合作谅解备忘录》和《中俄高铁合作意向书》,拟共同开展"莫斯科-喀山"高速铁路项目。②

"首届中俄创新对话"6月在北京举行,该活动由中国科技部与俄罗斯经济发展部共同主办,中俄双方近20位政府官员、知名专家在会上做重点发言,围绕中俄科技创新战略与政策、中俄国家创新体系建设、中俄区域创新体系和产业集群政策、科技金融和中俄科技合作、中小微型企业创新发展等议题展开深入讨论,为推动中俄两国创新合作,共同发展出谋划策。双方共同签署并发表了《首届中俄创新对话联合宣言》,确定了《2017~2020年中俄创新合作工作计划(路线图)》。中俄双方将积极推进开放创新,鼓励创新要素跨境流动,促进产学研协同创新,促进科技与产业、与金融深度融合。双方同意继续加强在创新战略、创新趋势、国家创新体系建设、技术转移、大众创新创业等方面的对话,支持众创空间等新型创业孵化器合作,鼓励支持中俄青年人创新创业,加强双方科技创新园区合作,推动建立中俄科技产业园区合作平台。③

---

① 《中国公司投资在莫建中俄高科技中心》,人民网,http://www.sohu.com/a/209730781_630337。
② 《中俄高铁技术联合研发中心在长春揭牌》,新华网,http://www.xinhuanet.com/2017-11/16/c_1121968041.htm。
③ 《首届中俄创新对话:科技合作带来发展新机遇》,新华网,http://www.xinhuanet.com/world/2017-06/14/c_1121144311.htm。

（三）体育：共同打造国家形象新符号

中国吉林市冰球队成为加入2017赛季俄罗斯超级冰球联赛（VHL）的第二支中国冰球队。俄罗斯超级冰球联赛官方宣布将从2018/19赛季起与中国国际文化传播中心联合推出丝路杯超级冰球联赛（Silk Road Cup SHL，简称 SHL）。联赛从2018/19赛季起将开始在中国、俄罗斯、哈萨克斯坦等国家的冰球俱乐部之间展开，预计在2022年北京冬奥会时，该联赛将吸纳来自中国的8～10支冰球队加入，在全世界覆盖人群预计超过20亿。俄罗斯冰球协会同时宣布，除了大陆冰球联赛（KHL），协会将同时为中国球队参加俄罗斯超级冰球联赛（VHL）和俄罗斯青年冰球联赛（MHL）敞开大门，为中国年轻运动员的发展提供了阶梯式成长路线。①

丝绸之路国际汽车拉力赛由俄罗斯体育部和中国国家体育总局主办，历时两周横跨欧亚俄罗斯、哈萨克斯坦与中国三国，充分推动了丝绸之路经济带的文化交流，加强了丝路沿线城市的友谊。本届丝绸之路国际汽车拉力赛得到了两国企业的赞助以及全球媒体的关注，赛事传播范围覆盖近200个国家和地区。俄罗斯总统普京通过俄罗斯总统府官方网站对比赛致以良好祝愿："祝贺丝绸之路拉力赛组委会顺利完成此次比赛，我相信这项伟大赛事一定能够促进国际交流与合作，增强各国人民的友谊。希望丝绸之路拉力赛未来能够取得更大的成功。"②

三　金砖机制下的中俄人文合作

近年来，金砖国家之间的双边和多边人文交流持续加强，不断取得实质进展，为增进金砖国家之间的理解、夯实民意基础发挥了重要作用，中国和

---

① 《第二支中国冰球队加盟俄超，中俄深化冰球交流》，腾讯网，http://sports.qq.com/a/20170705/025946.htm。
② 《2017丝绸之路拉力赛圆满落幕，德普雷卫冕，中国军团创造历史》，央广网，http://china.cnr.cn/gdgg/20170723/t20170723_523863613.shtml。

俄罗斯也在此机制下进行了深度合作,成为金砖国家人文合作的核心力量。

金砖国家媒体高端论坛6月在北京举行,来自金砖五国的27家主流媒体负责人出席论坛,就"全媒体创新与媒体发展""媒体义务与社会责任"两项议题深入研讨,并共同发表《金砖国家加强媒体合作行动计划》。《俄罗斯报》社长涅戈伊察称,在金砖国家中,中俄媒体的合作最为密切,对争夺传播空间话语权所肩负的责任也更大。[1]

金砖国家运动会6月在广州举行,中国派出了包括32名运动员在内的53人代表团参加所有项目的比赛。俄罗斯派出包括50名运动员在内的65人代表团参赛。

金砖国家电影节于7月在中国成都举行,来自中国、俄罗斯、巴西、印度、南非五国的电影人用自己的作品展示了金砖国家不同的文化特色和电影成就。俄罗斯《这里的黎明静悄悄》《办公室的故事》等为中国人民熟悉的经典影片参展。金砖国家电影人在充分沟通交流的基础上,达成了《金砖国家电影合作成都共识》,计划未来五年将每年推出一部合拍片。闭幕式上,五国代表宣读《金砖国家电影优秀传统文化传承与青年人才创新发展共同宣言》。电影节为进一步深化金砖国家人文交流合作做出了独特贡献。[2]

金砖国家网络大学是金砖国家高等教育多边合作的一大机制,2017年的年会于7月在郑州举行。来自中国、俄罗斯、印度、巴西、南非的教育官员与22所高校百余名专家学者围绕"务实合作与国际化办学"主题展开对话交流,共同讨论金砖网络大学成员高校间的合作与可持续发展问题。[3]

金砖国家文化节于9月中旬在厦门举行,主题为"文明相融·民心相通",主办方为中国文化部。来自中国和俄罗斯的著名艺术院团,如中国中央芭蕾舞团、俄罗斯马林斯基剧院等,与其他金砖国家的代表团举办剧场演

---

[1] 《这次金砖媒体高端论坛上代表们有哪些真知灼见》,新华网,http://www.xinhuanet.com/world/2017-06/09/c_129628889.htm。

[2] 《2017中国成都·金砖国家电影节公布参赛影片名单》,人民网,http://sc.people.com.cn/n2/2017/0606/c345167-30284912.html。

[3] 《2017年金砖国家网络大学年会郑州召开 22所成员高校与会》,中国新闻网,http://www.chinanews.com/gn/2017/07-02/8266958.shtml。

出、户外演出、艺术大师课、主题展览和金砖国家电影展映等活动,共同诠释了"开放、包容、合作、共赢"的金砖精神。①

加强人文合作一直是中俄高层的共识。2017年9月,中国国务院副总理、中俄人文合作委员会中方主席刘延东在中俄人文合作委员会第十八次会议上对委员会的工作给予了肯定。她认为,各领域人文合作成果丰硕、精彩纷呈;这些活动增进人民友谊、推动交流互鉴,服务了两国关系大局。② 展望2018年,未来中俄人文合作的主题是"地方合作交流"。在新主题、新背景下的中俄人文合作与交流,将汲取"国家年""文化年""媒体交流年""文化节"等活动的丰富经验,巩固民心相通、睦邻友好的坚实基础,进入更加成熟、稳定、深入的新阶段,进一步丰富中俄全面战略协作伙伴关系的内涵。

---

① 《金砖国家文化节将于9月15日至22日在厦门举行》,新华网,http://www.xinhuanet.com/2017-09/03/c_1121596115.htm。
② 《中俄人文合作委员会第十八次会议举行》,中国政府网,http://www.gov.cn/guowuyuan/2017-09/14/content_5224944.htm。

Y.22
中俄经贸合作：2017年的新进展

郭晓琼*

摘　要： 2017年，在国际原油价格回升、俄罗斯宏观经济形势好转的背景下，中俄双边贸易虽然实现了快速增长，但仍未达到2012年的水平，仍然属于危机后的恢复性增长。但随着中俄经贸合作的不断发展，似已不宜将中俄双边贸易额增长的快慢作为评价中俄经贸合作水平的唯一标准。事实上，中俄两国在务实合作中越来越注重质量的提升，2017年，两国在能源合作、交通运输和农业方面的合作，以及投资、金融和创新等经济活动中的合作及地区合作中均有新的进展。

关键词： 中俄经贸合作　能源合作　投资合作　金融合作　交通运输合作　创新合作

2017年中共十九大的召开明确了中国未来发展的历史方向，制定了中国未来一个时期的基本发展方略及发展蓝图，并提出了新时代中国特色大国外交要以建设相互尊重、公平正义、合作共赢的新型国际关系，坚持和平发展道路，推动构建人类命运共同体为使命。2018年3月，俄罗斯如期举行了总统大选，普京再次当选。新一任总统任期开始后，俄罗斯也将进入新的发展阶段。中俄两国都已进入新的发展周期，中俄关系也站在了新的历史起

---

* 郭晓琼，中国社会科学院俄罗斯东欧中亚研究所副研究员，博士。

点。新起点下，中俄经贸合作有望更加务实，更加注重合作质量的提升，不断开发新动能、挖掘新亮点。

一 2017年中俄双边贸易发展现状

2017年，随着国际原油价格的回升及俄罗斯宏观经济形势的好转，中俄双边贸易实现了恢复性增长，且增长速度较快。根据中国海关总署的统计数据，2017年中俄双边贸易额为840.94亿美元，同比增长20.8%，其中，中国对俄出口额为428.97亿美元，同比增长14.8%，中国自俄进口额为411.97亿美元，同比增长27.7%。中俄双边贸易额在中国对外贸易总额中的占比为2.05%，中国对俄出口额占中国对外出口总额的1.9%，中国自俄进口额占中国总进口额的2.2%。根据俄罗斯海关的统计数据，2017年俄中贸易额为869.64亿美元，同比增长31.5%，其中，俄对华出口额为389.22亿美元，同比增长38.9%，俄自华进口额为480.42亿美元，同比增长26.1%。中国从2010年起连续8年保持俄罗斯最大贸易伙伴地位，2017年，俄中贸易在俄罗斯对外贸易总额中的比例从2016年的14.1%提高至14.9%，超过俄罗斯与独联体国家的贸易总和（12.4%），更远超俄罗斯第二大贸易伙伴德国（8.6%）[1]。值得注意的是，尽管2017年中俄双边贸易额增长速度较快，但从总量看，不仅没有超过2014年953亿美元的历史最高值，甚至还未达到俄罗斯经济危机前2012年882亿美元的水平。因此，可以说，2017年中俄双边贸易额的增长仅为危机后的恢复性增长。

随着中俄经贸合作的不断深入，目前已不宜再将中俄双边贸易额增长的快慢作为评价中俄经贸合作发展水平的唯一标准，而应更加注重合作质量的提升。

---

[1] Федеральная таможенная служба. http://www.customs.ru/index2.php?option=com_content&view=article&id=25865&Itemid=1977.

中国自俄罗斯进口的商品主要为能源、资源及原材料等初级产品，这主要是基于俄罗斯的资源禀赋。2017年1～9月，中国自俄罗斯进口的前五大类商品为矿产品、木及制品、机电产品、活动物和动物产品、化工产品。第一大类商品为矿产品，进口额为189亿美元，同比增长43.9%；第二大类为木及制品，进口额为24.24亿美元，同比增长27.7%；2016年1～9月，矿产品和木及制品两大类资源型商品在中国自俄罗斯进口商品总额中的占比为78.3%，2017年1～9月，该比例增长至81.6%。矿产品进口的相对和绝对数额均在增长。在中国自俄进口的前十类商品中，化工产品和光学、钟表、医疗设备两类产品进口额出现下降，同比分别下降6.8%和3.8%，这两类商品在中国自俄进口商品总额中的占比也相应下降至2.9%和0.5%。塑料、橡胶和贱金属及制品两类商品的进口额出现大幅增长，涨幅分别为75.5%和86.1%，这两类商品在中国自俄进口商品总额中的比例也相应提高至1.5%及1%（见表1）。

表1　2017年1～9月中国自俄罗斯进口前十类商品

商品类别	贸易额（百万美元）	增长率（同比,%）	占比(%) 2016年1～9月	占比(%) 2017年1～9月
矿产品	18900	43.9	68.4	72.3
木及制品	2424	27.7	9.9	9.3
机电产品	1179	49	4.1	4.5
活动物和动物产品	841	8.3	4.0	3.2
化工产品	753	-6.8	4.2	2.9
纤维素浆、纸张	606	3.5	3.1	2.3
塑料、橡胶	397	75.5	1.2	1.5
贱金属及制品	258	86.1	0.7	1.0
动植物油脂	173	20.1	0.8	0.7
光学、钟表、医疗设备	137	-3.8	0.7	0.5

资料来源：中国商务部：《2017年1～9月俄罗斯货物贸易及中俄双边贸易概况》，https://countryreport.mofcom.gov.cn/record/qikanlist110209.asp?qikanid=9679&title=。

2017年，中国对俄出口商品结构变化不大。2017年1～9月，中国对俄出口的第一大类商品仍为机电产品，其出口总额为180.68亿美元，同比增长27.8%，在中国对俄出口总额中的比例保持在52.1%。纺织品及原料、家具、玩具、杂项制品、鞋靴、伞等轻工制品这三类劳动密集型商品是中国对俄出口的传统商品，2017年1～9月，这三类产品的出口额继续增长（分别增长16.4%、46.3%和37.4%），这三类商品在中国对俄出口总额中的比例从2016年1～9月的17.4%提高至17.6%。化工产品，塑料、橡胶，运输设备和光学、钟表、医疗设备这四类产品对俄出口保持增长态势，增长率分别为23.1%、17.6%、39.3%和31.3%（见表2）。

表2 2017年1～9月中国对俄罗斯出口前十类商品

商品类别	贸易额（百万美元）	增长率（同比,%）	占比(%)	
			2016年1～9月	2017年1～9月
机电产品	18068	27.8	52.1	52.1
纺织品及原料	2710	16.4	8.6	7.8
贱金属及制品	2556	38.2	6.9	7.4
家具、玩具、杂项制品	1995	46.3	5.0	5.8
化工产品	1728	23.1	5.2	5.0
塑料、橡胶	1449	17.6	4.6	4.2
鞋靴、伞等轻工制品	1401	37.4	3.8	4.0
运输设备	1366	39.3	3.6	3.9
光学、钟表、医疗设备	750	31.3	2.1	2.2
植物产品	699	13.5	2.3	2.0

资料来源：中国商务部：《2017年1～9月俄罗斯货物贸易及中俄双边贸易概况》，https://countryreport.mofcom.gov.cn/record/qikanlist110209.asp?qikanid=9679&title=。

二 2017年中俄经贸合作在各领域的新进展

（一）能源合作

能源合作历来是中俄经贸合作的重点领域，2017年中俄两国能源合作继续稳步推进。

1. 石油合作

中俄原油管道二线工程建成投产。2013年3月，中俄两国政府签署《关于扩大原油贸易合作的协议》。2013年6月，中国石油天然气集团有限公司（简称中石油）与俄罗斯石油公司签署俄罗斯向中国增供原油的长期贸易合同。根据该合同，俄罗斯在中俄原油管道年供1500万吨的基础上逐年对华增供原油，到2018年达到年供3000万吨，增供合同期为25年，可延长5年。考虑到原有中俄原油管道输送能力有限，中石油开始建设中俄原油管道二线工程。该工程与原漠大线并行敷设，北起黑龙江大兴安岭漠河县兴安镇的漠河首站，途径黑龙江、内蒙古两个省份，止于大庆市林源输油站，全长941.8公里，与漠大线并行长度为871.6公里，过境我国最北点北纬53度。2017年11月12日，中俄原油管道二线工程全线贯通，2018年1月1日，正式投入商业运营，承接合同中增供的1500万吨俄方原油。该管道与漠大线和正在修建的中俄东线天然气管道共同构成我国东北能源战略通道，对于保障国家能源供应安全意义重大。

2. 天然气合作

近年来，中俄两国在天然气领域的合作不断向前推进。

在上游领域，2017年12月8日，亚马尔液化天然气项目正式投产。该项目是中俄在天然气合作领域的重大合作项目，也是目前全球在北极地区开展的最大的液化天然气项目。亚马尔液化天然气项目的气源地南塔姆贝凝析气田位于俄罗斯亚马尔－涅涅茨自治区涅涅茨半岛，地处北极圈内，属大型凝析气开发、液化天然气生产、运输及销售一体化项目。目前，中国在该项目中所持股份为29.9%，其中，中石油持股20%，中国丝路基金持股9.9%。中国企业还负责该项目45个模块的生产，中国石油海洋工程有限公司、海洋石油工程股份有限公司等7家公司分别在天津、青岛、蓬莱、张家港、启东等地进行模块生产，最多参与建设人数多达3000人。该项目计划年产1650万吨液化天然气和120万吨凝析油，分为三期建设，每期年产能达到550万吨，产品主要运往亚太地区。全部建成后，每年可向中国稳定供

应400万吨以上液化天然气。中俄双方在该项目中互利共赢,对俄方而言,该项目的建成投产将为其能源行业及边疆地区经济发展发挥重要的积极作用,对中方而言,该项目保证了清洁能源的稳定供应,有利于加快推进能源结构的优化,此外,通过该项目与俄方的合作,中国成功实现了北冰洋运输,开辟了北极航道。

在下游领域,2017年8月3日,中俄合作项目阿穆尔天然气加工厂正式动工,普京总统出席了动工仪式。该项目为中俄东线天然气管道俄罗斯境内段"西伯利亚力量"管道的配套项目,加工厂位于俄罗斯远东地区阿穆尔州斯沃博金区,距离中国黑龙江省黑河市只有大约200公里。阿穆尔天然气加工厂建设分为三个标段,均由中国企业以投标的方式参加。此次开工的为P1标段,由葛洲坝集团承建。该项目设计能力为年加工天然气420亿立方米,年产氮气600万立方米。项目建成后,该加工厂将成为世界最大的天然气处理厂之一。

除油气合作外,中俄两国的能源合作在电力领域也取得了可喜的成果。2017年6月20日,中俄合资建设的华电捷宁斯卡娅电站投入运营。华电捷宁斯卡娅电站是由中国华电香港有限公司与俄罗斯第二地区电力股份公司共同投资,是目前中国在俄罗斯最大的电力能源类投资项目。该电站采用最先进的燃气发电设备,可降低25%的天然气消耗,降低三成大气污染排放量,燃气蒸汽循环供热。电站额定总装机容量483兆瓦,工程总投资5.7亿美元,设计年发电量30.2亿千瓦时。项目顺利投入运营成为中俄两国在电力领域合作的标杆,具有良好的示范意义。

(二)投资合作

1. 股权投资成为中国企业参与俄能源项目运作的新形式

近年来,西方对俄实行经济制裁,俄罗斯一些能源项目面临资金短缺的困境。中国企业通过收购俄罗斯能源企业股份能够在上中下游全产业链参与俄罗斯能源项目的运行。2016年,中石化集团和中国丝路基金通过股权投资相继收购了俄罗斯诺瓦泰克公司的部分股份,还参与了亚马尔液化天然气项目的运作。

2017年6月29日，北京燃气集团有限责任公司收购了俄罗斯石油公司下属上乔纳斯科石油天然气公司20%的股权，交易总金额为11亿美元。上乔纳斯科石油天然气公司负责开发的上乔油气田位于伊尔库茨克州，是西伯利亚东部最大的油气田之一。目前，上乔油气田已经进入成熟开发阶段，年产原油850万吨；天然气田计划于2021年投产，预计年产30亿立方米天然气，将通过在建的"西伯利亚力量"管道输送至中国。通过股权收购，北京燃气集团可获得每年100亿立方米天然气的优先购买权，这将满足北京及周边地区的天然气需求，大幅提升中国城市天然气保障能力。俄罗斯石油公司则希望通过与中方的股权合作，能够快速进入中国市场，并与亚太国家建立可靠的联系。2017年9月，中国华信能源有限公司与嘉能可财团和卡塔尔投资局联合体达成协议，收购了该联合体所持俄罗斯石油公司14.16%的股份，合同金额约91亿美元。交割后，中国华信将成为俄罗斯石油公司第三大股东，并可由此获得参与该公司能源项目运行的权益。

2. 设立各类合作投资基金，为两国合作项目提供资金保障

目前，中俄双方已共同设立了多支合作投资基金，这些投资基金主要用于保障两国各类合作项目的运行。

（1）中俄投资基金。2012年6月，中俄两国的主权财富基金（俄罗斯直接投资基金与中国投资有限责任公司）共同建立中俄投资基金。初始募集资金20亿~40亿美元，中俄双方各出资10亿美元，其余资金向第三方投资者募集。中俄投资基金70%以上的资金要投资于俄罗斯及独联体国家项目，30%以下的资金用于投资对俄合作的中国项目。

（2）中俄农业投资基金。2015年5月8日，中国黑龙江省人民政府与俄罗斯投资基金和中俄投资基金共同设立总额为20亿美元的中俄农业投资基金，专门用于支持两国境内的农业项目。基金资金来源主要为中方机构，俄方所占份额很小。

（3）中俄农业开发基金。2015年12月17日，俄罗斯远东发展基金与中国"亚太粮食产业发展基金"管理公司签署协议，建立中俄农业开发基

金。初始资金规模为130亿卢布,折合约1.85亿美元,其中俄罗斯远东发展基金出资13亿卢布,"亚太粮食产业发展基金"管理公司出资117亿卢布。基金用于促进远东地区以中国为市场的农业开发。

(4)中俄下一代发展基金。2017年3月,中俄两国计划再建立两支下一代发展投资基金,该基金主要用于基础设施建设及矿业两个长线投资行业。基础设施建设下一代基金由远东发展基金、嘉浩控股和中国建筑工程总公司共同建立;矿业下一代基金由远东发展基金、嘉浩控股和中国黄金集团共同建立,基金潜在的开发项目包括开采远东地区最大的两个含铜金矿。两支基金的资金规模均为100亿美元。

(5)中俄人民币投资合作基金。2017年7月4日,由俄罗斯直接投资基金和中国国家开发银行签署谅解备忘录,拟共同设立中俄人民币投资合作基金,资金规模为100亿美元等值人民币,资金将集中用于"一带一路"及欧亚经济联盟下的项目。

(6)中俄发展基金。2017年7月4日,深圳市丝路金桥股权投资基金管理有限公司和俄罗斯天然气工业银行联合发起成立中俄发展基金。中俄发展基金为股权投资基金,一期的目标资金规模为10亿美元。中俄双方签署了战略合作协议,协议签署后,双方着手组建合资公司,开始项目运作。基金的投资领域为中俄两国及一些独联体国家的能源、资源、农业、基础设施、高科技及快速消费品等领域。

(7)中俄地区合作发展投资基金。2017年5月,中国国家发展和改革委员会提出筹划设立中俄地区合作发展投资基金,总资金规模为1000亿元人民币,首期资金为100亿元人民币,用于推动中国东北与俄罗斯远东地区合作,投资主要集中于基础设施建设领域,其中包括俄罗斯远东地区"滨海1号""滨海2号"国际运输走廊项目。

(三)金融合作

1. 中俄两国政府间金融合作日益密切

2016年6月,中国人民银行与俄罗斯中央银行签署了《关于在华设立代表处的协议》。2017年5月,根据该协议,俄罗斯央行在北京开设的代表处正式挂牌,这是俄央行在海外设立的首家代表处,该代表处的设立将对中俄两国央行间的交流与合作起重要的促进作用。

2. 货币合作深入推进

近年来,中俄两国共同致力于扩大本币结算,消除美元影响,已取得了显著的成果,然而,多年来清算渠道不畅一直是阻碍本币结算发展的一大障碍。2016年6月25日,中国人民银行与俄罗斯中央银行签署了在俄罗斯建立人民币清算安排的合作备忘录。9月23日,中国人民银行宣布授权中国工商银行(莫斯科)股份有限公司为俄罗斯人民币业务清算行。2017年3月22日,中国工商银行在莫斯科正式启动俄罗斯人民币清算行服务。俄罗斯人民币清算安排的建立将进一步便利人民币在两国经贸与投资活动中的使用,这对人民币跨境交易的发展将起到重要的促进作用。

3. 熊猫债券助力俄罗斯企业在华融资

熊猫债券是指境外机构在中国发行的以人民币计价的债券,属于外国债券。根据管理办法,熊猫债券所筹集到的资金不得换成外汇转移至境外,因此最可能发行人民币债券的海外机构主要为在中国有大量现金收入的海外企业或快速拓展中国境内业务的外资金融机构。2017年3月17日,俄罗斯铝业联合公司在上交所完成首单熊猫债券的发行,总金额为100亿元,分期发行,首期为10亿元。9月1日,该公司在上交所发行第二期熊猫债券,发行规模为5亿元。两期债券均由中国国际金融有限公司承销,债项评级为AAA级,票面利率5.5%,期限为三年,其中附两年末投资者回售权。尽管此次熊猫债券发行规模不大,但其成功发行是"一带一路"沿线国家在中国资本市场融资的有益尝试,同时也有利于提高中国债券市场的国际化程度。

4. 中俄金融联盟成为两国商业银行间合作的重要平台

中俄金融联盟于2015年10月正式成立,该联盟是由哈尔滨银行与俄罗斯资产规模最大的俄罗斯联邦储蓄银行牵头发起建立的非营利性、开放式跨国金融合作组织,旨在增进中俄两国在金融领域的信息交流,并在代理行关

系建立、双边本币结算及现钞业务、国际贸易及信保融资、组织银团贷款、中俄地方基础设施建设项目融资以及在全球市场交易业务等领域达成广泛合作。该联盟成立后，联盟成员不断增加，截至 2016 年，成员数量已从最初的 35 家发展到 62 家，涵盖银行、保险、基金、信托、资产管理等各类金融机构。2017 年 6 月，中俄金融联盟第三届成员大会召开，联盟成员又新增 3 家，达到 65 家。该联盟成立以来，其成员开展了跨境同业银团贷款、中俄本币购售、卢布衍生品交易、现钞跨境调运、在线跨境支付等业务，已成为两国商业银行间业务合作的重要平台。

（四）交通运输合作

1. 中俄共同打造"冰上丝绸之路"

2017 年 7 月 4 日，习近平主席在莫斯科会见梅德韦杰夫总理，中俄双方正式提出："要开展北极航道合作，共同打造'冰上丝绸之路'。"北极航道是指从北冰洋到欧洲的航道，起点是俄罗斯符拉迪沃斯托克，途经白令海峡、西伯利亚海、拉普捷夫海、喀拉海、巴伦支海，终点是西北欧的北部海域，这是运输距离最短的连接东西方贸易的交通运输线。"冰上丝绸之路"是指穿越北冰洋，连接北美、东亚和西欧三大经济中心的海运航道。

截至目前，中国 90% 的外贸货运量都依靠海运，中国到欧洲的远洋航线距离远、成本高，还面临各种安全问题。从距离上看，中国到欧洲的传统航线要经过马六甲海峡、印度洋和苏伊士运河才能抵达欧洲。如果轮船载重超过苏伊士运河的限载量，则要再绕道非洲好望角，航运距离更远。北极航线与传统航线相比可以缩短 1/3 左右的航程，降低航运成本。目前正在建设中的亚马尔液化天然气项目中 60% 以上的模块及零部件要经过北极东北航道运输，平均用时 16 天左右。从安全角度考虑，目前去往欧洲的航线需要途经东南亚、南亚、西亚等地区，这些地区存在着极其复杂的种族、宗教等问题，极端事件及恐怖主义事件时有发生，航线上还经常有海盗出没，航线面临的安全威胁较大。而北极航线大部分航段位于俄罗斯北部沿海的北冰洋海域，由于地处北极圈内，恶劣的气候及自然条件可以使航船免遭海盗的侵袭。当然，北极地区特有的气候环境也造成北极航道开发具有开发成本高、技术难度大的特点。北冰洋的温度常年保持在 -20℃ ～ -40℃，海面常年被冰层覆盖，且有大量冰山、浮冰，增加了船舶航行的难度。北极东北航道沿途补给点少，基础设施落后，航线的开发需要资金和技术的投入。

可喜的是，中俄双方北极开发合作已取得积极进展。目前，中俄两国交通部门正在就《中俄极地水域海事合作谅解备忘录》展开研讨，两国重大能源合作项目亚马尔液化天然气项目也在北极地区顺利进行。除此之外，北极地区最大城市阿尔汉格尔斯克市的深水港口改造项目已确定有中国企业参与。2013 年 8 月中远海运集团 "永盛"轮在北极东北航道成功试航之后，截至 2017 年底，中远海运集团在北极东北航道已有 10 艘船舶进行了 14 次航行，主要承运设备、钢材、纸浆等货物。

2. 两座跨境大桥施工建设进展顺利

同江大桥是位于中国黑龙江省同江市与俄罗斯下列宁斯阔耶之间的铁路大桥，整体工程包括主桥、引桥、区间线路、换装站场、边检站场等。主桥全长 2215.02 米，中方境内桥长 1886.45 米，包含 17 个桥墩，俄方境内桥长 328.57 米，包含 4 个桥墩，引桥长 4978.69 米。设计年过货能力为 2100 万吨。2014 年 6 月，中方工程正式动工，由中铁大桥局施工建设，2016 年 11 月，中方主体工程已基本完工。俄方工程于 2016 年 6 月开工建设，2017 年 11 月，俄方 4 号桥墩完工转交中方，进行与俄方工程接轨的主跨钢梁架设。目前同江大桥建设正在稳步进行，预计 2018 年 6 月将整体完工。

中国黑龙江省黑河市与俄罗斯阿穆尔州布拉戈维申斯克市是中俄边境线上距离最近、规模最大的对应城市，两市之间最近距离只有 700 米，在中俄两国界河黑龙江上修建大桥的建议早在 1988 年就已提出，至今已近 30 个年头。2016 年 12 月 24 日，在两国元首的直接推动下，筹划多年的黑龙江大桥终于开工建设。黑龙江大桥项目路线全长 19.9 公里，其中中方境内 6.5 公里，俄方境内 13.4 公里，大桥全长 1283 米，宽 14.5 米，由中俄双方共同设计，项目总投资约 24.7 亿元人民币，预计将于 2019 年建成通车。

在中俄两国边境地区修建跨境交通基础设施具有重要意义，两座跨境大桥的修建能够促进两国间道路联通,将中国东北地区与俄罗斯远东地区连接起来,极大地改善两国运输条件,对促进"一带一路"与欧亚经济联盟对接,对挖掘两国毗邻地区经济合作潜力都将发挥重要作用。

(五)农业合作

中国气候条件适宜农作物生长,农产品种类繁多,但耕地相对不足。俄罗斯幅员辽阔,耕地面积大,土地肥沃,水资源丰富,但农业劳动力相对不足。中俄两国在农业科技、育种、农机制造等领域各有所长。中俄两国可发挥各自的比较优势,相互取长补短,两国农业合作具有广阔的发展前景。

1. 合作机制日趋完善

2013年,中俄总理定期会晤委员会农业合作分委会正式成立,此后每年举行一次会议。2017年10月11日,中俄农业分委会第四次会议在莫斯科召开,两国农业部、质检部门及农业合作相关企业代表参加了会议。中俄双方就农产品及食品贸易、市场准入、农业基础设施合作、促进农业领域的相互投资、加强农业科技研发等议题展开了深入的讨论和交流。中俄双方还商定共同制定在俄罗斯远东地区开展农业合作的战略规划,双方将成立联合工作组和专家组,对未来两国在远东地区的农业合作进行规划及布局。

2. 农产品贸易稳定增长

俄罗斯农业种植对农药的使用极为谨慎,并且严禁生产转基因食品,因此近年来俄罗斯农产品树立了绿色、有机、健康的形象,深受中国消费者欢迎。随着两国农产品相互准入清单不断扩大,2017年中国自俄进口农产品超过30亿美元,中国自俄进口的农产品包括玉米、大豆、葵花籽油、面粉等,中国对俄出口的农产品主要是水果和海鲜等产品。农产品贸易的扩大成为中俄双边贸易新的增长点。

3. 农业合作领域不断拓宽

除农产品贸易及投资之外,中俄两国还开展了农业园区合作、农业科技合作、动植物检验检疫等领域的合作。中俄(滨海边疆区)现代农业产业合作区于2004年成立,经过十多年的发展,目前拥有耕地6.8万公顷,设立了14个种植区，7个粮食处理、仓储及加工区，生猪、肉牛、奶牛养殖区，大豆油脂加工厂等，园区内农业机械化率达到100%，成为境外农业合作的典范。

（六）创新合作

目前，中俄两国均处在改革的关键时期，加强两国创新合作，以创新合作驱动经济发展对两国都有重要意义。同时，中俄两国在创新领域互补性明显，合作前景广阔，因此，加强创新合作是中俄两国共同的战略选择，中俄创新合作是中俄战略协作伙伴关系的优先发展方向。

1. 创新合作机制逐步完善

中俄创新合作机制目前包括两项。一是中俄总理定期会晤委员会科技合作分委会，该分委会自成立以来每年举行一次例会。2017年10月29日，中俄总理定期会晤委员会科技合作分委会第二十一届例会在北京召开。在例会上，中俄双方就当前中俄科技创新合作现状及未来发展前景、大项目务实合作、大科学装置领域合作、联合举办科技交流活动等议题展开了深入讨论。二是由中国科技部与俄罗斯经济发展部牵头组建的中俄创新合作协调委员会。2017年6月13~14日，中俄创新合作协调委员会在北京举办首届中俄创新对话。对话的召开旨在深入推进"一带一路"与欧亚经济联盟对接，促进两国在科技创新领域合作的顶层设计，加强中俄两国在创新领域的对话。会议中，中俄双方就两国科技创新战略、国家创新体系建设、科技合作、中小微企业创新发展等议题做了深入交流。6月14日下午，中俄创新合作协调委员会第一次会议在中俄创新对话会议之后召开，双方对首届创新对话进行了总结，在商讨未来工作规划的同时还签署了《首届中俄创新对话联合宣言》，制订了《2017~2020年中俄创新合作工作计划》。

2. 数字经济成为新的合作增长点

随着信息技术的快速发展，俄罗斯愈加重视数字经济的发展，关注数字医疗、物联网、大数据等领域的应用。2017年7月28日，俄政府批准了《俄罗斯联邦数字经济规划》，确定了未来数字经济发展的基本方向、目标

和任务。计划到2019年实现5G通信,到2020年实现政府办公数字化管理,到2025年要使97%的家庭都可通过宽带上网。

2017年11月8日,在中俄总理定期会晤期间,习近平主席在会见梅德韦杰夫总理时谈到,要将物联网、大数据、智慧城市等数字经济领域作为新的合作增长点。

在实际操作中,两国在跨境电商领域的合作已经开辟了数字经济合作的先河。数字经济的合作能够将传统制造业与服务业相结合,通过线上线下的联动,实现生产、运输、销售、售后等环节的衔接,带动基础设施建设、物流网及相关配套设施的建设,并为大企业及大项目的合作提供物流等配套服务。

未来中俄两国在数字经济领域的合作具有广阔的前景。

Y.23
中俄经济合作中的品牌问题

张聪明*

摘　要： 商品品牌和企业品牌是现代市场经济的重要元素，良好的品牌是企业的资产，具有重大的经济价值。经过多年的积累，中国和俄罗斯都已经培育出了一批有国际影响力的企业品牌，但在中俄经济合作中，品牌的价值尚未得到充分体现。要改善中俄贸易结构，扩大贸易规模，促进相互投资增长，必须注意发挥品牌的作用。

关键词： 中俄经贸　商品品牌　企业品牌

在中俄经济合作中，品牌的重要性一直没有得到应有的关注，这已经多多少少影响了中俄经济合作的水平，这种状况亟待加以改变。

一　品牌是一种重要的资产

（一）品牌是一种资产

从一般意义上来说，品牌是与企业营销相关的一种无形资产，它包括名称、用语、符号、形象、标识、设计或其组合，它的基本功能在于区分产品、服务和（或）实体；当然，它通过在利益相关方意识中形成独特印象

---

* 张聪明，中国社会科学院俄罗斯东欧中亚研究所研究员。

和联想,给权益人带来差异性导致的经济利益。

一方面,品牌具有经济价值。品牌用抽象化的、特有的、能识别的心智概念来表现其差异性,能在人们的意识当中占据一定的位置。也就是通过对消费者的理念、行为、视觉、听觉诸方面施加标准化、规则化的积极影响,从而形成特有性、价值性、长期性、认知性的一种识别系统。另一方面,市场也以认可、购买(消费)行为给予品牌反馈、支持和鼓励,从而形成一种基于互动的市场行为,使得拥有品牌的经济组织或个人获得收益,并使社会经济活动能够在有序竞争的环境下持续进行。

在市场经济背景下,品牌多到无数,但有价值的品牌则相对稀缺。稀缺意味着有效供给不足。品牌建设的经济合理性就在这里。那些敏感于获利机会的企业家就会在他认定的品牌上下功夫,直至品牌建设的边际收益与边际投资持平,品牌建设的投资热情才会降温。当然,由于品牌本身具有经济以外的广泛价值,比如成就感,荣誉等,判断投资品牌的收益并不是一个纯粹的会计行为,但在参与者本人那里毕竟还是可以做出盈亏判断的。

因此,我们将品牌看成一个市场范畴,将品牌建设看成一个企业家的理性经济行为。

(二)品牌具有重大的经济价值

品牌的经济价值日益得到人们的认可。从实际经济生活的经验来说,人们都知道国际驰名品牌、著名品牌能够给其持有者带来丰厚的回报。这一点从国际经济活动中的贴牌现象就能得到印证。有浙江商人说:"一款童鞋出厂价每双65元,贴了牌能卖三四百元;一副眼镜出厂价两三百元,贴牌之后售价竟达五六千元。……想想这20倍的差距,有点心酸。"[①] 贴牌的魅力直接体现在利润的差别上。"一个芭比娃娃,在美国市场上的价格约10美元,在中国离岸价格仅为2美元,去掉1美元的管理费、运输费以及0.65美元的来料费,贴牌生产毛利只剩下区区0.35美元。而当这些中国制造的玩具贴

---

① 井水明:《贴牌企业要在创品牌中打翻身仗》,《中国商报》2017年10月27日。

上洋品牌返销中国，立即身价倍增，一个芭比娃娃要卖到100多元。"①

国际专业机构对世界各国的著名品牌持续发布价值评价。比如全球最大的综合性品牌咨询公司，成立于1974年的Interbrand，每年要发布全球最具价值的100大品牌榜。该榜单针对海外销售额超过总销售额30%的著名企业，根据财务分析以及企业品牌对消费者的购买意愿产生的影响等指标，将企业的品牌价值换算成金额。在2017年度最具价值的100大品牌中，苹果以1841.54亿美元的品牌价值位居榜首，进入前10名的还有谷歌、微软、可口可乐、亚马逊、三星电子、丰田、Facebook、奔驰和IBM。排名前100位的品牌总价值较2016年增长4.2%，总额为1.8717万亿美元。进入100强的中国品牌依然是华为和联想。遗憾的是，这个榜单中没有俄罗斯的企业品牌（见表1）。②

表1 Interbrand发布的2017年度最具价值的100大品牌

排名	品牌	国家	行业	品牌价值/增长率
1	苹果（Apple）	美国	科技	1841.54亿美元/+3%
2	谷歌（Google）	美国	科技	1417.03亿美元/+6%
3	微软（Microsoft）	美国	科技	799.99亿美元/+10%
4	可口可乐（Coca-Cola）	美国	饮料	697.33亿美元/-5%
5	亚马逊（Amazon）	美国	零售	647.96亿美元/+29%
6	三星电子（Samsung）	韩国	科技	562.49亿美元/+9%
7	丰田汽车（Toyota）	日本	汽车	502.91亿美元/-6%
8	Facebook	美国	科技	481.88亿美元/+48%
9	梅赛德斯奔驰（Mercedes-Benz）	德国	汽车	478.29亿美元/+10%
10	IBM	美国	商业服务	468.29亿美元/-11%
……	……	……	……	……
70	华为（Huawei）	中国	科技	66.76亿美元/+14%
……	……	……	……	……
100	联想（Lenovo）	中国	科技	40.04亿美元/-1%

资料来源：http：//www.360doc.com/content/17/1001/10/16534268_691522289.shtml。

---

① 白天亮等：《从贴牌大国迈向品牌大国》，《人民日报》2011年3月30日。
② http：//www.360doc.com/content/17/1001/10/16534268_691522289.shtml。

俄罗斯黄皮书

二 中俄两国的知名品牌

品牌总是基于一定的经济组织所从事的经济活动的,也就是说,品牌总是依托于企业而存在的,所以,品牌通常也就是指企业品牌。

企业品牌通常就是指企业(及其商品和服务)的能力、品质、价值、声誉、影响和企业文化等要素共同形成的综合形象,通过名称、标识、形象设计等相关的管理和活动得以体现,具体可分为商业品牌和企业品牌两大类。企业品牌运作的轨迹是,企业生产的产品一旦进入市场,企业即转变为商业形态,其综合形象被大众识别进而接受,企业品牌就转换成了商业品牌。而商业品牌是指某一类或多类商品的品牌,通常是企业的子品牌。一个企业品牌之下常含有多个商品品牌,也就形成了企业品牌与若干个商品品牌融于一体的商业企业品牌体系。金融业、服务业等类企业通常只有企业品牌。①

(一)中国的企业品牌

所谓的中国企业品牌就是以某种文字图案诉诸社会公众的企业,其注册地在中国,或者控股者为中国公民个人或法人组织,或者中国公民个人或法人组织虽不是大股东但具有董事会决策权。中国企业品牌在实践中往往以中国企业品牌 500 强、中国区域企业品牌 100 强、某些行业的企业品牌 100 强等形式被人提及。比如,2017 年,亚洲星云品牌管理(北京)有限公司采用其自主研发的品牌价值评价体系,对中国企业品牌价值做出了最新评估,并在此基础上发布了 2017 年中国品牌 500 强榜单(见表 2)。

1. 上榜品牌的整体情况

此次上榜品牌涉及了 85 个行业,其中中国工商银行处于榜单第一位,

---

① 中国商业联合会、中国生产力学会、中国保护消费者基金会:《关于开展全国商业企业品牌评价活动暨企业文化建设论坛的通知》,https://wenku.baidu.com/view/de1e0b3c580216fc700afda3.html。

其品牌价值达到 3465.5 亿元人民币；榜单最后一名（第 500 强）品牌价值约为 78.58 亿元人民币，500 强企业品牌的平均品牌价值约为 386.64 亿元人民币。①

表2　2017 年中国企业价值评价 500 强榜单之前 20 名

排名	企业品牌	所属行业	品牌价值（亿元）
1	工商银行	货币金融服务	3465.50
2	中国石油	石油和天然气开采业	3381.20
3	华为	计算机、通信和其他电子设备	3283.71
4	中国石化	石油和天然气开采业	3237.92
5	阿里巴巴	互联网和相关服务	3152.53
6	国家电网	电力、热力生产和供应业	2976.94
7	腾讯	互联网和相关服务	2960.85
8	中国建筑	土木工程建筑业	2899.66
9	中国华信	电力、热力生产和供应业	28235.79
10	建设银行	货币金融服务	2793.36
11	中国移动	电信、广播电视和卫星传输服务	2696.97
12	农业银行	货币金融服务	2532.38
13	中国神华	电力、热力生产和供应业	2486.59
14	上汽集团	汽车制造业	2404.50
15	百度	互联网和相关服务	2277.16
16	中国银行	货币金融服务	2192.32
17	中国电信	电信、广播电视和卫星传输服务	2105.83
18	北汽集团	汽车制造业	2066.77
19	中国中铁	土木工程建筑业	2051.79
20	万达	房地产	1991.50

2. 上榜品牌的行业分布情况

上榜品牌所在的前十个行业中，制造业品牌占比很高，其次分别为金融业和信息传输、软件和信息技术服务业。在本榜单中制造业占比达到 21.8%。值得指出的是，华为作为制造业中的代表性企业，以 3283.71 亿元

---

① http://finance.jrj.com.cn/2017/01/11174721956597.shtml.

人民币的品牌价值排名第三。华为提供的产品以及相关的解决方案已经应用在全球170多个国家，服务于全球运营商50强中的45家，涉及全球1/3的人口。①

3. 上榜品牌的地区分布情况

上榜品牌数量最多的6个地区分别为：北京、江苏、广东、浙江、上海及山东，6个地区上榜的企业数量分别为：128家、48家、47家、39家、38家和43家，总计超过331家，在总榜单中占比超过60%。②

4. 上榜品牌的存续时间分布情况

上榜品牌的存续时间主要分布在10~30年。20世纪80年代以来，尤其从90年代末开始，在中国，无论国家政策还是市场环境都逐渐成熟，越来越多的企业开始创立并得到快速发展，企业品牌也伴随着企业的成长逐步形成并产生相应的影响力。③ 本次上榜的品牌，10年以内的企业数量比10~20年的企业数量要少，这说明企业的发展需要时间的积累，品牌的形成更加需要时间的考验。④

（二）俄罗斯的（企业）品牌

经济转轨25年来，俄罗斯的经济面貌逐渐具备了一些市场经济的因素，企业开始注重自己的市场形象，社会公众也开始对企业的产品、服务做出某些评价，于是企业品牌这种经济现象也逐渐进入俄罗斯的社会经济生活。

1. "俄罗斯第一品牌"奖及其获奖品牌

1998年，Anews公司发起"俄罗斯第一品牌"（2007年之前称为"民族品牌"）评奖，每年一次，奖项授予那些被俄罗斯国内消费者认为是本国品牌的优秀产品。最初，仅有十几个奖项，而在最新的2017年榜单中，奖项分为4大类，共有88个小项：运营与服务商（24项）、非食品（包括日

---

① http://finance.jrj.com.cn/2017/01/11174721956597.shtml.
② http://finance.jrj.com.cn/2017/01/11174721956597.shtml.
③ http://finance.jrj.com.cn/2017/01/11174721956597.shtml.
④ http://finance.jrj.com.cn/2017/01/11174721956597.shtml.

用品和家电）（22 项）、食品（28 项）和药品（14 项）。2007 年后不再设立"手机"品牌奖。这是俄罗斯国内比较权威的品牌评奖活动。

"俄罗斯第一品牌"并非只授予俄罗斯的国产品牌。实际上，截至 2017 年，获得该奖项次数最多的前三名品牌分别为韩国品牌三星、法国品牌 tefal （厨具、白色家电等）和韩国品牌 LG，分别为 17 次、16 次和 15 次。

在这个评奖过程中，俄罗斯国内的获奖品牌基本集中在食品和服务领域，在电器、药品等领域则很少。后几年俄国内的获奖品牌明显增多，获奖的仍主要是食品和服务类品牌。

这里的所谓俄罗斯本国品牌包括了外国厂商在俄罗斯创立的品牌和被卖给外国资本的本国品牌，比如，早期多次获得最佳冰箱奖的本国企业品牌 Stinol 在 2000 年被卖给意大利公司 Merloni （2005 年改名为 Indesit），多次获得最佳果汁和最佳优格的食品公司 "Vimm-Bill'-Dann"（Вимм-Билль-Данн）在 2011 年被卖给百事公司。

2. 2017 年俄罗斯最有价值的 50 个企业品牌

俄罗斯的企业品牌及其价值也受到国际品牌界的关注，国际品牌价值评估权威机构之一、英国著名品牌管理和品牌评估独立顾问公司 Brand Finance 专门发布了 2017 年俄罗斯最有价值的 50 个企业品牌榜，其中前 10 名见表 3。①

3. 俄罗斯的时尚品牌

2014 年，曾有媒体报道说，在莫斯科、圣彼得堡这样的大城市流行着俄罗斯最著名的六大时尚品牌，它们是 Anton Galesky、OSOME2SOME、YASYA MINOCHKINA、RIA KEBURIA、CAP AMERICA、ALEXSANDER KHRISANFOV。② 这些时尚品牌给人们的生活带来了活力，引领着时装消费的潮流。

---

① http://www.brandfinance.com.
② http://fashion.huanqiu.com/news/2014-11/5204848.html.

表3　2017年俄罗斯最有价值的50个企业品牌之前10名

排名	品牌名称	部门	品牌价值（亿美元）2017年	品牌价值增长率%	品牌价值（亿美元）2016年	品牌评级2017年	品牌评级2016年
1	联邦储蓄银行 Sberbank	银行	90.75	33	68.07	AAA-	AAA-
2	俄气 Gazprom	石油天然气	48.65	2	47.73	AA	AA
3	卢克石油 Lukoil	石油天然气	45.25	-24	59.85	AA	AA+
4	俄油 Rosneft	石油天然气	28.69	0	28.58	AA+	AA
5	马格尼特 Magnit	零售	24.38	—	—	AAA-	
6	苏尔古特油气 Surgutneftegas	石油天然气	21.47	-8	23.27	AA	AA
7	俄铁 Russian Railways	物流	18.70	—	—	A	
8	俄外经银行 VTB Bank	银行	16.95	-18	20.68	AA	AAA-
9	MTS 电信	电信	14.84	-12	16.77	AA	AAA-
10	鞑靼石油 Tatneft	石油天然气	14.27	—	—	AA	—

资料来源：http://www.brandfinance.com。

三　中俄经济合作中的品牌

虽然中国和俄罗斯有价值的世界知名品牌还不多，但也已经有了一些较好企业品牌。它们的价值也是相当可观的。同时，有资料表明，在中俄两国的经济往来中，企业品牌已经发挥了初步的作用，产生了相应的效果。

（一）中国企业品牌在俄罗斯的影响

在前述的"俄罗斯第一品牌"奖历年评奖活动中，中国品牌"DVD步步高"于2007年、2009年、2011年、2013年获奖；2014年，中国笔记本电脑品牌"联想"获奖；2016年，中国平板电脑品牌"华为"获奖，中国笔记本电脑品牌"华硕"获奖。

2017年4月26日，在莫斯科举行的俄罗斯汽车年度盛典上，中国的汽车企业品牌"奇瑞"荣获俄罗斯"最受欢迎中国汽车品牌"大奖。"奇瑞"于2015年首获该奖，2017年再次获奖。这说明中国品牌"奇瑞"赢得了当地消费者和媒体的高度认可。①

"奇瑞"2005年进入俄罗斯市场，十余年中先后推出了艾瑞泽3、艾瑞泽7、TIGGO 3、TIGGO 5等明星车型，2017年进一步推出NEW TIGGO 3、TIGGO 2等全新产品，以自己品牌的实力赢得了当地消费者的热烈追捧。目前，据说"奇瑞"品牌在俄罗斯拥有20万用户，是在俄罗斯的中国汽车第一品牌。

"奇瑞"品牌之所以有这样不俗的表现，是公司管理者努力实施品牌推广战略的结果。多年来，"奇瑞"赞助过黑海杯帆船赛、Shanson音乐节、M-1 Fighter真人秀节目，开展过"开着奇瑞去旅行"为主题的大型试驾活动，以赞助电视购物、欧洲杯足球赛等方式实施了一系列异业联盟营销活动，随着时间的推移，"奇瑞"逐渐成为俄罗斯家喻户晓的中国汽车品牌。②

除此之外，中国的汽车品牌在俄罗斯市场获得认可的还有"哈弗"和"力帆"。尤其是"力帆"，早在2016年4月21日，力帆汽车在俄罗斯最具影响力的年度汽车颁奖典礼上就已经获得了"最具知名度中国品牌"的称号。③

（二）俄罗斯企业品牌在中国市场的影响

俄罗斯的资源禀赋和比较优势决定了它与中国从事经济往来时的基本特点。俄罗斯是一个自然资源丰富的国家，尤其是拥有丰富的石油天然气等能源资源，同时，地理上又与中国为邻，中国人口众多，人均资源相当有限，所以，俄罗斯向中国出口石油天然气就是理所当然的互利行为。正是在这样的背景下，俄罗斯的石油天然气企业品牌在中国理所当然地被人所熟知。

1. 俄罗斯石油（俄油Rosneft）和乌拉尔牌石油

俄罗斯石油公司是俄罗斯第三大公司，是俄罗斯天然气工业股份公司之后的第二大国有公司。在国际上，它是世界上最大的石油公司之一，营业收

---

① https：//www.autohome.com.cn/dealer/201705/110808495.html.
② https：//www.autohome.com.cn/dealer/201705/110808495.html.
③ http：//www.sohu.com/a/165354203_506372.

入排名第24位。该公司在全世界20多个国家从事经营活动。

俄罗斯石油公司主导向中国出口乌拉尔牌原油,这使得俄油和乌拉尔牌原油品牌在中国广为人知。俄油作为企业品牌在中国的影响力要大于原油品牌乌拉尔,因为一般公众往往容易知道中国的公司与俄罗斯的公司俄油在做原油和天然气的交易,至于原油是什么品牌,似乎无关紧要。乌拉尔牌原油品牌只是在关注石油品质和价格的人士那里才成为必要的关注点。

2. 俄罗斯石油管道运输(Transneft)

由于来自俄罗斯的原油要经过管道运输才能到达中国,所以在俄罗斯境内运作的俄罗斯石油管道运输(Transneft,俄油运)也自然成为被中国人知晓的一个俄罗斯企业品牌。

根据俄石油、俄油运和中国石油天然气集团公司(CNPC,中石油)2009年签署的合同,俄罗斯自2011年开始通过"斯科沃罗季诺-漠河"管道支线向中国出口石油。2015年俄罗斯通过"斯科沃罗季诺-漠河"管道向中国出口1600万吨石油。①

3. 俄罗斯天然气工业股份公司和"西伯利亚力量"

俄罗斯天然气工业股份公司是俄罗斯最大的国有能源公司,主要从事地质勘探、生产、运输、储存、加工和销售天然气、凝析油和石油。是具有全球领导地位的著名企业品牌。基于它与中国企业之间的交易活动,其品牌——(俄气,Gazprom)在中国具有很高的知名度。但是,它所经营的天然气产品的品牌却鲜为人知。

2014年5月,俄气和中石油签署了有关向中国提供天然气的合同。该合同价值为4000亿美元,约定俄气每年向中国提供38亿立方米天然气,合同执行期长达30年。② 2015年6月,俄气宣布将在俄中边境兴建天然气加工厂。该厂选址在"西伯利亚力量"天然气管道俄罗斯段的终点,预计年产量为380亿立方米天然气。③ 2016年8月,俄气在中国相关机构为其旗下

---

① http://www.famens.com/news-288157.html.
② http://sputniknews.cn/russia_china_relations/201506181015179358/.
③ http://sputniknews.cn/russia_china_relations/201506181015179358/.

的天然气运输系统"西伯利亚力量"品牌完成注册。2014年5月，俄气和中石油签署合同，承诺通过"东线"向中国供应天然气，这一项目的名称即为"西伯利亚力量"。①

除上述最著名的企业品牌外，中国市场熟知的俄罗斯企业品牌或产品品牌并不多。

四 结论：中俄经济合作需关注品牌问题

品牌是个客观存在的经济现象，品牌是重要的、有价值的，中俄经济合作中的品牌效用没有得到发挥。中俄两国政府和民间对此应予以充分重视，力争使品牌发挥出潜在作用，改善双边贸易结构，提升贸易价值，增进人民福利。

第一，虽然中俄两国已各自培育出一批有影响的企业品牌，并在各自国内和国际上产生了相当大的影响，但从企业品牌对两国经济合作的影响看，还有巨大的发展空间。

中国企业品牌在俄罗斯市场的表现相对要好一些，中国一些有竞争力的品牌已打开俄罗斯市场，获得了俄国消费者的认可，比如DVD"步步高"连续几年的获奖，中国笔记本电脑品牌"联想"、中国平板电脑品牌"华为"、中国笔记本电脑品牌"华硕"的获奖，中国汽车品牌"奇瑞"、"力帆"的获奖就是证明。这些成绩的取得，当然是具有品牌意识的企业长期坚持、努力开拓的结果。比如，中国著名企业品牌"华为"，自1996年进入俄罗斯，迄今已经20年有余。华为公司当时面对的是爱立信、西门子等跨国巨头，自己在当地没有什么知名度，产品无法销售。从1996年到2000年整整四年，华为公司没有做成一单生意。四年后华为在俄罗斯市场做成的第一笔生意是卖了一个价值37美元的元器件。接下来的几年时间里，情况逐渐好转。2000年，华为公司获得乌拉尔电信交换机和莫斯科MTS移动网

---

① http://energy.cngold.org/c/2016-08-17/c4333951.html.

络两大项目，从此拉开了在俄罗斯市场规模销售的序幕。此后到2002年底，华为公司又获得了3797公里超长距离的俄罗斯国家光传输干线订单。到2004年，华为在独联体地区实现销售收入4亿美元，2005年增加到6.14亿美元。经过十年努力，华为成为俄罗斯电信市场的领导品牌之一，与俄罗斯当地的顶级运营商建立了紧密的合作关系，而且获得了参与俄罗斯电子政务网络建设的资格。① 在与国际大品牌（瑞典的爱立信、芬兰的诺基亚、德国的西门子、法国的阿尔卡特、美国的朗讯、美国的摩托罗拉、加拿大的北电）的激烈竞争中，华为品牌在俄市场中获得并保持了第三、四名的优势地位。其后，华为继续努力，2013年上线官方网上商城，销售自己的智能终端和配件产品，成为俄罗斯最大的智能终端品牌线上店；2014年启动华为高端品牌建设，HUAWEI Mate 7上市；2016年华为启动与俄罗斯最大的通信零售连锁MTC的全面战略合作；2016年分别与俄罗斯最大的互联网公司品牌Yandex和最大的储蓄银行品牌Sberbank签署智能机BD战略合作框架；2017年10月，华为平板M3持续热销，成为俄罗斯平板市场TOP2品牌；2017年11月，华为举行盛大的"在俄20周年"答谢活动。②

华为的例子生动地表明，中国企业品牌在俄罗斯市场有发展的空间，只不过需要付出努力和耐心。这也是对更多有志于开拓俄罗斯市场的中国企业品牌的启示。

第二，相比之下，俄罗斯的品牌在中国市场上尚未取得应有的成绩，市场空间依然存在。如上文所述，俄罗斯在中国市场有一些具有一定知名度的企业品牌，比如俄罗斯石油和乌拉尔牌石油、俄罗斯石油管道运输、俄罗斯天然气工业股份公司和"西伯利亚力量"这样一些大品牌，这些品牌自然蕴含着巨大的交易规模和相应的经济利益，但它们毕竟都是大型国有企业品牌，具有自然或非自然的垄断属性，它们与中国市场的关系也带有浓厚的官方和垄断色彩，与日常消费市场和消费者之间存在疏离感，形象显得僵硬而

---

① http://www.360doc.com/content/16/0510/16/6063752_557883692.shtml.
② http://www.sohu.com/a/208843575_289340.

模糊。总的来说，在中国的竞争性消费品市场，俄罗斯品牌是稀少的，甚至是缺位的。这对俄罗斯经济界来说是好消息，它意味着在中国市场有商机，有潜在的经济利益，俄罗斯企业应将自己的品牌介绍推广到中国市场，以品牌为龙头，带动中俄经济合作向纵深发展，在追求双赢的过程中实现各自的经济利益，增进两国人民的福利。

第三，中国政府对品牌价值的认识越来越清晰。早在2014年习近平总书记就提出了"推动中国制造向中国创造转变、中国速度向中国质量转变、中国产品向中国品牌转变"的重要思想。[①] 2016年6月15日，中国国务院发布《关于发挥品牌引领作用推动供需结构升级的意见》，提出"发挥品牌引领作用，推动供给结构和需求结构升级"的要求，[②] 与此相适应，中国国家工商总局在2017年5月发布了《工商总局关于深入实施商标品牌战略推进中国品牌建设的意见》，指出："我国经济发展进入新常态，党中央、国务院高度重视品牌工作……对品牌建设做出了一系列新的重大部署。在新形势下实施商标品牌战略，是对商标战略的深化和发展，是贯彻落实创新驱动发展战略的必然选择，是推动中国制造向中国创造转变、建设商标品牌强国的迫切要求，是引领供需结构升级的重要举措。"[③]

中国的企业家对此也有相当的自觉和清醒的认识。2018年3月的中国人大、政协两会上，企业界的代表和委员就表达了他们对企业品牌建设的看法。浙江吉利控股集团董事长李书福认为："中国品牌到了拥有自信的成年阶段。"奇瑞汽车股份有限公司董事长尹同跃说："国家也要注重对本土品牌的海外保护，借由国家力量树立中国品牌在海外的公信力，让自主品牌更加发展壮大。"小米公司董事长、CEO雷军说："建议在'一带一路'国家设立'中国制造品牌大使'，让当地甚至国际上具有知名度的有识之士担当，以文化交流乃至市场活动的方式推介'中国制造'产品，助力'出海'

---

① http：//news.ifeng.com/a/20180308/56569149_0.shtml.
② http：//www.gov.cn/zhengce/content/2016-06/20/content_5083778.htm.
③ http：//www.saic.gov.cn/zw/wjfb/zjwj/201705/t20170522_265279.html.

民营企业实现品牌国际化。"①

相比较之下，我们期待俄罗斯联邦各级政府能有相应的政策和措施，俄罗斯的企业家们也能在品牌建设上有更积极主动的作为，尤其是在以品牌为旗帜，开拓中国市场方面做出积极努力。

在中俄两国各领域合作中，政府重视和推动非常重要。在企业或商品品牌问题上，更为重要的是各国国内的营商环境、制度建设、知识产权和商标权保护。环境优化、制度健全和有效的知识产权和商标权保护，是激发企业做好品牌建设的重要保证。

---

① http：//mp.weixin.qq.com/s/fp9wwJvLbTnkH5h5U5n-JQ.

Y.24
俄罗斯可再生能源发展现状及中俄可再生能源合作

徐洪峰 王晶[*]

摘　要： 作为独联体区域内油气资源丰富的大国，俄罗斯可再生能源发展现状可以从一个侧面代表独联体地区可再生能源发展的整体背景和状况。尽管化石能源储量丰富，但在全球应对气候变化、推动能源结构转型的大背景下，俄罗斯政府仍提出了本国的可再生能源发展计划和支持政策。俄罗斯可再生能源发展结构严重失衡，可再生能源发展过度依赖水电，其他可再生能源发展严重滞后，太阳能光伏发电虽然起点低但发展迅速。中俄两国可再生能源合作主要集中在风电领域，目前两国合作主要面临技术标准差异、生产设备国产化率要求、政府补贴政策难以预期、合作互补性不高等困难。俄罗斯远东－中国东北地区的水电合作可以成为未来中俄两国可再生能源合作的突破点。

关键词： 可再生能源　俄罗斯　中俄能源合作

据国际可再生能源署（IRENA，International Renewable Energy Agency）

---

[*] 徐洪峰，中国社会科学院俄罗斯东欧中亚研究所副研究员；王晶，中国社会科学院俄罗斯东欧中亚研究所硕士研究生。

统计，截至2016年底，独联体十二个国家可再生能源装机容量75758兆瓦（MW），约占全球可再生能源装机容量（2006202兆瓦）的3.78%，其中前五位分别为俄罗斯（51747兆瓦）、乌克兰（6225兆瓦）、塔吉克斯坦（4638兆瓦）、吉尔吉斯斯坦（2955兆瓦）以及格鲁吉亚（2898兆瓦）。[1]

在可再生能源发展中，水电是目前独联体国家份额最大的可再生能源发电种类。截至2016年，独联体国家水电装机容量75020兆瓦（MW），约占当年全球水电装机容量（1244113兆瓦）的6.03%，水电装机容量占独联体国家可再生能源装机总量的99.02%，其他可再生能源如风电、光伏发电等规模相对甚少（见表1）。[2]

近年来，独联体国家可再生能源发电装机增长缓慢，2014～2016年，受资源禀赋、世界能源价格下降、区域内经济发展缓慢，以及国家对可再生能源补贴减少等因素影响，独联体国家（除白俄罗斯外）可再生能源发电装机增长速度普遍远低于世界平均增长速度（8.95%），整个区域可再生能源发展速度远滞后于世界平均水平。

表1 独联体国家可再生能源装机容量（2014～2016年）

单位：MW

国家/年份	2014	2015	2016	2016年水电装机容量	2014～2016年均增长(%)
俄罗斯	51095	51691	51747	51714	0.64
乌克兰	6047	6102	6225	5889	1.46
塔吉克斯坦	4638	4638	4638	4638	0.00
吉尔吉斯斯坦	2952	2952	2955	2955	0.05
格鲁吉亚	2872	2877	2898	2877	0.45
哈萨克斯坦	2733	2795	2855	2699	2.21
乌兹别克斯坦	1762	1762	1763	1761	0.03
亚美尼亚	1301	1302	1303	1298	0.08
阿塞拜疆	1123	1154	1172	1088	2.16
白俄罗斯	71	74	132	37	41.30

[1] IRENA,《RENEWABLE CAPACITY STATISTICS 2017》, 2017.
[2] 同[1]。

续表

国家/年份	2014	2015	2016	2016水电装机容量	2014~2016年均增长(%)
摩尔多瓦	69	69	70	64	0.72
土库曼斯坦	—	—	—	—	—
世界	1690177	1845180	2006202	1244113	8.95

资料来源：IRENA，《RENEWABLE CAPACITY STATISTICS 2017》，2017。

在独联体国家中，作为该区域内油气资源丰富的大国，俄罗斯可再生能源发展现状可以从一个侧面代表独联体地区可再生能源发展的整体背景和状况。

一 俄罗斯政府清洁能源发展目标及相关支持政策

尽管俄罗斯国内化石能源储量丰富，但在全球应对气候变化、推动能源结构转型、加快节能减排的大背景下，俄罗斯政府仍提出了一系列可再生能源发展计划，主要目标是：通过发展清洁能源拉动国内经济增长，促进就业；拓宽和丰富俄罗斯能源供给种类，为远东及北极等偏远地区提供更多的能源选择；提高可再生能源电力在国家电力生产结构中的比例，逐步降低天然气、煤炭发电比例；减少能源生产和消费相关碳排放，履行应对气候变化和节能减排的国际责任。

早在2009年1月8日，俄罗斯能源部即出台《俄罗斯联邦可再生能源发电扶持机制》，提出了2014~2024年俄罗斯各类可再生能源发电新增装机容量目标，其中，风电、太阳能光伏发电，以及25兆瓦以下小型水电是俄罗斯政府重点支持领域。该支持机制提出，在2014年到2024年的十年间，俄罗斯风电、太阳能光伏发电，以及25兆瓦以下小型水电新增装机容量累计要分别达到3600兆瓦、1520兆瓦、751兆瓦，其他可再生能源发电在此十年期间新增装机容量总和累计达到5871兆瓦（见表2）。[1]

---

[1] 俄罗斯联邦能源部：《俄罗斯联邦可再生能源发电扶持机制》，https://minenergo.gov.ru/node/453。

表2 俄罗斯可再生能源发电新增装机容量目标（2014～2024年）

单位：兆瓦

发电类型/年份	2014	2015	2016	2017	2018	2019	2020	2021	2022	2023	2024	总计
风电		51	50	200	400	500	500	500	500	500	399	3600
太阳能光伏发电	120	140	200	250	270	270	270					1520
25兆瓦（MW）以下小型水电	18	26	124	124	141	159	159					751
其他可再生能源发电	138	217	374	574	811	929	929	500	500	500	399	5871

资料来源：俄罗斯联邦能源部发布的《俄罗斯联邦可再生能源发电扶持机制》，https：//minenergo.gov.ru/node/453。

除了总量目标外，俄罗斯政府还对本国可再生能源电力销售及项目开发做出了详细规定。2003年5月26日，俄联邦政府颁布《电力法》，其中明确提出俄罗斯电力批发市场的电网企业要按照合同价格收购可再生能源电力并网销售，并提出在可再生能源项目开发过程中，要通过投资项目招标方式选择可再生能源项目开发商。通过以上政策，既可以通过竞价机制选出经济效益良好的可再生能源项目，同时也为可再生能源项目所生产的清洁电力并网销售提供了法律基础支持。

此外，2013年5月28日，俄罗斯第449号政府令对享受政府上网补贴的可再生能源电力项目建设成本进行了限定，主要包括风电、光伏发电以及小型水电，对此三类可再生能源项目具体限定了2014～2024年的建设成本上限（见表3）。此项政策旨在通过对可再生能源电力项目建设成本的把控，倒逼项目开发企业采用经济效益更高的新技术，从而最终降低政府对可再生能源电力的收购价格。①

除了对可再生能源项目建设成本进行限制外，俄罗斯政府还对可再生能源生产设备提出了国产化率的具体要求。2009年1月8日，俄罗斯政府1号令详细规定了风电在2015～2024年、太阳能光伏发电在2014～2020年、小型水电在2014～2020年生产设备的国产化率目标，最终目标是到2024年，

---

① 俄罗斯联邦能源部：《俄罗斯联邦可再生能源发电扶持机制》，https：//minenergo.gov.ru/node/453。

表3 可再生能源发电装机每千瓦建设成本最大限值

单位：卢布

发电类型/年份	2014	2015	2016	2017	2018	2019
风电	65756	110000	109890	109780	109670	109561
光伏发电	116451	114122	111839	109602	107410	105262
小型水电	146000	146000	146000	146000	146000	146000

发电类型/年份	2020	2021	2022	2023	2024	年均下降率
风电	109451	109342	109232	109123	109014	0.1%
光伏发电	103157	—	—	—	—	2%
小型水电	146000	—	—	—	—	—

资料来源：俄罗斯联邦能源部发布的《俄罗斯联邦可再生能源发电扶持机制》，https：//minenergo.gov.ru/node/453。

风电生产设备国产化率要达到65%、到2020年，太阳能光伏发电和小型水电生产设备的国产化率要分别达到70%和65%（见表4）。

表4 可再生能源发电项目国产化率目标

可再生能源发电	投产时间	国产化率目标(%)
风电	2015~2016年	25
	2017年	40
	2018年	50
	2019~2024年	65
太阳能光伏发电	2014~2015年	50
	2016~2020年	70
小型水电	2014~2015年	20
	2016~2017年	45
	2018~2020年	65

资料来源：俄罗斯联邦能源部发布的《俄罗斯联邦可再生能源发电扶持机制》，https：//minenergo.gov.ru/node/453。

《俄罗斯联邦可再生能源发电扶持机制》规定，只有符合上述建设成本要求和生产设备国产化率要求的可再生能源项目才能并网售电，通过这一政策，不仅可以推动国外可再生能源发电设备制造商在俄罗斯境内投资建厂生产可再生能源发电设备，还可以通过单位造价的限定促使可再生能源发电设备制造企业相互竞争，最终降低可再生能源发电成本。2015年11月，俄罗斯政府为降低可再生能源发电项目建设风险，以政府令的形式对此前可再生能源发电价格制定原则进行了部分修改。

除在电力批发市场对可再生能源发电提供政策支持外，俄罗斯政府还针对电力零售市场出台了推动可再生能源电力发展的政策。2015年1月23日，俄联邦政府颁布了在电力零售市场开展可再生能源电力销售的第47号政府令，为在电力零售市场进行可再生能源电力销售扫清了障碍，其中，明确提出在电力零售领域对使用沼气、生物质、填埋气，以及其他可再生能源发电提供政策支持，同时明确了在电力零售市场对可再生能源发电的补贴支持。

二 俄罗斯清洁能源发展现状

首先，从总量看，据国际可再生能源署统计，截至2016年底，俄罗斯可再生能源发电装机总量为51747兆瓦，其中排在前三位的分别为水电、生物质发电，以及太阳能光伏发电。截至2016年，以上三类可再生能源发电装机容量分别为51714兆瓦、1370兆瓦、88兆瓦，分别占俄罗斯可再生能源发电装机总量的99.94%、2.6%、0.2%，而包括地热发电、风电，以及海洋能发电在内的其他可再生能源发电装机容量则仅仅占到俄罗斯可再生能源发电装机总量的近0.2%，从发电装机比重看，俄罗斯可再生能源发展结构严重失衡，可再生能源发展过度依赖水电，其他可再生能源发展严重滞后，与中国和美国水电装机比重相比（中国和美国水电占可再生能源发电装机比重分别为38.8%和52.2%左右），俄罗斯可再生能源发电结构严重失衡，水电装机比重畸高（见图1）。①

其次，从发展速度看，2014~2016年，俄罗斯可再生能源装机总量年均仅增长0.64%，水电、生物质发电，地热发电，海洋能发电装机容量年均增长率均不足1%，甚至零增长，而与之形成鲜明对比的是太阳能光伏发

---

① IRENA，《RENEWABLE CAPACITY STATISTICS 2017》，2017.

俄罗斯可再生能源发展现状及中俄可再生能源合作

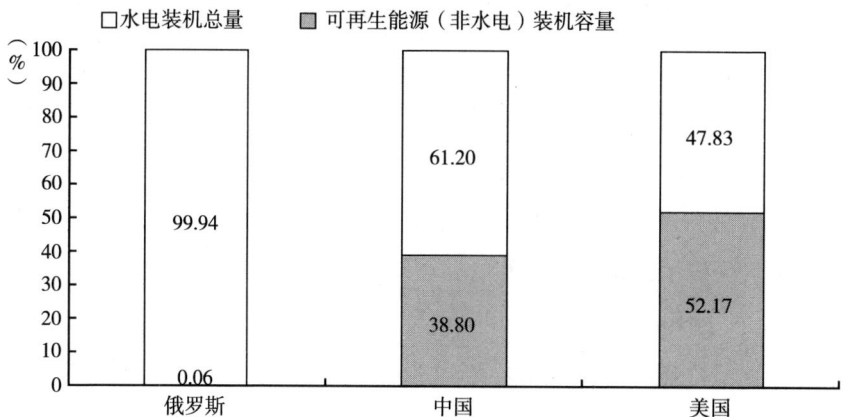

图1 中美俄三国水电装机容量占可再生能源装机容量比重对比（2016年）

资料来源：IRENA，《RENEWABLE CAPACITY STATISTICS 2017》，2017。

电，三年期间年均增长率高达419.84%，成为俄罗斯可再生能源发展为数不多的亮点，此外，这一时期，俄罗斯风电发展相对较快，风电装机容量年均增长5%左右（见表5）。①

表5 俄罗斯联邦2014～2016年可再生能源发电装机分类统计

单位：兆瓦

可再生能源发电装机容量/年份	2014	2015	2016	2014～2016年均增长率(%)
水电	50845	51524	51714	0.85
生物质发电	1370	1370	1370	0.00
光伏发电	7	63	88	419.84
地热发电	78	78	78	0.00
风电	10	11	11	5.00
海洋能发电	2	2	2	0.00
总量	51095	51691	51747	0.64

资料来源：IRENA，《RENEWABLE CAPACITY STATISTICS 2017》，2017。

---

① IRENA，《RENEWABLE CAPACITY STATISTICS 2017》，2017.

299

其一，水电。水电是俄罗斯目前最主要的可再生能源发电来源，2015年，俄罗斯水电年产电力175太瓦时，水电装机容量占到俄罗斯发电装机总量的20.36%。[1]虽然目前水电在俄罗斯可再生能源发电中占比很大，但相对俄罗斯国土蕴含的巨大水电潜能，其开发程度仍然较低。据测算，截至2014年底，俄罗斯仅开发了具有经济开发性的22%水电资源，其余78%未开发水电主要位于远东地区和西伯利亚地区，这些地区人口密度低，电力需求低，不具备水电开发的经济可行性，此外，电力外输基础设施落后，输送成本高等因素均制约了当地水电发展。[2]

俄罗斯水电股份公司（OAO，Федеральная гидрогенерирующая компания-РусГидро）是俄罗斯最大的水电运营商，该公司拥有超过90家可再生能源发电设施，运营发电装机总容量38.9吉瓦（GW），年发电量1387.69亿千瓦时（2016年）[3]。俄罗斯水电股份公司同时也是俄罗斯最大的水电建设集团，其与俄罗斯铝业集团共同承建了俄罗斯境内最大的水电站项目——博古恰尔水电站，该项目设计装机容量2997兆瓦。目前俄罗斯水电股份公司在建项目主要有位于莫斯科州的扎戈尔斯克蓄能电站一期和二期，其设计装机容量分别为1200兆瓦和840兆瓦，此外，正在建设北高加索奥塞梯地区的扎拉马格斯克水电站项目，该项目设计装机容量342兆瓦。除了以上建设项目外，俄罗斯水电股份公司也在加速布局远东和西伯利亚水电项目，目前该公司在远东及西伯利亚地区的在建项目主要有乌斯季中坎水电站和下布列亚水电站，其设计装机容量分别为570兆瓦和320兆瓦，但目前远东及西伯利亚地区尚未出现超过1000兆瓦的新建水电项目。[4]

其二，生物质发电。生物质发电是俄罗斯目前第二大类可再生能源发电来源。据国际可再生能源署统计，截至2016年底，俄罗斯境内共运营了39

---

[1] IRENA,《Renewable energy prospects for The Russian Federation》, April 2017, p.13.
[2] IRENA,《Renewable energy prospects for The Russian Federation》, April 2017, p.144.
[3] 俄罗斯联邦能源部,《Крупнейшие генерирующие компании》, https：//minenergo.gov.ru/node/1161。
[4] RusHydro, Гидрогенерация, http：//www.rushydro.ru/activity/1B3ADB8F7A/。

座生物质发电厂,生物质发电装机容量为 1370 兆瓦,但在 2014 年至 2016 年三年期间,俄罗斯生物质发电装机容量并无任何增长。俄罗斯拥有世界面积最大的森林,每年新生木材约 2 亿立方米,相当于 1.9 亿吨标准油,随着生物原料生产工艺的进步,未来俄罗斯生物原料年供应总量预计将达到 3.55 亿吨标准油当量。[1]

其三,太阳能光伏发电。俄罗斯西南部和南部地区光照资源十分丰富,年均日辐射量每平方米 3.5~4.5 千瓦时,夏天部分地区日辐射量高达每平方米 6 千瓦时,相当于年发电量每平方米 1200~1500 千瓦时,远高于德国的太阳辐射量强度。[2] 近年俄罗斯光伏发电发展迅速,据国际可再生能源署统计,自 2014 年到 2016 年,俄罗斯光伏发电装机容量以年均超过 400% 的速度快速发展,但由于起点基数低,目前俄罗斯光伏发电装机总量仍然相对较少。国际可再生能源署预测,未来数年,俄罗斯光伏发电仍将维持高速发展,到 2030 年,其光伏发电装机容量预计将达到 2.7 吉瓦。[3]

其四,风电。据国际可再生能源署统计,截至 2016 年底,俄罗斯风电装机容量仅为 11 兆瓦,风电发展规模较小,在 2014~2016 年,俄罗斯风电装机容量增加非常有限,仅在 2014 年 10 兆瓦的基础上增加了 1 兆瓦。俄罗斯风电协会(Российская Ассоциация Ветроиндустрии)披露,2017~2020 年,俄罗斯政府将对不超过 1.6 吉瓦的风电容量进行电力收购,但对享受可再生能源电力上网收购配额的风电项目提出了设备国产化率和项目建设成本等指标要求。

三 中俄清洁能源合作现状、建议及困境

目前中俄两国可再生能源合作主要集中在风电领域。中俄两国最大的可再生能源合作项目为乌里扬诺夫斯克风电项目,该项目是俄罗斯第一个大规

---

[1] IRENA, Renewable energy prospects for The Russian Federation, April 2017, p. 53.
[2] IRENA, Renewable energy prospects for The Russian Federation, April 2017., p. 32.
[3] IRENA, RENEWABLE CAPACITY STATISTICS – 2017, 2017.

模风电项目,总装机容量35兆瓦,计划安装14台由东方风电提供的DF2.5MW-110LT型直驱永磁风电机组。中国能建集团黑龙江火电三公司中标该风电场设备安装项目,其也是该公司首个国外风电建设项目。

虽然通过乌里扬诺夫斯克风电场项目中国企业得以进入俄罗斯可再生能源市场,但乌里扬诺夫斯克风电项目业主单位是芬兰富腾公司(Fortum),项目运作全周期内中国能建集团黑龙江火电三公司所扮演的角色仅为设备供应商和施工分包单位,未能直接参与俄罗斯政府可再生能源电力建设配额竞标。

在水电领域,虽然中俄两国大型水电企业均表达了合作开发俄罗斯远东及西伯利亚地区水电潜能的愿望,其中,中国长江三峡集团公司与俄罗斯水电集团公司签署了《关于双方成立合资公司开发俄罗斯下布列亚水电项目的合作意向协议》,中国电力建设集团公司与俄罗斯水电集团签署了共同开发列宁格勒州抽水蓄能电站合作协议等,但上述合作目前尚无实质进展。

据国际可再生能源署预测,俄罗斯如果保持既有的水电支持政策和发展规划,到2030年,俄罗斯水电装机容量预计将达到55吉瓦[1],其中,新增水电装机容量主要来自水电资源丰富的远东地区。与俄罗斯远东地区人口密度低、电力需求弱形成鲜明对比的是与之相邻的中国黑龙江、吉林两省,黑龙江和吉林作为中国传统重工业地区,人口基数大、能源需求体量大、能源结构单一且长期过度依赖煤电。若该区域跨境电力输送得以实现,可以将俄罗斯远东地区以水电为主的可再生能源电力输送至中国东北,缓解当地过度依赖煤电所造成的社会环境问题,在带动中国电力生产和输配设备出口的同时,促进俄罗斯远东地区经济发展,或许可以成为未来中俄两国可再生能源合作的一个突破点。

目前,中俄两国在可再生能源领域的合作,主要面临几方面困境。

首先,俄罗斯在装备生产制造和工程建设领域多沿用苏联时期的国家标准ГОСТ-Государственный Стандарт,这一标准与中国当前设备制造、工程

---

[1] IRENA, Renewable energy prospects for The Russian Federation, April 2017, p.53.

施工多数源于欧美的行业标准存在一定差异。俄罗斯法律规定，在俄罗斯境内使用的设备整机及部件须通过俄罗斯国家标准 ГОСТ 认证，这无形中增加了采购中国设备和配件的认证费用，加大了中国相关企业进入俄罗斯市场的难度，尤其是批量化生产的机械设备，很难为单一订单重新修改生产标准，这成为当前制约中俄两国可再生能源装备及工程合作的主要原因之一。

其次，俄罗斯政府虽然颁布了一系列法律法规，对可再生能源电力上网提供电价补贴以促进国内清洁能源发展，但同时也对享受政府可再生能源电力上网补贴电价的项目提出了国产化要求，该硬性要求迫使希望参与俄罗斯可再生能源开发的企业不得不在俄罗斯投资生产设施，其与中国企业所擅长的机电设备出口和海外工程承包等对外合作模式不符。此外，与中国在东南亚投资生产可再生能源设备不同，在俄罗斯生产成本高昂、投资程序复杂，对中国相关企业的投资吸引力较低。

再次，随着近几年国际油气价格持续走低，俄罗斯经济下行压力持续增加，俄罗斯政府对本国可再生能源的补贴政策能否维持有待进一步观察。此外，俄罗斯油气资源丰富，石油天然气等化石能源生产成本低、价格低廉，俄罗斯政府发展可再生能源的迫切性不足，企业投资可再生能源项目的积极性欠缺。

最后，中国与俄罗斯在工业生产领域优势重合度较高，俄罗斯拥有雄厚的装备生产和制造能力，许多机械设备制造企业因国内经济下滑被迫减产、停产，部分企业将可再生能源生产设备制造作为转型目标，希望引入先进的工艺流程和稳定的资金投入，这一点与中国企业存在同性竞争，双方合作互补性不高。尤其在核电和水电等领域，俄罗斯装备生产和制造水平较高，在第三国市场与中国企业长期存在竞争，更不可能拱手让出本国国内的市场份额。

Abstract

This report is compiled by Institute of Russian, Eastern European and Central Asian Studies, Chinese Academy of Social Sciences (CASS). The authors are all professional researchers who have long been engaged in the research of Russia. The report consists of six parts, including an overview, Russian Politics, Russian Economy, Russian Diplomacy, China-Russian Relations, and the special topic associated with the 100th Anniversary of the October Revolution. It comprehensively reflects the new situation, new changes and new trends in Russia's politics, economy and diplomacy in 2017.

Generally, the domestic political and social situation of Russia in 2017 remained stable and the economic situation improved slightly. However, Russia's relations with the West continued to be stalemated and even worsened. Both sides gamed over the Crimea, eastern Ukraine and Syria issues and it seemed that there was no solution. The opinions of researchers in various countries differ widely on the evaluation of Russia's internal affairs, diplomacy and the judgments of its future trends. Nevertheless, the domestic elites in Russia are quite optimistic about the situation. President Putin believes 2017 is a successful year for Russia, whereas the Western strategic community is generally pessimistic about Russia's internal affairs and diplomacy. This report reflects Chinese scholars' assessment of the Russian situation and their judgment on its future trends.

With respect to the politics, 2017 in Russia was interim period between the election of Duma in 2016 and presidential election in 2018. The priority of Putin's government was to guarantee the political stability, and took strict measures, including strengthening the control of the governing party and tackling the challenges from the opposition, terrorism and color revolution. Russia maintained political stability in 2017 and Putin won the presidential election in 2018. After the election, the policy adjustment of Russia would focus on youth policy, issue of acting governor, unity of elites and social welfare. It is not limited in domestic politics, but depends upon the correlations of Russian politics, economy and diplomacy. The Russian key problem is how to deal with the relation between changing international structure of powers and the self-cognition.

In the socio-economic field, the West continued economic sanctions on Russia in 2017. Although the external conditions for Russia's economic development have not yet improved, Russia's economy has begun to rebound. Specifically, its agriculture has continued to grow, the marketing consumption has begun to recover, the transportation industry has flourished, the fiscal revenues have turned deficits to profits, and financial markets have remained basically stable. The main driving force that stimulates Russia's economic growth came from foreign trade. In the social field, the ageing of the population has further deepened, and the employment situation of the economic self-supporting population has slightly improved compared to the same period of last year, and the actual living standards of the residents have declined.

With regard to Russia's diplomacy in 2017, Russia continued to pursue progressive diplomacy. The relations between Russia and the West were limited, in the meanwhile, the cooperations between Russia and Asia-pacific countries were strengthening. CIS countries were more centrifugal. Russia successfully ended its large-scale military operations in Syria and actively carried out diplomatic relations with Middle Eastern countries. In sum, there were more tactical achievements for Russian diplomacy, but less strategic achievements.

Referring to the Sino-Russian relations, China put forward Xi Jinping Thought on Socialism and the reform and opening up has entered a new era. 2017 was also a critical year for Russia since it paved the way for President Putin's new term. In the meantime, the world economy was growing at a low rate, the international structure was breeding profound changes, and the international security situation was facing many challenges. China and Russia continued to expand cooperation in various fields. The China-Russia comprehensive strategic partnership was further developed.

Contents

I General Report

Y.1 The Situation of Russia in 2017: the Overall Picture
and Main Characteristics   *Sun Zhuangzhi* / 001

Abstract: The situation of Russia in 2017 has no direct effect on the result of Putin's campaign, but determines how to start the new term of Putin and adjust the future policy. Politically, in 2017, Putin's government had and relied on a wider social basis. Meanwhile, it received more social pressure. The resource and measure to draw people's minds became more limited. The domestic terrorism and extremism were still big threats. The economy experienced an upswing after the downturn in three consecutive years. Although the upswing is not obvious, it offered confidence to improve the economy. But due to the international sanctions, the problems of unreasonable industrial structure and under-competitiveness were amplified. Russian economy still faces many problems. Diplomatically, the U.S.-Russia relations worsened and there was no favourable turn for the EU-Russia cooperation. Russia has made great success in Middle East and Central Asia. The comprehensive strategic partnership between Russia and China was deepened and the mutual economic and trade cooperation appeared to be steady. Many achievements were made in the multilateral cooperation. Russia and China will strive to establish the example of new type of major-power relationship.

Keywords: Russia; The China-Russia Relations; Russian Politics; Russian Economy; Russian Diplomacy

II Politics

Y.2   Analysis of Russian Political Situation in 2017

Pang Dapeng / 009

Abstract: In 2017, Russia was located in the mid-stage between the election of state Duma in 2016 and presidential election in 2018. The priority of Putin's government was to guarantee the political stability. To this order, Putin's government took strict measures, including strengthening the control of the governing party and tackling the challenges from the opposition, terrorism and color revolution. Through those measures, Russia maintained political stability in 2017 and Putin won the presidential election in 2018. The direction of policy adjustment after the election would focus on youth policy, issue of acting governor, unity of elites and social welfare. In a general sense, the policy adjustment of Russia is not limited to domestic politics, but depends upon the interconnection of Russian politics, economy and diplomacy. The theory of Russia unique and anti-Americanism create the international environment of Russia. How to deal with the conflict between the self-recognition of Russia and the real balance of power in the global system will be a vital problem for Russia in a long term.

Keywords: The Presidential Election; Political Control; The Theory of Russia Unique

Y.3   Review of the Social Situation in Russian in 2017

Ma Qiang / 023

Abstract: The general situation of Russian society in 2017 was: the economy increased slowly and was still in a state of crisis due to the sanctions from

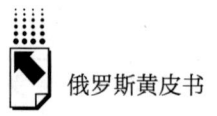

the west; the real income of ordinary people declined and the problem of poverty became intense. Against the backdrop of crisis and poverty, Russian people expressed the desire to reform and change the current situation. However, they are not fully prepared for the reform and know little about the direction and specific measures of the reform. To curb the influence of color revolution, interference of external forces and make sure the stability during the presidential election, the Russian government on one hand encourages the social solidarity and on the other hand severe control over the society and suppresses the political opposition. Generally, the pattern of strong state and weak society has not changed. The space of social sphere becomes increasingly small.

Keywords: Russia; Social Situation; Social Problem; Social Emotion; State and Society Relations

Y.4　Putin's Important Concept of Governing in 2017

Li Zhi / 039

Abstract: In 2017, Putin's third presidential term was coming to an end. In the final stage of his term, Russia's domestic economy rebounded, and it was moving slowly in the turbulence. Putin declared that Russia's economy has stepped out of recession in 2017 and entered a phase of sustainable development and growth. So 2017 was a successful year. In accordance with the usual practice, Putin regularly participates in some large-scale public events each year, and the "Live directly with Putin" live television broadcasts, the annual meeting of the "Valdais" international club, the large-scale annual press conference, and the annual State of the Union address have become the four major propaganda weapons that the Kremlin elaborately built for the president. By sorting out Putin's remarks in these four open events, we can intuitively understand Putin's governing philosophy.

Keywords: Putin; Live Directly With Putin; The Valdais Club; The Annual Press Conference; The Annual State of the Union Address

Contents

Y. 5　The Status Quo of Russian Political Opposition in 2017

Hao He / 051

Abstract: Due to the strengthening social control of Russia regime, the energy of the opposition within the system is increasingly debilitated and it has become more difficult for them to synthesize the effective counterweights under the legal framework. With the growing dissatisfaction about the regime, the opposition forces begin to reach out through channels outside the system. However, the opposition outside the system is faced with strong institutional barriers and increasingly stringent control measures imposed by laws and regulations. Therefore, at least in the short term, it is unlikely to form a political force with ability to counterbalance the current regime in Russia.

Keywords: The Opposition Within the System; The Opposition Outside the System; Social Control

Ⅲ　Economy

Y. 6　The Economic and Social Development in Russia in 2017

Cheng Yijun / 059

Abstract: In 2017, the world economy has generally improved and the pace of recovery is accelerating. Among the major economies, the economic growth in the U. S. was robust, the Chinese economy continued to grow steadily, the economic conditions in the EU countries have improved, the U. K. economy was generally stable, and the Japanese economy was recovering moderately. Besides, most emerging markets were growing faster. Under this background, the international demand was booming. The price of the major bulk commodity, such as oil, natural gas, coal and metals continued to rise, which provided Russia with a good external environment. In the past one year, Russia's national economy has recovered. Specifically, the agriculture has continued to grow, market consumption has begun to recover, the transportation industry has boomed, the

fiscal revenue and expenditure have been turned profitable, and financial markets have been basically stable. The main driving force for the economic growth came from foreign trade. In the social field, the aging of the population has further deepened, and the employment of the economic self-supporting population has slightly improved compared to the last year, and the actual living standards of residents have declined.

Keywords: Russia; Economic Situation; Bulk Commodity; Foreign Trade; Aging of Population

Y.7 The Priority and Policy Adjustment of Russian Economic Development *Gao Jixiang* / 072

Abstract: The economy of Russia remains in the tank due to the world financial crisis, decrease of oil price as well as the international sanction. To tackle those challenges, the Medium and long-term strategy of economic development in 2018-2024 is developed. Although the formal strategy has not been officially released, its overall goal and priority are very clear: its overall goal is to promote steadily economic progress in a long term, enhance scientific strength, upgrade economic competitiveness, promote balanced development between regions, and improve living standards and life quality. The priority of economic development focuses on increasing labor force through the delay of retirement, raising investment on infrastructure, increasing the export of products other than raw material, promoting import substitution, developing scientific technology and digital economy, exploiting the Arctic and improve the efficiency of public administration. Furthermore, Russia will implement more adjustment on its financial and monetary policy, in which the financial policy would focus on the accuracy of economic prediction, optimizing the tax system and expenditure structure whereas the monetary policy would become more neutral and moderate.

Keywords: Russia; Economic Development; Priority of Economic Development; Policy Adjustment

Y. 8   The Situation and Potential of Russian Agriculture in 2017

Jiang Jing / 083

Abstract: The economy of Russia in 2017 has achieved a modest increase, in which the agriculture and related trade became a highlight. Both grain output and export were all-time high. In the economic development, the good performance of agriculture also played an important role. This paper reviews the general situation of Russian agriculture in 2017, conclude the agricultural policies of Russian government, including the scientific plan of Russian agricultural development in 2017-2025. And analyzes the potential of Russian agriculture and prospect for the agricultural cooperation between China and Russia.

Keywords: Russia; Agricultural Development; Agricultural Cooperation

Ⅳ   Diplomacy

Y. 9   The Diplomacy of Russia in 2017   *Liu Fenghua* / 099

Abstract: In 2017, Russia continued to pursue progressive diplomacy. The relation between Russia and the West was unmitigated, with their confrontation intensified. In the meanwhile, its cooperation with Asia-Pacific countries was strengthened and the results were remarkable. Although the integration of Eurasian Economic Union was developing to a certain extent, Russia failed to curb the growth of centrifugal force in the CIS countries. Russia successfully ended its large-scale military operations in Syria and actively carried out diplomatic relations with Middle Eastern countries, which made it become a major country that had an important influence on the geopolitics in the Middle East once again. In sum, there were more tactical achievements for Russian diplomacy, but less strategic achievements.

Keywords: Russian Diplomacy; Confrontation With the West; Turn to the East; Eurasian Economic Union; The Syrian Issue

俄罗斯黄皮书

Y.10　The Regional Situation of the Commonwealth
　　　　of Independent States in 2017　　　　*Liu Dan* / 108

Abstract: In 2017, Russia was the rotating presidency of the CIS and Russia made increasing the work efficiency of the CIS as a priority. The objectives of Russia's policies toward CIS was to unite most of the countries in the post-Soviet space. On the one hand, the Eurasian Economic Union was the main carrier for the economic development of the Commonwealth of Independent States. In 2017, the foreign trade value of the Eurasian Economic Union increased significantly on year-by-year basis, its connection with the outside world became increasingly closer and the docking between the Eurasian Economic Union and One Belt and Road made great progresses. On the other hand, security cooperation was an important issue for the CIS mechanism. CIS countries relied on the Collective Security Treaty Organization to increase their security cooperation. Russia-Ukraine relations remained tense and the security situation in Central Asia was problematic. Moldova's turn to the Eurasian Economic Union was not smooth due to the differences in the country. The U.S.-led NATO's meddling of Ukraine issues was a microcosm of Western interference in the affairs of the Commonwealth of Independent States, which was one of the important reasons for the direct confrontation between Russia and the West. The relations between Russia and NATO will continue to deteriorate and it is difficult to mitigate in the short term.

Keywords: CIS; The Eurasian Economic Union; Russia

Y.11　The Stalemate and Deepening of the Confrontation
　　　　between Russia and the United States　　　　*Han Kedi* / 123

Abstract: In 2017, the Russia-US relations were still in a stalemate or in a state of deterioration. Trump, the newly elected President of the United States, took office for one year, and his policy toward Russia became clear. In some areas, the Trump administration surpassed the Obama administration and increased pressure on Russia. From Russia's part, it strengthened the countermeasures on the issues of expelling diplomats, Middle Range Guided Missile Treaty, Syria, and Ukraine. With Putin's announcement of running for the next Russian President and the United States' domestic investigation on the "Russia Scandal", it will be difficult for Russia-US relations to get out of the haze in the short term.

Keywords: Russia-US Relations; The Russia Scandal; Middle Range Guided Missile Treaty

Y. 12　Review of the Russia-EU Relations in 2017

Zhao Yuming / 137

Abstract: In 2017, the Russia-EU was still staled. Although Russia kept close interaction with some EU countries in politics and diplomacy, the mutual sanction and anti-sanction was continuing and the media war was escalating, due to the unsettled Ukraine crisis. In the military and security issue, Russia and EU met three times under the framework of the Russia-NATO Council but the sense of confrontation was obvious in terms of military deployment and exercise. With respect to economy and trade, the trade volume increased a lot but this is mainly due to the rise of international energy price.

Keywords: The Ukraine Crisis; Sanction and Anti-sanction; Normandy Format; Russia-NATO Council

Y. 13　Analysis on the Asia-Pacific Policy of Russia in 2017

Li Yonghui / 150

Abstract: It is clearer that the Russian strategic focus on Asia-Pacific area in 2017. Domestically, it worked to improve the cross-regional economic development, transport and infrastructure and increase the investment attraction. Externally, it aimed to articulate the strategy of Grand Eurasia Partnership through the consolidation of its political strength, strategic planning ability, military and diplomatic resources. Furthermore, Russia sought to increase its influence through the nuclear issue of North Korea, promote regional integration through energy cooperation and occupy the Asia-Pacific market through military trade. All these measures demonstrate the independent diplomacy of Russia. Meanwhile, the "Turn to the East" policy still faces a lot of challenges and its success is destined to be a complicated and long process.

Keywords: Russia; Turn to the East; Grand Eurasianism; Energy Cooperation

Y.14　The Russia's Policies toward Shanghai Cooperation Organization in 2017　　*Lyu Ping* / 164

Abstract: India and Pakistan have become the member of SCO in the Astana Summit. Although the domestic evaluation on the prospects of the SCO after the first round of expansion was negative, Russia continued to promote the expansion of SCO in 2017 and advocated receiving Iran as a formal member of the SCO. In the economic field, after implementing the "Turn to the east" strategy, Russia benefited greatly from the economic cooperation with the SCO member, so it changed its previous passive attitude toward the economic cooperation within the framework of the SCO and actively promoted multilateral economic cooperation. In terms of security cooperation, Russia, as always, emphasized that the protection of security was, and still is the priority direction of the SCO.

Keywords: Russia; SCO; Member Expansion; Economic Cooperation; Security Cooperation; Policies

Y.15　The Developing Situation of Eurasian Economic

　　　 Union in 2017　　　　　　　　　 *Wang Chenxing* / 175

Abstract: Three years has passed since the start of Eurasian Economic Union. It has gradually evolved into the phase of steady development. The new Customs Code of Eurasian Economic Union has been approved. The impact of economic integration has been increasingly shown. The international cooperation has been successfully promoted. All these issues are the highlights of Eurasian Economic Union. In the next step, how to explore the potential of regional integration is a major concern for Eurasian Economic Union.

Keywords: Eurasian Economic Union; Eurasian Integration; The Docking of the BR and EEU

Y.16　The Ukraine Crisis and Russia-Ukraine Relations

　　　　　　　　　　　　　　　　　　　　 Hu Bing / 189

Abstract: In 2017, the continuing Ukraine crisis with four years was receiving decreasing attention from international society, but the worse situation in the east region of Ukraine often re-catched people's eyes. After the conflicts break out, Russia-Ukraine relation has become the most difficult case in diplomacy of Russia. On the one hand, the Ukraine crisis made the two brothers with shared culture break, and it is difficult to reverse the worse relations because of the strong nationalist sentiment. On the other hand, the problems of Ukraine have become a stumbling block to improve the relation between Russia and the West. During the last term, will Putin try to change his tough attitude toward resolution on Ukraine crisis and normalize the relation, who has wined the president election once more in 2018.

Keywords: The Ukraine Crisis; Minsk Agreement; Donbas Integration Agreement; Russia-American Relations; Russia-EU Relations

俄罗斯黄皮书

V The October Revolution

Y.17 The Evolvement of Russian Research on
the 1917 Revolution *Liu Xianzhong* / 199

Abstract: 100 years have passed since the 1997 Revolution. In this period, Russian Scholars' idea on the revolution has experienced complicated changes. During the soviet era, the revolution was highly praised and regarded as locomotives of history. After the collapse of the Soviet Union, the praise has quickly changed to ideological deny. Only the negative party is mentioned and the revolution becomes absolute evil. In fact, such a change caused by the political situation is harmful to the continuity of academic research. Furthermore, a consensus on the revolution is hard to make due to the outdated methodology.

Keywords: The October Revolution; Russia; Historiography

Y.18 Review of Western Academia on the October
Revolution 2017 *Chen Yu* / 216

Abstract: 2017 is the 100th anniversary of the October Revolution. The Russian society commemorated the revolution in various ways. Meanwhile, the western academia re-conducted in-depth analysis of this revolution. Against this backdrop, this paper aim to make a general review on the relevant research of western scholars in 2017, thereby illustrating the research view of current western academia on the October Revolution.

Keywords: The October Revolution; Western Academia; Research Status

Y. 19　The Cognition and Evaluation of Russian People on
　　　　the October Revolution: Based on Survey Data in 2017

Zhou Guochang / 228

Abstract: According to three main surveys in Russia, the evaluation of Russian people on the October Revolution becomes increasingly rational. Basically, the Russian people affirm the significance of the revolution in Russian and the human history. They believe the revolution creates a new era and promotes the social and economic development in Russia. Such an opinion results from the new historical and cultural policies adopted by the Putin's government as well as the deepening of historical research in Russia.

Keywords: Russian; The October Revolution; Evaluation

VI　Sino-Russia Relations

Y. 20　Sino-Russia Relations in 2017　　　　　　*Liu Fenghua* / 245

Abstract: In 2017, China entered a new era of socialism with Chinese characteristics. 2017 was also in a critical year that paved the way for President Putin's new term. In the meantime, the world economy was growing at a low rate, the international structure was breeding profound changes, and the international security situation was facing many problems and challenges. China and Russia continued to expand cooperation in various fields and worked together to meet the challenges, so that the bilateral comprehensive strategic partnership was further developed.

Keywords: Sino-Russia Relations in 2017; Sino-Russia Comprehensive Strategic Partnership; Pragmatic Cooperation; Strategic Cooperation

Y.21　The China-Russia Culture Cooperation between
　　　China and Russia in 2017　　　　　　　　　*Xu Hua* / 252

Abstract: In 2017, the China-Russia cooperation in media, arts, education, sports, tourism and film was effective. The relevant programs not only included regular programs like Year of China-Russia Media Exchange, Year of Russian Culture, Russian Film Festival, Chinese Film Festival and other concerts, exhibitions and art shows organized by famous arts groups, but also involved some new and irregular programs like the operation of MSU-BIT University in Shenzhen, the entry of Chinese ice hockey team into Russian league, the Heilong River Crossing and the Shining Run. All these activities brought contacts with a wide range of people, enhanced the mutual cooperation in culture, media, tourism and other industries, consolidated the social foundation to develop bilateral relation.

Keywords: China; Russia; Culture Cooperation; Tourism

Y.22　The New Progresses of China-Russia Economic
　　　and Trade Cooperation in 2017　　　　*Guo Xiaoqiong* / 265

Abstract: In 2017, the trade volume between China and Russia has increased a lot due to the rise of international oil price and recovery of Russian economy. However, the growth of mutual trade in 2017 was a growth of recovery and the trade volume was still lower than that of 2012. Along with the development of China-Russia economic and trade cooperation, the growth rate of the mutual trade is not the only criterion to evaluate the situation of China-Russia economic and trade cooperation. The quality of cooperation receives more attention. In 2017, there were many new progresses in the cooperation between China and Russia, including energy, investment, finance, transport, agriculture, innovation and regional cooperation.

Keywords: China-Russia Economic and Trade Cooperation; Energy Cooperation; Investment Cooperation, Financial Cooperation; Transport Cooperation, Innovation Cooperation

Y. 23 The Brand Problem in the China-Russia
　　　　Economic Relations　　　　*Zhang Congming* / 279

Abstract: Brand is an important issue in modern marker economy. A good bran is an assert of an enterprise. In the existing literature on China-Russia economic relations, the significance of the brand is seldom explored. In fact, China and Russia have cultivated some powerful brands. But in the mutually economic interaction, the value of brand is not fully shown. If we seek to improve the trade structure, enlarge the trade scale and promote the investment on each other, the role of brand is essential.

Keywords: The China-Russia Economy and Trade; Brand; Enterprise Brand

Y. 24 The Situation of Renewable Energy in Russia
　　　　and Energy Cooperation between China and Russia
　　　　　　　　　　　　　　　　Xu Hongfeng, Wang Jing / 293

Abstract: As a country with rich oil-gas resources within the CIS region, the current situation of renewable energy in Russia can illustrate the general situation in CIS from one side. Although with rich fossil energy resources, the Russian government still proposes the developing plan of renewable energy and related supporting policies. The structure of renewable energy is not balanced and highly depends upon hydropower. The other types of renewable energy are lagged behind. The development of solar energy starts at a low base, although it grows

fast. The cooperation between China and Russia on renewable energy focuses on wind power. The main problems for the cooperation are the differences of technical standard, the localization of equipment, uncertainty of government subsidize and low cooperation complement. The cooperation on hydropower between the far east of Russia and northeast of China might be a breakthrough.

Keywords: Renewable Energy; Russia; Energy Cooperation

社会科学文献出版社　　　　　　　　　　**皮书系列**

❖ 皮书起源 ❖

"皮书"起源于十七、十八世纪的英国，主要指官方或社会组织正式发表的重要文件或报告，多以"白皮书"命名。在中国，"皮书"这一概念被社会广泛接受，并被成功运作、发展成为一种全新的出版形态，则源于中国社会科学院社会科学文献出版社。

❖ 皮书定义 ❖

皮书是对中国与世界发展状况和热点问题进行年度监测，以专业的角度、专家的视野和实证研究方法，针对某一领域或区域现状与发展态势展开分析和预测，具备原创性、实证性、专业性、连续性、前沿性、时效性等特点的公开出版物，由一系列权威研究报告组成。

❖ 皮书作者 ❖

皮书系列的作者以中国社会科学院、著名高校、地方社会科学院的研究人员为主，多为国内一流研究机构的权威专家学者，他们的看法和观点代表了学界对中国与世界的现实和未来最高水平的解读与分析。

❖ 皮书荣誉 ❖

皮书系列已成为社会科学文献出版社的著名图书品牌和中国社会科学院的知名学术品牌。2016年，皮书系列正式列入"十三五"国家重点出版规划项目；2013~2018年，重点皮书列入中国社会科学院承担的国家哲学社会科学创新工程项目；2018年，59种院外皮书使用"中国社会科学院创新工程学术出版项目"标识。

权威报告·一手数据·特色资源

皮书数据库
ANNUAL REPORT(YEARBOOK) DATABASE

当代中国经济与社会发展高端智库平台

所获荣誉

- 2016年，入选"'十三五'国家重点电子出版物出版规划骨干工程"
- 2015年，荣获"搜索中国正能量 点赞2015""创新中国科技创新奖"
- 2013年，荣获"中国出版政府奖·网络出版物奖"提名奖
- 连续多年荣获中国数字出版博览会"数字出版·优秀品牌"奖

成为会员

通过网址www.pishu.com.cn访问皮书数据库网站或下载皮书数据库APP，进行手机号码验证或邮箱验证即可成为皮书数据库会员。

会员福利

- 使用手机号码首次注册的会员，账号自动充值100元体验金，可直接购买和查看数据库内容（仅限PC端）。
- 已注册用户购书后可免费获赠100元皮书数据库充值卡。刮开充值卡涂层获取充值密码，登录并进入"会员中心"—"在线充值"—"充值卡充值"，充值成功后即可购买和查看数据库内容（仅限PC端）。
- 会员福利最终解释权归社会科学文献出版社所有。

卡号：137592161539
密码：

数据库服务热线：400-008-6695
数据库服务QQ：2475522410
数据库服务邮箱：database@ssap.cn
图书销售热线：010-59367070/7028
图书服务QQ：1265056568
图书服务邮箱：duzhe@ssap.cn

S 基本子库
SUB DATABASE

中国社会发展数据库（下设12个子库）

全面整合国内外中国社会发展研究成果，汇聚独家统计数据、深度分析报告，涉及社会、人口、政治、教育、法律等12个领域，为了解中国社会发展动态、跟踪社会核心热点、分析社会发展趋势提供一站式资源搜索和数据分析与挖掘服务。

中国经济发展数据库（下设12个子库）

基于"皮书系列"中涉及中国经济发展的研究资料构建，内容涵盖宏观经济、农业经济、工业经济、产业经济等12个重点经济领域，为实时掌控经济运行态势、把握经济发展规律、洞察经济形势、进行经济决策提供参考和依据。

中国行业发展数据库（下设17个子库）

以中国国民经济行业分类为依据，覆盖金融业、旅游、医疗卫生、交通运输、能源矿产等100多个行业，跟踪分析国民经济相关行业市场运行状况和政策导向，汇集行业发展前沿资讯，为投资、从业及各种经济决策提供理论基础和实践指导。

中国区域发展数据库（下设6个子库）

对中国特定区域内的经济、社会、文化等领域现状与发展情况进行深度分析和预测，研究层级至县及县以下行政区，涉及地区、区域经济体、城市、农村等不同维度。为地方经济社会宏观态势研究、发展经验研究、案例分析提供数据服务。

中国文化传媒数据库（下设18个子库）

汇聚文化传媒领域专家观点、热点资讯，梳理国内外中国文化发展相关学术研究成果、一手统计数据，涵盖文化产业、新闻传播、电影娱乐、文学艺术、群众文化等18个重点研究领域。为文化传媒研究提供相关数据、研究报告和综合分析服务。

世界经济与国际关系数据库（下设6个子库）

立足"皮书系列"世界经济、国际关系相关学术资源，整合世界经济、国际政治、世界文化与科技、全球性问题、国际组织与国际法、区域研究6大领域研究成果，为世界经济与国际关系研究提供全方位数据分析，为决策和形势研判提供参考。

法律声明

"皮书系列"（含蓝皮书、绿皮书、黄皮书）之品牌由社会科学文献出版社最早使用并持续至今，现已被中国图书市场所熟知。"皮书系列"的相关商标已在中华人民共和国国家工商行政管理总局商标局注册，如LOGO（ ）、皮书、Pishu、经济蓝皮书、社会蓝皮书等。"皮书系列"图书的注册商标专用权及封面设计、版式设计的著作权均为社会科学文献出版社所有。未经社会科学文献出版社书面授权许可，任何使用与"皮书系列"图书注册商标、封面设计、版式设计相同或者近似的文字、图形或其组合的行为均系侵权行为。

经作者授权，本书的专有出版权及信息网络传播权等为社会科学文献出版社享有。未经社会科学文献出版社书面授权许可，任何就本书内容的复制、发行或以数字形式进行网络传播的行为均系侵权行为。

社会科学文献出版社将通过法律途径追究上述侵权行为的法律责任，维护自身合法权益。

欢迎社会各界人士对侵犯社会科学文献出版社上述权利的侵权行为进行举报。电话：010-59367121，电子邮箱：fawubu@ssap.cn。

社会科学文献出版社

皮书系列

2018年

智库成果出版与传播平台

社会科学文献出版社
SOCIAL SCIENCES ACADEMIC PRESS (CHINA)

社长致辞

蓦然回首,皮书的专业化历程已经走过了二十年。20年来从一个出版社的学术产品名称到媒体热词再到智库成果研创及传播平台,皮书以专业化为主线,进行了系列化、市场化、品牌化、数字化、国际化、平台化的运作,实现了跨越式的发展。特别是在党的十八大以后,以习近平总书记为核心的党中央高度重视新型智库建设,皮书也迎来了长足的发展,总品种达到600余种,经过专业评审机制、淘汰机制遴选,目前,每年稳定出版近400个品种。"皮书"已经成为中国新型智库建设的抓手,成为国际国内社会各界快速、便捷地了解真实中国的最佳窗口。

20年孜孜以求,"皮书"始终将自己的研究视野与经济社会发展中的前沿热点问题紧密相连。600个研究领域,3万多位分布于800余个研究机构的专家学者参与了研创写作。皮书数据库中共收录了15万篇专业报告,50余万张数据图表,合计30亿字,每年报告下载量近80万次。皮书为中国学术与社会发展实践的结合提供了一个激荡智力、传播思想的入口,皮书作者们用学术的话语、客观翔实的数据谱写出了中国故事壮丽的篇章。

20年跨步千里,"皮书"始终将自己的发展与时代赋予的使命与责任紧紧相连。每年百余场新闻发布会,10万余次中外媒体报道,中、英、俄、日、韩等12个语种共同出版。皮书所具有的凝聚力正在形成一种无形的力量,吸引着社会各界关注中国的发展,参与中国的发展,它是我们向世界传递中国声音、总结中国经验、争取中国国际话语权最主要的平台。

皮书这一系列成就的取得,得益于中国改革开放的伟大时代,离不开来自中国社会科学院、新闻出版广电总局、全国哲学社会科学规划办公室等主管部门的大力支持和帮助,也离不开皮书研创者和出版者的共同努力。他们与皮书的故事创造了皮书的历史,他们对皮书的拳拳之心将继续谱写皮书的未来!

现在,"皮书"品牌已经进入了快速成长的青壮年时期。全方位进行规范化管理,树立中国的学术出版标准;不断提升皮书的内容质量和影响力,搭建起中国智库产品和智库建设的交流服务平台和国际传播平台;发布各类皮书指数,并使之成为中国指数,让中国智库的声音响彻世界舞台,为人类的发展做出中国的贡献——这是皮书未来发展的图景。作为"皮书"这个概念的提出者,"皮书"从一般图书到系列图书和品牌图书,最终成为智库研究和社会科学应用对策研究的知识服务和成果推广平台这整个过程的操盘者,我相信,这也是每一位皮书人执着追求的目标。

"当代中国正经历着我国历史上最为广泛而深刻的社会变革,也正在进行着人类历史上最为宏大而独特的实践创新。这种前无古人的伟大实践,必将给理论创造、学术繁荣提供强大动力和广阔空间。"

在这个需要思想而且一定能够产生思想的时代,皮书的研创出版一定能创造出新的更大的辉煌!

社会科学文献出版社社长
中国社会学会秘书长
2017年11月

社会科学文献出版社简介

社会科学文献出版社（以下简称"社科文献出版社"）成立于1985年，是直属于中国社会科学院的人文社会科学学术出版机构。成立至今，社科文献出版社始终依托中国社会科学院和国内外人文社会科学界丰厚的学术出版和专家学者资源，坚持"创社科经典，出传世文献"的出版理念、"权威、前沿、原创"的产品定位以及学术成果和智库成果出版的专业化、数字化、国际化、市场化的经营道路。

社科文献出版社是中国新闻出版业转型与文化体制改革的先行者。积极探索文化体制改革的先进方向和现代企业经营决策机制，社科文献出版社先后荣获"全国文化体制改革工作先进单位"、中国出版政府奖·先进出版单位奖、中国社会科学院先进集体、全国科普工作先进集体等荣誉称号。多人次荣获"第十届韬奋出版奖""全国新闻出版行业领军人才""数字出版先进人物""北京市新闻出版广电行业领军人才"等称号。

社科文献出版社是中国人文社会科学学术出版的大社名社，也是以皮书为代表的智库成果出版的专业强社。年出版图书2000余种，其中皮书400余种，出版新书字数5.5亿字，承印与发行中国社科院院属期刊72种，先后创立了皮书系列、列国志、中国史话、社科文献学术译库、社科文献学术文库、甲骨文书系等一大批既有学术影响又有市场价值的品牌，确立了在社会学、近代史、苏东问题研究等专业学科及领域出版的领先地位。图书多次荣获中国出版政府奖、"三个一百"原创图书出版工程、"五个'一'工程奖"、"大众喜爱的50种图书"等奖项，在中央国家机关"强素质·做表率"读书活动中，入选图书品种数位居各大出版社之首。

社科文献出版社是中国学术出版规范与标准的倡议者与制定者，代表全国50多家出版社发起实施学术著作出版规范的倡议，承担学术著作规范国家标准的起草工作，率先编撰完成《皮书手册》对皮书品牌进行规范化管理，并在此基础上推出中国版芝加哥手册——《社科文献出版社学术出版手册》。

社科文献出版社是中国数字出版的引领者，拥有皮书数据库、列国志数据库、"一带一路"数据库、减贫数据库、集刊数据库等4大产品线11个数据库产品，机构用户达1300余家，海外用户百余家，荣获"数字出版转型示范单位""新闻出版标准化先进单位""专业数字内容资源知识服务模式试点企业标准化示范单位"等称号。

社科文献出版社是中国学术出版走出去的践行者。社科文献出版社海外图书出版与学术合作业务遍及全球40余个国家和地区，并于2016年成立俄罗斯分社，累计输出图书500余种，涉及近20个语种，累计获得国家社科基金中华学术外译项目资助76种、"丝路书香工程"项目资助60种、中国图书对外推广计划项目资助71种以及经典中国国际出版工程资助28种，被五部委联合认定为"2015～2016年度国家文化出口重点企业"。

如今，社科文献出版社完全靠自身积累拥有固定资产3.6亿元，年收入3亿元，设置了七大出版分社、六大专业部门，成立了皮书研究院和博士后科研工作站，培养了一支近400人的高素质与高效率的编辑、出版、营销和国际推广队伍，为未来成为学术出版的大社、名社、强社，成为文化体制改革与文化企业转型发展的排头兵奠定了坚实的基础。

 宏观经济类 | 皮书系列 重点推荐

宏 观 经 济 类

经济蓝皮书
2018年中国经济形势分析与预测

李平 / 主编　2017年12月出版　定价：89.00元

◆ 本书为总理基金项目，由著名经济学家李扬领衔，联合中国社会科学院等数十家科研机构、国家部委和高等院校的专家共同撰写，系统分析了2017年的中国经济形势并预测2018年中国经济运行情况。

城市蓝皮书
中国城市发展报告 No.11

潘家华　单菁菁 / 主编　2018年9月出版　估价：99.00元

◆ 本书是由中国社会科学院城市发展与环境研究中心编著的，多角度、全方位地立体展示了中国城市的发展状况，并对中国城市的未来发展提出了许多建议。该书有强烈的时代感，对中国城市发展实践有重要的参考价值。

人口与劳动绿皮书
中国人口与劳动问题报告 No.19

张车伟 / 主编　2018年10月出版　估价：99.00元

◆ 本书为中国社会科学院人口与劳动经济研究所主编的年度报告，对当前中国人口与劳动形势做了比较全面和系统的深入讨论，为研究中国人口与劳动问题提供了一个专业性的视角。

宏观经济类·区域经济类

中国省域竞争力蓝皮书
中国省域经济综合竞争力发展报告（2017~2018）

李建平　李闽榕　高燕京/主编　2018年5月出版　估价：198.00元

◆ 本书融多学科的理论为一体，深入追踪研究了省域经济发展与中国国家竞争力的内在关系，为提升中国省域经济综合竞争力提供有价值的决策依据。

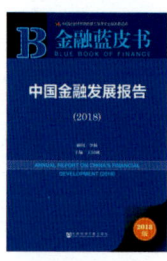

金融蓝皮书
中国金融发展报告（2018）

王国刚/主编　2018年6月出版　估价：99.00元

◆ 本书由中国社会科学院金融研究所组织编写，概括和分析了2017年中国金融发展和运行中的各方面情况，研讨和评论了2017年发生的主要金融事件，有利于读者了解掌握2017年中国的金融状况，把握2018年中国金融的走势。

区域经济类

京津冀蓝皮书
京津冀发展报告（2018）

祝合良　叶堂林　张贵祥/等著　2018年6月出版　估价：99.00元

◆ 本书遵循问题导向与目标导向相结合、统计数据分析与大数据分析相结合、纵向分析和长期监测与结构分析和综合监测相结合等原则，对京津冀协同发展新形势与新进展进行测度与评价。

 社会政法类

皮书系列
重点推荐

社会政法类

社会蓝皮书
2018年中国社会形势分析与预测

李培林　陈光金　张翼/主编　2017年12月出版　定价：89.00元

◆ 本书由中国社会科学院社会学研究所组织研究机构专家、高校学者和政府研究人员撰写，聚焦当下社会热点，对2017年中国社会发展的各个方面内容进行了权威解读，同时对2018年社会形势发展趋势进行了预测。

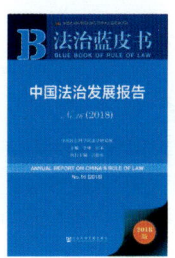

法治蓝皮书
中国法治发展报告No.16（2018）

李林　田禾/主编　2018年3月出版　定价：128.00元

◆ 本年度法治蓝皮书回顾总结了2017年度中国法治发展取得的成就和存在的不足，对中国政府、司法、检务透明度进行了跟踪调研，并对2018年中国法治发展形势进行了预测和展望。

教育蓝皮书
中国教育发展报告（2018）

杨东平/主编　2018年3月出版　定价：89.00元

◆ 本书重点关注了2017年教育领域的热点，资料翔实，分析有据，既有专题研究，又有实践案例，从多角度对2017年教育改革和实践进行了分析和研究。

社会政法类

社会体制蓝皮书
中国社会体制改革报告 No.6（2018）

龚维斌 / 主编　2018 年 3 月出版　定价：98.00 元

◆　本书由国家行政学院社会治理研究中心和北京师范大学中国社会管理研究院共同组织编写，主要对 2017 年社会体制改革情况进行回顾和总结，对 2018 年的改革走向进行分析，提出相关政策建议。

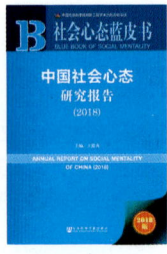

社会心态蓝皮书
中国社会心态研究报告（2018）

王俊秀　杨宜音 / 主编　2018 年 12 月出版　估价：99.00 元

◆　本书是中国社会科学院社会学研究所社会心理研究中心"社会心态蓝皮书课题组"的年度研究成果，运用社会心理学、社会学、经济学、传播学等多种学科的方法进行了调查和研究，对于目前中国社会心态状况有较广泛和深入的揭示。

华侨华人蓝皮书
华侨华人研究报告（2018）

贾益民 / 主编　2017 年 12 月出版　估价：139.00 元

◆　本书关注华侨华人生产与生活的方方面面。华侨华人是中国建设 21 世纪海上丝绸之路的重要中介者、推动者和参与者。本书旨在全面调研华侨华人，提供最新涉侨动态、理论研究成果和政策建议。

民族发展蓝皮书
中国民族发展报告（2018）

王延中 / 主编　2018 年 10 月出版　估价：188.00 元

◆　本书从民族学人类学视角，研究近年来少数民族和民族地区的发展情况，展示民族地区经济、政治、文化、社会和生态文明"五位一体"建设取得的辉煌成就和面临的困难挑战，为深刻理解中央民族工作会议精神、加快民族地区全面建成小康社会进程提供了实证材料。

产业经济类 · 行业及其他类 皮书系列 重点推荐

产业经济类

房地产蓝皮书
中国房地产发展报告 No.15（2018）

李春华　王业强 / 主编　2018 年 5 月出版　估价：99.00 元

◆ 2018 年《房地产蓝皮书》持续追踪中国房地产市场最新动态，深度剖析市场热点，展望 2018 年发展趋势，积极谋划应对策略。对 2017 年房地产市场的发展态势进行全面、综合的分析。

新能源汽车蓝皮书
中国新能源汽车产业发展报告（2018）

中国汽车技术研究中心　日产（中国）投资有限公司
东风汽车有限公司 / 编著　2018 年 8 月出版　估价：99.00 元

◆ 本书对中国 2017 年新能源汽车产业发展进行了全面系统的分析，并介绍了国外的发展经验。有助于相关机构、行业和社会公众等了解中国新能源汽车产业发展的最新动态，为政府部门出台新能源汽车产业相关政策法规、企业制定相关战略规划，提供必要的借鉴和参考。

行业及其他类

旅游绿皮书
2017～2018 年中国旅游发展分析与预测

中国社会科学院旅游研究中心 / 编　2018 年 1 月出版　定价：99.00 元

◆ 本书从政策、产业、市场、社会等多个角度勾画出 2017 年中国旅游发展全貌，剖析了其中的热点和核心问题，并就未来发展作出预测。

民营医院蓝皮书

中国民营医院发展报告（2018）

薛晓林 / 主编　　2018 年 11 月出版　　估价：99.00 元

◆ 本书在梳理国家对社会办医的各种利好政策的前提下，对我国民营医疗发展现状、我国民营医院竞争力进行了分析，并结合我国医疗体制改革对民营医院的发展趋势、发展策略、战略规划等方面进行了预估。

会展蓝皮书

中外会展业动态评估研究报告（2018）

张敏 / 主编　　2018 年 12 月出版　　估价：99.00 元

◆ 本书回顾了 2017 年的会展业发展动态，结合"供给侧改革"、"互联网＋"、"绿色经济"的新形势分析了我国展会的行业现状，并介绍了国外的发展经验，有助于行业和社会了解最新的展会业动态。

中国上市公司蓝皮书

中国上市公司发展报告（2018）

张平　王宏淼 / 主编　　2018 年 9 月出版　　估价：99.00 元

◆ 本书由中国社会科学院上市公司研究中心组织编写的，着力于全面、真实、客观反映当前中国上市公司财务状况和价值评估的综合性年度报告。本书详尽分析了 2017 年中国上市公司情况，特别是现实中暴露出的制度性、基础性问题，并对资本市场改革进行了探讨。

工业和信息化蓝皮书

人工智能发展报告（2017~2018）

尹丽波 / 主编　　2018 年 6 月出版　　估价：99.00 元

◆ 本书国家工业信息安全发展研究中心在对 2017 年全球人工智能技术和产业进行全面跟踪研究基础上形成的研究报告。该报告内容翔实、视角独特，具有较强的产业发展前瞻性和预测性，可为相关主管部门、行业协会、企业等全面了解人工智能发展形势以及进行科学决策提供参考。

国际问题与全球治理类 | 皮书系列 重点推荐

国际问题与全球治理类

世界经济黄皮书
2018年世界经济形势分析与预测

张宇燕 / 主编　2018年1月出版　定价：99.00元

◆ 本书由中国社会科学院世界经济与政治研究所的研究团队撰写，分总论、国别与地区、专题、热点、世界经济统计与预测等五个部分，对2018年世界经济形势进行了分析。

国际城市蓝皮书
国际城市发展报告（2018）

屠启宇 / 主编　2018年2月出版　定价：89.00元

◆ 本书作者以上海社会科学院从事国际城市研究的学者团队为核心，汇集同济大学、华东师范大学、复旦大学、上海交通大学、南京大学、浙江大学相关城市研究专业学者。立足动态跟踪介绍国际城市发展时间中，最新出现的重大战略、重大理念、重大项目、重大报告和最佳案例。

非洲黄皮书
非洲发展报告 No.20（2017～2018）

张宏明 / 主编　2018年7月出版　估价：99.00元

◆ 本书是由中国社会科学院西亚非洲研究所组织编撰的非洲形势年度报告，比较全面、系统地分析了2017年非洲政治形势和热点问题，探讨了非洲经济形势和市场走向，剖析了大国对非洲关系的新动向；此外，还介绍了国内非洲研究的新成果。

国别类

美国蓝皮书
美国研究报告（2018）

郑秉文 黄平 / 主编　2018年5月出版　估价：99.00元

◆ 本书是由中国社会科学院美国研究所主持完成的研究成果，它回顾了美国2017年的经济、政治形势与外交战略，对美国内政外交发生的重大事件及重要政策进行了较为全面的回顾和梳理。

德国蓝皮书
德国发展报告（2018）

郑春荣 / 主编　2018年6月出版　估价：99.00元

◆ 本报告由同济大学德国研究所组织编撰，由该领域的专家学者对德国的政治、经济、社会文化、外交等方面的形势发展情况，进行全面的阐述与分析。

俄罗斯黄皮书
俄罗斯发展报告（2018）

李永全 / 编著　2018年6月出版　估价：99.00元

◆ 本书系统介绍了2017年俄罗斯经济政治情况，并对2016年该地区发生的焦点、热点问题进行了分析与回顾；在此基础上，对该地区2018年的发展前景进行了预测。

文化传媒类

新媒体蓝皮书
中国新媒体发展报告 No.9（2018）

唐绪军 / 主编　2018 年 6 月出版　估价：99.00 元

◆ 本书是由中国社会科学院新闻与传播研究所组织编写的关于新媒体发展的最新年度报告，旨在全面分析中国新媒体的发展现状，解读新媒体的发展趋势，探析新媒体的深刻影响。

移动互联网蓝皮书
中国移动互联网发展报告（2018）

余清楚 / 主编　2018 年 6 月出版　估价：99.00 元

◆ 本书着眼于对 2017 年度中国移动互联网的发展情况做深入解析，对未来发展趋势进行预测，力求从不同视角、不同层面全面剖析中国移动互联网发展的现状、年度突破及热点趋势等。

文化蓝皮书
中国文化消费需求景气评价报告（2018）

王亚南 / 主编　2018 年 3 月出版　定价：99.00 元

◆ 本书首创全国文化发展量化检测评价体系，也是至今全国唯一的文化民生量化检测评价体系，对于检验全国及各地"以人民为中心"的文化发展具有首创意义。

皮书系列重点推荐 地方发展类

地方发展类

北京蓝皮书
北京经济发展报告（2017～2018）

杨松/主编　2018年6月出版　估价：99.00元

◆ 本书对2017年北京市经济发展的整体形势进行了系统性的分析与回顾，并对2018年经济形势走势进行了预测与研判，聚焦北京市经济社会发展中的全局性、战略性和关键领域的重点问题，运用定量和定性分析相结合的方法，对北京市经济社会发展的现状、问题、成因进行了深入分析，提出了可操作性的对策建议。

温州蓝皮书
2018年温州经济社会形势分析与预测

蒋儒标　王春光　金浩/主编　2018年6月出版　估价：99.00元

◆ 本书是中共温州市委党校和中国社会科学院社会学研究所合作推出的第十一本温州蓝皮书，由来自党校、政府部门、科研机构、高校的专家、学者共同撰写的2017年温州区域发展形势的最新研究成果。

黑龙江蓝皮书
黑龙江社会发展报告（2018）

王爱丽/主编　2018年1月出版　定价：89.00元

◆ 本书以千份随机抽样问卷调查和专题研究为依据，运用社会学理论框架和分析方法，从专家和学者的独特视角，对2017年黑龙江省关系民生的问题进行广泛的调研与分析，并对2017年黑龙江省诸多社会热点和焦点问题进行了有益的探索。这些研究不仅可以为政府部门更加全面深入了解省情、科学制定决策提供智力支持，同时也可以为广大读者认识、了解、关注黑龙江社会发展提供理性思考。

宏观经济类

城市蓝皮书
中国城市发展报告（No.11）
著(编)者：潘家华 单菁菁
2018年9月出版 / 估价：99.00元
PSN B-2007-091-1/1

城乡一体化蓝皮书
中国城乡一体化发展报告（2018）
著(编)者：付崇兰
2018年9月出版 / 估价：99.00元
PSN B-2011-226-1/2

城镇化蓝皮书
中国新型城镇化健康发展报告（2018）
著(编)者：张占斌
2018年8月出版 / 估价：99.00元
PSN B-2014-396-1/1

创新蓝皮书
创新型国家建设报告（2018~2019）
著(编)者：詹正茂
2018年12月出版 / 估价：99.00元
PSN B-2009-140-1/1

低碳发展蓝皮书
中国低碳发展报告（2018）
著(编)者：张希良 齐晔
2018年6月出版 / 估价：99.00元
PSN B-2011-223-1/1

低碳经济蓝皮书
中国低碳经济发展报告（2018）
著(编)者：薛进军 赵忠秀
2018年11月出版 / 估价：99.00元
PSN B-2011-194-1/1

发展和改革蓝皮书
中国经济发展和体制改革报告No.9
著(编)者：邹东涛 王再文
2018年1月出版 / 估价：99.00元
PSN B-2008-122-1/1

国家创新蓝皮书
中国创新发展报告（2017）
著(编)者：陈劲 2018年5月出版 / 估价：99.00元
PSN B-2014-370-1/1

金融蓝皮书
中国金融发展报告（2018）
著(编)者：王国刚
2018年6月出版 / 估价：99.00元
PSN B-2004-031-1/7

经济蓝皮书
2018年中国经济形势分析与预测
著(编)者：李平 2017年12月出版 / 定价：89.00元
PSN B-1996-001-1/1

经济蓝皮书春季号
2018年中国经济前景分析
著(编)者：李扬 2018年5月出版 / 估价：99.00元
PSN B-1999-008-1/1

经济蓝皮书夏季号
中国经济增长报告（2017~2018）
著(编)者：李扬 2018年9月出版 / 估价：99.00元
PSN B-2010-176-1/1

农村绿皮书
中国农村经济形势分析与预测（2017~2018）
著(编)者：魏后凯 黄秉信
2018年4月出版 / 定价：99.00元
PSN G-1998-003-1/1

人口与劳动绿皮书
中国人口与劳动问题报告No.19
著(编)者：张车伟 2018年11月出版 / 估价：99.00元
PSN G-2000-012-1/1

新型城镇化蓝皮书
新型城镇化发展报告（2017）
著(编)者：李伟 宋敏
2018年3月出版 / 定价：98.00元
PSN B-2005-038-1/1

中国省域竞争力蓝皮书
中国省域经济综合竞争力发展报告（2016~2017）
著(编)者：李建平 李闽榕
2018年2月出版 / 定价：198.00元
PSN B-2007-088-1/1

中小城市绿皮书
中国中小城市发展报告（2018）
著(编)者：中国城市经济学会中小城市经济发展委员会
中国城镇化促进会中小城市发展委员会
《中国中小城市发展报告》编纂委员会
中小城市发展战略研究院
2018年11月出版 / 估价：128.00元
PSN G-2010-161-1/1

皮书系列 2018全品种　区域经济类・社会政法类

区域经济类

东北蓝皮书
中国东北地区发展报告（2018）
著(编)者：姜晓秋　2018年11月出版 / 估价：99.00元
PSN B-2006-067-1/1

金融蓝皮书
中国金融中心发展报告（2017~2018）
著(编)者：王力 黄育华　2018年11月出版 / 估价：99.00元
PSN B-2011-186-6/7

京津冀蓝皮书
京津冀发展报告（2018）
著(编)者：祝合良 叶堂林 张贵祥
2018年6月出版 / 定价：99.00元
PSN B-2012-262-1/1

西北蓝皮书
中国西北发展报告（2018）
著(编)者：王福生 马廷旭 董秋生
2018年1月出版 / 定价：99.00元
PSN B-2012-261-1/1

西部蓝皮书
中国西部发展报告（2018）
著(编)者：璋勇 任保平　2018年8月出版 / 估价：99.00元
PSN B-2005-039-1/1

长江经济带产业蓝皮书
长江经济带产业发展报告（2018）
著(编)者：吴传清　2018年11月出版 / 估价：128.00元
PSN B-2017-666-1/1

长江经济带蓝皮书
长江经济带发展报告（2017~2018）
著(编)者：王振　2018年11月出版 / 估价：99.00元
PSN B-2016-575-1/1

长江中游城市群蓝皮书
长江中游城市群新型城镇化与产业协同发展报告（2018）
著(编)者：杨刚强　2018年11月出版 / 估价：99.00元
PSN B-2016-578-1/1

长三角蓝皮书
2017年创新融合发展的长三角
著(编)者：刘飞跃　2018年5月出版 / 估价：99.00元
PSN B-2005-038-1/1

长株潭城市群蓝皮书
长株潭城市群发展报告（2017）
著(编)者：张萍 朱有志　2018年6月出版 / 估价：99.00元
PSN B-2008-109-1/1

特色小镇蓝皮书
特色小镇智慧运营报告（2018）：顶层设计与智慧架构标准
著(编)者：陈劲　2018年1月出版 / 定价：79.00元
PSN B-2018-692-1/1

中部竞争力蓝皮书
中国中部经济社会竞争力报告（2018）
著(编)者：教育部人文社会科学重点研究基地南昌大学中国中部经济社会发展研究中心
2018年12月出版 / 估价：99.00元
PSN B-2012-276-1/1

中部蓝皮书
中国中部地区发展报告（2018）
著(编)者：宋亚平　2018年12月出版 / 估价：99.00元
PSN B-2007-089-1/1

区域蓝皮书
中国区域经济发展报告（2017~2018）
著(编)者：赵弘　2018年5月出版 / 估价：99.00元
PSN B-2004-034-1/1

中三角蓝皮书
长江中游城市群发展报告（2018）
著(编)者：秦尊文　2018年9月出版 / 估价：99.00元
PSN B-2014-417-1/1

中原蓝皮书
中原经济区发展报告（2018）
著(编)者：李英杰　2018年6月出版 / 估价：99.00元
PSN B-2011-192-1/1

珠三角流通蓝皮书
珠三角商圈发展研究报告（2018）
著(编)者：王先庆 林至颖　2018年7月出版 / 估价：99.00元
PSN B-2012-292-1/1

社会政法类

北京蓝皮书
中国社区发展报告（2017~2018）
著(编)者：于燕燕　2018年9月出版 / 估价：99.00元
PSN B-2007-083-5/8

殡葬绿皮书
中国殡葬事业发展报告（2017~2018）
著(编)者：李伯森　2018年6月出版 / 估价：158.00元
PSN G-2010-180-1/1

城市管理蓝皮书
中国城市管理报告（2017-2018）
著(编)者：刘林 刘承水　2018年5月出版 / 估价：158.00元
PSN B-2013-336-1/1

城市生活质量蓝皮书
中国城市生活质量报告（2017）
著(编)者：张连城 张平 杨春学 郎丽华
2017年12月出版 / 定价：89.00元
PSN B-2013-326-1/1

皮书系列 2018全品种

城市政府能力蓝皮书
中国城市政府公共服务能力评估报告（2018）
著(编)者：何艳玲　2018年5月出版 / 估价：99.00元
PSN B-2013-338-1/1

创业蓝皮书
中国创业发展研究报告（2017~2018）
著(编)者：黄群慧　赵卫星　钟宏武
2018年11月出版 / 估价：99.00元
PSN B-2016-577-1/1

慈善蓝皮书
中国慈善发展报告（2018）
著(编)者：杨团　2018年6月出版 / 估价：99.00元
PSN B-2009-142-1/1

党建蓝皮书
党的建设研究报告No.2（2018）
著(编)者：崔建民　陈东平　2018年6月出版 / 估价：99.00元
PSN B-2016-523-1/1

地方法治蓝皮书
中国地方法治发展报告No.3（2018）
著(编)者：李林　田禾　2018年6月出版 / 估价：118.00元
PSN B-2015-442-1/1

电子政务蓝皮书
中国电子政务发展报告（2018）
著(编)者：李季　2018年8月出版 / 估价：99.00元
PSN B-2003-022-1/1

儿童蓝皮书
中国儿童参与状况报告（2017）
著(编)者：苑立新　2017年12月出版 / 定价：89.00元
PSN B-2017-682-1/1

法治蓝皮书
中国法治发展报告No.16（2018）
著(编)者：李林　田禾　2018年3月出版 / 定价：128.00元
PSN B-2004-027-1/3

法治蓝皮书
中国法院信息化发展报告No.2（2018）
著(编)者：李林　田禾　2018年2月出版 / 定价：118.00元
PSN B-2017-604-3/3

法治政府蓝皮书
中国法治政府发展报告（2017）
著(编)者：中国政法大学法治政府研究院
2018年3月出版 / 定价：158.00元
PSN B-2015-502-1/2

法治政府蓝皮书
中国法治政府评估报告（2018）
著(编)者：中国政法大学法治政府研究院
2018年9月出版 / 估价：168.00元
PSN B-2016-576-2/2

反腐倡廉蓝皮书
中国反腐倡廉建设报告 No.8
著(编)者：张英伟　2018年12月出版 / 估价：99.00元
PSN B-2012-259-1/1

扶贫蓝皮书
中国扶贫开发报告（2018）
著(编)者：李培林　魏后凯　2018年12月出版 / 估价：128.00元
PSN B-2016-599-1/1

妇女发展蓝皮书
中国妇女发展报告 No.6
著(编)者：王金玲　2018年9月出版 / 估价：158.00元
PSN B-2006-069-1/1

妇女教育蓝皮书
中国妇女教育发展报告 No.3
著(编)者：张李玺　2018年10月出版 / 估价：99.00元
PSN B-2008-121-1/1

妇女绿皮书
2018年：中国性别平等与妇女发展报告
著(编)者：谭琳　2018年12月出版 / 估价：99.00元
PSN G-2006-073-1/1

公共安全蓝皮书
中国城市公共安全发展报告（2017~2018）
著(编)者：黄育华　杨文明　赵建辉
2018年6月出版 / 估价：99.00元
PSN B-2017-628-1/1

公共服务蓝皮书
中国城市基本公共服务力评价（2018）
著(编)者：钟君　刘志昌　吴正昊
2018年12月出版 / 估价：99.00元
PSN B-2011-214-1/1

公民科学素质蓝皮书
中国公民科学素质报告（2017~2018）
著(编)者：李群　陈雄　马宗文
2017年12月出版 / 估价：89.00元
PSN B-2014-379-1/1

公益蓝皮书
中国公益慈善发展报告（2016）
著(编)者：朱健刚　胡小军　2018年6月出版 / 估价：99.00元
PSN B-2012-283-1/1

国际人才蓝皮书
中国国际移民报告（2018）
著(编)者：王辉耀　2018年6月出版 / 估价：99.00元
PSN B-2012-304-3/4

国际人才蓝皮书
中国留学发展报告（2018）No.7
著(编)者：王辉耀　苗绿　2018年12月出版 / 估价：99.00元
PSN B-2012-244-2/4

海洋社会蓝皮书
中国海洋社会发展报告（2017）
著(编)者：崔凤　宋宁而　2018年3月出版 / 定价：99.00元
PSN B-2015-478-1/1

行政改革蓝皮书
中国行政体制改革报告No.7（2018）
著(编)者：魏礼群　2018年6月出版 / 估价：99.00元
PSN B-2011-231-1/1

皮书系列 2018全品种 — 社会政法类

华侨华人蓝皮书
华侨华人研究报告（2017）
著（编）者：张禹东 庄国土　2017年12月出版／定价：148.00元
PSN B-2011-204-1/1

互联网与国家治理蓝皮书
互联网与国家治理发展报告（2017）
著（编）者：张志安　2018年1月出版／定价：98.00元
PSN B-2017-671-1/1

环境管理蓝皮书
中国环境管理发展报告（2017）
著（编）者：李金惠　2017年12月出版／定价：98.00元
PSN B-2017-678-1/1

环境竞争力绿皮书
中国省域环境竞争力发展报告（2018）
著（编）者：李建平　李闽榕　王金南
2018年11月出版／估价：198.00元
PSN G-2010-165-1/1

环境绿皮书
中国环境发展报告（2017~2018）
著（编）者：李波　2018年6月出版／估价：99.00元
PSN G-2006-048-1/1

家庭蓝皮书
中国"创建幸福家庭活动"评估报告（2018）
著（编）者：国务院发展研究中心"创建幸福家庭活动评估"课题组
2018年12月出版／估价：99.00元
PSN B-2015-508-1/1

健康城市蓝皮书
中国健康城市建设研究报告（2018）
著（编）者：王鸿春　盛继洪　2018年12月出版／估价：99.00元
PSN B-2016-564-2/2

健康中国蓝皮书
社区首诊与健康中国分析报告（2018）
著（编）者：高和荣　杨叔禹　姜杰
2018年6月出版／估价：99.00元
PSN B-2017-611-1/1

教师蓝皮书
中国中小学教师发展报告（2017）
著（编）者：曾晓东　鱼霞
2018年6月出版／估价：99.00元
PSN B-2012-289-1/1

教育扶贫蓝皮书
中国教育扶贫报告（2018）
著（编）者：司树杰　王文静　李兴洲
2018年12月出版／估价：99.00元
PSN B-2016-590-1/1

教育蓝皮书
中国教育发展报告（2018）
著（编）者：杨东平　2018年3月出版／定价：89.00元
PSN B-2006-047-1/1

金融法治建设蓝皮书
中国金融法治建设年度报告（2015~2016）
著（编）者：朱小黄　2018年6月出版／估价：99.00元
PSN B-2017-633-1/1

京津冀教育蓝皮书
京津冀教育发展研究报告（2017~2018）
著（编）者：方中雄　2018年6月出版／估价：99.00元
PSN B-2017-608-1/1

就业蓝皮书
2018年中国本科生就业报告
著（编）者：麦可思研究院　2018年6月出版／估价：99.00元
PSN B-2009-146-1/2

就业蓝皮书
2018年中国高职高专生就业报告
著（编）者：麦可思研究院　2018年6月出版／估价：99.00元
PSN B-2015-472-2/2

科学教育蓝皮书
中国科学教育发展报告（2018）
著（编）者：王康友　2018年10月出版／估价：99.00元
PSN B-2015-487-1/1

劳动保障蓝皮书
中国劳动保障发展报告（2018）
著（编）者：刘燕斌　2018年9月出版／估价：158.00元
PSN B-2014-415-1/1

老龄蓝皮书
中国老年宜居环境发展报告（2017）
著（编）者：党俊武　周燕珉　2018年6月出版／估价：99.00元
PSN B-2013-320-1/1

连片特困区蓝皮书
中国连片特困区发展报告（2017~2018）
著（编）者：游俊　冷志明　丁建军
2018年6月出版／估价：99.00元
PSN B-2013-321-1/1

流动儿童蓝皮书
中国流动儿童教育发展报告（2017）
著（编）者：杨东平　2018年6月出版／估价：99.00元
PSN B-2017-600-1/1

民调蓝皮书
中国民生调查报告（2018）
著（编）者：谢耘耕　2018年12月出版／估价：99.00元
PSN B-2014-398-1/1

民族发展蓝皮书
中国民族发展报告（2018）
著（编）者：王延中　2018年10月出版／估价：188.00元
PSN B-2006-070-1/1

女性生活蓝皮书
中国女性生活状况报告No.12（2018）
著（编）者：韩湘景　2018年7月出版／估价：99.00元
PSN B-2006-071-1/1

社会政法类

皮书系列 2018全品种

汽车社会蓝皮书
中国汽车社会发展报告（2017~2018）
著(编)者：王俊秀　2018年6月出版 / 估价：99.00元
PSN B-2011-224-1/1

青年蓝皮书
中国青年发展报告（2018）No.3
著(编)者：廉思　2018年6月出版 / 估价：99.00元
PSN B-2013-333-1/1

青少年蓝皮书
中国未成年人互联网运用报告（2017~2018）
著(编)者：李为民　李文革　沈杰
2018年11月出版 / 估价：99.00元
PSN B-2010-156-1/1

人权蓝皮书
中国人权事业发展报告No.8（2018）
著(编)者：李君如　2018年9月出版 / 估价：99.00元
PSN B-2011-215-1/1

社会保障绿皮书
中国社会保障发展报告No.9（2018）
著(编)者：王延中　2018年6月出版 / 估价：99.00元
PSN G-2001-014-1/1

社会风险评估蓝皮书
风险评估与危机预警报告（2017~2018）
著(编)者：唐钧　2018年8月出版 / 估价：99.00元
PSN B-2012-293-1/1

社会工作蓝皮书
中国社会工作发展报告（2016~2017）
著(编)者：民政部社会工作研究中心
2018年8月出版 / 估价：99.00元
PSN B-2009-141-1/1

社会管理蓝皮书
中国社会管理创新报告No.6
著(编)者：连玉明　2018年11月出版 / 估价：99.00元
PSN B-2012-300-1/1

社会蓝皮书
2018年中国社会形势分析与预测
著(编)者：李培林　陈光金　张翼
2017年12月出版 / 定价：89.00元
PSN B-1998-002-1/1

社会体制蓝皮书
中国社会体制改革报告No.6（2018）
著(编)者：龚维斌　2018年3月出版 / 定价：98.00元
PSN B-2013-330-1/1

社会心态蓝皮书
中国社会心态研究报告（2018）
著(编)者：王俊秀　2018年12月出版 / 估价：99.00元
PSN B-2011-199-1/1

社会组织蓝皮书
中国社会组织报告（2017-2018）
著(编)者：黄晓勇　2018年6月出版 / 估价：99.00元
PSN B-2008-118-1/2

社会组织蓝皮书
中国社会组织评估发展报告（2018）
著(编)者：徐家良　2018年12月出版 / 估价：99.00元
PSN B-2013-366-2/2

生态城市绿皮书
中国生态城市建设发展报告（2018）
著(编)者：刘举科　孙伟平　胡文臻
2018年9月出版 / 估价：158.00元
PSN G-2012-269-1/1

生态文明绿皮书
中国省域生态文明建设评价报告（ECI 2018）
著(编)者：严耕　2018年12月出版 / 估价：99.00元
PSN G-2010-170-1/1

退休生活蓝皮书
中国城市居民退休生活质量指数报告（2017）
著(编)者：杨一帆　2018年6月出版 / 估价：99.00元
PSN B-2017-618-1/1

危机管理蓝皮书
中国危机管理报告（2018）
著(编)者：文学国　范正青
2018年8月出版 / 估价：99.00元
PSN B-2010-171-1/1

学会蓝皮书
2018年中国学会发展报告
著(编)者：麦可思研究院　2018年12月出版 / 估价：99.00元
PSN B-2016-597-1/1

医改蓝皮书
中国医药卫生体制改革报告（2017~2018）
著(编)者：文学国　房志武
2018年11月出版 / 估价：99.00元
PSN B-2014-432-1/1

应急管理蓝皮书
中国应急管理报告（2018）
著(编)者：宋英华　2018年9月出版 / 估价：99.00元
PSN B-2016-562-1/1

政府绩效评估蓝皮书
中国地方政府绩效评估报告 No.2
著(编)者：贠杰　2018年12月出版 / 估价：99.00元
PSN B-2017-672-1/1

政治参与蓝皮书
中国政治参与报告（2018）
著(编)者：房宁　2018年8月出版 / 估价：128.00元
PSN B-2011-200-1/1

政治文化蓝皮书
中国政治文化报告（2018）
著(编)者：邢元敏　魏大鹏　龚克
2018年8月出版 / 估价：128.00元
PSN B-2017-615-1/1

中国传统村落蓝皮书
中国传统村落保护现状报告（2018）
著(编)者：胡彬彬　李向军　王晓波
2018年12月出版 / 估价：99.00元
PSN B-2017-663-1/1

中国农村妇女发展蓝皮书
农村流动女性城市生活发展报告（2018）
著（编）者：谢丽华　2018年12月出版／估价：99.00元
PSN B-2014-434-1/1

宗教蓝皮书
中国宗教报告（2017）
著（编）者：邱永辉　2018年8月出版／估价：99.00元
PSN B-2008-117-1/1

产业经济类

保健蓝皮书
中国保健服务产业发展报告 No.2
著（编）者：中国保健协会　中共中央党校
2018年7月出版／估价：198.00元
PSN B-2012-272-3/3

保健蓝皮书
中国保健食品产业发展报告 No.2
著（编）者：中国保健协会
　　　　　中国社会科学院食品药品产业发展与监管研究中心
2018年8月出版／估价：198.00元
PSN B-2012-271-2/3

保健蓝皮书
中国保健用品产业发展报告 No.2
著（编）者：中国保健协会
　　　　　国务院国有资产监督管理委员会研究中心
2018年6月出版／估价：198.00元
PSN B-2012-270-1/3

保险蓝皮书
中国保险业竞争力报告（2018）
著（编）者：保监会　2018年12月出版／估价：99.00元
PSN B-2013-311-1/1

冰雪蓝皮书
中国冰上运动产业发展报告（2018）
著（编）者：孙承华　杨占武　刘戈　张鸿俊
2018年9月出版／估价：99.00元
PSN B-2017-648-3/3

冰雪蓝皮书
中国滑雪产业发展报告（2018）
著（编）者：孙承华　伍斌　魏庆华　张鸿俊
2018年9月出版／估价：99.00元
PSN B-2016-559-1/3

餐饮产业蓝皮书
中国餐饮产业发展报告（2018）
著（编）者：邢颖
2018年6月出版／估价：99.00元
PSN B-2009-151-1/1

茶业蓝皮书
中国茶产业发展报告（2018）
著（编）者：杨江帆　李闽榕
2018年10月出版／估价：99.00元
PSN B-2010-164-1/1

产业安全蓝皮书
中国文化产业安全报告（2018）
著（编）者：北京印刷学院文化产业安全研究院
2018年12月出版／估价：99.00元
PSN B-2014-378-12/14

产业安全蓝皮书
中国新媒体产业安全报告（2016~2017）
著（编）者：肖丽　2018年6月出版／估价：99.00元
PSN B-2015-500-14/14

产业安全蓝皮书
中国出版传媒产业安全报告（2017~2018）
著（编）者：北京印刷学院文化产业安全研究院
2018年6月出版／估价：99.00元
PSN B-2014-384-13/14

产业蓝皮书
中国产业竞争力报告（2018）No.8
著（编）者：张其仔　2018年12月出版／估价：168.00元
PSN B-2010-175-1/1

动力电池蓝皮书
中国新能源汽车动力电池产业发展报告（2018）
著（编）者：中国汽车技术研究中心
2018年8月出版／估价：99.00元
PSN B-2017-639-1/1

杜仲产业绿皮书
中国杜仲橡胶资源与产业发展报告（2017~2018）
著（编）者：杜红岩　胡文臻　俞锐
2018年6月出版／估价：99.00元
PSN G-2013-350-1/1

房地产蓝皮书
中国房地产发展报告No.15（2018）
著（编）者：李春华　王业强
2018年5月出版／估价：99.00元
PSN B-2004-028-1/1

服务外包蓝皮书
中国服务外包产业发展报告（2017~2018）
著（编）者：王晓红　刘德军
2018年6月出版／估价：99.00元
PSN B-2013-331-2/2

服务外包蓝皮书
中国服务外包竞争力报告（2017~2018）
著（编）者：刘春生　王力　黄育华
2018年12月出版／估价：99.00元
PSN B-2011-216-1/2

皮书系列 2018全品种

工业和信息化蓝皮书
世界信息技术产业发展报告（2017～2018）
著(编)者：尹丽波　2018年6月出版／估价：99.00元
PSN B-2015-449-2/6

工业和信息化蓝皮书
战略性新兴产业发展报告（2017～2018）
著(编)者：尹丽波　2018年6月出版／估价：99.00元
PSN B-2015-450-3/6

海洋经济蓝皮书
中国海洋经济发展报告（2015～2018）
著(编)者：殷克东　高金田　方胜民
2018年3月出版／定价：128.00元
PSN B-2018-697-1/1

康养蓝皮书
中国康养产业发展报告（2017）
著(编)者：何莽　2017年12月出版／定价：88.00元
PSN B-2017-685-1/1

客车蓝皮书
中国客车产业发展报告（2017～2018）
著(编)者：姚蔚　2018年10月出版／估价：99.00元
PSN B-2013-361-1/1

流通蓝皮书
中国商业发展报告（2018～2019）
著(编)者：王雪峰　林诗慧
2018年7月出版／估价：99.00元
PSN B-2009-152-1/2

能源蓝皮书
中国能源发展报告（2018）
著(编)者：崔民选　王军生　陈义和
2018年12月出版／估价：99.00元
PSN B-2006-049-1/1

农产品流通蓝皮书
中国农产品流通产业发展报告（2017）
著(编)者：贾敬敦　张东科　张玉玺　张鹏毅　周伟
2018年6月出版／估价：99.00元
PSN B-2012-288-1/1

汽车工业蓝皮书
中国汽车工业发展年度报告（2018）
著(编)者：中国汽车工业协会
　　　　　中国汽车技术研究中心
　　　　　丰田汽车公司
2018年5月出版／估价：168.00元
PSN B-2015-463-1/2

汽车工业蓝皮书
中国汽车零部件产业发展报告（2017～2018）
著(编)者：中国汽车工业协会
　　　　　中国汽车工程研究院深圳市沃特玛电池有限公司
2018年9月出版／估价：99.00元
PSN B-2016-515-2/2

汽车蓝皮书
中国汽车产业发展报告（2018）
著(编)者：中国汽车工程学会
　　　　　大众汽车集团（中国）
2018年11月出版／估价：99.00元
PSN B-2008-124-1/1

世界茶业蓝皮书
世界茶业发展报告（2018）
著(编)者：李闽榕　冯廷佺
2018年5月出版／估价：168.00元
PSN B-2017-619-1/1

世界能源蓝皮书
世界能源发展报告（2018）
著(编)者：黄晓勇　2018年6月出版／估价：168.00元
PSN B-2013-349-1/1

石油蓝皮书
中国石油产业发展报告（2018）
著(编)者：中国石油化工集团公司经济技术研究院
　　　　　中国国际石油化工联合有限责任公司
　　　　　中国社会科学院数量经济与技术经济研究所
2018年2月出版／定价：98.00元
PSN B-2018-690-1/1

体育蓝皮书
国家体育产业基地发展报告（2016～2017）
著(编)者：李颖川　2018年6月出版／估价：168.00元
PSN B-2017-609-5/5

体育蓝皮书
中国体育产业发展报告（2018）
著(编)者：阮伟　钟秉枢
2018年12月出版／估价：99.00元
PSN B-2010-179-1/5

文化金融蓝皮书
中国文化金融发展报告（2018）
著(编)者：杨涛　金巍
2018年6月出版／估价：99.00元
PSN B-2017-610-1/1

新能源汽车蓝皮书
中国新能源汽车产业发展报告（2018）
著(编)者：中国汽车技术研究中心
　　　　　日产（中国）投资有限公司
　　　　　东风汽车有限公司
2018年8月出版／估价：99.00元
PSN B-2013-347-1/1

薏仁米产业蓝皮书
中国薏仁米产业发展报告No.2（2018）
著(编)者：李发耀　石明　秦礼康
2018年8月出版／估价：99.00元
PSN B-2017-645-1/1

邮轮绿皮书
中国邮轮产业发展报告（2018）
著(编)者：汪泓　2018年10月出版／估价：99.00元
PSN G-2014-419-1/1

智能养老蓝皮书
中国智能养老产业发展报告（2018）
著(编)者：朱勇　2018年10月出版／估价：99.00元
PSN B-2015-488-1/1

中国节能汽车蓝皮书
中国节能汽车发展报告（2017～2018）
著(编)者：中国汽车工程研究院股份有限公司
2018年9月出版／估价：99.00元
PSN B-2016-565-1/1

皮书系列 2018全品种
产业经济类·行业及其他类

中国陶瓷产业蓝皮书
中国陶瓷产业发展报告（2018）
著(编)者：左和平 黄速建
2018年10月出版 / 估价：99.00元
PSN B-2016-573-1/1

装备制造业蓝皮书
中国装备制造业发展报告（2018）
著(编)者：徐东华
2018年12月出版 / 估价：118.00元
PSN B-2015-505-1/1

行业及其他类

"三农"互联网金融蓝皮书
中国"三农"互联网金融发展报告（2018）
著(编)者：李勇坚 王弢
2018年8月出版 / 估价：99.00元
PSN B-2016-560-1/1

SUV蓝皮书
中国SUV市场发展报告（2017~2018）
著(编)者：靳军 2018年9月出版 / 估价：99.00元
PSN B-2016-571-1/1

冰雪蓝皮书
中国冬季奥运会发展报告（2018）
著(编)者：孙承华 伍斌 魏庆华 张鸿俊
2018年9月出版 / 估价：99.00元
PSN B-2017-647-2/3

彩票蓝皮书
中国彩票发展报告（2018）
著(编)者：益彩基金 2018年6月出版 / 估价：99.00元
PSN B-2015-462-1/1

测绘地理信息蓝皮书
测绘地理信息供给侧结构性改革研究报告（2018）
著(编)者：库热西·买合苏提
2018年12月出版 / 估价：168.00元
PSN B-2009-145-1/1

产权市场蓝皮书
中国产权市场发展报告（2017）
著(编)者：曹和平
2018年5月出版 / 估价：99.00元
PSN B-2009-147-1/1

城投蓝皮书
中国城投行业发展报告（2018）
著(编)者：华景斌
2018年11月出版 / 估价：300.00元
PSN B-2016-514-1/1

城市轨道交通蓝皮书
中国城市轨道交通运营发展报告（2017~2018）
著(编)者：崔学忠 贾文峥
2018年3月出版 / 定价：89.00元
PSN B-2018-694-1/1

大数据蓝皮书
中国大数据发展报告（No.2）
著(编)者：连玉明 2018年5月出版 / 估价：99.00元
PSN B-2017-620-1/1

大数据应用蓝皮书
中国大数据应用发展报告No.2（2018）
著(编)者：陈军君 2018年8月出版 / 估价：99.00元
PSN B-2017-644-1/1

对外投资与风险蓝皮书
中国对外直接投资与国家风险报告（2018）
著(编)者：中债资信评估有限责任公司
中国社会科学院世界经济与政治研究所
2018年6月出版 / 估价：189.00元
PSN B-2017-606-1/1

工业和信息化蓝皮书
人工智能发展报告（2017~2018）
著(编)者：尹丽波 2018年6月出版 / 估价：99.00元
PSN B-2015-448-1/6

工业和信息化蓝皮书
世界智慧城市发展报告（2017~2018）
著(编)者：尹丽波 2018年6月出版 / 估价：99.00元
PSN B-2017-624-6/6

工业和信息化蓝皮书
世界网络安全发展报告（2017~2018）
著(编)者：尹丽波 2018年6月出版 / 估价：99.00元
PSN B-2015-452-5/6

工业和信息化蓝皮书
世界信息化发展报告（2017~2018）
著(编)者：尹丽波 2018年6月出版 / 估价：99.00元
PSN B-2015-451-4/6

工业设计蓝皮书
中国工业设计发展报告（2018）
著(编)者：王晓红 于炜 张立群 2018年9月出版 / 估价：168.00元
PSN B-2014-420-1/1

公共关系蓝皮书
中国公共关系发展报告（2017）
著(编)者：柳斌杰 2018年1月出版 / 定价：89.00元
PSN B-2016-579-1/1

行业及其他类 — 皮书系列 2018全品种

公共关系蓝皮书
中国公共关系发展报告（2018）
著（编）者：柳斌杰　2018年11月出版 / 估价：99.00元
PSN B-2016-579-1/1

管理蓝皮书
中国管理发展报告（2018）
著（编）者：张晓东　2018年10月出版 / 估价：99.00元
PSN B-2014-416-1/1

轨道交通蓝皮书
中国轨道交通行业发展报告（2017）
著（编）者：仲建华　李闽榕
2017年12月出版 / 定价：98.00元
PSN B-2017-674-1/1

海关发展蓝皮书
中国海关发展前沿报告（2018）
著（编）者：干春晖　2018年6月出版 / 估价：99.00元
PSN B-2017-616-1/1

互联网医疗蓝皮书
中国互联网健康医疗发展报告（2018）
著（编）者：芮晓武　2018年6月出版 / 估价：99.00元
PSN B-2016-567-1/1

黄金市场蓝皮书
中国商业银行黄金业务发展报告（2017~2018）
著（编）者：平安银行　2018年6月出版 / 估价：99.00元
PSN B-2016-524-1/1

会展蓝皮书
中外会展业动态评估研究报告（2018）
著（编）者：张敏　任中峰　聂鑫焱　牛盼强
2018年12月出版 / 估价：99.00元
PSN B-2013-327-1/1

基金会蓝皮书
中国基金会发展报告（2017~2018）
著（编）者：中国基金会发展报告课题组
2018年6月出版 / 估价：99.00元
PSN B-2013-368-1/1

基金会绿皮书
中国基金会发展独立研究报告（2018）
著（编）者：基金会中心网　中央民族大学基金会研究中心
2018年6月出版 / 估价：99.00元
PSN G-2011-213-1/1

基金会透明度蓝皮书
中国基金会透明度发展研究报告（2018）
著（编）者：基金会中心网
　　　　　　清华大学廉政与治理研究中心
2018年9月出版 / 估价：99.00元
PSN B-2013-339-1/1

建筑装饰蓝皮书
中国建筑装饰行业发展报告（2018）
著（编）者：葛道顺　刘晓一
2018年10月出版 / 估价：198.00元
PSN B-2016-553-1/1

金融监管蓝皮书
中国金融监管报告（2018）
著（编）者：胡滨　2018年3月出版 / 定价：98.00元
PSN B-2012-281-1/1

金融蓝皮书
中国互联网金融行业分析与评估（2018~2019）
著（编）者：黄国平　伍旭川　2018年12月出版 / 估价：99.00元
PSN B-2016-585-7/7

金融科技蓝皮书
中国金融科技发展报告（2018）
著（编）者：李扬　孙国峰　2018年10月出版 / 估价：99.00元
PSN B-2014-374-1/1

金融信息服务蓝皮书
中国金融信息服务发展报告（2018）
著（编）者：李平　2018年5月出版 / 估价：99.00元
PSN B-2017-621-1/1

金蜜蜂企业社会责任蓝皮书
金蜜蜂中国企业社会责任报告研究（2017）
著（编）者：殷格非　于志宏　管竹笋
2018年1月出版 / 定价：99.00元
PSN B-2018-693-1/1

京津冀金融蓝皮书
京津冀金融发展报告（2018）
著（编）者：王爱俭　王璟怡　2018年10月出版 / 估价：99.00元
PSN B-2016-527-1/1

科普蓝皮书
国家科普能力发展报告（2018）
著（编）者：王康友　2018年5月出版 / 估价：138.00元
PSN B-2017-632-4/4

科普蓝皮书
中国基层科普发展报告（2017~2018）
著（编）者：赵立新　陈玲　2018年9月出版 / 估价：99.00元
PSN B-2016-568-3/4

科普蓝皮书
中国科普基础设施发展报告（2017~2018）
著（编）者：任福君　2018年6月出版 / 估价：99.00元
PSN B-2010-174-1/3

科普蓝皮书
中国科普人才发展报告（2017~2018）
著（编）者：郑念　任嵘嵘　2018年7月出版 / 估价：99.00元
PSN B-2016-512-2/4

科普能力蓝皮书
中国科普能力评价报告（2018~2019）
著（编）者：李富强　李群　2018年8月出版 / 估价：99.00元
PSN B-2016-555-1/1

临空经济蓝皮书
中国临空经济发展报告（2018）
著（编）者：连玉明　2018年9月出版 / 估价：99.00元
PSN B-2014-421-1/1

皮书系列 2018全品种
行业及其他类

旅游安全蓝皮书
中国旅游安全报告（2018）
著(编)者：郑向敏 谢朝武　2018年5月出版／估价：158.00元
PSN B-2012-280-1/1

旅游绿皮书
2017~2018年中国旅游发展分析与预测
著(编)者：宋瑞　2018年1月出版／定价：99.00元
PSN G-2002-018-1/1

煤炭蓝皮书
中国煤炭工业发展报告（2018）
著(编)者：岳福斌　2018年12月出版／估价：99.00元
PSN B-2008-123-1/1

民营企业社会责任蓝皮书
中国民营企业社会责任报告（2018）
著(编)者：中华全国工商业联合会
2018年12月出版／估价：99.00元
PSN B-2015-510-1/1

民营医院蓝皮书
中国民营医院发展报告（2017）
著(编)者：薛晓林　2017年12月出版／定价：89.00元
PSN B-2012-299-1/1

闽商蓝皮书
闽商发展报告（2018）
著(编)者：李闽榕 王日根 林琛
2018年12月出版／估价：99.00元
PSN B-2012-298-1/1

农业应对气候变化蓝皮书
中国农业气象灾害及其灾损评估报告（No.3）
著(编)者：矫梅燕　2018年6月出版／估价：118.00元
PSN B-2014-413-1/1

品牌蓝皮书
中国品牌战略发展报告（2018）
著(编)者：汪同三　2018年10月出版／估价：99.00元
PSN B-2016-580-1/1

企业扶贫蓝皮书
中国企业扶贫研究报告（2018）
著(编)者：钟宏武　2018年12月出版／估价：99.00元
PSN B-2015-593-1/1

企业公益蓝皮书
中国企业公益研究报告（2018）
著(编)者：钟宏武 汪杰 黄晓娟
2018年12月出版／估价：99.00元
PSN B-2015-501-1/1

企业国际化蓝皮书
中国企业全球化报告（2018）
著(编)者：王辉耀 苗绿　2018年11月出版／估价：99.00元
PSN B-2014-427-1/1

企业蓝皮书
中国企业绿色发展报告No.2（2018）
著(编)者：李红玉 朱光辉
2018年8月出版／估价：99.00元
PSN B-2015-481-2/2

企业社会责任蓝皮书
中资企业海外社会责任研究报告（2017~2018）
著(编)者：钟宏武 叶柳红 张蒽
2018年6月出版／估价：99.00元
PSN B-2017-603-2/2

企业社会责任蓝皮书
中国企业社会责任研究报告（2018）
著(编)者：黄群慧 钟宏武 张蒽 汪杰
2018年11月出版／估价：99.00元
PSN B-2009-149-1/2

汽车安全蓝皮书
中国汽车安全发展报告（2018）
著(编)者：中国汽车技术研究中心
2018年8月出版／估价：99.00元
PSN B-2014-385-1/1

汽车电子商务蓝皮书
中国汽车电子商务发展报告（2018）
著(编)者：中华全国工商业联合会汽车经销商商会
　　　　 北方工业大学
　　　　 北京易观智库网络科技有限公司
2018年10月出版／估价：158.00元
PSN B-2015-485-1/1

汽车知识产权蓝皮书
中国汽车产业知识产权发展报告（2018）
著(编)者：中国汽车工程研究院股份有限公司
　　　　 中国汽车工程学会
　　　　 重庆长安汽车股份有限公司
2018年12月出版／估价：99.00元
PSN B-2016-594-1/1

青少年体育蓝皮书
中国青少年体育发展报告（2017）
著(编)者：刘扶民 杨桦　2018年6月出版／估价：99.00元
PSN B-2015-482-1/1

区块链蓝皮书
中国区块链发展报告（2018）
著(编)者：李伟　2018年9月出版／估价：99.00元
PSN B-2017-649-1/1

群众体育蓝皮书
中国群众体育发展报告（2017）
著(编)者：刘国永 戴健　2018年5月出版／估价：99.00元
PSN B-2014-411-1/3

群众体育蓝皮书
中国社会体育指导员发展报告（2018）
著(编)者：刘国永 王欢　2018年6月出版／估价：99.00元
PSN B-2016-520-3/3

人力资源蓝皮书
中国人力资源发展报告（2018）
著(编)者：余兴安　2018年11月出版／估价：99.00元
PSN B-2012-287-1/1

融资租赁蓝皮书
中国融资租赁业发展报告（2017~2018）
著(编)者：李光荣 王力　2018年8月出版／估价：99.00元
PSN B-2015-443-1/1

行业及其他类

皮书系列 2018全品种

商会蓝皮书
中国商会发展报告No.5（2017）
著(编)者：王钦敏　2018年7月出版 / 估价：99.00元
PSN B-2008-125-1/1

商务中心区蓝皮书
中国商务中心区发展报告No.4（2017~2018）
著(编)者：李国红　单菁菁　2018年9月出版 / 估价：99.00元
PSN B-2015-444-1/1

设计产业蓝皮书
中国创新设计发展报告（2018）
著(编)者：王晓红　张立群　于炜
2018年11月出版 / 估价：99.00元
PSN B-2016-581-2/2

社会责任管理蓝皮书
中国上市公司社会责任能力成熟度报告No.4（2018）
著(编)者：肖红军　王晓光　李伟阳
2018年12月出版 / 估价：99.00元
PSN B-2015-507-2/2

社会责任管理蓝皮书
中国企业公众透明度报告No.4（2017~2018）
著(编)者：黄速建　熊梦　王晓光　肖红军
2018年6月出版 / 估价：99.00元
PSN B-2015-440-1/2

食品药品蓝皮书
食品药品安全与监管政策研究报告（2016~2017）
著(编)者：唐民皓　2018年6月出版 / 估价：99.00元
PSN B-2009-129-1/1

输血服务蓝皮书
中国输血行业发展报告（2018）
著(编)者：孙俊　2018年12月出版 / 估价：99.00元
PSN B-2016-582-1/1

水利风景区蓝皮书
中国水利风景区发展报告（2018）
著(编)者：董建文　兰思仁
2018年10月出版 / 估价：99.00元
PSN B-2015-480-1/1

数字经济蓝皮书
全球数字经济竞争力发展报告（2017）
著(编)者：王振　2017年12月出版 / 定价：79.00元
PSN B-2017-673-1/1

私募市场蓝皮书
中国私募股权市场发展报告（2017~2018）
著(编)者：曹和平　2018年12月出版 / 估价：99.00元
PSN B-2010-162-1/1

碳排放权交易蓝皮书
中国碳排放权交易报告（2018）
著(编)者：孙永平　2018年11月出版 / 估价：99.00元
PSN B-2015-652-1/1

碳市场蓝皮书
中国碳市场报告（2018）
著(编)者：定金彪　2018年11月出版 / 估价：99.00元
PSN B-2014-430-1/1

体育蓝皮书
中国公共体育服务发展报告（2018）
著(编)者：戴健　2018年12月出版 / 估价：99.00元
PSN B-2013-367-2/5

土地市场蓝皮书
中国农村土地市场发展报告（2017~2018）
著(编)者：李光荣　2018年6月出版 / 估价：99.00元
PSN B-2016-526-1/1

土地整治蓝皮书
中国土地整治发展研究报告（No.5）
著(编)者：国土资源部土地整治中心
2018年7月出版 / 估价：99.00元
PSN B-2014-401-1/1

土地政策蓝皮书
中国土地政策研究报告（2018）
著(编)者：高延利　张建平　吴次芳
2018年1月出版 / 估价：98.00元
PSN B-2015-506-1/1

网络空间安全蓝皮书
中国网络空间安全发展报告（2018）
著(编)者：惠志斌　覃庆玲
2018年11月出版 / 估价：99.00元
PSN B-2015-466-1/1

文化志愿服务蓝皮书
中国文化志愿服务发展报告（2018）
著(编)者：张永新　良警宇　2018年11月出版 / 估价：128.00元
PSN B-2016-596-1/1

西部金融蓝皮书
中国西部金融发展报告（2017~2018）
著(编)者：李忠民　2018年8月出版 / 估价：99.00元
PSN B-2010-160-1/1

协会商会蓝皮书
中国行业协会商会发展报告（2017）
著(编)者：景朝阳　李勇　2018年6月出版 / 估价：99.00元
PSN B-2015-461-1/1

新三板蓝皮书
中国新三板市场发展报告（2018）
著(编)者：王力　2018年8月出版 / 估价：99.00元
PSN B-2016-533-1/1

信托市场蓝皮书
中国信托业市场报告（2017~2018）
著(编)者：用益金融信托研究院
2018年6月出版 / 估价：198.00元
PSN B-2014-371-1/1

信息化蓝皮书
中国信息化形势分析与预测（2017~2018）
著(编)者：周宏仁　2018年8月出版 / 估价：99.00元
PSN B-2010-168-1/1

信用蓝皮书
中国信用发展报告（2017~2018）
著(编)者：章政　田侃　2018年6月出版 / 估价：99.00元
PSN B-2013-328-1/1

皮书系列 2018全品种 — 行业及其他类

休闲绿皮书
2017~2018年中国休闲发展报告
著(编)者：宋瑞　2018年7月出版／估价：99.00元
PSN G-2010-158-1/1

休闲体育蓝皮书
中国休闲体育发展报告（2017~2018）
著(编)者：李相如　钟秉枢
2018年10月出版／估价：99.00元
PSN B-2016-516-1/1

养老金融蓝皮书
中国养老金融发展报告（2018）
著(编)者：董克用　姚余栋
2018年9月出版／估价：99.00元
PSN B-2016-583-1/1

遥感监测绿皮书
中国可持续发展遥感监测报告（2017）
著(编)者：顾行发　汪克强　潘教峰　李闽榕　徐东华　王琦安
2018年6月出版／估价：298.00元
PSN B-2017-629-1/1

药品流通蓝皮书
中国药品流通行业发展报告（2018）
著(编)者：佘鲁林　温再兴
2018年7月出版／估价：198.00元
PSN B-2014-429-1/1

医疗器械蓝皮书
中国医疗器械行业发展报告（2018）
著(编)者：王宝亭　耿鸿武
2018年10月出版／估价：99.00元
PSN B-2017-661-1/1

医院蓝皮书
中国医院竞争力报告（2017~2018）
著(编)者：庄一强　2018年3月出版／定价：108.00元
PSN B-2016-528-1/1

瑜伽蓝皮书
中国瑜伽业发展报告（2017~2018）
著(编)者：张永建　徐华锋　朱泰余
2018年6月出版／估价：198.00元
PSN B-2017-625-1/1

债券市场蓝皮书
中国债券市场发展报告（2017~2018）
著(编)者：杨农　2018年10月出版／估价：99.00元
PSN B-2016-572-1/1

志愿服务蓝皮书
中国志愿服务发展报告（2018）
著(编)者：中国志愿服务联合会
2018年11月出版／估价：99.00元
PSN B-2017-664-1/1

中国上市公司蓝皮书
中国上市公司发展报告（2018）
著(编)者：张鹏　张平　黄胤英
2018年9月出版／估价：99.00元
PSN B-2014-414-1/1

中国新三板蓝皮书
中国新三板创新与发展报告（2018）
著(编)者：刘平安　闻召林
2018年8月出版／估价：158.00元
PSN B-2017-638-1/1

中国汽车品牌蓝皮书
中国乘用车品牌发展报告（2017）
著(编)者：《中国汽车报》社有限公司
　　　　　博世（中国）投资有限公司
　　　　　中国汽车技术研究中心数据资源中心
2018年1月出版／定价：89.00元
PSN B-2017-679-1/1

中医文化蓝皮书
北京中医药文化传播发展报告（2018）
著(编)者：毛嘉陵　2018年6月出版／估价：99.00元
PSN B-2015-468-1/2

中医文化蓝皮书
中国中医药文化传播发展报告（2018）
著(编)者：毛嘉陵　2018年7月出版／估价：99.00元
PSN B-2016-584-2/2

中医药蓝皮书
北京中医药知识产权发展报告No.2
著(编)者：汪洪　屠志涛　2018年6月出版／估价：168.00元
PSN B-2017-602-1/1

资本市场蓝皮书
中国场外交易市场发展报告（2016~2017）
著(编)者：高峦　2018年6月出版／估价：99.00元
PSN B-2009-153-1/1

资产管理蓝皮书
中国资产管理行业发展报告（2018）
著(编)者：郑智　2018年7月出版／估价：99.00元
PSN B-2014-407-2/2

资产证券化蓝皮书
中国资产证券化发展报告（2018）
著(编)者：沈炳熙　曹彤　李哲平
2018年4月出版／估价：98.00元
PSN B-2017-660-1/1

自贸区蓝皮书
中国自贸区发展报告（2018）
著(编)者：王力　黄育华
2018年6月出版／估价：99.00元
PSN B-2016-558-1/1

国际问题与全球治理类

"一带一路"跨境通道蓝皮书
"一带一路"跨境通道建设研究报(2017~2018)
著(编)者:余鑫 张秋生　2018年1月出版 / 定价：89.00元
PSN B-2016-557-1/1

"一带一路"蓝皮书
"一带一路"建设发展报告(2018)
著(编)者:李永全　2018年3月出版 / 定价：98.00元
PSN B-2016-552-1/1

"一带一路"投资安全蓝皮书
中国"一带一路"投资与安全研究报告(2018)
著(编)者:邹统钎 梁昊光　2018年4月出版 / 定价：98.00元
PSN B-2017-612-1/1

"一带一路"文化交流蓝皮书
中阿文化交流发展报告(2017)
著(编)者:王辉　2017年12月出版 / 定价：89.00元
PSN B-2017-655-1/1

G20国家创新竞争力黄皮书
二十国集团(G20)国家创新竞争力发展报告(2017~2018)
著(编)者:李建平 李闽榕 赵新力 周天勇
2018年7月出版 / 估价：168.00元
PSN Y-2011-229-1/1

阿拉伯黄皮书
阿拉伯发展报告(2016~2017)
著(编)者:罗林　2018年6月出版 / 估价：99.00元
PSN Y-2014-381-1/1

北部湾蓝皮书
泛北部湾合作发展报告(2017~2018)
著(编)者:吕余生　2018年12月出版 / 估价：99.00元
PSN B-2008-114-1/1

北极蓝皮书
北极地区发展报告(2017)
著(编)者:刘惠荣　2018年7月出版 / 估价：99.00元
PSN B-2017-634-1/1

大洋洲蓝皮书
大洋洲发展报告(2017~2018)
著(编)者:喻常森　2018年10月出版 / 估价：99.00元
PSN B-2013-341-1/1

东北亚区域合作蓝皮书
2017年"一带一路"倡议与东北亚区域合作
著(编)者:刘亚政 金美花
2018年5月出版 / 估价：99.00元
PSN B-2017-631-1/1

东盟黄皮书
东盟发展报告(2017)
著(编)者:杨晓强 庄国土　2018年6月出版 / 估价：99.00元
PSN Y-2012-303-1/1

东南亚蓝皮书
东南亚地区发展报告(2017~2018)
著(编)者:王勤　2018年12月出版 / 估价：99.00元
PSN B-2012-240-1/1

非洲黄皮书
非洲发展报告No.20(2017~2018)
著(编)者:张宏明　2018年7月出版 / 估价：99.00元
PSN Y-2012-239-1/1

非传统安全蓝皮书
中国非传统安全研究报告(2017~2018)
著(编)者:潇枫 罗中枢　2018年8月出版 / 估价：99.00元
PSN B-2012-273-1/1

国际安全蓝皮书
中国国际安全研究报告(2018)
著(编)者:刘慧　2018年7月出版 / 估价：99.00元
PSN B-2016-521-1/1

国际城市蓝皮书
国际城市发展报告(2018)
著(编)者:屠启宇　2018年2月出版 / 估价：89.00元
PSN B-2012-260-1/1

国际形势黄皮书
全球政治与安全报告(2018)
著(编)者:张宇燕　2018年1月出版 / 定价：99.00元
PSN Y-2001-016-1/1

公共外交蓝皮书
中国公共外交发展报告(2018)
著(编)者:赵启正 雷蔚真　2018年6月出版 / 估价：99.00元
PSN B-2015-457-1/1

海丝蓝皮书
21世纪海上丝绸之路研究报告(2017)
著(编)者:华侨大学海上丝绸之路研究院
2017年12月出版 / 定价：89.00元
PSN B-2017-684-1/1

金砖国家黄皮书
金砖国家综合创新竞争力发展报告(2018)
著(编)者:赵新力 李闽榕 黄茂兴
2018年8月出版 / 估价：128.00元
PSN Y-2017-643-1/1

拉美黄皮书
拉丁美洲和加勒比发展报告(2017~2018)
著(编)者:袁东振　2018年6月出版 / 估价：99.00元
PSN Y-1999-007-1/1

澜湄合作蓝皮书
澜沧江-湄公河合作发展报告(2018)
著(编)者:刘稚　2018年9月出版 / 估价：99.00元
PSN B-2011-196-1/1

皮书系列 2018全品种 — 国际问题与全球治理类

欧洲蓝皮书
欧洲发展报告（2017～2018）
著(编)者：黄平 周弘 程卫东
2018年6月出版 / 估价：99.00元
PSN B-1999-009-1/1

葡语国家蓝皮书
葡语国家发展报告（2016～2017）
著(编)者：王成安 张敏 刘金兰
2018年6月出版 / 估价：99.00元
PSN B-2015-503-1/2

葡语国家蓝皮书
中国与葡语国家关系发展报告·巴西（2016）
著(编)者：张曙光
2018年8月出版 / 估价：99.00元
PSN B-2016-563-2/2

气候变化绿皮书
应对气候变化报告（2018）
著(编)者：王伟光 郑国光
2018年11月出版 / 估价：99.00元
PSN G-2009-144-1/1

全球环境竞争力绿皮书
全球环境竞争力报告（2018）
著(编)者：李建平 李闽榕 王金南
2018年12月出版 / 估价：198.00元
PSN G-2013-363-1/1

全球信息社会蓝皮书
全球信息社会发展报告（2018）
著(编)者：丁波涛 唐涛
2018年10月出版 / 估价：99.00元
PSN B-2017-665-1/1

日本经济蓝皮书
日本经济与中日经贸关系研究报告（2018）
著(编)者：张季风
2018年6月出版 / 估价：99.00元
PSN B-2008-102-1/1

上海合作组织黄皮书
上海合作组织发展报告（2018）
著(编)者：李进峰
2018年6月出版 / 估价：99.00元
PSN Y-2009-130-1/1

世界创新竞争力黄皮书
世界创新竞争力发展报告（2017）
著(编)者：李建平 李闽榕 赵新力
2018年6月出版 / 估价：168.00元
PSN Y-2013-318-1/1

世界经济黄皮书
2018年世界经济形势分析与预测
著(编)者：张宇燕
2018年1月出版 / 估价：99.00元
PSN Y-1999-006-1/1

世界能源互联互通蓝皮书
世界能源清洁发展与互联互通评估报告（2017）：欧洲篇
著(编)者：国网能源研究院
2018年1月出版 / 定价：128.00元
PSN B-2018-695-1/1

丝绸之路蓝皮书
丝绸之路经济带发展报告（2018）
著(编)者：任宗哲 白宽犁 谷孟宾
2018年1月出版 / 估价：89.00元
PSN B-2014-410-1/1

新兴经济体蓝皮书
金砖国家发展报告（2018）
著(编)者：林跃勤 周文
2018年8月出版 / 估价：99.00元
PSN B-2011-195-1/1

亚太蓝皮书
亚太地区发展报告（2018）
著(编)者：李向阳
2018年5月出版 / 估价：99.00元
PSN B-2001-015-1/1

印度洋地区蓝皮书
印度洋地区发展报告（2018）
著(编)者：汪戎
2018年6月出版 / 估价：99.00元
PSN B-2013-334-1/1

印度尼西亚经济蓝皮书
印度尼西亚经济发展报告（2017）：增长与机会
著(编)者：左志刚
2017年11月出版 / 定价：89.00元
PSN B-2017-675-1/1

渝新欧蓝皮书
渝新欧沿线国家发展报告（2018）
著(编)者：杨柏 黄森
2018年6月出版 / 估价：99.00元
PSN B-2017-626-1/1

中阿蓝皮书
中国-阿拉伯国家经贸发展报告（2018）
著(编)者：张廉 段庆林 王林聪 杨巧红
2018年12月出版 / 估价：99.00元
PSN B-2016-598-1/1

中东黄皮书
中东发展报告No.20（2017～2018）
著(编)者：杨光
2018年10月出版 / 估价：99.00元
PSN Y-1998-004-1/1

中亚黄皮书
中亚国家发展报告（2018）
著(编)者：孙力
2018年3月出版 / 定价：98.00元
PSN Y-2012-238-1/1

国别类·文化传媒类 | 皮书系列 2018全品种

国别类

澳大利亚蓝皮书
澳大利亚发展报告(2017-2018)
著(编)者：孙有中 韩锋　2018年12月出版 / 估价：99.00元
PSN B-2016-587-1/1

巴西黄皮书
巴西发展报告(2017)
著(编)者：刘国枝　2018年5月出版 / 估价：99.00元
PSN Y-2017-614-1/1

德国蓝皮书
德国发展报告(2018)
著(编)者：郑春荣　2018年6月出版 / 估价：99.00元
PSN B-2012-278-1/1

俄罗斯黄皮书
俄罗斯发展报告(2018)
著(编)者：李永全　2018年6月出版 / 估价：99.00元
PSN Y-2006-061-1/1

韩国蓝皮书
韩国发展报告(2017)
著(编)者：牛林杰 刘宝全　2018年6月出版 / 估价：99.00元
PSN B-2010-155-1/1

加拿大蓝皮书
加拿大发展报告(2018)
著(编)者：唐小松　2018年9月出版 / 估价：99.00元
PSN B-2014-389-1/1

美国蓝皮书
美国研究报告(2018)
著(编)者：郑秉文 黄平　2018年5月出版 / 估价：99.00元
PSN B-2011-210-1/1

缅甸蓝皮书
缅甸国情报告(2017)
著(编)者：祝湘辉
2017年11月出版 / 定价：98.00元
PSN B-2013-343-1/1

日本蓝皮书
日本研究报告(2018)
著(编)者：杨伯江　2018年4月出版 / 定价：99.00元
PSN B-2002-020-1/1

土耳其蓝皮书
土耳其发展报告(2018)
著(编)者：郭长刚 刘义　2018年9月出版 / 估价：99.00元
PSN B-2014-412-1/1

伊朗蓝皮书
伊朗发展报告(2017~2018)
著(编)者：冀开运　2018年10月 / 估价：99.00元
PSN B-2016-574-1/1

以色列蓝皮书
以色列发展报告(2018)
著(编)者：张倩红　2018年8月出版 / 估价：99.00元
PSN B-2015-483-1/1

印度蓝皮书
印度国情报告(2017)
著(编)者：吕昭义　2018年6月出版 / 估价：99.00元
PSN B-2012-241-1/1

英国蓝皮书
英国发展报告(2017~2018)
著(编)者：王展鹏　2018年12月出版 / 估价：99.00元
PSN B-2015-486-1/1

越南蓝皮书
越南国情报告(2018)
著(编)者：谢林城　2018年11月出版 / 估价：99.00元
PSN B-2006-056-1/1

泰国蓝皮书
泰国研究报告(2018)
著(编)者：庄国土 张禹东 刘文正
2018年10月出版 / 估价：99.00元
PSN B-2016-556-1/1

文化传媒类

"三农"舆情蓝皮书
中国"三农"网络舆情报告(2017~2018)
著(编)者：农业部信息中心
2018年6月出版 / 估价：99.00元
PSN B-2017-640-1/1

传媒竞争力蓝皮书
中国传媒国际竞争力研究报告(2018)
著(编)者：李本乾 刘强 王大可
2018年8月出版 / 估价：99.00元
PSN B-2013-356-1/1

传媒蓝皮书
中国传媒产业发展报告(2018)
著(编)者：崔保国
2018年5月出版 / 估价：99.00元
PSN B-2005-035-1/1

传媒投资蓝皮书
中国传媒投资发展报告(2018)
著(编)者：张向东 谭云明
2018年6月出版 / 估价：148.00元
PSN B-2015-474-1/1

皮书系列 2018全品种 — 文化传媒类

非物质文化遗产蓝皮书
中国非物质文化遗产发展报告（2018）
著（编）者：陈平　2018年6月出版　估价：128.00元
PSN B-2015-469-1/2

非物质文化遗产蓝皮书
中国非物质文化遗产保护发展报告（2018）
著（编）者：宋俊华　2018年10月出版　估价：128.00元
PSN B-2016-586-2/2

广电蓝皮书
中国广播电影电视发展报告（2018）
著（编）者：国家新闻出版广电总局发展研究中心
2018年7月出版　估价：99.00元
PSN B-2006-072-1/1

广告主蓝皮书
中国广告主营销传播趋势报告No.9
著（编）者：黄升民　杜国清　邵华冬　等
2018年10月出版　估价：158.00元
PSN B-2005-041-1/1

国际传播蓝皮书
中国国际传播发展报告（2018）
著（编）者：胡正荣　李继东　姬德强
2018年12月出版　估价：99.00元
PSN B-2014-408-1/1

国家形象蓝皮书
中国国家形象传播报告（2017）
著（编）者：张昆　2018年6月出版　估价：128.00元
PSN B-2017-605-1/1

互联网治理蓝皮书
中国网络社会治理研究报告（2018）
著（编）者：罗昕　支庭荣
2018年9月出版　估价：118.00元
PSN B-2017-653-1/1

纪录片蓝皮书
中国纪录片发展报告（2018）
著（编）者：何苏六　2018年10月出版　估价：99.00元
PSN B-2011-222-1/1

科学传播蓝皮书
中国科学传播报告（2016~2017）
著（编）者：詹正茂　2018年6月出版　估价：99.00元
PSN B-2008-120-1/1

两岸创意经济蓝皮书
两岸创意经济研究报告（2018）
著（编）者：罗昌智　董泽平
2018年10月出版　估价：99.00元
PSN B-2014-437-1/1

媒介与女性蓝皮书
中国媒介与女性发展报告（2017~2018）
著（编）者：刘利群　2018年5月出版　估价：99.00元
PSN B-2013-345-1/1

媒体融合蓝皮书
中国媒体融合发展报告（2017~2018）
著（编）者：梅宁华　支庭荣
2017年12月出版　定价：98.00元
PSN B-2015-479-1/1

全球传媒蓝皮书
全球传媒发展报告（2017~2018）
著（编）者：胡正荣　李继东　2018年6月出版　估价：99.00元
PSN B-2012-237-1/1

少数民族非遗蓝皮书
中国少数民族非物质文化遗产发展报告（2018）
著（编）者：肖远平（彝）　柴立（满）
2018年10月出版　估价：118.00元
PSN B-2015-467-1/1

视听新媒体蓝皮书
中国视听新媒体发展报告（2018）
著（编）者：国家新闻出版广电总局发展研究中心
2018年7月出版　估价：118.00元
PSN B-2011-184-1/1

数字娱乐产业蓝皮书
中国动画产业发展报告（2018）
著（编）者：孙立军　孙平　牛兴侦
2018年10月出版　估价：99.00元
PSN B-2011-198-1/2

数字娱乐产业蓝皮书
中国游戏产业发展报告（2018）
著（编）者：孙立军　刘跃军　2018年10月出版　估价：99.00元
PSN B-2017-662-2/2

网络视听蓝皮书
中国互联网视听行业发展报告（2018）
著（编）者：陈鹏　2018年2月出版　定价：148.00元
PSN B-2018-688-1/1

文化创新蓝皮书
中国文化创新报告（2017·No.8）
著（编）者：傅才武　2018年6月出版　估价：99.00元
PSN B-2009-143-1/1

文化建设蓝皮书
中国文化发展报告（2018）
著（编）者：江畅　孙伟平　戴茂堂
2018年5月出版　估价：99.00元
PSN B-2014-392-1/1

文化科技蓝皮书
文化科技创新发展报告（2018）
著（编）者：于平　李凤亮　2018年10月出版　估价：99.00元
PSN B-2013-342-1/1

文化蓝皮书
中国公共文化服务发展报告（2017~2018）
著（编）者：刘新成　张永新　张旭
2018年12月出版　估价：99.00元
PSN B-2007-093-2/10

文化蓝皮书
中国少数民族文化发展报告（2017~2018）
著（编）者：武翠英　张晓明　任乌晶
2018年9月出版　估价：99.00元
PSN B-2013-369-9/10

文化蓝皮书
中国文化产业供需协调检测报告（2018）
著（编）者：王亚南　2018年3月出版　定价：99.00元
PSN B-2013-323-8/10

文化传媒类 • 地方发展类-经济

皮书系列 2018全品种

文化蓝皮书
中国文化消费需求景气评价报告（2018）
著(编)者：王亚南　2018年3月出版／定价：99.00元
PSN B-2011-236-4/10

文化蓝皮书
中国公共文化投入增长测评报告（2018）
著(编)者：王亚南　2018年3月出版／定价：99.00元
PSN B-2014-435-10/10

文化品牌蓝皮书
中国文化品牌发展报告（2018）
著(编)者：欧阳友权　2018年5月出版／估价：99.00元
PSN B-2012-277-1/1

文化遗产蓝皮书
中国文化遗产事业发展报告（2017~2018）
著(编)者：苏杨　张颖岚　卓杰　白海峰　陈晨　陈叙图
2018年8月出版／估价：99.00元
PSN B-2008-119-1/1

文学蓝皮书
中国文情报告（2017~2018）
著(编)者：白烨　2018年5月出版／估价：99.00元
PSN B-2011-221-1/1

新媒体蓝皮书
中国新媒体发展报告No.9（2018）
著(编)者：唐绪军　2018年7月出版／估价：99.00元
PSN B-2010-169-1/1

新媒体社会责任蓝皮书
中国新媒体社会责任研究报告（2018）
著(编)者：钟瑛　2018年12月出版／估价：99.00元
PSN B-2014-423-1/1

移动互联网蓝皮书
中国移动互联网发展报告（2018）
著(编)者：余清楚　2018年6月出版／估价：99.00元
PSN B-2012-282-1/1

影视蓝皮书
中国影视产业发展报告（2018）
著(编)者：司若　陈鹏　陈锐
2018年6月出版／估价：99.00元
PSN B-2016-529-1/1

舆情蓝皮书
中国社会舆情与危机管理报告（2018）
著(编)者：谢耘耕
2018年9月出版／估价：138.00元
PSN B-2011-235-1/1

中国大运河蓝皮书
中国大运河发展报告（2018）
著(编)者：吴欣　2018年2月出版／估价：128.00元
PSN B-2018-691-1/1

地方发展类-经济

澳门蓝皮书
澳门经济社会发展报告（2017~2018）
著(编)者：吴志良　郝雨凡
2018年7月出版／估价：99.00元
PSN B-2009-138-1/1

澳门绿皮书
澳门旅游休闲发展报告（2017~2018）
著(编)者：郝雨凡　林广志
2018年5月出版／估价：99.00元
PSN G-2017-617-1/1

北京蓝皮书
北京经济发展报告（2017~2018）
著(编)者：杨松　2018年6月出版／估价：99.00元
PSN B-2006-054-2/8

北京旅游绿皮书
北京旅游发展报告（2018）
著(编)者：北京旅游学会
2018年7月出版／估价：99.00元
PSN G-2012-301-1/1

北京体育蓝皮书
北京体育产业发展报告（2017~2018）
著(编)者：钟秉枢　陈杰　杨铁黎
2018年9月出版／估价：99.00元
PSN B-2015-475-1/1

滨海金融蓝皮书
滨海新区金融发展报告（2017）
著(编)者：王爱俭　李向前　2018年4月出版／估价：99.00元
PSN B-2014-424-1/1

城乡一体化蓝皮书
北京城乡一体化发展报告（2017~2018）
著(编)者：吴宝新　张宝秀　黄序
2018年5月出版／估价：99.00元
PSN B-2012-258-2/2

非公有制企业社会责任蓝皮书
北京非公有制企业社会责任报告（2018）
著(编)者：宋贵伦　冯培
2018年6月出版／估价：99.00元
PSN B-2017-613-1/1

皮书系列
2018全品种

地方发展类-经济

福建旅游蓝皮书
福建省旅游产业发展现状研究（2017~2018）
著（编）者：陈敏华 黄远水　2018年12月出版／估价：128.00元
PSN B-2016-591-1/1

福建自贸区蓝皮书
中国(福建)自由贸易试验区发展报告(2017~2018)
著（编）者：黄茂兴　2018年6月出版／估价：118.00元
PSN B-2016-531-1/1

甘肃蓝皮书
甘肃经济发展分析与预测（2018）
著（编）者：安文华 罗哲　2018年1月出版／定价：99.00元
PSN B-2013-312-1/6

甘肃蓝皮书
甘肃商贸流通发展报告（2018）
著（编）者：张应华 王ុ甡 王晓芳
2018年1月出版／定价：99.00元
PSN B-2016-522-6/6

甘肃蓝皮书
甘肃县域和农村发展报告（2018）
著（编）者：包东红 朱智文 王建兵
2018年1月出版／定价：99.00元
PSN B-2013-316-5/6

甘肃农业科技绿皮书
甘肃农业科技发展研究报告（2018）
著（编）者：魏胜文 乔德华 张东伟
2018年12月出版／估价：198.00元
PSN B-2016-592-1/1

甘肃气象保障蓝皮书
甘肃农业对气候变化的适应与风险评估报告（No.1）
著（编）者：鲍文中 周广胜
2017年12月出版／估价：108.00元
PSN B-2017-677-1/1

巩义蓝皮书
巩义经济社会发展报告（2018）
著（编）者：丁同民 朱军　2018年6月出版／估价：99.00元
PSN B-2016-532-1/1

广东外经贸蓝皮书
广东对外经济贸易发展研究报告（2017～2018）
著（编）者：陈万灵　2018年6月出版／估价：99.00元
PSN B-2012-286-1/1

广西北部湾经济区蓝皮书
广西北部湾经济区开放开发报告（2017～2018）
著（编）者：广西壮族自治区北部湾经济区和东盟开放合作办公室
　　　　　　广西社会科学院
　　　　　　广西北部湾发展研究院
2018年5月出版／估价：99.00元
PSN B-2010-181-1/1

广州蓝皮书
广州城市国际化发展报告（2018）
著（编）者：张跃国　2018年8月出版／估价：99.00元
PSN B-2012-246-11/14

广州蓝皮书
中国广州城市建设与管理发展报告（2018）
著（编）者：张其学 陈小钢 王宏伟　2018年8月出版／估价：99.00元
PSN B-2007-087-4/14

广州蓝皮书
广州创新型城市发展报告（2018）
著（编）者：尹涛　2018年6月出版／估价：99.00元
PSN B-2012-247-12/14

广州蓝皮书
广州经济发展报告（2018）
著（编）者：张跃国 尹涛　2018年7月出版／估价：99.00元
PSN B-2005-040-1/14

广州蓝皮书
2018年中国广州经济形势分析与预测
著（编）者：魏明海 谢博能 李华
2018年6月出版／估价：99.00元
PSN B-2011-185-9/14

广州蓝皮书
中国广州科技创新发展报告（2018）
著（编）者：于欣伟 陈爽 邓佑满　2018年8月出版／估价：99.00元
PSN B-2006-065-2/14

广州蓝皮书
广州农村发展报告（2018）
著（编）者：朱名宏　2018年7月出版／估价：99.00元
PSN B-2010-167-8/14

广州蓝皮书
广州汽车产业发展报告（2018）
著（编）者：杨再高 冯兴亚　2018年7月出版／估价：99.00元
PSN B-2006-066-3/14

广州蓝皮书
广州商贸业发展报告（2018）
著（编）者：张跃国 陈杰 荀振英
2018年7月出版／估价：99.00元
PSN B-2012-245-10/14

贵阳蓝皮书
贵阳城市创新发展报告No.3（白云篇）
著（编）者：连玉明　2018年5月出版／估价：99.00元
PSN B-2015-491-3/10

贵阳蓝皮书
贵阳城市创新发展报告No.3（观山湖篇）
著（编）者：连玉明　2018年5月出版／估价：99.00元
PSN B-2015-497-9/10

贵阳蓝皮书
贵阳城市创新发展报告No.3（花溪篇）
著（编）者：连玉明　2018年5月出版／估价：99.00元
PSN B-2015-490-2/10

贵阳蓝皮书
贵阳城市创新发展报告No.3（开阳篇）
著（编）者：连玉明　2018年5月出版／估价：99.00元
PSN B-2015-492-4/10

贵阳蓝皮书
贵阳城市创新发展报告No.3（南明篇）
著（编）者：连玉明　2018年5月出版／估价：99.00元
PSN B-2015-496-8/10

贵阳蓝皮书
贵阳城市创新发展报告No.3（清镇篇）
著（编）者：连玉明　2018年5月出版／估价：99.00元
PSN B-2015-489-1/10

地方发展类-经济

皮书系列 2018全品种

贵阳蓝皮书
贵阳城市创新发展报告No.3（乌当篇）
著（编）者：连玉明　2018年5月出版／估价：99.00元
PSN B-2015-495-7/10

贵阳蓝皮书
贵阳城市创新发展报告No.3（息烽篇）
著（编）者：连玉明　2018年5月出版／估价：99.00元
PSN B-2015-493-5/10

贵阳蓝皮书
贵阳城市创新发展报告No.3（修文篇）
著（编）者：连玉明　2018年5月出版／估价：99.00元
PSN B-2015-494-6/10

贵阳蓝皮书
贵阳城市创新发展报告No.3（云岩篇）
著（编）者：连玉明　2018年5月出版／估价：99.00元
PSN B-2015-498-10/10

贵州房地产蓝皮书
贵州房地产发展报告No.5（2018）
著（编）者：武廷方　2018年7月出版／估价：99.00元
PSN B-2014-426-1/1

贵州蓝皮书
贵州册亨经济社会发展报告（2018）
著（编）者：黄德林　2018年6月出版／估价：99.00元
PSN B-2016-525-8/9

贵州蓝皮书
贵州地理标志产业发展报告（2018）
著（编）者：李发耀　黄其松　2018年8月出版／估价：99.00元
PSN B-2017-646-10/10

贵州蓝皮书
贵安新区发展报告（2017~2018）
著（编）者：马长青　吴大华　2018年6月出版／估价：99.00元
PSN B-2015-459-4/10

贵州蓝皮书
贵州国家级开放创新平台发展报告（2017~2018）
著（编）者：申晓庆　吴大华　季泓
2018年11月出版／估价：99.00元
PSN B-2016-518-7/10

贵州蓝皮书
贵州国有企业社会责任发展报告（2017~2018）
著（编）者：郭丽　2018年12月出版／估价：99.00元
PSN B-2015-511-6/10

贵州蓝皮书
贵州民航业发展报告（2017）
著（编）者：申振东　吴大华　2018年6月出版／估价：99.00元
PSN B-2015-471-5/10

贵州蓝皮书
贵州民营经济发展报告（2017）
著（编）者：杨静　吴大华　2018年6月出版／估价：99.00元
PSN B-2016-530-9/9

杭州都市圈蓝皮书
杭州都市圈发展报告（2018）
著（编）者：洪庆华　沈翔　2018年4月出版／定价：98.00元
PSN B-2012-302-1/1

河北经济蓝皮书
河北省经济发展报告（2018）
著（编）者：马树强　金浩　张贵　2018年6月出版／估价：99.00元
PSN B-2014-380-1/1

河北蓝皮书
河北经济社会发展报告（2018）
著（编）者：康振海　2018年1月出版／定价：99.00元
PSN B-2014-372-1/3

河北蓝皮书
京津冀协同发展报告（2018）
著（编）者：陈璐　2017年12月出版／定价：79.00元
PSN B-2017-601-2/3

河南经济蓝皮书
2018年河南经济形势分析与预测
著（编）者：王世炎　2018年3月出版／定价：89.00元
PSN B-2007-086-1/1

河南蓝皮书
河南城市发展报告（2018）
著（编）者：张占仓　王建国　2018年5月出版／估价：99.00元
PSN B-2009-131-3/9

河南蓝皮书
河南工业发展报告（2018）
著（编）者：张占仓　2018年5月出版／估价：99.00元
PSN B-2013-317-5/9

河南蓝皮书
河南金融发展报告（2018）
著（编）者：喻新安　谷建全
2018年6月出版／估价：99.00元
PSN B-2014-390-7/9

河南蓝皮书
河南经济发展报告（2018）
著（编）者：张占仓　完世伟
2018年6月出版／估价：99.00元
PSN B-2010-157-4/9

河南蓝皮书
河南能源发展报告（2018）
著（编）者：国网河南省电力公司经济技术研究院
　　　　　河南省社会科学院
2018年6月出版／估价：99.00元
PSN B-2017-607-9/9

河南商务蓝皮书
河南商务发展报告（2018）
著（编）者：焦锦淼　穆荣国　2018年5月出版／估价：99.00元
PSN B-2014-399-1/1

河南双创蓝皮书
河南创新创业发展报告（2018）
著（编）者：喻新安　杨雪梅
2018年8月出版／估价：99.00元
PSN B-2017-641-1/1

黑龙江蓝皮书
黑龙江经济发展报告（2018）
著（编）者：朱宇　2018年1月出版／定价：89.00元
PSN B-2011-190-2/2

31

皮书系列 2018全品种 — 地方发展类-经济

湖南城市蓝皮书
区域城市群整合
著(编)者：童中贤 韩未名　2018年12月出版 / 估价：99.00元
PSN B-2006-064-1/1

湖南蓝皮书
湖南城乡一体化发展报告（2018）
著(编)者：陈文胜 王文强 陆福兴
2018年8月出版 / 估价：99.00元
PSN B-2015-477-8/8

湖南蓝皮书
2018年湖南电子政务发展报告
著(编)者：梁志峰　2018年5月出版 / 估价：128.00元
PSN B-2014-394-6/8

湖南蓝皮书
2018年湖南经济发展报告
著(编)者：卞鹰　2018年5月出版 / 估价：128.00元
PSN B-2011-207-2/8

湖南蓝皮书
2016年湖南经济展望
著(编)者：梁志峰　2018年5月出版 / 估价：128.00元
PSN B-2011-206-1/8

湖南蓝皮书
2018年湖南县域经济社会发展报告
著(编)者：梁志峰　2018年5月出版 / 估价：128.00元
PSN B-2014-395-7/8

湖南县域绿皮书
湖南县域发展报告（No.5）
著(编)者：袁准 周小毛 黎仁寅
2018年6月出版 / 估价：99.00元
PSN G-2012-274-1/1

沪港蓝皮书
沪港发展报告（2018）
著(编)者：尤安山　2018年9月出版 / 估价：99.00元
PSN B-2013-362-1/1

吉林蓝皮书
2018年吉林经济社会形势分析与预测
著(编)者：邵汉明　2017年12月出版 / 定价：89.00元
PSN B-2013-319-1/1

吉林省城市竞争力蓝皮书
吉林省城市竞争力报告（2017~2018）
著(编)者：崔岳春 张磊
2018年3月出版 / 定价：89.00元
PSN B-2016-513-1/1

济源蓝皮书
济源经济社会发展报告（2018）
著(编)者：喻新安　2018年6月出版 / 估价：99.00元
PSN B-2014-387-1/1

江苏蓝皮书
2018年江苏经济发展分析与展望
著(编)者：王庆五 吴先满
2018年7月出版 / 估价：128.00元
PSN B-2017-635-1/3

江西蓝皮书
江西经济社会发展报告（2018）
著(编)者：陈石俊 龚建文　2018年10月出版 / 估价：128.00元
PSN B-2015-484-1/2

江西蓝皮书
江西设区市发展报告（2018）
著(编)者：姜玮 梁勇
2018年10月出版 / 估价：99.00元
PSN B-2016-517-2/2

经济特区蓝皮书
中国经济特区发展报告（2017）
著(编)者：陶一桃　2018年1月出版 / 估价：99.00元
PSN B-2009-139-1/1

辽宁蓝皮书
2018年辽宁经济社会形势分析与预测
著(编)者：梁启东 魏红江　2018年6月出版 / 估价：99.00元
PSN B-2006-053-1/1

民族经济蓝皮书
中国民族地区经济发展报告（2018）
著(编)者：李曦辉　2018年7月出版 / 估价：99.00元
PSN B-2017-630-1/1

南宁蓝皮书
南宁经济发展报告（2018）
著(编)者：胡建华　2018年9月出版 / 估价：99.00元
PSN B-2016-569-2/3

内蒙古蓝皮书
内蒙古精准扶贫研究报告（2018）
著(编)者：张志华　2018年1月出版 / 定价：89.00元
PSN B-2017-681-2/2

浦东新区蓝皮书
上海浦东经济发展报告（2018）
著(编)者：周小平 徐美芳
2018年1月出版 / 定价：89.00元
PSN B-2011-225-1/1

青海蓝皮书
2018年青海经济社会形势分析与预测
著(编)者：陈玮　2018年1月出版 / 定价：98.00元
PSN B-2012-275-1/2

青海科技绿皮书
青海科技发展报告（2017）
著(编)者：青海省科学技术信息研究所
2018年3月出版 / 估价：98.00元
PSN G-2018-701-1/1

山东蓝皮书
山东经济形势分析与预测（2018）
著(编)者：李广杰　2018年7月出版 / 估价：99.00元
PSN B-2014-404-1/5

山东蓝皮书
山东省普惠金融发展报告（2018）
著(编)者：齐鲁财富网
2018年9月出版 / 估价：99.00元
PSN B2017-676-5/5

地方发展类-经济

皮书系列
2018全品种

山西蓝皮书
山西资源型经济转型发展报告（2018）
著(编)者：李志强　　2018年7月出版／估价：99.00元
PSN B-2011-197-1/1

陕西蓝皮书
陕西经济发展报告（2018）
著(编)者：任宗哲　白宽犁　裴成荣
2018年1月出版／定价：89.00元
PSN B-2009-135-1/6

陕西蓝皮书
陕西精准脱贫研究报告（2018）
著(编)者：任宗哲　白宽犁　王建康
2018年4月出版／定价：89.00元
PSN B-2017-623-6/6

上海蓝皮书
上海经济发展报告（2018）
著(编)者：沈开艳　　2018年2月出版／定价：89.00元
PSN B-2006-057-1/7

上海蓝皮书
上海资源环境发展报告（2018）
著(编)者：周冯琦　胡静　　2018年2月出版／定价：89.00元
PSN B-2006-060-4/7

上海蓝皮书
上海奉贤经济发展分析与研判（2017~2018）
著(编)者：张兆安　朱平芳　　2018年3月出版／定价：99.00元
PSN B-2018-698-8/8

上饶蓝皮书
上饶发展报告（2016~2017）
著(编)者：廖其志　　2018年6月出版／估价：128.00元
PSN B-2014-377-1/1

深圳蓝皮书
深圳经济发展报告（2018）
著(编)者：张骁儒　　2018年6月出版／定价：99.00元
PSN B-2008-112-3/7

四川蓝皮书
四川城镇化发展报告（2018）
著(编)者：侯水平　陈炜　　2018年6月出版／定价：99.00元
PSN B-2015-456-7/7

四川蓝皮书
2018年四川经济形势分析与预测
著(编)者：杨钢　　2018年1月出版／定价：158.00元
PSN B-2007-098-2/7

四川蓝皮书
四川企业社会责任研究报告（2017~2018）
著(编)者：侯水平　盛毅　　2018年5月出版／定价：99.00元
PSN B-2014-386-4/7

四川蓝皮书
四川生态建设报告（2018）
著(编)者：李晟之　　2018年5月出版／定价：99.00元
PSN B-2015-455-6/7

四川蓝皮书
四川特色小镇发展报告（2017）
著(编)者：吴志强　　2017年11月出版／定价：89.00元
PSN B-2017-670-8/8

体育蓝皮书
上海体育产业发展报告（2017~2018）
著(编)者：张林　黄海燕
2018年10月出版／定价：99.00元
PSN B-2015-454-4/5

体育蓝皮书
长三角地区体育产业发展报（2017~2018）
著(编)者：张林　　2018年6月出版／定价：99.00元
PSN B-2015-453-3/5

天津金融蓝皮书
天津金融发展报告（2018）
著(编)者：王爱俭　孔德昌
2018年5月出版／估价：99.00元
PSN B-2014-418-1/1

图们江区域合作蓝皮书
图们江区域合作发展报告（2018）
著(编)者：李铁　　2018年6月出版／估价：99.00元
PSN B-2015-464-1/1

温州蓝皮书
2018年温州经济社会形势分析与预测
著(编)者：蒋儒标　王春光　金浩
2018年6月出版／估价：99.00元
PSN B-2008-105-1/1

西咸新区蓝皮书
西咸新区发展报告（2018）
著(编)者：李扬　王军
2018年6月出版／估价：99.00元
PSN B-2016-534-1/1

修武蓝皮书
修武经济社会发展报告（2018）
著(编)者：张占仓　袁凯声
2018年10月出版／估价：99.00元
PSN B-2017-651-1/1

偃师蓝皮书
偃师经济社会发展报告（2018）
著(编)者：张占仓　袁凯声　何武周
2018年7月出版／估价：99.00元
PSN B-2017-627-1/1

扬州蓝皮书
扬州经济社会发展报告（2018）
著(编)者：陈扬
2018年12月出版／估价：108.00元
PSN B-2011-191-1/1

长垣蓝皮书
长垣经济社会发展报告（2018）
著(编)者：张占仓　袁凯声　秦保建
2018年10月出版／估价：99.00元
PSN B-2017-654-1/1

遵义蓝皮书
遵义发展报告（2018）
著(编)者：邓彦　曾征　龚永育
2018年9月出版／估价：99.00元
PSN B-2014-433-1/1

地方发展类-社会

安徽蓝皮书
安徽社会发展报告（2018）
著（编）者：程桦　　2018年6月出版 / 估价：99.00元
PSN B-2013-325-1/1

安徽社会建设蓝皮书
安徽社会建设分析报告（2017~2018）
著（编）者：黄家海　蔡宪
2018年11月出版 / 估价：99.00元
PSN B-2013-322-1/1

北京蓝皮书
北京公共服务发展报告（2017~2018）
著（编）者：施昌奎　　2018年6月出版 / 估价：99.00元
PSN B-2008-103-7/8

北京蓝皮书
北京社会发展报告（2017~2018）
著（编）者：李伟东
2018年7月出版 / 估价：99.00元
PSN B-2006-055-3/8

北京蓝皮书
北京社会治理发展报告（2017~2018）
著（编）者：殷星辰　　2018年7月出版 / 估价：99.00元
PSN B-2014-391-8/8

北京律师蓝皮书
北京律师发展报告 No.4（2018）
著（编）者：王隽　　2018年12月出版 / 估价：99.00元
PSN B-2011-217-1/1

北京人才蓝皮书
北京人才发展报告（2018）
著（编）者：敏华　　2018年12月出版 / 估价：128.00元
PSN B-2011-201-1/1

北京社会心态蓝皮书
北京社会心态分析报告（2017~2018）
北京市社会心理服务促进中心
2018年10月出版 / 估价：99.00元
PSN B-2014-422-1/1

北京社会组织管理蓝皮书
北京社会组织发展与管理（2018）
著（编）者：黄江松
2018年6月出版 / 估价：99.00元
PSN B-2015-446-1/1

北京养老产业蓝皮书
北京居家养老发展报告（2018）
著（编）者：陆杰华　周明明
2018年8月出版 / 估价：99.00元
PSN B-2015-465-1/1

法治蓝皮书
四川依法治省年度报告 No.4（2018）
著（编）者：李林　杨天宗　田禾
2018年3月出版 / 定价：118.00元
PSN B-2015-447-2/3

福建妇女发展蓝皮书
福建省妇女发展报告（2018）
著（编）者：刘群英　　2018年11月出版 / 估价：99.00元
PSN B-2011-220-1/1

甘肃蓝皮书
甘肃社会发展分析与预测（2018）
著（编）者：安文华　谢增虎　包晓霞
2018年1月出版 / 定价：99.00元
PSN B-2013-313-2/6

广东蓝皮书
广东全面深化改革研究报告（2018）
著（编）者：周林生　涂成林
2018年12月出版 / 估价：99.00元
PSN B-2015-504-3/3

广东蓝皮书
广东社会工作发展报告（2018）
著（编）者：罗观翠　　2018年6月出版 / 估价：99.00元
PSN B-2014-402-2/3

广州蓝皮书
广州青年发展报告（2018）
著（编）者：徐柳　张强
2018年8月出版 / 估价：99.00元
PSN B-2013-352-13/14

广州蓝皮书
广州社会保障发展报告（2018）
著（编）者：张跃国　　2018年8月出版 / 估价：99.00元
PSN B-2014-425-14/14

广州蓝皮书
2018年中国广州社会形势分析与预测
著（编）者：张强　郭志勇　何镜清
2018年6月出版 / 估价：99.00元
PSN B-2008-110-5/14

贵州蓝皮书
贵州法治发展报告（2018）
著（编）者：吴大华　　2018年5月出版 / 估价：99.00元
PSN B-2012-254-2/10

贵州蓝皮书
贵州人才发展报告（2017）
著（编）者：于杰　吴大华
2018年9月出版 / 估价：99.00元
PSN B-2014-382-3/10

贵州蓝皮书
贵州社会发展报告（2018）
著（编）者：王兴骥　　2018年6月出版 / 估价：99.00元
PSN B-2010-166-1/10

杭州蓝皮书
杭州妇女发展报告（2018）
著（编）者：魏颖
2018年10月出版 / 估价：99.00元
PSN B-2014-403-1/1

地方发展类-社会

皮书系列 2018全品种

河北蓝皮书
河北法治发展报告（2018）
著（编）者：康振海　2018年6月出版　估价：99.00元
PSN B-2017-622-3/3

河北食品药品安全蓝皮书
河北食品药品安全研究报告（2018）
著（编）者：丁锦霞
2018年10月出版　估价：99.00元
PSN B-2015-473-1/1

河南蓝皮书
河南法治发展报告（2018）
著（编）者：张林海　2018年7月出版　估价：99.00元
PSN B-2014-376-6/9

河南蓝皮书
2018年河南社会形势分析与预测
著（编）者：牛苏林　2018年5月出版　估价：99.00元
PSN B-2005-043-1/9

河南民办教育蓝皮书
河南民办教育发展报告（2018）
著（编）者：胡大白　2018年9月出版　估价：99.00元
PSN B-2017-642-1/1

黑龙江蓝皮书
黑龙江社会发展报告（2018）
著（编）者：王爱丽　2018年1月出版　定价：89.00元
PSN B-2011-189-1/2

湖南蓝皮书
2018年湖南两型社会与生态文明建设报告
著（编）者：卞鹰　2018年5月出版　估价：128.00元
PSN B-2011-208-3/8

湖南蓝皮书
2018年湖南社会发展报告
著（编）者：卞鹰　2018年5月出版　估价：128.00元
PSN B-2014-393-5/8

健康城市蓝皮书
北京健康城市建设研究报告（2018）
著（编）者：王鸿春　盛继洪
2018年9月出版　估价：99.00元
PSN B-2015-460-1/2

江苏法治蓝皮书
江苏法治发展报告No.6（2017）
著（编）者：蔡道通　龚廷泰
2018年8月出版　估价：99.00元
PSN B-2012-290-1/1

江苏蓝皮书
2018年江苏社会发展分析与展望
著（编）者：王庆五　刘旺洪
2018年8月出版　估价：128.00元
PSN B-2017-636-2/3

民族教育蓝皮书
中国民族教育发展报告（2017·内蒙古卷）
著（编）者：陈中永
2017年12月出版　定价：198.00元
PSN B-2017-669-1/1

南宁蓝皮书
南宁法治发展报告（2018）
著（编）者：杨维超　2018年12月出版　估价：99.00元
PSN B-2015-509-1/3

南宁蓝皮书
南宁社会发展报告（2018）
著（编）者：胡建华　2018年10月出版　估价：99.00元
PSN B-2016-570-3/3

内蒙古蓝皮书
内蒙古反腐倡廉建设报告 No.2
著（编）者：张志华　2018年6月出版　估价：99.00元
PSN B-2013-365-1/1

青海蓝皮书
2018年青海人才发展报告
著（编）者：王宇燕　2018年9月出版　估价：99.00元
PSN B-2017-650-2/2

青海生态文明建设蓝皮书
青海生态文明建设报告（2018）
著（编）者：张西明　高华　2018年12月出版　估价：99.00元
PSN B-2016-595-1/1

人口与健康蓝皮书
深圳人口与健康发展报告（2018）
著（编）者：陆杰华　傅崇辉
2018年11月出版　估价：99.00元
PSN B-2011-228-1/1

山东蓝皮书
山东社会形势分析与预测（2018）
著（编）者：李善峰　2018年6月出版　估价：99.00元
PSN B-2014-405-2/5

陕西蓝皮书
陕西社会发展报告（2018）
著（编）者：任宗哲　白宽犁　牛昉
2018年1月出版　定价：89.00元
PSN B-2009-136-2/6

上海蓝皮书
上海法治发展报告（2018）
著（编）者：叶必丰　2018年9月出版　估价：99.00元
PSN B-2012-296-6/7

上海蓝皮书
上海社会发展报告（2018）
著（编）者：杨雄　周海旺
2018年2月出版　定价：89.00元
PSN B-2006-058-2/7

35

皮书系列 2018全品种
地方发展类-社会 · 地方发展类-文化

社会建设蓝皮书
2018年北京社会建设分析报告
著(编)者：宋贵伦 冯虹　2018年9月出版／估价：99.00元
PSN B-2010-173-1/1

深圳蓝皮书
深圳法治发展报告（2018）
著(编)者：张骁儒　2018年6月出版／估价：99.00元
PSN B-2015-470-6/7

深圳蓝皮书
深圳劳动关系发展报告（2018）
著(编)者：汤庭芬　2018年8月出版／估价：99.00元
PSN B-2007-097-2/7

深圳蓝皮书
深圳社会治理与发展报告（2018）
著(编)者：张骁儒　2018年6月出版／估价：99.00元
PSN B-2008-113-4/7

生态安全绿皮书
甘肃国家生态安全屏障建设发展报告（2018）
著(编)者：刘举科 喜文华
2018年10月出版／估价：99.00元
PSN G-2017-659-1/1

顺义社会建设蓝皮书
北京市顺义区社会建设发展报告（2018）
著(编)者：王学武　2018年9月出版／估价：99.00元
PSN B-2017-658-1/1

四川蓝皮书
四川法治发展报告（2018）
著(编)者：郑泰安　2018年6月出版／估价：99.00元
PSN B-2015-441-5/7

四川蓝皮书
四川社会发展报告（2018）
著(编)者：李羚　2018年6月出版／估价：99.00元
PSN B-2008-127-3/7

四川社会工作与管理蓝皮书
四川省社会工作人力资源发展报告（2017）
著(编)者：边慧敏　2017年12月出版／定价：89.00元
PSN B-2017-683-1/1

云南社会治理蓝皮书
云南社会治理年度报告（2017）
著(编)者：晏雄 韩全芳
2018年5月出版／估价：99.00元
PSN B-2017-667-1/1

地方发展类-文化

北京传媒蓝皮书
北京新闻出版广电发展报告（2017~2018）
著(编)者：王志　2018年11月出版／估价：99.00元
PSN B-2016-588-1/1

北京蓝皮书
北京文化发展报告（2017~2018）
著(编)者：李建盛　2018年5月出版／估价：99.00元
PSN B-2007-082-4/8

创意城市蓝皮书
北京文化创意产业发展报告（2018）
著(编)者：郭万超 张京成　2018年12月出版／估价：99.00元
PSN B-2012-263-1/7

创意城市蓝皮书
天津文化创意产业发展报告（2017~2018）
著(编)者：谢思全　2018年6月出版／估价：99.00元
PSN B-2016-536-7/7

创意城市蓝皮书
武汉文化创意产业发展报告（2018）
著(编)者：黄永林 陈汉桥　2018年12月出版／估价：99.00元
PSN B-2013-354-4/7

创意上海蓝皮书
上海文化创意产业发展报告（2017~2018）
著(编)者：王慧敏 王兴全　2018年8月出版／估价：99.00元
PSN B-2016-561-1/1

非物质文化遗产蓝皮书
广州市非物质文化遗产保护发展报告（2018）
著(编)者：宋俊华　2018年12月出版／估价：99.00元
PSN B-2016-589-1/1

甘肃蓝皮书
甘肃文化发展分析与预测（2018）
著(编)者：马廷旭 戚晓萍　2018年1月出版／定价：99.00元
PSN B-2013-314-3/6

甘肃蓝皮书
甘肃舆情分析与预测（2018）
著(编)者：王俊莲 张谦元　2018年1月出版／定价：99.00元
PSN B-2013-315-4/6

广州蓝皮书
中国广州文化发展报告（2018）
著(编)者：屈哨兵 陆志强　2018年6月出版／估价：99.00元
PSN B-2009-134-7/14

广州蓝皮书
广州文化创意产业发展报告（2018）
著(编)者：徐咏虹　2018年7月出版／估价：99.00元
PSN B-2008-111-6/14

海淀蓝皮书
海淀区文化和科技融合发展报告（2018）
著(编)者：陈名杰 孟景伟　2018年5月出版／估价：99.00元
PSN B-2013-329-1/1

地方发展类-文化

河南蓝皮书
河南文化发展报告（2018）
著(编)者：卫绍生　2018年7月出版／估价：99.00元
PSN B-2008-106-2/9

湖北文化产业蓝皮书
湖北省文化产业发展报告（2018）
著(编)者：黄晓华　2018年9月出版／估价：99.00元
PSN B-2017-656-1/1

湖北文化蓝皮书
湖北文化发展报告（2017~2018）
著(编)者：湖北大学高等人文研究院
　　　　　中华文化发展湖北省协同创新中心
2018年10月出版／估价：99.00元
PSN B-2016-566-1/1

江苏蓝皮书
2018年江苏文化发展分析与展望
著(编)者：王庆五　樊和平　2018年9月出版／估价：128.00元
PSN B-2017-637-3/3

江西文化蓝皮书
江西非物质文化遗产发展报告（2018）
著(编)者：张圣才　傅安平　2018年12月出版／估价：128.00元
PSN B-2015-499-1/1

洛阳蓝皮书
洛阳文化发展报告（2018）
著(编)者：刘福兴　陈启明　2018年7月出版／估价：99.00元
PSN B-2015-476-1/1

南京蓝皮书
南京文化发展报告（2018）
著(编)者：中共南京市委宣传部
2018年12月出版／估价：99.00元
PSN B-2014-439-1/1

宁波文化蓝皮书
宁波"一人一艺"全民艺术普及发展报告（2017）
著(编)者：张爱琴　2018年11月出版／估价：128.00元
PSN B-2017-668-1/1

山东蓝皮书
山东文化发展报告（2018）
著(编)者：涂可国　2018年5月出版／估价：99.00元
PSN B-2014-406-3/5

陕西蓝皮书
陕西文化发展报告（2018）
著(编)者：任宗哲　白宽犁　王长寿
2018年1月出版／定价：89.00元
PSN B-2009-137-3/6

上海蓝皮书
上海传媒发展报告（2018）
著(编)者：强荧　焦雨虹　2018年2月出版／定价：89.00元
PSN B-2012-295-5/7

上海蓝皮书
上海文学发展报告（2018）
著(编)者：陈圣来　2018年6月出版／估价：99.00元
PSN B-2012-297-7/7

上海蓝皮书
上海文化发展报告（2018）
著(编)者：荣跃明　2018年6月出版／估价：99.00元
PSN B-2006-059-3/7

深圳蓝皮书
深圳文化发展报告（2018）
著(编)者：张骁儒　2018年7月出版／估价：99.00元
PSN B-2016-554-7/7

四川蓝皮书
四川文化产业发展报告（2018）
著(编)者：向宝云　张立伟　2018年6月出版／估价：99.00元
PSN B-2006-074-1/7

郑州蓝皮书
2018年郑州文化发展报告
著(编)者：王哲　2018年9月出版／估价：99.00元
PSN B-2008-107-1/1

社会科学文献出版社　　　　　　　　　　　　**皮书系列**

❖ 皮书起源 ❖

"皮书"起源于十七、十八世纪的英国，主要指官方或社会组织正式发表的重要文件或报告，多以"白皮书"命名。在中国，"皮书"这一概念被社会广泛接受，并被成功运作、发展成为一种全新的出版形态，则源于中国社会科学院社会科学文献出版社。

❖ 皮书定义 ❖

皮书是对中国与世界发展状况和热点问题进行年度监测，以专业的角度、专家的视野和实证研究方法，针对某一领域或区域现状与发展态势展开分析和预测，具备原创性、实证性、专业性、连续性、前沿性、时效性等特点的公开出版物，由一系列权威研究报告组成。

❖ 皮书作者 ❖

皮书系列的作者以中国社会科学院、著名高校、地方社会科学院的研究人员为主，多为国内一流研究机构的权威专家学者，他们的看法和观点代表了学界对中国与世界的现实和未来最高水平的解读与分析。

❖ 皮书荣誉 ❖

皮书系列已成为社会科学文献出版社的著名图书品牌和中国社会科学院的知名学术品牌。2016年，皮书系列正式列入"十三五"国家重点出版规划项目；2013~2018年，重点皮书列入中国社会科学院承担的国家哲学社会科学创新工程项目；2018年，59种院外皮书使用"中国社会科学院创新工程学术出版项目"标识。

中国皮书网

（网址：www.pishu.cn）

发布皮书研创资讯，传播皮书精彩内容
引领皮书出版潮流，打造皮书服务平台

栏目设置

关于皮书：何谓皮书、皮书分类、皮书大事记、皮书荣誉、
皮书出版第一人、皮书编辑部
最新资讯：通知公告、新闻动态、媒体聚焦、网站专题、视频直播、下载专区
皮书研创：皮书规范、皮书选题、皮书出版、皮书研究、研创团队
皮书评奖评价：指标体系、皮书评价、皮书评奖
互动专区：皮书说、社科数托邦、皮书微博、留言板

所获荣誉

2008年、2011年，中国皮书网均在全国新闻出版业网站荣誉评选中获得"最具商业价值网站"称号；

2012年，获得"出版业网站百强"称号。

网库合一

2014年，中国皮书网与皮书数据库端口合一，实现资源共享。

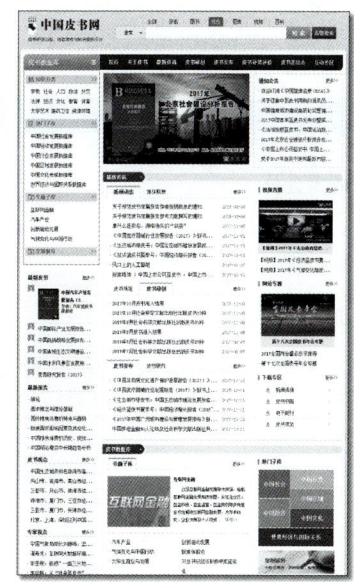

权威报告·一手数据·特色资源

皮书数据库
ANNUAL REPORT(YEARBOOK) DATABASE

当代中国经济与社会发展高端智库平台

所获荣誉

- 2016年，入选"'十三五'国家重点电子出版物出版规划骨干工程"
- 2015年，荣获"搜索中国正能量 点赞2015""创新中国科技创新奖"
- 2013年，荣获"中国出版政府奖·网络出版物奖"提名奖
- 连续多年荣获中国数字出版博览会"数字出版·优秀品牌"奖

成为会员

通过网址www.pishu.com.cn或使用手机扫描二维码进入皮书数据库网站，进行手机号码验证或邮箱验证即可成为皮书数据库会员（建议通过手机号码快速验证注册）。

会员福利

- 使用手机号码首次注册的会员，账号自动充值100元体验金，可直接购买和查看数据库内容（仅限使用手机号码快速注册）。
- 已注册用户购书后可免费获赠100元皮书数据库充值卡。刮开充值卡涂层获取充值密码，登录并进入"会员中心"—"在线充值"—"充值卡充值"，充值成功后即可购买和查看数据库内容。

数据库服务热线：400-008-6695　　　图书销售热线：010-59367070/7028
数据库服务QQ：2475522410　　　　图书服务QQ：1265056568
数据库服务邮箱：database@ssap.cn　　图书服务邮箱：duzhe@ssap.cn

更多信息请登录

皮书数据库
http://www.pishu.com.cn

中国皮书网
http://www.pishu.cn

皮书微博
http://weibo.com/pishu

皮书微信"皮书说"

请到当当、亚马逊、京东或各地书店购买，也可办理邮购

咨询 / 邮购电话：010-59367028 59367070

邮　　箱：duzhe@ssap.cn

邮购地址：北京市西城区北三环中路甲29号院3号楼
　　　　　华龙大厦13层读者服务中心

邮　　编：100029

银行户名：社会科学文献出版社

开户银行：中国工商银行北京北太平庄支行

账　　号：0200010019200365434